普通高等教育"十二五"规划教材
全国高职高专规划教材·财经系列

现代企业管理概论

（第二版）

苗成栋　姚伟民　张建中　等编著

内 容 简 介

现代企业管理是研究现代企业基本特征、运作规律、管理方法的一门学科,在现代社会市场经济条件下的经济生活中有着广泛的应用。本书主要介绍现代企业的基本知识及其活动的基本规律,以及现代企业管理的基本原理、基本方法。本书设置了 10 章内容,主要包括管理概述、企业管理概述、企业决策、战略管理与企业经营计划、人力资源管理、企业营销管理、生产运作管理、财务管理、质量管理与控制、企业文化等有关知识和内容。本书结合丰富的案例进行分析教学,利于学生理解掌握理论概念。每章有阅读材料,可以拓展学生的知识面。

本书适于高职高专院校管理专业的学生用作教材。

图书在版编目(CIP)数据

现代企业管理概论/苗成栋,姚伟民,张建中等编著. —2 版. —北京:北京大学出版社,2012.8

(全国高职高专规划教材·财经系列)

ISBN 978-7-301-21032-1

Ⅰ. ①现… Ⅱ. ①苗…②姚…③张… Ⅲ. ①企业管理—高等职业教育—教材 Ⅳ. ①F270

中国版本图书馆 CIP 数据核字(2012)第 170122 号

书　　　名:	现代企业管理概论(第二版)
著作责任者:	苗成栋　姚伟民　张建中　等编著
策 划 编 辑:	胡伟晔
责 任 编 辑:	胡伟晔
标 准 书 号:	ISBN 978-7-301-21032-1/F·3269
出 版 发 行:	北京大学出版社
地　　　址:	北京市海淀区成府路 205 号　100871
网　　　址:	http://www.pup.cn
电 子 信 箱:	zyjy@pup.cn
电　　　话:	邮购部 62752015　发行部 62750672　编辑部 62765126　出版部 62754962
印 刷 者:	北京鑫海金澳胶印有限公司
经 销 者:	新华书店
	787 毫米×1092 毫米　16 开本　17.25 印张　429 千字
	2006 年 8 月第 1 版
	2012 年 8 月第 2 版　2017 年 1 月第 4 次印刷　总第 9 次印刷
定　　　价:	36.00 元

未经许可,不得以任何方式复制或抄袭本书之部分或全部内容。
版权所有,侵权必究
举报电话:(010)62752024　电子信箱:fd@pup.pku.edu.cn

再 版 前 言

《现代企业管理概论》已经出版5年了,在这5年中,高等职业教育的教学方法发生了很多变化,更加注重教学的实践环节是变化的重要趋势之一。由于高等职业教育本身的突出实用性的特点,本次教材的修订就本着这一基本思路,在原教材的基础上,增加了大量的实际案例,这些案例大多是作者亲身参与企业实践的切身感受与作者的理论知识相结合而写作出来的。在这些案例的写作过程中,我们得到了山东艺达集团党委副书记张鹏超、山东双举海参有限公司总经理李双举、山东威高集团人力总监郭宝林等的大力支持和帮助,在编写的过程中,还参阅引用了国内外专家、学者的大量著作、教材和论文,因限于篇幅,未能全部列出。在此,对以上专家、学者和朋友的帮助,一并致以衷心的感谢!

本教材的基本框架与第一版相比未作大的改动,全书主要包括管理概述、企业管理概述、企业决策、战略管理与企业经营计划、人力资源管理、企业营销管理、生产运作管理、财务管理、质量管理与控制、企业文化等10个章节的相关知识内容。

本书由威海职业学院经济管理系主任、家家悦工商学院执行院长苗成栋负责全书框架的修订,西安交通大学DBA、西安基石管理咨询公司总经理姚伟民和威海职业学院经济管理系张建中负责案例的写作与修改。

由于作者时间和水平有限,书中肯定有许多不足之处,恳请各位同行和读者批评指正。

编 者
2012年5月

第一版前言

近年来,随着科学技术的突飞猛进,社会经济发生了重大变化。尤其是我国进入"十一五"发展时期,发展也将更加迅猛。在这种背景下,高等职业教育也得到了迅猛的发展,培养综合职业能力和全面提高素质已成为高职教育的重要目标。加强对高职学生的经济管理素质的培养正是适应这一转变,达到这一目标的重要措施。

现代企业管理是研究现代企业基本特征、运作规律、管理方法的一门学科,在现代社会市场经济条件下的经济生活中有着广泛的应用。本课程是面向非管理专业的一门企业管理基础课程,这门课程的开设对于提高学生的综合素质,改善学生的知识结构非常重要。通过学习本课程,应使学生了解、掌握现代企业的基本概念,掌握现代企业管理的基本原理、方法,能够具有一定的运用企业管理的工具和方法解决企业管理中的实际问题的能力,以适应现代经济生活的需要。

本书主要介绍现代企业的基本知识及其活动的基本规律,以及现代企业管理的基本原理、基本方法。主要包括企业管理概论(企业的概念及类型、管理及企业管理的概念、企业的目标与责任、企业生存环境分析)、管理理论的产生与发展、管理的基本职能、现代企业制度、企业文化、企业战略管理、生产管理、质量管理、市场营销与市场开拓、人力资源管理、财务管理等有关知识。

本书由苗成栋、王喜雪任主编,谢和书、张建中任副主编,宋剑奇、张云华、艾云辉参编,全书由苗成栋拟定思路和框架,并负责统稿。各章编写分工如下:第1章、第2章由王喜雪编写,第3章、第6章由谢和书编写,第4章由苗成栋编写,第9章由张建中编写,第5章、第10章由艾云辉编写,第7章由宋剑奇编写,第8章由张云华编写。

在编写的过程中,还参阅引用了国内外专家、学者的大量著作、教材和论文,因限于篇幅,未能全部列出。在此,对以上专家、学者和朋友的帮助,一并致以衷心的感谢!

由于作者时间和水平有限,书中肯定有许多不足之处,恳请各位同行和读者批评指正。

编 者

2006 年 5 月

目 录

第1章 管理概述 (1)
1.1 管理 (2)
- 1.1.1 管理的概念和重要性 (2)
- 1.1.2 管理的二重性 (4)
- 1.1.3 管理的职能 (5)

1.2 西方管理思想的发展 (7)
- 1.2.1 早期的管理思想 (7)
- 1.2.2 古典管理理论 (8)
- 1.2.3 现代管理理论 (10)

1.3 中国古代管理思想 (11)
- 1.3.1 以"仁"为核心的儒家管理思想 (12)
- 1.3.2 以"无为"为最高原则的道家管理思想 (13)
- 1.3.3 以"法治"为基础的法家管理思想 (14)
- 1.3.4 《孙子兵法》中的管理思想 (14)
- 1.3.5 商家的经营管理思想 (15)

1.4 本章小结 (17)

第2章 企业管理概述 (20)
2.1 企业及企业管理 (21)
- 2.1.1 企业的概念 (21)
- 2.1.2 企业的一般特征 (22)
- 2.1.3 企业类型 (22)

2.2 企业组织管理和领导制度 (24)
- 2.2.1 现代企业组织管理 (24)
- 2.2.2 企业的领导制度 (32)

2.3 现代企业制度 (35)
- 2.3.1 现代企业制度的概念 (35)
- 2.3.2 现代企业制度的特征 (35)
- 2.3.3 现代企业制度的基本形式 (36)

2.4 企业的目标与社会责任 (39)
- 2.4.1 企业的目标 (39)
- 2.4.2 企业社会责任 (40)

2.5 企业管理学的研究对象与方法 (43)
- 2.5.1 企业管理学研究的对象和内容 (43)

2.5.2 企业管理学的特点 ……………………………………………………………… (44)
　　2.5.3 企业管理的方法 ………………………………………………………………… (44)
2.6 本章小结 …………………………………………………………………………………… (47)

第3章 企业决策 …………………………………………………………………………… (54)
3.1 企业决策 …………………………………………………………………………………… (54)
　　3.1.1 企业决策的概念与特征 …………………………………………………………… (55)
　　3.1.2 决策的分类 ………………………………………………………………………… (55)
　　3.1.3 决策的程序 ………………………………………………………………………… (57)
　　3.1.4 企业决策方法 ……………………………………………………………………… (59)
3.2 本章小结 …………………………………………………………………………………… (68)

第4章 战略管理与企业经营计划 ……………………………………………………… (71)
4.1 企业经营战略和战略管理 ………………………………………………………………… (72)
　　4.1.1 企业经营思想 ……………………………………………………………………… (72)
　　4.1.2 企业宗旨 …………………………………………………………………………… (73)
　　4.1.3 经营战略 …………………………………………………………………………… (74)
4.2 企业战略环境分析 ………………………………………………………………………… (75)
　　4.2.1 企业与外部环境的关系 …………………………………………………………… (75)
　　4.2.2 企业外部环境分析 ………………………………………………………………… (76)
　　4.2.3 企业内部环境分析 ………………………………………………………………… (80)
4.3 企业总体经营战略 ………………………………………………………………………… (84)
　　4.3.1 稳定性战略 ………………………………………………………………………… (84)
　　4.3.2 增长型战略 ………………………………………………………………………… (86)
　　4.3.3 紧缩型战略 ………………………………………………………………………… (88)
4.4 企业经营战略的实施与控制 ……………………………………………………………… (89)
　　4.4.1 战略实施的模式 …………………………………………………………………… (89)
　　4.4.2 战略控制的概念 …………………………………………………………………… (91)
　　4.4.3 战略控制的方式 …………………………………………………………………… (92)
4.5 企业计划 …………………………………………………………………………………… (94)
　　4.5.1 企业计划概述 ……………………………………………………………………… (94)
　　4.5.2 企业计划的类型 …………………………………………………………………… (95)
　　4.5.3 编制企业计划的过程 ……………………………………………………………… (96)
　　4.5.4 编制企业计划的方法 ……………………………………………………………… (97)
　　4.5.5 企业计划的目标管理 ……………………………………………………………… (99)
4.6 本章小结 …………………………………………………………………………………… (104)

第5章 人力资源管理 ……………………………………………………………………… (108)
5.1 人力资源管理概述 ………………………………………………………………………… (109)
　　5.1.1 人力资源的基本概念和特征 ……………………………………………………… (109)
　　5.1.2 人力资源管理的概念、内容 ……………………………………………………… (110)

5.1.3　传统人事管理与现代人力资源管理的区别 …………………… (110)
5.2　工作分析 …………………………………………………………………… (111)
　　5.2.1　工作分析的含义 ………………………………………………… (111)
　　5.2.2　工作分析的作用 ………………………………………………… (111)
　　5.2.3　工作分析的步骤 ………………………………………………… (112)
　　5.2.4　工作分析的方法 ………………………………………………… (112)
5.3　人力资源规划 ……………………………………………………………… (114)
　　5.3.1　人力资源规划的含义和作用 …………………………………… (114)
　　5.3.2　人力资源规划的分类 …………………………………………… (115)
　　5.3.3　人力资源规划的内容 …………………………………………… (116)
　　5.3.4　人力资源规划的步骤 …………………………………………… (116)
5.4　人力资源的招聘与培训 …………………………………………………… (117)
　　5.4.1　人力资源的招聘 ………………………………………………… (117)
　　5.4.2　人力资源的培训 ………………………………………………… (120)
5.5　人力资源的绩效考核 ……………………………………………………… (124)
　　5.5.1　绩效考核的意义 ………………………………………………… (124)
　　5.5.2　绩效考核的原则 ………………………………………………… (124)
　　5.5.3　绩效考核的种类 ………………………………………………… (125)
　　5.5.4　绩效考核的程序 ………………………………………………… (126)
　　5.5.5　绩效考核的方法 ………………………………………………… (126)
5.6　薪酬管理 …………………………………………………………………… (128)
　　5.6.1　薪酬概述 ………………………………………………………… (128)
　　5.6.2　薪酬管理的基本原则 …………………………………………… (129)
　　5.6.3　影响薪酬管理的因素 …………………………………………… (129)
　　5.6.4　常见的薪酬制度 ………………………………………………… (130)
　　5.6.5　员工福利 ………………………………………………………… (130)
5.7　本章小结 …………………………………………………………………… (132)

第6章　企业营销管理 …………………………………………………………… (135)
6.1　市场调查与预测 …………………………………………………………… (136)
　　6.1.1　市场的概念及构成要素 ………………………………………… (136)
　　6.1.2　市场调查 ………………………………………………………… (137)
　　6.1.3　市场预测 ………………………………………………………… (141)
6.2　产品策略和定价策略 ……………………………………………………… (149)
　　6.2.1　产品策略 ………………………………………………………… (149)
　　6.2.2　定价策略 ………………………………………………………… (153)
6.3　销售渠道和促销策略 ……………………………………………………… (158)
　　6.3.1　销售渠道策略 …………………………………………………… (158)
　　6.3.2　促销策略 ………………………………………………………… (161)

3

6.4 市场营销的新发展 (165)
　　6.4.1 关系营销理论 (165)
　　6.4.2 营销组合理论 (165)
　　6.4.3 整体市场营销理论 (167)
　　6.4.4 顾客让渡价值理论 (167)
　　6.4.5 网络营销 (168)
6.5 本章小结 (168)

第7章 生产运作管理 (180)
7.1 生产运作管理概述 (181)
　　7.1.1 生产运作管理的含义 (181)
　　7.1.2 生产运作管理的内容和目标 (181)
　　7.1.3 生产运作的类型 (182)
7.2 生产过程组织 (183)
　　7.2.1 生产过程组织的概念和内容 (183)
　　7.2.2 组织生产过程的原则 (184)
　　7.2.3 组织生产过程的基本要求 (184)
　　7.2.4 流水生产 (185)
7.3 生产计划与控制 (187)
　　7.3.1 生产计划的工作步骤 (188)
　　7.3.2 主生产计划编制方法 (188)
　　7.3.3 生产能力需求计划 (189)
　　7.3.4 车间作业计划 (191)
　　7.3.5 生产作业控制 (191)
7.4 现代生产运作管理的发展 (192)
　　7.4.1 精益生产 (193)
　　7.4.2 大规模定制 (194)
　　7.4.3 计算机集成制造系统 (194)
　　7.4.4 敏捷制造 (196)
7.5 本章小结 (197)

第8章 财务管理 (200)
8.1 财务管理概述 (201)
　　8.1.1 财务管理的概念 (201)
　　8.1.2 财务管理的目标 (202)
　　8.1.3 财务管理的内容 (203)
　　8.1.4 财务管理的环境 (204)
8.2 筹资管理 (206)
　　8.2.1 筹资的渠道与方式 (206)
　　8.2.2 主要筹资方式介绍 (207)

　　　　8.2.3　风险报酬与资金成本 …………………………………………… (209)
　　8.3　投资决策管理 ……………………………………………………………… (210)
　　　　8.3.1　企业投资方向的选择 …………………………………………… (210)
　　　　8.3.2　企业投资方案的评估 …………………………………………… (211)
　　　　8.3.3　投资风险分析 …………………………………………………… (213)
　　8.4　财务分析 …………………………………………………………………… (214)
　　　　8.4.1　偿债能力分析 …………………………………………………… (215)
　　　　8.4.2　营运能力分析 …………………………………………………… (216)
　　　　8.4.3　盈利能力分析 …………………………………………………… (217)
　　　　8.4.4　成本控制和分析 ………………………………………………… (217)
　　8.5　本章小结 …………………………………………………………………… (218)

第9章　质量管理与控制 ……………………………………………………………… (221)
　　9.1　质量管理及其发展 ………………………………………………………… (222)
　　　　9.1.1　质量的概念 ……………………………………………………… (222)
　　　　9.1.2　质量概念的发展 ………………………………………………… (223)
　　　　9.1.3　质量管理的基本概念 …………………………………………… (224)
　　　　9.1.4　质量管理的发展 ………………………………………………… (225)
　　　　9.1.5　全面质量管理 …………………………………………………… (227)
　　9.2　质量管理体系的基本知识 ………………………………………………… (229)
　　　　9.2.1　概述 ……………………………………………………………… (229)
　　　　9.2.2　质量管理八项原则 ……………………………………………… (231)
　　　　9.2.3　ISO 9000 族质量管理体系标准 ………………………………… (233)
　　9.3　质量控制技术 ……………………………………………………………… (237)
　　　　9.3.1　排列图法 ………………………………………………………… (238)
　　　　9.3.2　因果分析图法 …………………………………………………… (239)
　　　　9.3.3　直方图 …………………………………………………………… (239)
　　　　9.3.4　统计分析表 ……………………………………………………… (241)
　　　　9.3.5　分层法 …………………………………………………………… (241)
　　　　9.3.6　相关图法 ………………………………………………………… (241)
　　　　9.3.7　控制图法 ………………………………………………………… (242)
　　9.4　本章小结 …………………………………………………………………… (243)

第10章　企业文化 ……………………………………………………………………… (250)
　　10.1　企业文化概述 …………………………………………………………… (251)
　　　　10.1.1　企业文化的产生 ……………………………………………… (251)
　　　　10.1.2　企业文化的含义和特征 ……………………………………… (251)
　　　　10.1.3　企业文化理论 ………………………………………………… (252)
　　10.2　企业文化的内容和功能 ………………………………………………… (255)
　　　　10.2.1　企业文化的结构 ……………………………………………… (255)

  10.2.2　企业文化的内容 ·· (256)
  10.2.3　企业文化的功能 ·· (257)
 10.3　企业文化建设 ·· (259)
  10.3.1　影响企业文化建设的因素 ······································ (259)
  10.3.2　企业文化建设的程序和方法 ·································· (260)
 10.4　本章小结 ·· (261)
参考文献 ·· (265)

第1章 管理概述

学习本章后,你应当能够:
1. 明确管理学的研究对象、性质、学科体系,提高对管理重要性的认识;
2. 了解西方管理思想的发展,以及现代管理学科发展动向和前沿问题;
3. 理解我国古代"各家"管理思想的内容。

《亮剑》中李云龙的管理艺术

《亮剑》是收视率很高的一部以中国军事为题材的电视连续剧,剧中的主角李云龙是一位非常有特色的领导者。在李云龙的带领下,"独立团"从一支普通的军队变成了一支凝聚力和战斗力都极强的虎狼之师。

李云龙刚接手独立团时,独立团正处于打了败仗后的情绪低落期,在全团的动员会上,李云龙说:"我们团要像野狼团,我们每个人都要是嗷嗷叫的野狼!"这段语言并不美,但极具煽动性,三言两语就把独立团战士低落的士气给带起来了,让战士克服了对鬼子的畏惧心理,树立了目标,鼓舞了斗志。

光有目标,战士们还不能确信这个目标就能实现,关键还要有实现目标的策略。李云龙在带队伍方面可谓下足了工夫,按特长把战士们分组,俨然把独立团打造成为一支能征善战、士气高涨的部队。每到有仗打的时候,连炊事班的战士都纷纷要求扛着铲子上前线,这样的队伍,能不打胜仗吗?

这就是我们所说的激励别人的能力,能将目标和策略描述清楚,使团队有方向,知道怎么努力,并清楚努力后的收获。这是一种积极向上的活力,创造能够唤醒他人的氛围,它可以让其他人加速行动起来,承担起看似不能完成的任务,并且享受战胜困难的喜悦。

日本人的"特种部队"想在李云龙新婚当晚端了团指挥部,李云龙事先未经请示,临机决断,集结部队攻打了平安县城,全歼敌特种部队。

战场情况瞬息万变,需要一线指挥员根据变化的战机,与其坐失良机,不如果断出击!

这考验的就是领导者的决断力,决断力是判断事件的发展、权衡利弊和轻重缓急,并作出正确选择的能力。决断力是自信的表现,优秀的领导者需要在纷繁复杂的情势下,迅速理出头绪,并知道在什么时候应该停止思索和争论,即使信息不全面,在稍纵即逝的机会面前,也要果断决策。

在野狼峪伏击战中,当政委赵刚发现押车的不是一个小队,而是关东军两个中队时,说道:"老李,情况有变,这不是日本驻山西的部队,是刚调进关的关东军。兵力有两个中队,和咱们的兵力对比差不多是一比一,干不干?"

李云龙注视着开近的车队,牙一咬发狠道:"狭路相逢勇者胜,干!敌人把胸脯送到咱们的刺刀尖前,咋能把刺刀缩回来?"

这就是李云龙的执行力,打仗一旦下决心,就要坚决执行。战场上最怕犹豫不决,三军之害,起于狐疑!不惜代价,坚决打掉敌人的嚣张气焰,不达目的誓不罢休才是正确选择。

执行力,就是落实工作任务,采取有效行动,把目标变成现实的能力。亮剑精神"敌人出剑,我必亮剑",从表面上看是一种大无畏精神,其实质则是敢于面对困难,不逃避,有准备从而能够积极采取有效行动的能力。亮剑,亮出的是气势,是胆略,是智慧,是坚定的执行力。

1.1 管　　理

1.1.1 管理的概念和重要性

1. 管理的概念

管理的概念是什么?对此,众多学者从不同的角度提出了自己的看法。亨利·法约尔(H. Fayol)认为,管理就是实行计划、组织、指挥、协调和控制。这一定义突出了管理的职能。斯蒂芬·P.罗宾斯(S. P. Robbins)和玛丽·库尔塔(M. Coultar),则把管理视作过程,即"管理这一术语指的是和其他人一起并且通过其他人来切实有效完成活动的过程"。西蒙(H. A. Simon)认为,管理即制定决策。以伯法(E. S. Buffa)为代表的数理学派,即管理科学学派认为,管理就是用数学模式与程序来表示计划、组织、控制、决策等合乎逻辑的程序,求出最优解答,以达到企业的目标。

国内学者对管理概念的看法多为综合论。例如,在徐同华等编著的教材(1998年)中,称管理为"通过计划、组织、控制、激励和领导等环节来协调物力和财力资源,以期更好地达成组织目标的过程"。周三多对管理下的定义是:"管理是指组织中的如下活动或过程:通过信息获取、决策、计划、组织、领导、控制和创新等职能的发挥来分配、协调包括人力资源在内的一切可以调用的资源,以实现单独的个人无法实现的目标。"

综上所述,我们认为"管理"是指一定组织中的管理者,通过有效地利用人力、物力、财力、信息等各种资源,并通过决策、计划、组织、领导、激励和控制等职能,来协调他人的活动,使别人与自己共同实现既定目标的动态过程。简而言之,即主管者按既定的目标,对按一定要求结合起来的人们施加影响,把人和事更好地组合起来以实现既定目标的过程。具体地讲,管理包括以下四个方面:

(1) 管理者。这是管理的主体。就企业而言,是指企业的经营者或所有者,如厂长、经理或老板。广而言之,管理者是指一个部门或单位的"首脑",如军队的军官,学校的校长等。他们的指导思想是通过一定的方式方法在管理活动中得到体现的。

(2) 管理对象。这是管理的客体,是管理主体施加影响的人和事。学校校长的管理对象是整个学校师生员工及教学、科研和总务工作,军官的管理对象是其下属全体官兵及作战和后勤工作等。任何企业都要对人力、物力、财力、信息等各种资源进行管理。

(3) 管理活动。这包括管理职能和按管理职能要求进行的实际活动。管理职能是在一定的技术经济条件下,在管理过程中反复出现的带有共性的管理活动的理论抽象。一般认为,计划、组织、指挥、协调、控制、激励等都是管理的基本职能。管理活动始终是一个动态的协调过程,它贯穿于整个管理过程的始终。

(4) 管理的目的。管理是有目的的,没有无缘无故的管理。因为,管理是一种有意识、有组织的群众性活动,而不是盲目的、自发的或本能的活动。目标的正确与否,关系到管理成效的大小甚至管理的成败。

管理的内容十分广泛,它包括政治、经济、军事、文教、卫生、体育等各方面的管理。其中,由于经济是人类社会赖以生存和发展的基础,企业是现代社会的基本细胞,所以,经济管理是整个社会管理的基础,企业管理又是经济管理的基础。并且管理的理论、原则、方式方法也多来自企业管理。

2. 管理的重要性

随着人类社会活动规模的日益扩大,社会经济联系的日益复杂,管理的重要性也日益增强了。人们从实践中认识到:社会的发展与进步、国家的繁荣与富强、企业的兴旺与发达等,都与管理密切相关。所以,管理是一种资源,是一种生产力。

(1) 管理是资源。它在任何一个单位的总能力中起主导作用。任何一个单位,其总能力都是由技术和管理两方面构成的。前者包括设备、工具和科技水平等,后者包括管理人员的经验和采用的管理理论以及方法等。而后者在总能力中起主导作用。因为,只有管理能力强,才能发挥各方面人才和技术设备的作用。人们常称技术为硬件,管理为软件。要是没有很好的软件,则硬件也很难发挥更大的作用,所以说管理是资源。

(2) 现代管理和科技是经济起飞的双翼。经济起飞的关键在于生产力的发展,而要发展生产力就离不开科学技术的管理。因为,科学技术是新设备、新工具、新产品的先行,是现代化的开路先锋。而科学管理,则是把现代科技、设备、工具、人和事有效组合起来,即把诸生产要素组合起来,使可能的生产力变成现实生产力的关键。如日本在第二次世界大战结束后的初期引进了许多先进的设备和科技,但因管理水平落后而未能发挥应有的作用。后来,在重视科技的同时,日本更加重视管理,从而加快了经济发展的速度。

(3) 管理提高社会生产效率。在一定的科技水平条件下,一个国家的生产效率取决于管理水平。英国的工业生产率低于美国,其主要原因不在于技术方面,而在于管理水平。1980年以来日本的国民生产总值仅次于美国,其主要原因也并非设备先进和其他,而在于重视和形成了日本式的经营管理模式。

(4) 管理是对生产关系进行组合。举个例子来说,比如机器的组装,零部件虽好,但如果组装不好,机器也会运转不灵,因此,从某种意义上来讲,先进的管理还可以弥补暂时技术上的落后。

我国也不例外,现代管理和科技是提高经济效益的决定性因素,是使经济走向新的成长阶段的主要支柱。离开了这两大支柱,就不可能在有限的耕地上生产出足够的农产品,就不可能在人口不断增长的情况下保持目前的温饱水平,也谈不上向小康和更高的水平前进。

管理和科技水平的提高,将在根本上决定我国现代化建设的进程,这是关系民族振兴的大事。就我国目前的情况和国外的经验来看,管理还具有更重要的作用,它能在不增加投资或少增加投资的条件下,迅速提高企业和整个社会的经济效益。综上所述,我们可以充分认识到管理的重要性。

1.1.2　管理的二重性

管理具有二重性,是指一方面它具有与生产力、社会化大生产相联系的自然属性,另一方面它又具有与生产关系、社会制度相联系的社会属性。这一论断是马克思在研究资本主义企业管理本质时首先提出来的。马克思指出:"凡是直接生产过程具有社会结合过程的形成,而不是表现为独立生产者的孤立劳动的地方,都必然会产生监督劳动和指挥劳动。不过它具有两重性。"

(1) 管理的自然属性。管理的自然属性,是指管理要处理人与自然的关系,要合理组织生产力,故亦称管理的生产力属性。因为管理是一切共同活动所要求的,是适应社会生产力发展和社会分工发展的要求产生的,是社会协作过程本身的要求。

管理的自然属性是由于社会劳动分工协作而产生的。马克思指出:"凡是有许多人进行协作的劳动、过程的联系和统一都必然要表现在一个指挥的意志上,表现在各种与局部劳动无关而与工厂全部活动有关的职能上,就像一个乐队要有一个指挥一样。"

可见,管理是由人们劳动的社会化引起的,是人们共同活动(小到一个乐队,大至一个企业、学校、军队)得以顺利进行所必需的。只要不是劳动者孤立劳动的地方,都必然会产生管理劳动。而且,共同活动的规模越大,活动的社会化程度越高,管理就越重要。

管理的自然属性体现在两个方面:

① 管理是社会劳动过程的一般要求。管理是社会化生产得以顺利进行的必要条件,它与生产关系、社会制度没有直接联系。

② 管理在社会劳动过程中具有特殊的作用,只有管理才能使生产过程中的各种要素得以合理组合并发挥作用,这也与生产关系、社会制度没有直接联系。

可见,管理的自然属性是不论哪种生产方式都共有的,是生产力发展水平和劳动的社会化程度所决定的。

(2) 管理的社会属性。管理的社会属性,亦称管理的生产关系属性,指管理是生产关系的体现。这是因为,管理总是反映一定的社会形态中统治阶级的要求,受生产关系的影响和制约。马克思指出:"凡是建立在作为直接生产者的劳动者和生产数据所有者之间的对立上的生产方式中,都必然会产生这种监督劳动。"监督劳动是实现某种特定生产目的的手段,在不同社会制度和生产关系条件下具有不同的性质。在资本主义条件下,作为资本增值过程的监督劳动,体现了资本主义生产关系的剥削实质,具有阶级对抗的性质。在社会主义条件下,监督劳动成为巩固、加强共同劳动以及形成高度自觉劳动所必不可少的条件,但一般不再具有阶级对抗的性质。

管理权属于谁?管理的目的是什么?管理的方式怎样?这些归根到底都与社会制度相联系。管理的社会属性在其作为一种社会活动中体现,它只能在一定的社会历史条件下和一定的社会关系中进行。管理具有维护和巩固生产关系,实现特定生产目的的功能,管理的社会属性与生产关系、社会制度紧密相连。

管理的二重性是相互联系、相互制约的。一方面,管理的自然属性不可能孤立存在,它总是在一定的社会形式、社会生产关系下发挥作用;同时,管理的社会属性也不可能脱离管理的自然属性而存在,否则,管理的社会属性就成为没有内容的形式。另一方面,两者又是相互制约的。管理的自然属性要求具有一定社会属性的组织形式和生产关系与其相适应;同时,管理的社会属性也必然对管理的方法和技术产生影响。

1.1.3 管理的职能

管理的职能,就是指管理活动的职责和功能。它是管理主体对管理客体在管理过程中施加影响的具体表现,是设计管理者职务和管理机构功能的依据。

1. 管理职能的历史变迁

亨利·法约尔(1841—1925),法国著名的工业家和管理者,首次提出管理就是预测(计划)、组织、指挥、协调和控制。

20世纪50年代,美国加州大学洛杉矶分校的哈罗德·孔茨和西里尔·奥唐奈合著的《管理学原理》采用计划、组织、人事、领导、控制作为管理教科书的框架,此书也成为此后二十多年里销量最大的管理学教科书。

孔茨和海茵茨·韦里克合著的《管理学》里管理的职能有:计划、组织、人事、领导、控制。

20世纪80年代,罗宾斯教授的《管理学》给出的管理职能包括:计划、组织、领导、控制。全美八百多所大学和世界许多国家的大学采用他的教材。

2. 管理职能简介

各国管理学者对管理职能的探讨随着科技进步和管理实践的发展而发展,从最早法约尔提出的"五职能论"到西蒙的"七职能论"等。但其实质并无根本不同,只是详略不同而已。下面,就决策、计划、组织、指挥、协调、控制和激励七个方面加以论述。

(1) 决策。所谓决策,是指组织或个人为了实现某种目标而对未来一定时期内相关活动的方向、内容及方式的选择或调整过程。具体地讲,可认为是根据内部条件和外部条件,从多个发展目标中,确定本单位未来的发展目标;或从多个实现目标的行动方案中选择其一,或从多个技术上都可行、而经济效益不同的方案中进行选择的判断过程。

这个概念包含以下几层含义:

① 决策的主体既可以是组织,也可以是组织中的个人。

② 决策要解决的问题,既可以是组织或个人活动的选择,也可以是对这种活动的调整。

③ 决策选择或调整的对象,既可以是活动的方向和内容,也可以是在特定方向下从事某种活动的方式。

④ 决策涉及的时限,既可以是未来较长的时期,也可以仅仅是某个较短的时段。

决策的正确与否,决定着本单位的兴衰。对一般问题的决策如何,也关系到经济效益的高低。决策贯穿于管理过程的始终,决策也是上下各级管理人员的主要工作。一些管理学者认为:"管理就是决策","管理的关键在于决策",可见其在管理中的地位是何等重要。

(2) 计划。所谓计划,就是对未来的发展目标进行具体设计,制定长远的发展蓝图以及年度的发展计划和日常的工作安排,并用计划指导工作,按计划办事,用计划和实际进行对比检查等。它包括定义组织的目标,制定全局战略以实现这些目标,开发一个全面的分层计划体系以综合和协调各种活动。计划既涉及目标(做什么),也涉及达到目标的方法(怎么做)。

"凡事预则立,不预则废",无论对什么样的对象进行管理,事先都要有计划并按计划办事,才能增强管理活动的目的性、预见性和主动性,减少盲目性。另外,管理活动不是孤立的,某个管理对象既处于大系统之中,同时也是一个系统,而且系统下还有很多分支系统,因而上下左右的关系错综复杂,若不按计划行事,就会因互相"撞车"而抵消力量。就一个企业而言,既有产、供、销等各环节,又有人、财、物等各要素,经济活动纷繁交错,要是没有长远计划、年度计划和作业计划,企业就会处于混乱的管理中,无法组织总体的行动以实现发展的目标。

(3) 组织。所谓组织,是指人们为了达到一项共同目标而建立的组织机构,是综合发挥人力、物力、财力等各种资源效用的载体。它包括对组织机构中的全体人员指定职位,明确责任,交流信息,协调其工作等要素。

组织有以下三层含义:

① 组织作为一个整体,具有共同的目标。因此,在管理活动中一个组织机构的建立、撤销、合并等,都必须服从于组织的共同目标。

② 完成组织目标的业务活动和主要责任是决定各级组织权责范围的基础。

③ 决定组织效率的两个主要因素是组织内的信息交流和协调配合。

组织的实质在于它是进行协作的人的集合体,表现为组织成员主动性、积极性和创造性的充分发挥。组织成员为实现共同的目标而有效地工作,从而使组织机构运行高效化。

组织职能的内容十分广泛,总体包括:管理机构的设置,各部门职权的划分,人员的安排、责任的分工等。具体还包括:内部核算单位的划分,责任制的建立和健全,人员的调配、培训、考核和奖惩等。

(4) 指挥。所谓指挥,就是领导者在权责范围内,用下达命令、指示等方式,使其下属从事和完成某项任务。指挥只是一种上级对下级的纵向管理关系。

指挥是管理者的基本职能,它是同管理的全局性、整体性相联系的。不进行指挥,则无法使众多的分散的下属人员步调一致地从事具有共同目标的活动。而要指挥就得靠下命令、发指示等强制措施来统一人们的行动,所以需要权威。而权威除在形式上来自上级的委派、授权,以及基层推荐、选举外,最重要的还是要管理者自身德才兼备,才能使下属心悦诚服地听从指挥。

(5) 协调。所谓协调,是指消除管理过程中各环节、各要素之间的不和谐状态,加强相互之间的合作,达到步调一致的发展要求。

目标和计划的实现不可能一帆风顺,出现一些薄弱环节、比例失调和配合不当的情况是常见的。所以,需要经常加强协调。协调能消除国民经济和企业中各部门、各环节、各要素配合不当的问题,使国民经济和企业经营向着良性循环方向发展;协调也能适时调整生产关系,使其能适应生产力发展的水平;协调还能促使各管理职能机构和人员取得最佳的配合。

协调可分为对外协调和对内协调,垂直协调和水平协调。对外协调是指本单位与外界环境的协调,如企事业单位与国家,企事业单位与其他单位之间的协调。对内协调是指对企事业单位内部各部门、各环节之间的协调。垂直协调是指对上下级机构和人员的纵向协调。水平协调是指企事业单位内部各部门、各单位之间的协调。

(6) 控制。所谓控制,是指在按计划办事的过程中,对计划执行情况进行监督和检查,及时发现问题,并采取干预措施,纠正偏差确保原定目标和计划按预期要求实现。

要进行控制,需要有三个条件及相应的步骤:

① 事前要有明确的包括数量和质量要求的标准,如规章制度、计划产量、质量要求以及各种定额等。

② 在执行过程中,要及时通过各种渠道和手段,搜集有关情况和数字,做好信息反馈,同原计划对比,并查明发生偏差的具体原因。

③ 在查明偏差大小及分析产生原因的基础上,采取切实措施加以纠正,以保证原目标和计划顺利实现。

目前,在企业管理中,控制已有了许多专门的科学方法,在生产控制、库存控制、质量控制和成本控制等方面均得到了广泛的运用。

(7) 激励。所谓激励,是指激发鼓励职工的积极性,引导和培育职工,努力实现总体的目标和任务。

人们由需要产生动机,由动机引起行为,而行为指向一定的目标。也就是由刺激变量引起机体变量产生持续不断的兴奋,从而引起积极的行为反映。当目标达到以后,又反馈回去,强化刺激,又开始另一个激励过程,使人们向着更高的目标前进。在激励的过程中要加以引导和教育。教育人们把个人、集体和国家三者利益正确结合起来,为本单位的兴旺发达贡献力量。

激励的因素很多,包括政治思想因素、物质利益因素、期望因素、环境因素等。激励的范围包括正确处理职工与单位之间、单位内部上下级之间、职工之间的关系,关于工作扩大化和丰富化以及员工职业生涯规划等内容。

关于管理职能,不同学者的看法不尽一致,随着科技的进步,管理活动的日益复杂,管理的职能也在变化,如有人把创新也视为职能,这也有一定的道理。但管理的基本功能理论还是法约尔提出的五职能说。

1.2 西方管理思想的发展

1.2.1 早期的管理思想

西方早期的管理思想是从18世纪60年代资本主义产业革命以后开始的,这一时期以机器为基本生产手段的工厂代替了手工业工厂,生产规模扩大,专业化程度高,产品和生产技术复杂,因而要求有高水平的管理和专门从事管理事务的人员。于是,以现代工业生产为背景的管理思想和管理理论相继出现。资本主义社会中早期管理思想的代表人物是英国的经济学家亚当·斯密(Adam Smith,1723—1790)和数学家查尔斯·巴贝奇(Charles Babbage,1792—1871)。

亚当·斯密在他1776年发表的经济学著作《国富论》中,以制造业为例说明了劳动分工理论,分析了劳动分工能提高劳动生产率的三方面原因:

(1) 劳动分工可以使工人重复完成单项操作,从而提高劳动熟练程度,因而提高劳动生产率。

(2) 劳动分工可以减少由于转换工作而损失的时间。

(3) 劳动分工可使劳动者的注意力集中在一种特定的对象上,有利于创造新工具和改进设备。

亚当·斯密的劳动分工理论成了日后企业管理理论中的一条重要原理。

查尔斯·巴贝奇在亚当·斯密劳动分工理论的基础上对专业化分工问题作了进一步深入的研究,他在1832年发表的《论机器和制造业的经济》一书中,更深入、更细致地分析了劳动分工提高工作效率的问题。

1.2.2 古典管理理论

古典管理理论形成于20世纪初至该世纪中叶。时间虽然不长,但理论发展较快,而且形成了一定的理论体系和流派。这一阶段管理理论发展较快的原因有三个方面:

(1) 社会方面,资本主义社会中劳资矛盾激化,急需通过管理来缓解劳资对立,协调劳资关系。

(2) 经济方面,市场竞争激烈,生产规模和市场迅速扩大,需要一套系统的管理理论和科学的管理方法与之相适应。

(3) 生产技术方面,生产技术进步,生产过程和经营活动变得复杂,需要进行科学的管理以提高生产效率和合理利用资源。

古典管理理论的主要内容包括科学管理理论、组织管理理论和人际关系理论。

1. 科学管理理论

科学管理理论的创始人是美国的弗雷德里克·泰勒(Frederick Winslow Taylor, 1856—1915)。他的代表作是1911年出版的《科学管理原理》一书。泰勒由于在科学管理理论和实践方面的成就,而被美国人称为"科学管理之父"。

泰勒管理理论的基本观点是:

① 科学管理的根本目的是谋求最高工作效率。

② 达到最高工作效率的重要手段,是用科学的管理方法代替旧的经验管理。

③ 实现科学管理,要求管理人员和工人双方在精神上和思想上进行友好合作。他认为,管理人员和工人都应把注意力从盈利分配转移到增加盈利总量上来,从而使工人增加工资,业主增大利润。

依据上述观点,泰勒提出了如下的管理制度(泰勒制):

① 对工人制定科学的操作方法和工作定额,实行工具和机器标准化。通过动作和时间研究,选用标准工具和机器,制定出科学的操作方法和工作定额。

② 实行差别计件工资制,鼓励工人完成或超额完成工作定额。这是基于人是"经济人"的认识而提出来的。差别计件工资制对未完成定额的工人按低于正常单价的工资率计算工资,对超额完成定额的按高于正常单价的工资率计算工资(包括定额内的部分)。

③ 对工人进行选择、培训,根据能力分配工作岗位。
④ 制定科学的工艺规程。
⑤ 实行计划职能与操作职能相分离。

泰勒科学管理理论的局限性主要表现在:
- 认为人是纯粹的"经济人",工人最关心的是自己的金钱收入。
- 偏重管理技术因素,忽视人的社会因素。
- 只注重工作现场作业效率的提高,未能从企业整体上考虑如何解决好经营管理问题。

2. 一般管理理论

组织管理理论以法国的亨利·法约尔(Henry Fayol,1841—1925)为代表。组织管理理论是从企业整体上研究管理职能和一般管理原则的。法约尔的代表作是1925年出版的《工业管理与一般管理》一书。

组织管理理论包括三个方面的内容:
(1) 将企业的全部活动概括为六大类别,管理是其中的一类;
(2) 把管理的要素看成是管理的职能,即计划、组织、指挥、协调与控制;
(3) 提出了管理工作的十四原则。

法约尔认为,企业无论大小,其全部活动可概括为六种类型:
① 技术工作设计、制造;
② 商业工作采购、销售;
③ 财务工作资金的筹集和使用;
④ 会计工作记账、算账、统计;
⑤ 安全工作商品、设备及人身安全;
⑥ 管理工作计划、组织、指挥、协调和控制。

法约尔认为,管理是由计划、组织、指挥、协调和控制五大要素构成,称其为五大职能,并体现在领导和整个组织成员的管理活动之中。

法约尔在《工业管理与一般管理》一书中根据自己的经验提出了一般管理的十四条原则,人们称"法约尔法则":
- 劳动分工。各项管理和技术工作必须实行专业化分工。
- 权力与责任。职权与职责应对应。
- 纪律。遵守协议,以达到服从、专心、尽力。
- 统一命令。雇员只接受一个上级的命令。
- 统一管理。一个项目应只有一个计划,一个领导。
- 个人利益服从集体利益。
- 合理报酬。报酬公平、合理。
- 集中。权力集中是一种趋势。
- 等级系列。从高到低有合理的主管人员系列。
- 秩序。人或事各有其位。
- 平等。上级对下属一视同仁。
- 人员稳定。保持人员稳定。
- 首创精神。

● 集体精神原则。职工之间和谐与团结。

法约尔由于较长时间担任企业中的上层领导职务,所以他是站在企业全局的高度来研究管理问题的。他的管理思想的系统性和理论性比较强。他对管理的五大要素的分析为管理科学提供了一套科学的理论框架,提出的管理原则具有普遍的意义。

3. 霍桑试验与人群关系论

泰勒的科学管理理论和法约尔的组织管理理论主要是从金钱刺激和严格的控制来讨论管理问题的。人群关系论则是研究组织中人的行为因素以达到调动人的积极性的一种管理理论。人群关系论是澳大利亚人埃尔顿·梅奥(Elton Mayo,1880—1949)等人在著名的霍桑试验的基础上总结建立起来的管理理论。人群关系论为后来建立行为科学理论奠定了基础。

霍桑试验是从1924—1932年在美国芝加哥西方电气公司的霍桑工厂中进行的。梅奥从1927年起参加这一试验。试验分四个阶段进行。第一阶段:进行照明试验,研究环境对生产效率的影响。第二阶段:进行继电器装配工人小组工作条件试验,包括增加工间休息、供应午餐和茶点、缩短工作时间等。第三阶段:进行大规模访问交谈试验,与工人进行广泛的自由交谈。第四阶段:对接线板接线工作室进行观察试验。

梅奥等人在分析了上述试验结果之后提出如下人际关系理论:

(1) 人是"社会人"。影响人的工作积极性的因素,除物质方面外,还有社会和心理方面。

(2) 企业中存在非正式组织。非正式组织是影响人们生产积极性的重要因素。非正式组织形成的原因有地理位置、兴趣爱好、亲戚朋友、工作关系等。正式组织以效率逻辑为其行动标准,非正式组织则以感情逻辑为其行动标准。一般来说管理人员以效率逻辑考虑问题,工人则以感情逻辑考虑问题。

(3) 满足工人的欲望,提高工人的士气,是提高生产率的关键。

人群关系论的最大贡献是开创了对组织中人的因素的研究,为现代行为科学理论的建立奠定了基础。

1.2.3 现代管理理论

第二次世界大战后,世界上许多国家都致力于发展本国经济,科学技术迅速发展,生产社会化程度日益提高,生产力发展加快。生产力的快速发展,对管理提出了更高的要求。因此,第二次世界大战以后,特别是20世纪50年代至70年代,管理科学有了飞速的发展,各种管理理论不断涌现,并形成不同的派别。

(1) 管理程序学派。管理程序学派是在法约尔管理思想的基础上发展起来的,它的代表人物是美国的哈罗德·孔茨(Harold Koontz)和西里尔·奥唐奈(Cycil ODonnell),其代表作是他们二人合著的《管理学》。

该学派的基本观点是将管理视为一套程序,并由许多职能要素构成,其中公认的是计划、组织、指挥、控制、协调职能;根据这些职能可归纳出若干指导原则,按照这些原则进行指导,可以提高组织效率,达到组织目标。

(2) 行为科学学派。行为科学学派是在人群关系论的基础上发展起来的,其代表人物是美国的马斯洛(Abraham H. Maslow)和赫兹伯格(Frederick Herzberg),马斯洛的代表作是《激励与个人》,赫兹伯格的代表作是《工作的推动力》。他们认为,管理中最重要的是对人的管理。要研究人、尊重人、关心人。人是有需要的,需要是多方面的,需要引起动机,动机产生行为,满足人的需要可以激励人的行为。

(3) 决策理论学派。决策理论学派是从社会系统学派发展起来的。它的代表人物是美国卡内基梅隆大学教授伯特·西蒙(H. A. Simon),其代表作是《管理决策新科学》。他认为,管理的关键是决策。他把决策分为程序化决策和非程序化决策。程序化决策是对反复出现的简单的管理问题事先制订一套例行程序,人们依照执行。非程序化决策是对一次性出现或其性质结构尚不确定的比较复杂的问题,无例行程序可循,需要决策者根据具体情况具体分析。

(4) 系统管理学派。系统管理学派是将自然科学中的系统理论和控制论引入管理科学中来。代表人物是卡斯特(F. E. Kast)等人,其代表作是《系统理论和管理》。系统管理学派把组织看成是一个系统,系统由相互联系、相互作用的子系统构成。

(5) 权变理论学派。权变理论是一种较新的管理思想,代表人物是英国的伍德沃德(Jown Woodkward)等人。该理论认为,组织和组织成员的行为是复杂的,而环境也是复杂的,没有一种管理理论和管理方法适合于所有情况。因此,管理方式或方法应随情况而变。根据不同情况建立不同的管理模式。建立模式时应考虑以下因素:组织的规模和结构、工艺技术的复杂性、管理者的位置与权力、人员的素质、环境的不确定性。

(6) 管理科学学派。管理科学派又称数理学派,是泰勒科学管理理论的继续和发展。代表人物是美国的伯法(E. S. Boffa),他的代表作是《现代生产管理》。该学派的基本观点是:采用数学模型进行科学决策,减少决策的个人艺术成分,以经济效果作为评价可行方案的依据,广泛使用电子计算机。

(7) 经验主义学派。代表人物是戴尔(Ernest Dale)和杜拉克(Peter Drucker),戴尔的代表作是《伟大的组织者》和《管理:理论和实践》;杜拉克的代表作是《有效的管理者》。他们重点分析大量组织管理人员的经验,然后加以概括,找出其中具有共性的东西,进行系统化、理论化,并向管理人员反馈。

1.3 中国古代管理思想

管理是一种文化现象,无论何种层次、何种规模的管理活动都离不开特定的历史条件和民族文化背景,管理思想也无不深深地镌刻着民族文化的印记。中国是四大文明古国之一,中国古代有许多成功的管理经验,也形成了丰富的、独具特色的管理思想。美国学者克劳德·小乔治说:"从《墨子》、《孟子》和《周礼》的古代记载中,已看到当时的中国人早已知道组织、计划、指挥和控制的管理原则。"因此,探寻管理思想的源流,发展管理学的基本理论,寻找适合中国国情的管理理论和方法,都有必要对中国历史上的管理思想进行发掘。

中国古代系统的管理思想及理论框架在先秦至汉代这一时期已基本确立,此后多年,管理的总格局已没有大的变化,只是局部有些修整或调整,所以,研究中国古代管理思想,只研究先秦到汉代部分,已能基本反映中国古代管理思想的特色。

1.3.1 以"仁"为核心的儒家管理思想

儒家的管理思想关心人生、社会问题,他们在伦理道德方面建立了相当完整的思想体系,其中蕴涵着丰富的政治管理及人事管理思想。

1. 孔子的管理思想

孔子是中国儒家文化的主要代表。"仁"是孔子人生哲学的核心,也是其管理思想的理论基础。所谓"仁",孔子解释为"仁者人也","仁者爱人",一般可理解为同情心。在孔子那里,"仁"是管理者的首要因素,居于道德"五常"之首。在"仁"的思想指导下,孔子把人类社会各种关系的道德规范为:"为人君止于仁,为人臣止于敬,为人子止于孝,为人父止于慈,与国人交止于信",称为"五论"。从五论出发又推演出十义,即,父慈,子孝;兄良,弟嫡;夫义,妇听;长惠,幼顺;君仁,臣忠。孔子进一步提出"修身,齐家,治国,平天下",即"天下之本在国,国之本在家,家之根在身"的道理。这样孔子把政治与伦理结合起来,把国家、家庭与每一个人联系起来,构成了社会管理系统。从管理的角度看,要把天下治理好,就得使国家安定;为使国家安定,就需要人人从自己做起。

在孔子的管理思想中,管理人才的选拔处于非常突出的地位。"举贤才"是孔子的基本主张。此外,他又进一步提出了"有教无类"和"学而优则仕",扩大了教育对象和做官的范围。

对于人民,孔子则认为应先"富之",然后再"教之"。这种把社会管理建筑在物质和精神两个方面不断提高的基础上的思想,迄今仍有借鉴意义。

2. 孟子的管理思想

孟子是孔子之后最大的儒学者。他的管理思想体现在《孟子》中。孟子在下述方面发展了孔子以"仁"为核心的管理思想。

行"王道",施"仁政"。孟子认为,"如施仁政于民:省刑罚,薄税敛;深耕易耨;壮者以暇日,修其孝悌忠信,入以事其父兄,出以事其长上",就可以"王天下"。

贤能政治与"定与一"原则。孟子认为应使"贤者在位,能者在职",这样,实行王政就能得民心,使天下"定与一"。

"民贵君轻"。孟子认为"民为贵,社稷次之,君为轻"。他还提出了管理社会、治理国家都有一个民心向背的问题。

"以和为贵"。孟子从他的政治、伦理主张出发,提出要把仁心"推己及人",要保持人与人之间和谐的关系以达到群体的安定协调。

"仁义"思想。孟子在孔子"仁"的思想基础上增加了"义"的伦理思想,把"义"与"仁"并列起来,称为"仁义"。他用"仁义"思想鼓励人们"舍生而取义"。

3. 儒家的"性善论"与"性恶论"

人性和人的行为,是管理学的重要研究内容之一。早在两千多年前,我国古代思想家就对人性是"善"还是"恶"进行过深入探讨。

孟子认为,人的本性是善良的,"人性之善也,犹水之就下也。人无有不善,水无有不下"。人之所以会干坏事,那并非他的本性,而是受环境的影响,就像击水能使之跃起,堵水能使它止流一样。因为人性是善的,所以每个人生来就有"恻隐之心"、"羞恶之心"、"恭敬之心"和"是非之心"。孟子称这些为"四端",即四种内在因素。它们发展起来就成为仁、义、礼、智四种道德。

针对孟子的"性善论"。荀况提出了"性恶论"。荀况认为,如果述评人性是善的,那也是人为的结果。因为人的本性生来就是"饥而欲饱,寒而欲暖,劳而欲休,此人之情性也"。此外,他还从人的日常生活中证明人的本性是恶的。"夫薄愿厚,恶愿美,狭愿广,贫愿富,贱愿贵,苟无之中者,必求于外。""故富而也。"正因为人性本是恶的,所以人生来就有欲望和需要,管理要研究人的欲望,满足人的需要。荀况说:"人生而有欲,欲而不得,则不能无求,求而无度量分界,则不能不争。争则乱,乱则穷。先王恶其乱也,故制礼义以分之,以养人之欲,给人之求。使欲必不穷于物,物必不屈于欲,两者相持而长,是礼之所起也。"

1.3.2 以"无为"为最高原则的道家管理思想

道家创始人是老子,他的《道德经》,今俗称《老子》,是道家的经典。《老子》蕴藏着丰富的管理思想,既有"治国",又有"用兵",既有宏观调控,又有微观技术,被称为"君王南面之术"重要著作。道家在战国后期的发展形态之一是"黄老之学",其中不乏独到的经济管理思想。

1. 老子的管理思想

《老子》哲学的最高范畴是"道"。"道"本义指"道路",后来引申为"法则、规律"的意思。《老子》把道作为宇宙的本原,认为万事万物是由道派生出来的。关于道的性质,《老子》讲:"道法自然","道常无为而无不为"。"无为"是《老子》的宇宙法则。自然界无为,道法自然也是无为的,人循道便也要无为。于是,"无为"就成为道家管理思想的最高原则。

作为老子管理思想最高原则的"无为",具有下述几个特点:

(1)"无为"是一个普遍适用于任何管理过程的原则,不论是政治管理、经济管理、军事管理还是社会文化管理,都概莫能外。

(2)"无为"作为一个宏观的管理原则,意味着国家对私人的活动采取不干预、少干预的态度,即采取放任的态度。

(3)"无为"绝不是要人们什么都不干,而是指人的行动及其指导思想必须顺应自然,必须符合自然的要求,而不是主观随意地蛮干、胡为。

(4)"无为"不仅不是教人们什么事都不干,而是要求做事非常认真、审慎和严格。老子说:"图难于其易,为大于其细。天下难事,必作于易;天下大事,必作于细。"

(5)"无为"对管理者而言,还包含着对管理方法的要求。作为管理方法,"无为"就是要求管理者要善于抓大事,把具体的工作分配给具体的机构和人员去做,无须事必躬亲。这样,分工协作,权责分明,各展其长,各尽其力,管理者看似比较清闲,但却能把各方面工作都做得井井有条,取得最佳效果。这也正是"无为而无不为"。

(6)"无为"还包含着政策要有稳定性,不可朝令夕改的意思。《老子》里有这样一句话:"治大国若烹小鲜。"意思是说,治理大国要像烹小鱼一样,少搅动。治理国家而政策没有稳定性,就会造成严重的混乱和烦扰。

从"无为"的原则出发,老子提出了一整套以弱胜强的道家的管理策略。"反者道之动,弱者道之用"。就是说,向对立面转化是"道"在运动中的表现,善于运用这种"道"的人,不会因为自己处于弱势而悲观失望,而是能够从敌强我弱的现状出发,通过对"道"的妙用达到以弱胜强和转弱为强。在此基础上,老子又提出了"反敌而动"的思想。在人与人、国与国之间的关系中,老子一贯主张"居后"、"处下",认为这是处理人和人、国和国之间关系所普遍适用的原则,正所谓"不敢为天下先"。

2.《淮南子》中的经济管理思想

战国后期,有些人伪托黄帝著书,称《黄帝书》,以《老子》和《黄帝书》的思想为基础,吸取诸子百家思想,形成新的学说体系,称为黄老之学。黄老之学将《老子》中的"无为"思想用于治国,产生了"无为而治"的管理方针。《淮南子》(原名《淮南鸿烈》)集黄老学说之大成,是道家思想的丰富与发展。尤其是《淮南子》中的经济管理思想更为引人注目。

具体地说,《淮南子》提出了如下一些经济管理思想。

(1) 主张一切经济举措必须顺民之心,因民之性。

(2) 提出了君主治理经济的总方针应从"安民定用"到"省事节欲"再归于"虚平无为"。

(3) "因资"、"乘势"以推动社会生产全面发展。其中"因资"包括两层意思:一是顺随天时地利而成其事;二是发挥人之所长,提高经济效益。"乘势"则是指:第一,明君为治,必须君臣异道,君逸臣劳;第二,下必行之令,使民知利害,造成天下风从之势。

(4) 反对贪剥赋敛无度,主张蓄积于民。

(5) 主张人君应廉俭率下,切勿耗竭民力国财。

1.3.3 以"法治"为基础的法家管理思想

历史上以法治国的思想是到战国时期才建立起来的。从管理的角度讲,法家都是为君王服务的,以成文法或不成文法作为标准,以赏罚为手段,进行比较简单的管理,一般不重视教育工作,不重视道德方面的培养。

"法治"管理思想的主要代表是韩非(约前280—前233)。韩非博采众家之长,自成刑名法术之学,形成了以专制主义为特色的管理思想体系。韩非反对"人治主义"或贤能政治,主张"立法为教"。只要"法不败",就能保持政治的长治久安。但是虽有善法,如果"主无术以知奸",仍然行不通。所以,韩非认为人君要有善于驾驭臣下的"南面之术"。不过术必须要以法的有效性为依据,也就是要保证法的效力。法既定,术亦备,如果缺乏"势"(即强制势力),即使有法也会无效而不可依,有术也难保证群臣会服从管理。因此,法的执行还得靠"势"。在法、术、势三者之中,法是中心,术与势是行使法的必要条件。这就是韩非的法、术、势三者结合的法治理论。

在韩非看来,实行法治,中人之君也可使国治;实行人治,则非要靠贤人、能人、上等智慧之人不可,这种人又"千世一出",很不容易找到,其结果是要俟千世才有一治。如果"抱法处势",中人和上人都一样能治。所以,韩非坚持法治,抨击人治主义。

1.3.4 《孙子兵法》中的管理思想

《孙子兵法》是一部含有丰富管理思想的重要著作。它的许多基本观点,对于现代企业经营管理具有启迪作用。《孙子兵法》共13篇,它的管理思想包括管理职能的计划、组织、指挥、协调、监督和领导艺术等方面。

孙子在《兵法·计篇》中着重指出了研究和谋划的重要性。他强调事前必须周密分析各种条件,把"道"、"天"、"地"、"将"、"法"这"五事"给予充分考虑,做到"凡此五者,将莫不闻,知之者胜,不知者不胜"。"故校之以计而索其情,曰:主孰有道?将孰有能?天地孰能?法令孰行?兵众孰强?士卒孰练?赏罚孰明?吾以此知胜负矣。"认真地分析、比较"五事"、"七计",在研究的基础上,提出各种方案,进行决策,这就是"夫未战而庙算胜者,得算多也,未战而庙算不胜者,得算少也"。将帅在谋划中,还要分析有利和不利的情况变化,"是故智者之虑,必杂于利害,杂于利而务可信也;杂于害而患可解也"。(《兵法·变篇》)有了充分的思想准备和应变计划,祸患就可以解除。这样制订的作战计划,才能做到"知己知彼,百战不殆"。

在组织、指挥、协调和监督方面,孙子认为"凡治众如治寡,分数是也",(《兵法·势篇》)把人员按编、裨、卒、伍建制组织起来,而每一种编制都按一定的数目组织,正确地运用组织力量。作战时,"夫金鼓旌旗者,所以一人之耳目也;人既专一,则勇者不得独进,怯者不得独退,此用众之法也",(《兵法·军争篇》)是指主要依靠旌旗金鼓等信息指挥工具来统一指挥,统一行动。"故善用兵者,携手若使一人",(《兵法·地篇》)指挥、协调得当,统帅三军,就像使用一个人那样。这些组织指挥的原则与现代管理的主要职能相比较,确有"古为今用"的价值。

孙子在对人的管理问题上,强调上下协调一致,"道者,令民与上同意也,故可以与之死,可以与之生,而不畏危"。(《兵法·计篇》)他还提出"上下同欲"作为"知胜有五"中的一条。为此,孙子主张要有"赏"。因为"赏"是满足士兵的欲望,激励士兵士气的重要方法,而"利"则是"赏"的主要内容。但是,也不能滥施奖罚,要注意量度。孙子指出:"数赏者,窘也;数罚者,困也"。(《兵法·行军篇》)对有突出贡献的人,实行重奖。如"车战得车十乘以上,赏其先得者"。(《兵法·作战篇》)《孙子兵法》中关于领导、用人的管理思想非常丰富,对于提高我们的管理水平,无疑具有积极的借鉴意义。

1.3.5 商家的经营管理思想

商家是先秦至西汉前期的一个颇具特色的学术思想流派,但却被后代研究者们长期忽视。直到近代,当新式的资本主义工商业开始在中国出现后,学术界才有人对古代商家的思想感兴趣。商家的主要代表人物有范蠡、白圭、吕不韦、桑弘羊等。

1. 范蠡"积著之才"的经营管理思想

范蠡曾为越国大夫,辅佐勾践灭吴复国,后弃官到当时的商业中心陶(今山东定陶县)定居,自称"朱公",人称"陶朱公"。由于他既"居货"又"耕畜",农牧商结合,善于经营,19 年之中三致千金,成为天下富翁。

陶朱公在商业贸易活动中取得巨大成就的重要原因之一,在于他运用了一套理论知识来指导他的商业经营实践。这套理论知识名为"计然之策"。"计然之策"分为两个部分,一部分是国家管理粮食市场的办法,称为"治国之道";另一部分是关于私人经商致富的理论原则,称为"积著之理"。正是"积著之理"体现了范蠡的主要经营思想。其主要内容包括:

(1)"知斗则修备,时用则知物,二者形则万货之情可得而观已。"(《史记·货殖列传》)意思是说,懂得军事,并打算投入战争,就要做好战备工作;而知道货物的生产季节和社会需求的关系,才算是懂得货物经营。能够充分理解作战与战前准备的关系,能够及时明了季节和需求之间的关系,则天下货物的供需行情,就看得很清楚了。这是范蠡从事商业经营的基本原则。

(2) 范蠡把商品价格的变化概括为:"论其有余不足,则知贵贱。贵上极,则反贱;贱下极,则反贵。"(《史记·货殖列传》)即,看看商品是供过于求还是供不应求,就能判断价格的高低、涨落。一种商品价格涨到了最大限度,就会反落下来;如果低落到极限,就会反涨上去。

(3) 在市场价格的变化面前,范蠡规定商人的反应应该是"贵出如粪土,贱取如珠玉"。货物价格高时,就要把货物大量地抛售出去,货物价格低时,就要大量买进。

(4) 范蠡提出要注意加速商品和资金的周转,"财币欲其行如流水"。主张"无息币",即不要把货币滞压在手中;"无敢居贵",不要囤积居奇,贪求过分的商价。主张增加利润要从加速周转中来实现。

(5) 范蠡在具体商品的经营上,提出要注意商品的质量,"务完物",即贮藏货物务必保持完好。

2. 白圭"治生之学"的经营思想

白圭(约前370—前300),名丹,战国时期周人。白圭是战国时期商人中的突出代表,他提出了一套能够指导商人从事商业贸易活动的思想原则,成为商家经营管理思想中一个十分重要的组成部分。

白圭治生之学的基本原则,就是"乐观时变"四个字。说的是要善于预测行情并根据这种预测进行决策。白圭不但善于"观时变",而且敏于"趋时",也就是说,他不但善于预测行情,而且在看准行情之后,能够及时决策,迅速行动,不失时机地利用有利的行情来达到自己的目标。白圭的经营目标的确定也是建立在市场预测的基础上,他采取"人弃我取,人取我与"的选择方法。所谓"人弃我取"是指对那些人们并不急需而又暂时供过于求的价格便宜的商品,应当予以购存;所谓"人取我与"则是指那些消费者迫切需要而又暂时供不应求的价格昂贵的商品应当予以抛售。"人弃我取"是为了"人取我与",即"人取我与"是以"人弃我取"为前提,二者在具体经营过程中是连续运用而又不可分割的经营原则。

在具体的商业经营活动方面,白圭总结了两条重要的经验。一是"欲长钱,取下谷"。要想盈利,就要经营低价格的下等谷物。因为下等谷物常常是社会的大宗消费物,尽管价格低,但由于市场需求相对稳定,成交量大,利润也就比较有保证。二是"薄饮食,忍嗜欲,节衣服,与用事僮仆同苦乐"。节制个人消费,目的在于把资金尽可能地用于商业经营上。经营者与"僮仆"一样勤勤恳恳地工作,目的在于更有效地推动经营活动的运转。

古为今用是我国管理现代化所面临的课题。从上面的分析可以看出,中国古代虽然没有专门的管理学著作,但古代思想家们在论述人生观、社会观、兵法之类问题中,都涉及管理学的重要原则。同西方管理学相比,中国古代管理思想有许多的特点,诸如"顺道重人,仁和守信,利器求实,制法运筹"等,成为现代管理学的重要思想渊源。其中具有代表性的是儒家和法家,他们的许多管理思想在今天仍不乏借鉴意义。儒家所倡导的仁政思想和中庸思想对于历代国事管理一直具有积极影响。当代美国管理学家汤姆·波德斯和南希·奥斯汀提出的"面向顾客"、"不断创新"、"以人为核心"等三项管理原则,与儒家的仁爱、创新、至善有异曲同工之妙。儒家的中庸思想因其注意排除管理者个人感情因素,秉公按照事物规律进行管理,而成为当代有效管理的根本原则。法家思想后来则逐渐演变成市场法则等,成为历代宏观与微观管理的重要基础。法家思想对于现代经济管理与企业管理仍有重大借鉴价值。

1.4 本章小结

管理,是指一定组织中的管理者,通过有效地利用人力、物力、财力、信息等各种资源,并通过决策、计划、组织、领导、激励和控制等职能,来协调他人的活动,使别人与自己共同实现既定目标的动态过程。

管理是一种资源,是一种生产力。

管理具有二重性。一方面它具有与生产力、社会化大生产相联系的自然属性;另一方面它又具有与生产关系、社会制度相联系的社会属性。

管理的职能包括决策、计划、组织、指挥、协调、控制和激励七个方面。管理理论的发展经过了漫长的时期,首先是以亚当·斯密和查尔斯·巴贝奇为代表的早期的管理思想的产生,随后出现并形成了古典管理理论,其中包括以美国的弗雷德里克·泰勒为代表的科学管理理论和以亨利·法约尔为代表的一般管理理论,以及现代管理理论的形成。

我国古代的管理思想介绍了以"仁"为核心的儒家管理思想,以"无为"为最高原则的道家管理思想,以"法治"为基础的法家管理思想,商家的经营管理思想。

1. 什么是管理?管理的二重性有何异同?
2. 管理最基本的职能包括哪些?最早对管理职能进行归纳和总结的是谁?
3. 你知道谁是科学管理的鼻祖吗?
4. 以"仁"为核心的儒家管理思想内容有哪些?
5. 如何理解法家的管理思想?

IBM:管理变革使蓝色巨人重获竞争优势

IBM是全球最大的信息技术和业务解决方案公司,1911年创立于美国,目前拥有雇员超过30万人,业务遍及全球。IBM的业务从创立时的商用打字机,后转为文字处理机,当前的业务则由IT解决方案、服务与产品三个模块组成。2010年IBM年营业收入达998.7亿美元,净利润148.3亿美元。然而,这家IT业的巨人在其长期的发展历程当中,也经历过数次危机,其中最具代表性的则是20世纪90年代初的那场,差点使公司破产。最终,以董事长兼CEO郭士纳(Louis V. Gerstner,Jr.)为领导的管理团队通过系统性的管理变革挽救了公司,使企业竞争力得以重树,为IBM在21世纪初的强劲增长奠定了基础。

IBM 在 20 世纪 90 年代初一度面临个人电脑与工作站功能增强,大型计算机(System/360、z 系列)销售减少,陷入亏损的困境,而长期的亏损使企业濒临破产。董事会决定从公司外部寻找管理者领导企业进行变革,遂在 1993 年聘请到时任 RJR Nabisco 公司 CEO 的郭士纳。郭士纳曾毕业于哈佛商学院,因此接受过最好的管理学教育,毕业后即加入麦肯锡公司,13 年的咨询顾问生涯为郭士纳作为一名出色的企业管理者在思想和实践方面奠定了坚实的基础。后来他供职于美国运通公司以及 RJR Nabisco 公司,均担任核心管理职务。这位空降领导人上任后,对 IBM 进行了一系列的变革。

1. 财务管理:进行资产重组和业务剥离,迅速止血,并为公司带来灵活的现金流

上任后不久,郭士纳领导 IBM 进行资产剥离,砍掉公司那些非核心资产以及盈利能力较弱,甚至长期亏损的业务,通过项目再造工程,使公司节省了 120 亿美元。这些节省出来的巨额资金将为 IBM 的下一步动作提供资金保障。

2. 决策:五项关键决定

管理顾问生涯造就了郭士纳非凡而迅速的学习能力和问题分析能力,基于几个月来对公司各个方面的了解与思考,他做出了 5 项关键决定,为公司建立好转的势头做好准备:第一,保持公司的完整性;第二,继续投资主机业务;第三,保留核心的半导体技术业务;第四,保证基本的研发预算;第五,一切以顾客和市场为导向。

3. 领导力构建:选贤任能,重整高层领导机制

郭士纳首先废除了"管理委员会"制度,建立了"公司执行委员会",以摆脱决策力低下的管理小组,从而加强最高经营层的沟通效率;随后,郭士纳引入了知名企业家、大学校长等人员,重构了公司董事会,向其内部补充了新鲜血液,使董事会结构得以优化,重新焕发了活力。

4. 组织变革:打造一家全球公司

在变革之前,IBM 是一家规模庞大、复杂、权力分散的机构,被认为是世界上除政府之外最为复杂的组织,这无疑造成了公司无法形成合力,以及官僚做派的不良状况。对此,在郭士纳"保持公司的完整性"的决策思路下,管理层开始进行机构再造。公司迅速对分散在全球各地的事业部进行整合,将公司划分为 11 个行业集团和 1 个涵盖中小企业的行业集团,最终形成了具有全球性行业团队的国际公司。

5. 战略管理:"IBM 就是服务"

第二次世界大战后,IBM 的主要业务便是出售计算机主机。而到了 20 世纪 90 年代,顾客的需求迫切地演变为获得经过整合的 IT 服务。基于此,公司领导层开始对 IBM 全球的服务部门进行整合,同时培训和招募更多的 IT 服务人员。另外,为了使公司在服务领域更具竞争力,IBM 并购了莲花软件公司,这是当时 IT 行业最大的并购案。经过一系列动作,IBM 逐渐成为了一家以 IT 技术服务为核心业务公司,并重新获得了市场的认可,公司自此走向了全面复兴之路。

6. 品牌与营销管理

之前,IBM 是一家以技术和销售为基础的公司,并没有专人负责企业的品牌和市场营销工作。于是,经过一项为期 60 天的市场营销形势分析,公司管理层决定以新上任的市场营销负责人阿比·科恩斯塔姆为核心来领导企业进行营销变革。公司确定了"一家公司、一个声音"的品牌与营销理念,将原来各个部门相互独立的广告业务统一划归为总公司管理,并

对分散的广告部门进行整合,同时决定仅聘用一家广告代理机构对IBM的广告业务进行整体负责。另外,公司还彻底革新了广告预算和媒体代理。这些动作使IBM作为一家统一的企业重新出现在人们眼前,挽救了公司的市场形象。

7. 人力资源管理

在人力资源管理方面,新管理团队认为以往的工资标准已无法激发员工的活力,为此,IBM制定了绩效工资政策。在公司实施新战略的基础上,IBM的工资待遇改革使员工的奖励制度与战略进行了良好的匹配,这项政策主要包括:第一,所有高级经理的年终奖有一部分由公司的整体业绩(非部门业绩)来决定;第二,第二等级的高级经理的奖金中60%取决于公司的整体的赢利状况;第三,实施"个人业务承诺"制度,员工的奖金必须建立在业务绩效以及个人贡献的基础上。郭士纳认为,树立一个可测量的目标,并让员工为这一目标而承担责任,是激励员工最好的方法。

8. 企业文化再造

IBM原有的文化主要包括"高品质的客户服务"、"精益求精"和"尊重个人"三项基本信仰,这是由公司创始人沃森引入的,这一文化支撑了IBM将近半个世纪的发展。到了90年代,郭士纳和他的管理团队发现这一文化已经不能作为企业的唯一信仰,因此必须对其进行调整。

面对不合时宜的企业文化和深重的官僚制氛围,郭士纳提出了8个原则,以形成IBM新文化的核心支柱,这包括:

(1) 市场是我们的一切行动的原动力;

(2) 从本质上说,我们是一家科技公司,一家追求高品质的科技公司;

(3) 我们最重要的成功标准,就是客户的满意和实现股东价值;

(4) 我们是一家具有创新精神的公司,我们要尽量减少官僚习气,并永远关注生产力;

(5) 绝不要忽略我们的战略性远景规划;

(6) 我们的思想和行动要有一种急迫感;

(7) 杰出的和有献身精神的员工将无所不能,特别是当他们团结在一起作为一个团队开展工作时更是如此;

(8) 我们将关注所有员工的需要以及我们的业务得以开展的所有社区的需要。

就这样,以新的企业文化为主要动力之一,管理团队推动了IBM的管理变革,最终使公司重返全球最优秀企业的行列。

试分析:

郭士纳进行改革成功的原因是什么?

第 2 章　企业管理概述

学习本章后，你应当能够：
1. 掌握现代企业管理制度的特征；
2. 掌握企业管理组织结构的5种形式；
3. 了解企业的目标和企业所应承担的社会责任。

鼎立建筑公司

鼎立建筑公司原本是一家小企业，仅有十多名员工，主要承揽一些小型建筑项目和室内装修工程。创业之初，大家齐心协力，干劲十足，经过多年的艰苦创业和努力经营，目前已经发展成为员工过百的中型建筑公司，有了比较稳定的顾客，生存已不存在问题，公司走上了比较稳定的发展道路。但仍有许多问题让公司经理胡先生感到头疼。

创业初期，人手少，胡经理和员工不分彼此，大家也没有分工，一个人顶上几个人用，接项目，与工程队谈判，监督工程进展，谁在谁干，大家不分昼夜，不计较报酬，有什么事情饭桌上就可以讨论解决。胡经理为人随和，十分关心和体贴员工。由于胡经理的工作作风，以及员工工作具有很大的自由度，大家工作热情高涨，公司因此得到快速发展。

然而，随着公司业务的发展，特别是经营规模不断扩大之后，胡经理在管理工作中不时感觉到不如以前得心应手了。首先，让胡经理感到头痛的是那几位与自己一起创业的"元老"，他们自恃劳苦功高，对后来加入公司的员工，不管现在公司职位高低，一律不看在眼里。这些"元老"们工作散漫，不听从主管人员的安排。这种散漫的作风很快在公司内部蔓延开来，对新来者产生了不良的示范作用。鼎立建筑公司再也看不到创业初期的那种工作激情了。其次，胡经理感觉到公司内部的沟通经常不顺畅，大家谁也不愿意承担责任，一遇到事情就来向他汇报，但也仅仅是通事汇报，很少有解决问题的建议，结果导致许多环节只要胡经理不亲自去推动，似乎就要"停摆"。另外，胡经理还感到，公司内部质量意识开始淡化，对工程项目的管理大不如从前，客户的抱怨也正逐渐增多。

上述感觉令胡经理焦急万分，他认识到必须进行管理整顿。但如何整顿呢？胡经理想抓纪律，想把"元老"们请出公司，想改变公司激励系统……他想到了许多，觉得有许多事情要做，但一时又不知道从何处入手，因为胡经理本人和其他"元老"们一样，自公司创建以来一直一门心思地埋头苦干，并没有太多地琢磨如何让别人更好地去做事，加上他自己也没有系统地学习管理知识,实际管理经验也欠丰富。

出于无奈,他请来了管理顾问,并坦诚地向顾问说明了自己遇到的难题。顾问在做了多方面调研之后,首先与胡经理一道分析了公司这些年取得成功和现在遇到困难的原因。

归纳起来,促使鼎立建筑公司取得成功的因素主要有:

(1) 人数少,组织结构简单,行政效率高;
(2) 公司经营管理工作富有弹性,能适应市场的快速变化;
(3) 胡经理熟悉每个员工的特点,容易做到知人善任,人尽其才;
(4) 胡经理对公司的经营活动能够及时了解,并快速作出决策。

对于鼎立建筑公司目前出现问题的原因,管理顾问归纳为:

(1) 公司规模扩大,但管理工作没有及时跟进;
(2) 胡经理需要处理的事务增多,对"元老"们疏于管理;
(3) 公司的开销增大,资源运用效率下降。

对管理顾问的以上分析和判断,胡经理表示赞同,并急不可耐地询问解决问题的"药方"。这里就请你代替这位管理顾问向胡经理提出具体可行的改进建议。

2.1 企业及企业管理

2.1.1 企业的概念

所谓企业,是指从事商品生产、商品流通或服务性经济活动,实行独立核算,以营利为目的,依法成立的经济组织。

一个企业应具备的条件如下:

(1) 企业必须要有一定的组织机构,有自己的名称、办公和经营场所、组织章程等要素。
(2) 企业应自主经营、独立核算、自负盈亏,具有法人资格。
(3) 企业是一个经济组织。企业并不是从人类社会存在以来就有的,而是在社会生产力发展到一定水平时才产生的,它是商品经济的产物。

最早出现的是工业企业。工业企业的早期发展经历了三个阶段,即资本主义手工业作坊、手工业工厂和工厂企业。手工业作坊是一种简单协作劳动的组织形式,是工厂企业的萌芽。手工业工厂是以专业化分工为基础形成的,具有比手工业作坊规模更大的社会化大生产组织形式,它是企业的初期形态,马克思曾指出:"以分工为基础的协作,在工厂手工业上取得了自己的典型形态。这种协作,作为资本主义生产过程的特殊形式,在真正的工厂手工业时期占统治地位。这个时期大约从 16 世纪中叶到 18 世纪末。"18 世纪 60 年代开始的资本主义"产业革命"产生了以机器为基本生产手段的工厂。1769 年水力纺织机发明并使用以后,世界上出现了第一个棉纺厂,随后资本主义手工业工厂普遍向工厂这种生产组织形式过渡。这种工厂就是工业企业的近代形式。在大量工厂涌现,并与社会各个方面建立了广泛的联系后,企业也就从早期的工业领域迅速扩展到商业、建筑、金融、采掘、运输、邮电等各个领域。

2.1.2 企业的一般特征

不同类型的企业,都有反映它们各自特殊性的某些特征。但凡企业,也都具有反映其共性的一般特征。企业的一般特征主要有:

(1) 经济性。企业是经济组织,它在社会中所从事的是经济活动,以谋求利润为目的。企业是市场中的经营主体,它以自己生产的产品或提供的劳务,通过交换来满足社会需要,并从中获得利润。企业如果没有盈利,就不能发展,就会在市场竞争中失败。而且,如果没有盈利,就没有企业财产所有者和经营者的利益,他们也就没有搞好企业生产经营的积极性,企业就会消亡。

企业的经济性是它区别于从事非经济活动的政府机关、政治组织、事业单位、群众组织和学术团体等非经济组织的本质的特征。

(2) 社会性。企业是一个社会组织。从商品生产角度看,企业所从事的生产经营活动是社会化大生产的一个组成部分,企业是社会经济系统中的一个子系统,它与其他子系统发生着广泛的经济联系;从企业与社会其他各部门、各单位的非经济关系看,它既依赖于社会的进步和国家的富强,也依赖于党和政府对社会的管理,它从属于一定的政治和社会体系,还要承担一定的社会责任。因此,它具有社会性。

(3) 独立自主性。企业是独立自主从事生产经营活动的经济组织,在国家法律、政策允许的范围内,企业的生产经营活动不受其他主体的干预。法人企业的独立自主性在法律上表现为财产独立、核算独立、经营自主,并以自己独立的财产享有民事权利和承担民事责任。

(4) 能动性。企业是一个能动的有机体。企业的能动性表现在对外部环境的适应能力、自我改造能力、自我约束能力和自我发展能力。从系统论的角度讲,企业是一个耗散结构系统,它通过不断地与外界进行能量、物质和信息的交换,调整自己的内部结构,以适应市场环境的变化,并发展和壮大自己。

(5) 竞争性。企业是市场中的经营主体,同时也是竞争主体。竞争是市场经济的基本规律。企业要生存,要发展,就必须参与市场竞争,并在竞争中取胜。企业的竞争性表现在它所生产的产品和提供的服务要有竞争力,要在市场上接受用户的评判和挑选,得到社会的承认。市场竞争的结果是优胜劣汰。企业通过自己有竞争力的产品或服务在市场经济中求生存,求发展。

2.1.3 企业类型

从不同的角度,按照不同的标准可将企业划分成不同的类型。

1. 按企业资产的所有制性质分类

这是我国过去常用的一种分类方法。按照企业资产的所有制性质可将企业分成如下几种类型:

(1) 国有企业。国有企业也称全民所有制企业。它的全部生产资料和劳动成果归全体劳动者所有,或归代表全体劳动者利益的国家所有。在计划经济体制下,我国的国有企业全部由国家直接经营。由国家直接经营的国有企业称国营企业。

(2) 集体所有制企业。集体所有制企业简称集体企业。在集体企业里,企业的全部生产资料和劳动成果归一定范围内的劳动者共同所有。

(3) 私营企业。这是指企业的全部资产属私人所有的企业。我国《私营企业暂行条例》规定:"私营企业是指企业资产属于私人所有,雇工8人以上的营利性经济组织。"

(4) 混合所有制企业。这是指具有两种或两种以上所有制经济成分的企业,如中外合资经营企业、中外合作经营企业、国内具有多种经济成分的股份制企业等。

中外合资经营企业是由外国企业、个人或其他经济组织与我国企业共同投资开办、共同管理、共担风险、共负盈亏的企业。它在法律上表现为股权式企业,即合资各方的各种投资或提供的合作条件必须以货币形式进行估价,按股本多少分配企业收益和承担责任,它必须具备中国法人资格。

中外合作经营企业是由外国企业、个人或其他经济组织与我国企业或其他经济组织共同投资或提供合作条件在中国境内共同举办,以合同形式规定双方权利和义务关系的企业。它可以具备中国法人资格,也可不具备。合作各方依照合同的约定进行收益或产品的分配,承担风险和亏损,并可依合同规定收回投资。

2. 根据企业制度的形态构成分类

这是国际上对企业进行分类的一种常用方法。按此方法可将企业分成业主制企业、合伙制企业和公司制企业。

(1) 业主制企业。它是由一个人出资设立的企业,又称个人企业。出资者就是企业主,企业主对企业的财务、业务、人事等重大问题有决定性的控制权。他独享企业的利润,独自承担企业风险,对企业债务负无限责任。从法律上看,业主制企业不是法人,是一个自然人。

(2) 合伙企业。它是由两人或数人约定,共同出资设立的企业。合伙企业的合伙人之间是一种契约关系,不具备法人的基本条件。但有些国家的法典中,明确允许合伙企业采取法人的形式。根据合伙人在合伙企业中享有的权利和承担的责任不同,可将其分为普通合伙人和有限合伙人。普通合伙人拥有参与管理和控制合伙企业的全部权利,对企业债务负无限连带责任,其收益是不固定的。有限合伙人无参与企业管理和控制合伙企业的权利,对企业债务和民事侵权行为仅以出资额为限负有限责任,根据合伙契约中的规定分享企业收益。由普通合伙人组成的合伙企业为普通合伙企业,由普通合伙人与有限合伙人共同组成的企业为有限合伙企业。

业主制企业和合伙制企业统称为古典企业。

(3) 公司制企业。公司是指依公司法设立,具有资本联合属性的企业。国际上有关公司的概念一般认为:"公司是依法定程序设立,以营利为目的的社团法人。"因此,公司具有反映其特殊性的两个基本特征:公司具有法人资格,公司资本具有联合属性。这是公司区别于其他非公司企业的本质特征。根据我国《公司法》规定,我国将存在国有独资公司,这是一种特殊的公司形式。

对公司企业可进一步按照其股东的责任范围进行分类,将公司分为:

① 无限公司。这是由两个以上的股东出资设立,股东对公司债务负无限连带责任的公司。

② 有限责任公司。这是由一定数量(我国公司法规定为2~50个)的股东出资设立,各股东仅以出资额为限对公司债务负清偿责任的公司。有限责任公司不能对外发行股票,股

东只有一份表示股份份额的股权证书,股份的转让受严格限制。

③ 两合公司。这是由一名以上的无限责任股东和一名以上的有限责任股东共同出资设立,无限责任股东对公司债务负无限连带责任,而有限责任股东仅以出资额为限承担有限责任的公司。

④ 股份有限公司。这是由一定数量(我国公司法规定为 5 个)以上的股东出资设立,全部资本分为均等股份,股东以其所持股份为限对公司债务承担责任的公司。股份有限公司的财务公开,股份在法律和公司章程规定的范围内可以自由转让。

3. 按企业生产经营业务的性质分类

这种分类方法也是我国常用的企业分类方法。而且,我国企业的上级主管部门也是按这一分类来设置管理机构的。按这种分类方法划分的类型有:

(1) 工业企业。它是从事工业品生产的企业,为社会提供工业产品和工业性服务。

(2) 农业企业。它是从事农、林、牧、副、渔业生产的企业,为社会提供农副产品。

(3) 商业企业。它是从事生活资料流通和流通服务的企业。

(4) 物资企业。它是从事工业品生产资料流通或流通服务的企业。

(5) 交通运输企业。它是为社会提供交通运输服务的企业。

(6) 金融企业。它是专门经营货币或信用业务的企业。

除上述主要类型外,还有邮电、旅游企业等。上述企业中的商业企业和物资企业统称为商品流通企业,简称流通企业。将生活资料和生产资料分开是我国计划经济体制的产物。生活资料和生产资料在生产和消费方面虽有各自的特点,因而组织流通的活动也会有所不同,但从市场经济的角度看,它们都是商品,没有本质的区别。

2.2 企业组织管理和领导制度

2.2.1 现代企业组织管理

1. 组织管理的概念

所谓组织管理,是指根据企业内部管理对象、任务和目标的复杂程度,将企业按从属关系划分为若干单元(或部门),每个单元都相应地配置一定数量和质量的人员,并由规章制度明确规定部门和人员的职责分工、权利和义务以及他们之间的信息沟通方式。

组织管理的构成要素包括:人事、规章制度和信息。

(1) 人事。人是组织的主体,是组织管理的第一要素。组织管理中的人事包括组织人员的选择、成员最优化结合和成员工作能力提高等内容。

① 组织人员的选择。人是为组织目标服务的,因此,选择组织人员应根据组织的发展和战略目标的需要来进行,其内容包括制定人力资源计划、招聘和选择人才。

② 成员最优化结合。所谓成员的最优化结合,主要是指组织成员的素质配置合理,组织的形态选择适宜,组织的激励方式要恰当等。

(2) 规章制度。规章制度包括企业对生产经营活动所制定的各种条例、规定、细则、章程、程序、办法等。主要是以文字形式对企业各项管理工作和劳动操作做出规定,用以明确企业各部门的职责范围,以及每位员工的岗位职责。

组织中每个成员的活动都会对与其相关的成员产生影响,在组织的各个成员之间都存在着复杂的联系。为避免组织成员各行其是带来的混乱和工作脱节,组织必须有一定的规章制度来规定和统一成员的活动。

(3) 信息。企业的组织管理要进行活动,实施管理,就要通过某种媒介进行纵向和横向的联系、内部和外部的联系。这种媒介就是信息。信息在组织管理中的作用,就像人体中的神经系统一样,能将组织成员的活动有机地协调起来,将企业内部活动与外部环境协调起来,达到组织的目标。因此,现代企业的组织管理要有效地进行活动,必须有与其相适应的信息和信息系统。

总之,人事、规章制度和信息这三者是密切相关的,缺少任何一个,组织都不能发挥应有的作用,不能有效地运转。换言之,组织管理必须具备人事、规章制度和信息这三个要素,并使其统一起来,形成有机整体,并不断改善它们,才能发挥组织功能,形成较强的组织力量。

2. 企业组织管理的作用

组织管理在企业中的作用主要体现在以下三个方面。

(1) 组织管理起着内外协调的作用。现代企业是处在不断变化的外部环境之中的,在这种情况下,企业要使自己适应外部环境变化,能够充分利用外部环境提供的机会,就必须通过组织搜集各种信息,及时作出相应的反应和正确的决策,才能得以生存和发展。因此,组织管理在协调企业与外部环境的关系方面,起着重要作用。

(2) 组织管理起着组织企业内部生产力的作用。企业生产过程是一个复杂的系统。在这一系统中,很多职工操纵着各式各样的机器设备,在不同岗位上从事着生产经营活动。要使人、财、物得到充分利用,供、产、销活动能够协调进行,必须有强有力的管理组织,通过它来对企业生产过程进行计划、组织、指挥和控制,使生产经营有序、高效地按既定目标进行。

(3) 组织管理起着统一职工行动的作用。企业里的每个职工都生活在一定的环境中,受到环境的影响,因而他们都有自己的愿望和要求。企业本身也是如此,也处在一定的环境中,也有其生存和发展的目标。企业与其成员之间可能在长远利益与眼前利益、个人利益与集体利益等问题上出现一定的矛盾,在企业成员之间、特别是领导与被领导者之间也会出现不一致的地方,这也要通过各种管理措施把职工引领到企业要达到的目标上来。

3. 企业管理组织的原则

管理组织的原则是指导管理组织结构的形成和运用所应遵循的原则。

(1) 有效性原则。组织的有效性是指组织结构和每项组织活动都必须是有效的。这一方面表现为结构能及时地调整,以适应外部环境的变化、企业战略和目标的变化并能有效地完成目标任务;另一方面表现为结构内部各层次、各单位都能有效地执行其职能,调度和利用企业资源。同时,组织内每个成员的工作、每项组织活动也必须是有效的。

(2) 专业化、系统性、多样性原则。组织结构的建立要从企业整体出发,既要考虑到企业是个开放系统,又要反映企业内部管理活动的专业化分工的要求。企业组织结构的模式既不是固定的,也不能一刀切、单一化,而要多样,要能适应环境变化的要求。

组织结构中最基本的要求就是工作专业化,也就是说,一个组织把它的总任务分成最小的而彼此有机联系的若干部分,这个组织就是专业化组织。实践证明,工作的专业化分工能极大地提高劳动生产率。

专业化的发展过程大体上经历了四个阶段：

第一阶段，由老板或经理一人包揽生产、销售、档案记录、财会等一切工作。这一阶段不能称之为专业化。

第二阶段，随着企业的发展，有些企业中出现了由老板或经理掌握生产、销售，同时雇佣几名员工做助手，产生了专业化的雏形。

第三阶段，一个企业中，在老板和经理下面开始设有生产部门、销售部门和仓储部门等，形成了真正的专业化组织。

第四阶段，在较大的企业中，老板或经理下面专门设立了生产、销售、财务、研究与发展、人事等专业部门，下面还有更细的分工，这是组织高度专业化。

从以上四个阶段可以看出，随着企业的发展和规模的扩大，工作自然地向越来越专业化的趋势发展。

组织结构的另一个要求是实行部门化。部门化就是将组织按工作职责和业务性质分成若干单位或部门。一般常见的是，一个组织最高管理层下面都划分有若干部门，这些部门之下又有更进一步的部门划分。虽然部门划分的方法会有差异，但组织部门化的类型大致包括：生产部门化、职能部门化、地区部门化、服务对象部门化和其他形式的部门化。

企业组织在专业化分工的基础上，实行部门化管理，从而形成完整的组织体系。在这一体系中，上下左右之间是按规定的方式和运作程序联结起来的。但其并不是一成不变的封闭式系统，它会随着企业的发展和环境的变化而调整和变革，并根据企业各自的特点选择最适合自己的结构方式。这就是专业化、系统性、多样性原则的要求。

（3）统一指挥原则。所谓统一指挥原则就是要按照管理层次建立统一命令、统一指挥的系统。一个下级只能接受一个上级的直接指挥。有效的组织必须有统一的指挥，它要求组织中的每个人都明确知道他的权利和责任，他的上下级隶属关系，即受谁指挥和可指挥谁，上下级间的上传下达按照管理层次进行，形成指挥链，不得越级，也不能中断。需要两个或两个以上的领导人同时指挥时，也必须在下达命令前互相沟通，达成一致，避免多头指挥的现象。

（4）合理的管理幅度和管理层次原则。所谓管理层次，是指企业内最高领导到基层员工之间划分成隶属关系的数量，有几级隶属关系，就有几个管理层次。现代企业通常有三个管理层次，不同的管理层次，其管理职能也有所不同。

① 经营管理层。它是企业的最高领导层，主要负责企业生产经营等重大问题的计划和决策，如企业发展战略、总体规划、重大的人事、财务决策等。

② 管理执行层。它是企业的中级领导层，负责具体贯彻和落实决策层的总体规划或决议，制订并实施生产经营的计划和措施，负责各项专业的管理工作，并对基层业务组织实行监控和考核。

③ 基层作业层。它是业务生产部门，具体执行各项生产经营作业和管理业务，以实现企业的各项生产、经营目标。

管理幅度也称管理跨度、管理宽度，是指一个领导者直接地、有效地指挥下属的人数。管理幅度过大，由于时间、经验等原因，领导者可能管不过来；管理幅度过小，又会造成人才的浪费和管理层次的增多。那么，一个主管有效的管理幅度有多大呢？当代国外管理学者比较一致的看法是：高层管理人员的管理幅度以 5～8 人为宜,中层管理者以 8～15 人为宜,基层管理者以 15～30 人为宜。

管理幅度与管理层次呈反比例的关系。即管理层次越多,管理幅度越小;管理层次越少,管理幅度越大。由此可以推断,在企业规模不变的情况下,管理幅度越大,管理层次越少;而管理幅度越小,管理层次越多。由于种种原因,许多企业组织的层级管理幅度各有差异,但一般都在理论推测的范围之内。实践证明,合理、适度的管理幅度和管理层次是组织效能得以正常发挥的重要因素之一。

(5) 分权和权责对等原则。在正确划分管理层次的基础上,要正确划分各级领导的权限,对各级部门要明确分工,各级领导要有职有权。所谓职权就是企业组织所赋予的职责和权力,这是企业的各级机构能够正常、有序地运转的必要条件。担任哪一级岗位的职务,相应的就要承担哪一岗位的责任,而要完成这一职责,又需要上级给予一定范围的权力。上级可通过授权的形式来赋予下级一定的权力。

① 授权的问题。授权是大型组织所必需的管理方式,也是企业管理的重要内容之一。

授权是指组织的管理者将原来由自己执行的某一部分权力委托给组织的其他成员代为执行的行为。在企业管理实践中,不少企业老板、企业管理高层对授权认识不足,不懂授权、不敢授权、不愿授权、不会授权,导致企业组织要么权力过分集中（产生独裁）,要么权力过分分散（各为中心）,甚至权力关系混乱,严重影响了企业的领导权威和领导活动的应有效果。

企业产权不是管理者的,但管理者的利益与企业的利益息息相关。

作为老板和高层管理者,对企业管理中的授权应明确：

- 需要明确有哪些权力要"授",也就是对授权进行界定。权力是多种多样的,工作任务是纷繁复杂的,不是所有的权力都可以授予下属,不同的权力要对应不同的授权内容与授权对象。
- 需要明确授权给谁。不是所有的下属都可能成为被授权人,拟授予的权力一定要与被授权人的职业道德、责任意识、胆识魄力、专业技能、合作精神、个性特点等诸多因素协调匹配。

② 分权和集权的问题。集权与分权是一个与授权密切相关的内容,如果授权较少,那么就意味着较高程度的集权;如果授权较多,那么就意味着较高程度的分权。

集权意味着职权集中到较高的管理层次,分权则表示职权分散到整个组织中,不过,集权与分权都是相对概念,并不是绝对的。集权与分权的程度可根据各管理层次所拥有的决策权的情况来衡量。

按照集权与分权的程度不同,可形成两种领导方式：集权制与分权制。集权制指管理权限较多地集中在组织最高层,集权制的特点是：

- 决策权较多地集中于上层主管,中下层只有日常业务的决策权。
- 对下级的控制较多,下级的决策前后都要经过上级的审核。
- 统一经营。
- 统一核算。

分权就是把管理权限适当分散在组织中下层,分权制的特点是：

- 中下层有较多的决策权。
- 上级的控制较少,往往以完成规定的目标为限。

- 在统一规划下可独立经营。
- 实行独立核算,有一定的财务支配权。

公司管理到底是采用集权还是分权要视具体情况而定。下面是影响集权或分权的因素,集权和分权的程度要依据下列条件的变化而变化。

- 决策的代价。它既包括经济标准,又包括诸如信誉,凝聚力这一类的无形标准。
- 政策的一致性要求。组织内部执行同一政策时,集权的程度较高。
- 规模问题。规模大宜于分权,规模小宜于集权。
- 组织形成的历史。组织由小到大发展而来,集权程度较高;组织由联合或合并而来,分权程度较高。
- 公司文化与管理哲学。
- 主管人员的数量与管理水平。如主管人员数量充足,管理能力较强,则可较多的分权;反之趋向于集权。
- 控制技术和手段的完备程度。如各种控制技术较高则可以适当分权。
- 以往分散化的绩效。以前权力分散化后的绩效如何,将会影响职权的分散程度。
- 组织的动态特性及职权的稳定性。组织处于迅速的发展中,要求分权。组织较完善或比较稳定的时候则要求集权。
- 外部环境因素的影响。环境因素稳定可考虑分权,环境因素动荡则要求集权。

(6) 协调原则。管理组织必须使企业组织内各个部分形成整体,统一行动,互相协调,才能保证实现企业目标。所以,协调是组织的重要原则和要求。组织协调包括纵向和横向两种,我们在这两方面都要重视。一般来说,进行协调的有效方法主要有:利用管理层次;制定规章制度和工作程序;成立协作小组;改变组织结构等。此外,还可以通过定期召开例会,开展横向联谊活动等方式互相通报信息、交流经验、研究工作,以达到增进友谊和谅解,加强横向协调的目的。

总的来说,如果一个组织各部门间相互依赖的程度愈深,就更应注意协调问题。每个单位的管理者,应该根据本单位的实际情况和自己的经验来选择适合本单位的协作方式。

(7) 按能级原理选配人员原则。各管理层次的每个管理职务、岗位都有其要履行的管理职责。这种按管理层次和岗位分成的管理功能等级,就叫"管理能级"。能级原理就是要按照每级管理层次和岗位的能级要求,配置具有相应能力的人去担任各种职务,既不能大材小用,也不能小材大用。

4. 现代企业组织结构形式

从管理的角度看,组织结构是指企业内的组织机构和机构之间从属、并列配置关系的组织形态。组织结构采取什么形式,其状况如何,对组织功能的发挥和管理目的的实现有着直接的影响。因此,选择适合企业的组织结构形式,具有十分重要的意义。

现代企业的组织结构有很多种形式,各有其优缺点和具体的适用范围。本书主要介绍以下几种:

(1) 直线制组织结构。直线制是一种最早也是最简单的组织形式。它的特点是企业各级行政单位从上到下实行垂直领导,下属部门只接受一个上级的指令,各级主管负责人对所属单位的一切问题负责。厂部不另设职能机构(可设职能人员协助主管人工作),一切管理职能基本上都由行政主管自己执行。其结构如图 2-1 所示。

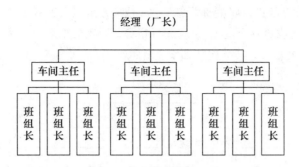

图 2-1　直线制组织结构图

直线制组织结构的优点是：结构比较简单，责任分明，命令统一。

它的缺点是：它要求行政负责人通晓多种知识和技能，亲自处理各种业务。这在业务比较复杂、企业规模比较大的情况下，把所有管理职能都集中到最高主管一人身上，显然是难以胜任的。因此，直线制只适用于规模较小，生产技术比较简单的企业，对生产技术和经营管理比较复杂的企业并不适宜。

（2）职能制组织结构。职能型组织，亦称"U型"组织，是以工作方法和技能作为部门划分的依据的。现代企业中许多业务活动都需要有专门的知识和能力。通过将专业技能紧密联系的业务活动归类组合到一个单位内部，可以更有效地开发和使用技能，提高工作的效率。其结构如图2-2所示。

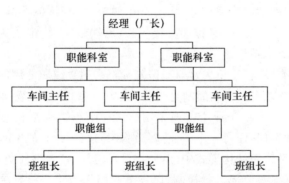

图 2-2　职能制组织结构图

职能制组织的优点是：职能部门任务专业化，这可以避免人力和物质资源的重复配置；便于发挥职能专长，这点对许多职能人员颇有激发力；可以降低管理费用，这主要来自于各项职能的规模经济效益。其缺点是：违反统一指挥的原则，难免令出多门，使下级无所适从；违反权责分明的原则，难免发生功过不明、赏罚不公的现象；职能部门之间的协调性差；管理人员人数增多，加重企业人事负担。

职能制组织通常在只有单一类型产品或少数几类产品面临相对稳定的市场环境的企业中采用，在实践中没有得到广泛采用。

（3）直线—职能制组织结构。直线—职能制是在扬弃直线制和职能制各自缺点的基础上形成的。这种组织结构的特点是：以直线为基础，在各级行政负责人之下设置相应的职能部门，分别从事专业管理并作为该级领导者的参谋，实行主管统一指挥与职能部门参谋、指导相结合的组织结构形式。职能部门拟定的计划、方案以及有关指令,统一由直线领导者批准下达,职能部门无权直接下达命令或进行指挥,只起业务指导作用,各级行政领导人实行逐级负责,实行高度集权。其结构如图2-3所示。

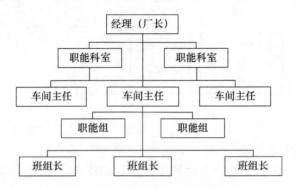

图 2-3　直线—职能制组织结构图

这种管理组织形式,是在综合了直线制和职能制的优点,摒弃其缺点的基础上形成的。因此,它既保持了直线制的集中统一指挥的优点,又吸取了职能制发挥专业管理的长处,从而提高了管理工作的效率。直线职能制的产生使组织管理大大前进了一步。所以,各国的组织中较为普遍地采用这种形式,而且采用的时间也较长。

直线职能制在管理实践中也有不足之处:权力集中于最高管理层,下级缺乏必要的自主权;各职能部门之间的横向联系较差,容易产生脱节与矛盾;各参谋部门与指挥部门之间的目标不统一,容易产生矛盾;信息传递路线较长,反馈较慢,较难适应环境变化,实际上是典型的"集权式"管理组织结构。

我国目前大多数企业,甚至机关、学校、医院等都采用直线职能制的结构。

(4)事业部制组织结构。事业部制是一种"集中决策,分散经营"的分权式管理组织的典型形式。目前,在国外大型企业中普遍采用。这种组织结构是在总公司领导下,根据产品、地域划分各个事业部门,而每一个事业部分别有其独自的产品和市场,独自的利益,成为利益责任中心。在这种组织结构形式中,总公司只保留预算、人事任免和重大问题的决策等权力,并运用利润指标对事业部进行控制;而各事业部作为独立核算单位,在经营管理上拥有很大的自主权。其结构如图2-4所示。

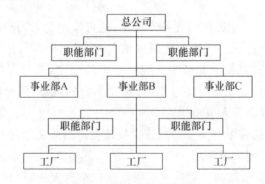

图 2-4　事业部组织结构图

事业部制的优点是：由于每个事业部都是一个独立的、比较完整的生产经营管理系统，因此提高了管理的灵活性和对市场的适应性；而总公司能够从具体的日常事务中摆脱出来，集中精力进行战略决策和长远规划，因此决策的效率大大提高。

它的缺点是：各事业部之间的横向协调困难，甚至互为竞争对手；在总公司和各事业部中都要设置职能机构，容易造成机构重叠，管理费用增加。

事业部制主要适用于经营多样化、产量大、品种多并有稳定市场的大公司。

松下电器产业公司的事业部组织结构

松下电器产业公司（以下简称"松下电器"）是世界上最大的家用电器公司之一，产品涉及家电、数码视听、办公电子、航空等诸多领域，品牌享誉全球。松下电器成功的主要因素之一是其科学、合理的组织结构。松下电器采用分级管理、分级核算方式，实行事业部制。公司的经营管理分为两级，即总公司一级，事业部一级。总公司的最高领导层是董事会，下面按产品建立事业部，事业部部长对本部门的经营管理负总责。由于各事业部独立经营之后，各部门间的合作日益困难，同时高度专业化职能部门较难以全局观去应对不同产品可能出现的危机。因此，总裁松下幸之助以总公司集中四个功能来平衡分权之举。首先，设计严格的财务管控制度；其次，建立公司银行，各部门的利润和盈余现金都汇集于此；第三，实行人事管理权的集中；第四，采取集中训练制度，所有松下电器的员工都必须经过松下价值理念的训练。

（5）矩阵制组织结构。矩阵制组织结构，是由纵横两套管理系统组成的组织结构，一套是纵向的职能领导系统，另一套是为完成某一任务而组成的横向项目系统。也就是既有按职能划分的垂直领导系统，又有按项目划分的横向领导系统的结构。

有的企业同时有几个项目需要完成，每个项目要求配备不同专业的技术人员或其他资源。为了加强对项目的管理，每个项目在总经理或厂长领导下由专人负责。因此，在直线职能结构的纵向领导系统的基础上，又出现了一种横向项目系统，形成纵横交错的矩阵结构。其中，工作小组或项目小组一般是由不同背景、不同技能、不同知识、分别选自不同部门的人员所组成的。组成工作小组后，大家为某个特定的项目而共同工作。各任务小组的成员待该任务完成后，仍回原所属职能部门，即各任务小组成员既接受本小组负责人的领导，又要接受原直属部门的领导，这种领导与被领导的关系纵横交错，类似数学概念中的"矩阵"，故此得名。其结构如图 2-5 所示。

矩阵制组织结构的优点是：将组织的纵向联系和横向联系很好地结合起来，有利于加强各职能部门之间的协作和配合，及时沟通情况，解决问题；它具有较强的机动性，能根据特定需要和环境活动的变化做出调整，保持企业高度的环境适应性；把不同部门、具有不同专长的专业人员组织在一起，有利于互相启发，集思广益，有利于攻克各种复杂的技术难题，更加圆满地完成工作任务。它在发挥人的才能方面具有很大的灵活性。

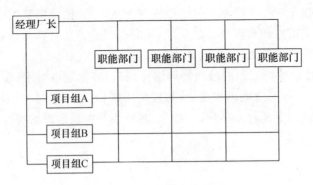

图 2-5 矩阵制组织结构图

矩阵制组织结构的缺点是：在资源管理方面存在复杂性；稳定性差，由于小组成员是由各职能部门临时抽调的，任务完成以后，还要回到原职能部门工作，容易使小组成员产生临时性观点，不安心工作，从而对工作产生一定影响；权责不清，由于每个成员都要接受两个或两个以上的上级领导，潜伏着职权关系的混乱和冲突，造成管理秩序混乱，从而使组织工作过程容易丧失效率。

矩阵型组织适合在需要对环境变化作出迅速而一致反应的企业中使用。如咨询公司和广告代理商就经常采用矩阵型组织设计，以确保每个项目按计划要求准时完成。在复杂而动荡的环境中，由于采取了人员组成灵活的产品管理小组形式，大大增强了企业对外部环境变化的适应能力。

2.2.2 企业的领导制度

1. 企业领导制度的概念

企业领导制度是指确定企业所有者、经营管理者、生产劳动者在企业中各自所处的地位、作用及其职责分工和权力划分以及相互关系的一种制度。在企业管理制度中，领导制度是根本制度，其他管理制度必须反映领导制度的要求。

2. 企业领导制度的历史演变

(1) 西方资本主义企业领导制度的发展。西方各主要资本主义国家企业领导制度的发展，大致经历了四个阶段：

① 家长制领导阶段。在企业出现初期，生产力水平低下，企业的规模很小，因此，当时的企业仍世袭着封建家长制领导方式，家长既是企业主，又是经理，一切由家长说了算，家长凭自己的主观经验去进行管理。

② 经理制领导阶段。19世纪40年代以后，随着机器生产时代的到来，企业规模不断扩大，管理工作量不断增大，管理工作日益复杂化，企业主虽然掌握处理生产关系的权力，但是已经难以驾驭企业的经营管理。于是，他们专门雇请精通生产过程的"硬专家"来管理企业，所有权和经营管理权分离，从而出现了经理阶层，促进了企业管理制度的发展。

③ 职业"软专家"领导阶段。20世纪初以来，随着现代社会化大生产的发展，现代科技与生产进一步结合，经营管理的作用日益增大。这时只靠精通生产技术的"硬专家"已经不能统领整个企业。于是，不少高等学府适时地建立了专门培养和训练管理专家的管理专业，

使一大批掌握管理理论的管理"软专家"应运而生,受到企业的欢迎,取代了"硬专家"而坐上了领导位置。

④ 专家集团领导阶段。第二次世界大战以后,特别是近20年来,世界经济迅猛发展,现代生产经营和现代科学技术的高度分化和高度综合,使科学和技术进一步向生产经营领域渗透。企业生产经营环境更加复杂多变,竞争达到白热化。仅仅靠一两个"软专家"的领导能力已经很难适应环境的变化,这就要求从主要依靠个人领导向集体领导发展。集团领导是由两部分组成的,一个是以总经理或董事长为核心,包括总经济师、总会计师、总工程师、副总经理在内的决策集团;一个是为决策提供背景材料、信息数据、出谋划策的专家指挥团。

(2) 我国企业领导制度的演变过程。我国企业领导制度大体有以下一些主要形式:

① "三人团"领导制。"三人团"领导制主要是在第二次国内革命战争和抗日战争时期革命根据地的公营企业中实行的。它是由企业的厂长、党支部书记、工会主席三人组成企业领导核心,对企业生产经营活动进行组织领导。这是我国公营企业领导制的初期形式,在一定程度上体现了集体领导和职工民主管理的原则,但在领导集体中往往产生不协调的现象。

② "一长制"。建国初期有一段时间,企业实行厂务委员会制,它是由厂长、副厂长和其他生产负责人以及一定数量的职工代表组成。后来,我国开始进行大规模的经济建设,厂务委员会制适应不了企业管理的需要,在一些地方的企业中开始推行"一长制"。这种领导制度就是厂长对企业的生产行政工作全权负责,党组织则负责企业的政治思想工作,并对行政工作起监督保障作用。"一长制"基本上反映了现代化大生产的客观要求,对整顿企业生产秩序、克服无人负责现象、建立责任制等都有较大的成效。但是,由于只强调了厂长负责,而对如何发挥企业党组织和职工民主管理作用的问题解决得不够好,加之认识上的片面性,致使"一长制"没有实行多久就受到批判。

③ 党委领导下的厂长负责制。这是我国新中国成立以来企业中实行最久的一种领导制度。这一体制的基本特征是确认党委处于企业领导的核心地位,厂长在党委的领导下负责管理企业的生产经营和行政工作;把企业的生产经营决策权集中于党委,企业事无巨细地把生产行政上的问题都列入党委的议事议程,直接削弱了厂长的生产行政工作的指挥权。这种党政不分、权责分离的现象在一定程度上造成了无人负责的消极后果。厂长有责无权,不能充分发挥生产行政指挥系统的积极作用;职工代表的一切活动都要党委批准,不能充分行使当家做主的权利,职工的积极性也得不到充分的发挥。这种领导体制与真正搞活企业、加速现代化建设是不适应的,必须进行改革。

④ 厂长负责制。从1984年开始,在全国部分国有企业中试行厂长负责制,取得了一定经验。1986年,正式实行厂长负责制。实践证明,实行厂长负责制,强化了企业生产经营管理系统,使得指挥灵、决策快、办事效率高。初步改变了企业党政不分、职责不明的状况,使企业党组织从行政事务中解脱出来,党的建设和思想政治工作有所加强;建立和健全了职工代表大会制度,职工民主管理的内容和范围逐步明确,职工主人翁责任感有所加强。这一领导制度比较适合国有企业和城乡集体企业管理的要求。

⑤ 董事会制。改革开放以来,随着商品经济的发展和社会主义市场经济体制的逐步建立,我国企业形式也逐步多样化。有限责任公司和股份有限公司成为企业的主要形式。这些企业多实行董事会制。这种领导制度进一步促进了所有权、经营权和管理权的分离,有利

于理顺股份制企业所有者、经营管理者和生产劳动者之间的关系,形成科学的激励和约束相结合的经营机制。

3. 公司制企业领导制度

公司制企业是现代企业制度的典型形式。现阶段,我国公司制企业包括股份有限公司、有限责任公司、国有独资公司等形式。公司制企业的核心在于公司内部实行有效的法人治理结构。公司内部法人治理结构的优点是明确划分股东会、董事会、监事会和总经理的权力、责任和利益,形成有效的制衡机制,保证财产(产权)的最终约束和经营上的专家治理,是一种与市场经济发展相适应的新型的企业领导制度。

在公司制企业中,所有者对企业拥有最终控制权。董事会要维护出资人权益,对股东会负责。董事会对公司的发展目标和重大经营活动做出决策,聘任经营者,并对经营者的业绩进行考核和评价。监事会监督企业财务和董事、经营者的行为。

国有独资和国家控股公司的党委负责人可以通过法定程序进入董事会、监事会,董事会和监事会都要有职工代表参加;董事会、监事会、经理层及工会中的党员负责人,可依照党章及有关经营原则设立。充分发挥董事会对重大问题统一决策、监事会有效监督的作用。党组织按照党章、工会和职工代表大会按照有关法律法规履行职责。

公司制企业内部各机构具体如下:

(1)股东(大)会——公司制企业的权力机构。我国《公司法》规定:"有限责任公司股东会由全体股东组成,股东会是公司的最高权力机构。""股份有限责任公司由股东组成股东大会。股东大会是公司的权力机构。"股东作为公司的出资人而享有股东权,不但享有获得股利和公司财产的自益权,还有参加公司管理的共益权。股东大会是全体股东共同行使其权利的机构,这就决定了股东大会作为最高权力机构的性质和法律地位。

股东大会会议按公司法规定,定期和不定期也召开,会议由董事会负责召集,董事长主持,董事长因特殊原因不能履行职务时,也可由董事长指定的副董事长或者其他董事主持。

(2)董事会——公司制企业的决策机构。公司董事会是由股东大会选举产生的,是公司的常设决策机构。董事会设董事长1人,董事长是公司法定代表人。公司董事会应遵照国家法律、法规、公司章程以及股东大会的决议履行职责,向股东大会负责。董事会会议每半年应至少召开一次;经1/3以上董事或公司经理提议,可召开特别董事会议。

(3)经理(总经理)——公司制企业的行政机构。经理(总经理)是企业法定代表人的代理人,企业行政工作的首脑,由董事会聘任,向董事会负责。可以是本企业的股东、职工或由董事长兼任,也可以外聘职业企业家。由职业企业家担任公司经理(总经理)职务是必然的发展趋势。公司经理(总经理)行使职权时,不得变更股东大会和董事会的决议或超越授权范围。

(4)监事会——公司制企业的监督机构。公司监事会是由股东大会和公司职工选举产生的监事组成的对董事会及其成员和高级管理人员(经理层人员)行使监督职能的机构。公司监事不得兼任董事、经理及其他高级管理职务。监事会向股东大会负责并报告工作。

2.3 现代企业制度

2.3.1 现代企业制度的概念

现代企业制度是以企业法人制度为基础,企业产权制度为核心,以产权清晰、权责明确、政企分开、管理科学为条件而展开的由各项具体制度所组成的、用于规范企业基本经济关系的制度体系。它是为适应我国国有企业制度创新的需要而提出来的特定概念,是企业制度的现代形式。

现代企业制度包括以下几层含义:
(1) 现代企业制度是企业制度的现代形式。
(2) 现代企业制度是由若干具体制度相互联系而构成的系统。
(3) 企业法人制度是现代企业制度的基础。
(4) 产权制度是现代企业制度的核心。
(5) 现代企业制度以公司制为主要组织形式。

现代企业制度的核心是企业法人制度。它的主要形式是股份有限公司。它包括企业的产权制度、企业领导制度、企业组织制度、企业管理制度等规范企业内外部关系的一系列制度。

2.3.2 现代企业制度的特征

现代企业制度就是公司制,其主要的特征企业里有个人资产与企业资产,所有权与经营权高度、规范化的分离;由董事会聘请职业经理行使企业的经营权,实行全面的委托代理制,由一批高薪的中高级管理阶层实施公司的管理;建立健全的企业法人治理结构,实施全面的制度化、规范化和程序化制度体系。现代企业制度的特征包括,产权明晰、政企分开、权责明确和管理科学。

(1) 产权明晰。产权明晰是指要以法律的形式明确企业的出资者与企业的基本财产关系,尤其要明确企业国有资产的直接投资主体。

现代企业制度是一种出资者明确,产权清晰的企业制度。表现在,如果企业的资产是由国家单独出资形成的,其企业的所有权即对资产的占有、使用和收益的权利属于国家。如果企业的资产是由包括国家在内的多个出资者投资形成的,其企业的资产所有权属于包括国家在内的多个出资者按投资比例分别所有;而企业则拥有包括国家在内的出资者投资形成的全部法人财产权,即企业对包括国家在内的出资者授予其经营管理的财产依法享有独立支配权,包括占有、使用、支配、处置和收益的权利,成为享有民事权利、承担民事责任的法人实体。

(2) 政企分开。政企分开是指政企关系合理,即政府和企业在权利和义务等方面的关系明确,适应市场经济体制要求,符合客观规律。现代企业制度中政企关系合理的表现是政企分开,企业不再是政府的附属物,政府不再包揽企业的一切;政府把本应属于企业的权力归还给企业,企业按市场需求自主组织生产经营活动,并把提高劳动生产率和经济效益作为目的。政府主要运用经济手段、法律手段和必要的行政手段对国民经济进行宏观管理,并把保持经济总量基本平衡、促进经济结构的优化、引导整个国民经济健康发展作为宏观调控的目标,而不是直接干预企业的生产经营活动。企业在市场竞争中优胜劣汰,长期亏损、资不抵债的要依法破产。政府仅以投资额为限对企业债务承担有限责任,而不再承担与政府无关的责任。

政府的社会经济管理和国有资产所有权职能分开,政府的行政管理职能和企业的经营管理职能分开。

(3) 权责明确。权责明确是指企业资产所有者和企业法人财产所有者在企业中享有的权利和承担的责任清楚、明确。具体表现在,出资者按投入企业的资本额享有所有权的权益,即资产受益、重大决策和选择管理者等权利。但当企业亏损或破产时,出资者只对企业的债务承担以出资额为限的有限责任;出资者不直接参与企业的具体经营活动,不直接支配企业的法人财产。企业以其全部法人财产,依法自主经营,自负盈亏,照章纳税,对出资者承担资产保值增值的责任。

企业拥有法人财产权,以全部法人财产独立享有民事权利、承担民事责任,依法自主经营。企业以独立的法人财产对其经营活动负责,以其全部资产对企业债务承担责任。

(4) 管理科学。管理科学是指企业内部的领导体制和组织管理制度科学合理、符合市场经济体制要求。现代企业制度中管理科学的表现是,凡实行公司制的企业,都要按公司法的规定设置企业内部的组织管理机构,以有效地调节所有者、经营者和职工的相互关系;按公司法的规定制定有关规章制度,以形成激励与约束相结合的经营机制,促进企业的发展;不实行公司制的企业,也都能建立起符合市场经济体制要求的企业内部组织管理制度。

现代企业制度特征的这四句话是一个有机整体,缺一不可,不能只强调某一方面而忽略其他方面,必须全面、准确地领会。

明晰的产权关系,是建立现代企业制度的前提和条件。产权不清晰,权责便无法划分,政企便难以分开,但产权清晰不是建立现代企业制度的唯一内容。现代企业制度的企业法人制度、有限责任制度、领导体制与组织制度等,都需要以产权清晰为条件,又都与权责明确、政企分开、管理科学相联系。如果权责不明确,政企分不开,既无法建立完善的法人制度,也难以实现以有限责任制度为目标的公司制改造。现代企业制度意味着企业从法人制度、管理体制、决策程序到资源配置、经营策略、收入分配等各方面都要实行一系列新的方法,需要企业在管理水平上有一个大的提高。

2.3.3 现代企业制度的基本形式

1. 有限责任公司

(1) 有限责任公司的含义。有限责任公司(简称有限公司),是指由法定数量的对公司债务所负责任仅以出资额为限的股东所组成的公司,公司以其全部资产对公司债务承担责任。

由于各国情况不同,加上有限公司的股东只负有限责任,因此各国公司法对有限公司的设立都有特别的规定,如我国公司法具体规定,有限责任公司的股东必须符合法定人数(2～50人);股东出资要达到法定资本最低限额,如以生产经营或商品批发为主的公司注册资本不得少于50万元人民币,以商业零售为主的公司,注册资本不得少于30万元人民币,科技开发、咨询、服务性公司注册资本不得少于10万元人民币等。

(2) 有限责任公司的特征。有限责任公司是一种合资公司,具有以下几个方面的特征:

① 有限责任公司的股东,仅以其出资额为限对公司负债,而对公司的债权人不负直接责任。因此,股东承担风险较低。股东可以是自然人,也可以是法人或政府。对股东数量有最高数额限制。

② 有限责任公司的资本不划分为等额股份,也不能公开筹集股份,不能发行股票,股东出资可以是货币,也可以是实物、工业产权、非专利技术、土地使用权等,具体由股东协商确定。股金交付后,公司出具股权证书,称作股单,作为股东在公司内所拥有权益的凭证。股单不同于股票,不能自由转让和流通。股东出资的转让有严格的限制,一般要取得其他股东的同意,而且应优先转让给原来的其他股东。

③ 有限责任公司只有发起设立而无募集设立,程序较为简单,可以由一个或几个人发起,管理机构也较为简单、灵活,公司的账目及资产负债情况无须向公众公开。

④ 有限公司的资本增加,主要靠自我积累、金融信贷和其他非市场的方法筹措,不能用广告或其他的方法公募,也不能用发行公司债券的方法筹集(我国公司法规定,两个以上的国有企业或其他两个以上的国有投资主体投资设立的有限公司,可通过发行公司债券的方式筹集生产经营资金)。

⑤ 有限公司的经营管理机构比较简单。股东大会是最高权力机构,有权决定公司的一切活动事项,但股东大会原则上实行一人一票。经全体股东同意,股东大会可不开,通过书面决议的方法进行表决。董事会是业务执行,但董事会可只有一人。董事资格无严格限制,可以是股东也可不是;任期也无严格规定,可实行终身制。监察机构可设可不设,若设,监察人的业务权只限会计监察。

由于有限责任公司的上述特点,西方国家中,许多小规模的企业往往采取这种公司制度,其数目大大超过了股份有限公司。不过,由于有限责任公司为非上市公司,不能公开发行股票,受股东人数限制,筹集资金的范围和规模一般也有限,因此难以适应大规模生产经营活动的需要。

2. 国有独资公司

(1) 国有独资公司的含义。国有独资公司是指,由国家授权投资的机构或者国家授权的部门单独投资设立的有限责任公司,是所有者与经营者合一或所有者直接经营企业的形式。

(2) 国有独资公司的特征。国有独资公司是在借鉴现代公司体制来改革我国国有企业的进程中确立的一种全新的企业组织形式。从《公司法》的规定来看,这一种企业形式的主要特征是:

① 投资主体单一,即国家授权投资的机构或者国家授权的部门。实际上是国家出资,授权有关机构或部门作为其代表,以股东身份对企业进行监督和管理,也就是说国有公司是唯一股东。出资者具有特定性,且对公司的债务仅以其出资额为限承担有限责任。国有独资公司是特殊的一人公司,但它与西方国家的"一人公司"还是有区别的。在我国,除国家授

权投资的机构或国家授权的部门外,还不允许其他任何单位或个人单独投资设立公司。

② 国有独资公司的出资人须经国家特别授权。代表国家设立国有独资公司的投资人必须是经国家授权投资的机构或者经国家授权的部门,其中包括国家投资公司、国家控股公司、国有资产经营公司、经营管理制度健全和经营状况较好的大型国有独资公司、企业集团中的集团公司等投资机构及经国家批准的如国有资产管理部门、行业主管部门等。

③ 国有独资公司适用于生产特殊产品(如造币厂、黄金加工等)的公司或属于特定行业(如涉及国家安全、国防尖端技术、具有战略意义的稀有金属开采)以及必须由国家专卖的公司。

④ 公司章程由国家授权投资的机构或国家授权的部门依照公司法制定或者由董事会制定,报国家授权投资的机构或国家授权的部门批准。

⑤ 公司不设股东会,由国家授权投资的机构或者国家授权的部门授权公司董事会行使股东会的部分职权,决定公司的重大事项。公司的合并、解散、增减资本和发行公司债券,必须由国家授权投资的机构或国家授权的部门决定。

⑥ 公司设董事会,每届任期为三年,成员为3~9人,由国家授权投资的机构或国家授权的部门按照董事会的任期委派或更换,董事会成员中应当有由公司职工民主选举产生的职工代表。董事会设董事长一人,视需要可设副董事长,皆由国家授权投资的机构或国家授权的部门从董事会成员中指定。董事长为法定代表人,董事长、副董事长、董事、经理未经同意,不得兼任其他公司或组织负责人。

⑦ 公司设经理,由董事会聘任或解聘,董事会成员可兼任经理。

⑧ 国有独资公司的资产转让,依照法律、行政法规的规定,由国家授权投资的机构或国家授权的部门办理审批和财产转移手续。经营管理制度健全、经营状况较好的大型国有独资公司,可由国务院授权,行使国有资产所有者的权利。

3. 股份有限公司

(1) 股份有限公司的含义。股份有限公司是指由法定人数以上的人出资设立,全部注册资本划分为等额股份并通过发行股票筹集资本,股东以其所持股份为限对公司承担责任,公司以其全部资产对公司债务承担责任的公司企业。

(2) 股份有限公司的特征

① 公司股东的身份可以是自然人也可以是法人,任何愿意出资的人都可以成为股东,不受资格限制。股东成为单纯的股票持有者,他们的利益主要体现在股票上,并随股票的转移而转移。公司股东人数在法律上有最低限额,我国《公司法》规定不得少于5人,且一半以上在国内拥有住所。

② 股份有限公司的全部资本要按照一定的标准划分为大小相等的单位,每一单位为一股,每一股为一个权数,股东在公司中的地位由其所拥有的股份数量决定。

③ 股东以其所认购的股份对公司承担有限责任,即股东对公司只承担与自己认购的股份数额相等的投资义务,除此以外,无论是对公司的债权人还是公司的经营活动都不再承担任何义务。

④ 股份有限公司可以向社会公开发行股票,股票可以依法转让或交易。但股东一旦投资入股,就不能从公司中抽回股本。

⑤ 股份有限公司必须向全体股东以及有关部门、潜在的投资者、债权人及其他社会公

众公披露财务状况,包括董事会的年度报告、公司损益表和资产负债表等,以便股东了解公司的财务状况。

引导案例

亚美公司的企业管理

亚美公司是中国主要的轻型卡车制造商,公司拥有年10万辆轻型卡车冲压、焊装、总装制造能力,其"亚美"品牌轻卡系列的销量连续占据中高级市场领导者地位。近年来,亚美汽车逐步进入国际市场,海外销售网络已延伸到中东、中美洲的部分国家,是中国轻型柴油商用车的最大出口商。作为国内较早引入外商投资的企业,亚美以开放的理念和富于进取性的市场战略,积极引进国际先进的管理方法、产品技术和制造工艺,使公司持续保持市场竞争优势。在管理体系与方法方面,亚美较早建立了企业ERP系统,实现了拉动式均衡生产;建立JPS精益生产系统,运作精益化程度不断提升;建立质量管理系统,推广NOVA-C、FCPA评审,运用6sigma工具不断改进产品质量;构建学习型组织,加强人才培养,鼓励员工树立终身学习的理念。

2.4 企业的目标与社会责任

2.4.1 企业的目标

1. 企业目标的作用

企业作为经济组织,其生产经营活动的根本目的是向社会提供产品和服务,满足人们物质文化生活的需要,并取得相应的经济利益。为了使企业的目的得到落实,就要通过建立企业目标并加以明确。所谓企业目标,就是企业在一定时期内,对主要的目的、追求所要预期达到的成果。这里所说的企业目标,是就企业的宗旨和使命而言的,不是指企业具体的计划指标。它规定企业的任务,体现员工的共同方向,形成员工共同的行动纲领,反映企业存在的价值。具体地讲,企业目标的重要作用有以下几点:

(1) 目标可以指导企业资源的合理分配和使用。企业资源包括人力、物资、资金、设备、信息等。有了明确的目标,就能合理分配、充分利用资源,从而降低消耗,提高效益。

(2) 目标是激励员工工作积极性的重要手段。科学合理的企业目标,能够为员工指明努力的方向,激发员工的积极性和潜在力量,号召全体员工为完成共同目标而一致奋斗。

(3) 目标是衡量企业生产经营成果和员工工作成绩的依据。在一定时期内,企业目标实现情况如何,体现着企业生产经营活动进展的顺畅与否、经济效益的高低和各项工作成果的大小。这就便于企业不断总结经验教训,改进工作。同时,企业目标也有利于检查、考核企业各部门、各岗位和员工个人工作的努力程度和贡献大小。

(4) 目标可以创造企业良好的声誉和形象。企业良好声誉的取得,除了它向社会提供优质商品和服务外,还要依靠认真履行其社会责任,得到社会的信任和支持。而这些则是科学合理的企业目标应有之义。有了企业目标并努力为实现它而努力,良好的企业声誉和形象就能创造出来。这是现代企业制胜的一大法宝。

2. 企业目标的基本内容

企业目标是多元化的,其内容的确定,要考虑企业自身的状况和社会的各个方面,处理好各种利益关系。一般说来,企业目标的基本内容有:

(1) 对社会的贡献目标。对社会的贡献目标应是现代企业的首位目标。因为,企业之所以能够存在和发展,就是由于它能为社会做出某种贡献,否则,它就失去了存在的价值。所以,每个企业在制定目标时,必须根据自己在国民经济中的地位,确定对社会的贡献目标。企业对社会的贡献,主要是通过为社会创造的使用价值和价值表现的,因此,贡献目标可表现为产品品种、质量、产量和上缴税金等。此外,若从可持续发展的角度看,企业对社会的贡献目标还包括在保护生态、节约能源、承担社区责任等方面的目标。

(2) 市场目标。市场是企业的生存空间。企业活力的大小,要看它占有市场的广度和深度,即市场范围和市场占有率的大小。市场目标既包括新市场的开发和传统市场的纵向渗透,也包括市场占有份额的增加。对有条件的企业,应把走向国际市场,提高产品在国外市场的竞争能力作为一项重要的目标。

(3) 发展目标。企业的发展标志着企业经营的良性循环得到了社会广泛承认,使它有更多的资金去从事技术开发、产品开发、人才开发和市场开发。企业的发展表现为通过纵向联合,扩大企业规模;增加固定资产、流动资产,提高生产能力;增加产品品种、产量和销售额;提高机械化、自动化水平等方面。

(4) 利益目标。利益目标是企业生产经营活动的内在动力。利益目标直接表现为利润总额、利润率和由此所决定的利润留成和奖励与福利基金的多少。利润目标不仅关系到员工的切身利益,也决定着企业的发展。但是,追求最大利润将同消费者的利益发生冲突。因此,企业应把在同行业中高于平均盈利水平的满意利润作为自己追求的目标。

2.4.2　企业社会责任

1. 明确企业社会责任的重要意义

(1) 企业社会责任的概念。企业社会责任是指企业在争取自身的生存与发展的过程中,面对社会需要和各种社会问题,为维护国家、社会和人类的根本利益,所应该履行的义务。这里所说的"责任",属于广义的社会学的范畴,而不是法律或法学意义上对违法行为所追究行为人的法律责任。

任何一个企业都存在于一定的社会经济环境之中,它在自己的生产经营活动过程中,与社会的方方面面发生着各种社会关系。这些关系首先包括在生产经营活动中直接发生的工作环境关系,如企业与员工的关系,企业与供应商、批发商、零售商的关系,企业与消费者的关系,企业与竞争者的关系等。这些关系是企业在经营过程中直接发生的,企业要实现自己的经营目标,必须妥善处理。其次,企业的社会关系还包括社会环境方面的关系,如企业与政府的关系,企业与各种社会组织的关系,企业与传播媒介的关系,企业与自己的赞助单位的关系,企业与所在社区的关系等。对于涉外企业,还有与国际上的各种社会关系。这些关系虽然不是直接发生在生产经营活动过程中,但调整不好,同样会危及企业的生产经营,甚至企业的生存;调整得好,企业就会得到社会各界的支持,树立良好的企业形象。得道多助的企业,就能逢山开路,遇水搭桥,左右逢源,不断发展壮大。

然而在现实生活中,随着科技进步与经济发展,在企业每日每时向社会提供产品和服务,不断满足人们日益增长的物质文化生活需要的同时,企业与社会各方面的关系也日趋紧张起来,企业往往处于社会矛盾和争论的焦点。工厂爆炸、厂房倒塌造成的员工伤亡、财产损失,假冒伪劣产品的生产、销售给广大用户和消费者带来的严重危害,环境污染造成的生态失衡和污染事故造成的损害,能源浪费造成的不可弥补的损失,偷税、漏税造成国家财政收入的大量流失,等等,所有这些,把人们的关注引向企业,人们日益期望企业承担起对社会的责任,即企业活动对人和物质环境及社会环境的影响负责。人们要求企业预见应承担的社会责任并付诸有效的行动。就是说,既然企业负责向社会提供生活的数量,人们自然也期望企业对生活的质量负起责任来。

(2) 明确企业社会责任的重要意义。明确企业社会责任,不但是企业自身生存和发展的需要,而且是社会化大生产的客观要求。在我国强调企业必须履行其社会责任,更是社会主义制度和社会主义生产目的的必然要求。明确并履行企业社会责任,具有深远而现实的意义。

① 有利于企业向社会提供更好的产品和服务。企业自觉地履行其社会责任的最终结果,是向国家、社会、消费者和企业员工提供高质量的服务。企业的盈利和服务是两个不同的概念,盈利仅仅是衡量企业经营好坏的重要标志之一,而向社会提供服务是企业生产经营的最终目的。企业如果片面强调追求盈利而忽视其对社会的服务,置国家、社会、消费者的利益于不顾,这就从根本上违背了企业的社会责任。现阶段,我国社会主义市场经济体制刚刚起步,法制建设有待加强,市场秩序较为混乱。有些企业无视员工生命财产安全、制造销售假冒伪劣产品、偷税漏税、非法交易、污染环境,给国家和社会造成极大的危害。强调企业的社会责任,有助于社会对企业的监督管理,促进企业向社会提供更多更好的产品和服务,保证和维护国家及人民的利益不受损失。

② 有利于国民经济的良性循环和协调发展。企业间供、产、销的经济联系是通过各自履行自己的责任来实现的,如果各个企业不严肃认真地履行自己的职责,就会造成企业间甚至行业间的相互脱节,导致国民经济的失调,影响国家经济建设的健康发展。因此,特别强调企业在生产经营活动的过程中,切实处理好企业与社会各方面的利益关系,增强责任心。企业对外业务往来要信守合同,当企业微观经济效益与国家宏观经济效益、人民群众的根本利益发生矛盾时,企业的利益就要服从国家和人民的利益。

③ 有利于提高企业自身的社会价值。企业的社会价值是通过自己为社会提供优质的产品和服务实现的,其社会价值的高低,依赖于社会公众以其贡献的大小、声誉的好坏来评价。企业产品质量可靠,价格合理,就会受到用户和消费者的喜爱和欢迎;企业在生产经营过程中遵纪守法、避免环境污染和社会公害,就能赢得好的声誉,树立企业良好的社会形象。这不但有利于提高企业自身的社会价值,而且也是企业求得生存和发展的根本所在。而不顾国家利益、社会利益、消费者利益的企业,必将失去社会对它的信任,从而也就失去了它存在的价值,更谈不上发展壮大。可见,强调企业履行其社会责任,也是企业自身生存和发展的需要。

2. 企业社会责任的内容

企业的社会责任涉及范围广，内容具体而复杂。下面仅就六个主要方面加以说明。

(1) 企业对员工的社会责任。企业与员工的关系不仅表现为员工为企业工作，企业给员工工资这一点上，在现实社会生活中，企业与员工的关系比这复杂得多。首先，企业聘用员工的原则乃至程序就反映着企业的社会责任观念。例如对性别、民族、肤色、年龄等的考虑，就涉及男女平等、民族平等、未成年人保护等一系列社会的、政治的问题。其次，在企业内部是否为员工提供了安全的环境和健康保障，是否创造条件使员工有机会参加企业管理，有无一套制度保障员工得到文化与技术培训等，都涉及劳动者法定权益是否受到企业的尊重与切实保证，在这方面，企业的责任十分明确。再次，企业与员工间劳动关系的解除，无论是企业因各种原因辞退员工，还是由于员工自己辞职，也都应明文规定企业对员工应承担的责任。总之，企业不能只关心员工在生产经营中的使用，还必须重视员工政治、文化、技术等方面素质的培养和提高，尽到保证劳动者合法权益的责任。

(2) 企业对社区的社会责任。企业总是立身于具体的社会环境之中，这就产生了企业与社区的关系。首先，这种关系表现在企业存在的本身及其在生产经营活动的过程中，给社区居民带来了什么样的影响，例如厂房建设是否打乱了社区建设整体规划，企业的生产运输是否对社会交通造成影响等等，企业应当负起社会责任。其次，企业对社区中教育文化发展、环境卫生等方面的事务，也有参与的责任，做出作为社区一份子的贡献。

(3) 企业对经济可持续发展的社会责任。20世纪以来，随着人类社会工业化进程的快速推进，生态环境的恶化和能源紧缺的危机逐渐成为人们普遍感到棘手的严重问题。土地资源锐减，水资源危机，矿产资源枯竭，空气污染，环境恶化——人类赖以生存和发展的生态环境面临严重的破坏，甚至被毁灭的危险。人类社会和国民经济的可持续发展，作为一个重大的战略问题，提到了各个政府的议事日程。然而，企业要生存，要发展，对能量和物质的渴求却有增无减，一方面是广泛的资源耗用，一方面是工业垃圾的大量产出。企业在生产经营过程中充满着人类对大自然的征服与损害的尖锐矛盾。企业作为自然资源的主要消费者，应该承担起节约资源、保护环境的社会责任。企业不仅要在生产经营中重视提高资源的使用效率，而且要努力开发新的清洁、高效能源和替代资源。在讲求经济效益的同时，要把对生产环境的保护和能源的节约列为自己义不容辞的社会责任，为国家、为人类未来的可持续发展尽职尽责。

(4) 企业对消费者的社会责任。企业的根本任务是通过生产经营活动，为社会提供产品和服务，以满足人们日益增长的物质文化生活的需要。在生产经营过程中，企业与消费者有着交往联系，又通过与消费者的关系而建立各种社会联系。这样，企业向社会广大消费者提供产品和服务的数量和质量，就对社会产生着多方面的影响。在企业产品和服务的价值实现上，存在着经济效益和社会效益统一的问题，存在着企业、消费者、国家、社会各方面利益统一的问题。这就是企业对消费者应承担的社会责任。企业向消费者提供的产品和服务，要使消费者满意，重视消费者和社会的长期利益，致力于社会效益的提高，从而促进企业自身的长期发展。

(5) 企业对国家的社会责任。企业经营目标的确定、生产经营活动的开展，不仅有着经济上微观与宏观发展的协调统一，而且在政治、法律、文化等方面的建设与发展中，有着与国家社会整体利益的内在联系。例如，企业是否遵守国家法律政策，直接涉及一个国家经济发展秩序和社会秩序的安定;企业能否照章纳税,表现着企业对社会产品分配关系的认识与实践,反映着企业的整体观念、国家观念的强弱。

2.5 企业管理学的研究对象与方法

2.5.1 企业管理学研究的对象和内容

管理思想在我国古代的史籍中就有记载。如《大学》中讲的齐家、治国、平天下等都属于治理知识。《论语》中更有许多为政、爱民、待人、接物等管理国家大事和处理人际关系的论述。《孙子兵法》中《计篇》、《谋攻篇》、《形篇》和《用间篇》等13篇,很多涉及有关计划、决策、治众、用途、竞争等管理问题。国外有关管理思想和理论的萌芽和发展,历史上也有许多记载。

但是管理作为一门学科,是随着科技的进步和生产力的发展,直到19世纪末20世纪初才真正发展起来的。管理学中,企业管理学处于领先地位,经济管理学次之,其他如行政管理学、科学管理学等,都是近期才发展起来的。

企业管理学之所以处于领先地位,主要是由于社会发展首先是生产力的发展,而生产力的发展都有赖于独立的商品经营者的充分发展。加之当时世界发达国家的商品经济都是建立在资本主义所有制基础上,有利于以独立的企业作为对象来研究问题。宏观管理早期并未得到重视,后因一些企业和市场经济的发展影响到了国民经济的顺利发展,人们才又回头重视了宏观经济的调控。但由于影响宏观管理的因素众多,常受到国内外政治形势左右,故而难度较大,发展缓慢。至于其他的管理学,主要是由于涉及的经济利益较少,管理好坏对经济的损益不明显,故其管理的原则和方法,都常跟在企业管理学之后。

企业管理学的研究对象是企业管理活动和管理过程,其揭示企业管理的客观规律性,即如何按照客观的自然规律和经济规律的要求,合理组织生产力,不断完善生产关系,适时调整上层建筑,以促进生产力的发展。

研究内容大体可以分三个层次或侧重点:

(1) 从历史的角度研究企业管理实践、管理思想及管理理论的形成与演变过程。

(2) 从企业管理者的工作或职能出发来系统研究企业管理活动的原理、规律、方法等问题。

(3) 根据管理活动总是在一定社会生产方式下进行的特点,研究内容可分三个方面。

① 企业内部生产力方面;

② 企业内部的生产关系方面;

③ 上层建筑方面。

下面进行详细说明:

- 合理组织生产力。主要是人力、物力、财力等各种资源如何有效组合,合理使用以充分发挥作用的问题。因此,如何计划和安排、合理组织以及协调、控制这些资源的使用以促进生产力的发展,就是管理学研究的主要问题。

- 不断完善生产关系。主要是研究如何处理生产和工作过程中本单位和国家的关系，本单位和其他单位的关系，单位内职工个人和群体的关系，以及两权分立、机构设置、人员安排、责任制的建立等。因为，只有完善这些方面的内容，才能调动各方面的积极性，促进生产，搞好工作。
- 适时调整上层建筑。主要是如何贯彻党和国家的方针、政策、法令，改革不合理的规章制度，建立适应社会主义市场经济体制的规章制度，以及如何搞好政治思想教育和精神文明建设等。上层建筑是由生产力水平和经济基础状况决定的，生产力和经济基础有了新的发展变化时，原有的上层建筑就必须适时调整，才有利于促进生产力的发展和经济基础的完善。

2.5.2 企业管理学的特点

1. 企业管理学是一门交叉学科

交叉学科又叫边缘学科，是最近几十年来随着科学技术的发展，各学科之间的交叉渗透而日益发展起来的，如生物物理、生物化学等。

管理学既涉及生产力，又涉及生产关系和上层建筑，它与经济学、政治学、心理学、数学以及各种技术科学有密切关系，也是这些科学交叉渗透的产物。所以，管理学不同于一般文科，也不同于一般理科，而是文理交叉的学科。正因为这样，所以国外一些院校主张，读管理专业的学生要在先读一个技术专业的基础上再读管理专业。

2. 管理学是一门软学科

随着计算机的发展，软科学有了很大的发展。计算机的软件与硬件不同，硬件是运算器、存储器、控制器、输入输出等设备装置；软件则是指程序系统。软件的作用是扩大硬件的功能，提高硬件的使用效果。

软科学是研究社会经济、科学管理等方面内在联系及其发展规律的科学，它不研究具体的事物，而把研究对象（例如一个企事业单位或一个地区）作为整体系统来研究，探索其有关规律，以提高整体的效率和功能。

3. 管理学是一门应用学科

应用学科不同于基础学科，基础学科是研究基础理论的，如自然科学方面的物理学、化学、生物学等，社会科学方面的哲学、史学、经济科学等。应用科学则是将基础理论和技术用于实际，以转化为生产力的科学，如工业技术、农业技术和管理学等都属于这一范畴。

2.5.3 企业管理的方法

1. 企业管理方法的一般分类

（1）按管理信息沟通的特点分类。按管理信息沟通的特点可以分为权威性沟通、利益原则沟通和真理性沟通三类。

① 权威性沟通。权威性沟通就是指信息对受信人具有强制性的约束力，受信人对信息的内容不容置疑，只能照办。权威性沟通包括行政方法和法律方法两种沟通方法，行政方法是指利用一套严格的组织机构通过行政命令直接对管理对象发生影响，此行政命令具有强

制力。法律方法是指国家制定统一的、相对稳定的行为规范,人人必须遵守。

② 利益原则沟通。利益原则沟通是指受信人把利益与他们的行动结果结合起来,自觉地按发信人的意志行动。经济方法和咨询顾问方法是利益沟通原则的两种基本方法,其中经济方法是指利用经济杠杆进行管理,被管理方的行为与他的经济利益密切相关。通常利用经济立法和劳动报酬制度把这种关系固定下来。咨询顾问方法是指管理者根据管理工作的需要向咨询顾问机构或咨询顾问人员提出问题,请求答案。信息沟通的程度视解答方案对管理者有利程度而定。

③ 真理性沟通。真理性沟通是指通过信息内容启发受信人的觉悟,使受信人按发信人的意愿行动。例如宣传教育法就是真理性沟通的一种方法,所谓宣传教育法是通过语言、文字、形象等启发被管理者的觉悟,使他们自觉地根据总目标来调节自己的行为。这种方法的效率决定于宣传教育内容的真理性、领导者的权威和艺术、被管理者的思想状况。

(2) 按决策者分类

① 专制的方法。该方法以个别人或个别集团的利益为出发点,强迫管理对象按这些人或这些集团的意志行动。

② 民主方法。该方法要求每个人都发表意见,按大多数人意见办事。

③ 民主集中制方法。该方法是在广泛征求群众意见的基础上,领导者根据当前利益和长远利益、局部利益与整体利益做出决定,重大事件由领导层集体决定。

(3) 按精确程度分类

① 定性方法。定性方法是指只对事物的特性和变化趋势进行分析判断,制定相应的措施。

② 定量方法。定量方法是指用尽可能精确的数量进行描述,并确定相应措施的作用程度。

(4) 按适用领域分类

① 社会管理方法。社会管理方法是指在民主立法的基础上实施行政管理。

② 经济管理方法。经济管理方法是指一般以经济方法为主,同时辅以其他多种方法。

③ 科学技术管理方法。科学技术管理方法是指以咨询顾问方法为主的管理方法。

2. 企业管理的几种主要方法

管理方法虽然种类繁多,但最常用的方法只有行政方法、法律方法、经济方法和启发教育方法等。

(1) 行政方法。行政方法是指依靠行政机构和领导者的权力,通过强制性的行政命令直接对管理对象产生影响,按照行政系统来管理的方法。行政方法一般采用命令、指示、规定、行政建议、行政委托授权、指令性计划、制定规章制度、实施适当的行政奖励与处罚等方式对子系统进行控制。行政方法的具体形式也随社会经济发展和组织环境变化而不断更新。

行政方法具有权威性、强制性、阶级性、稳定性、时效性、具体性、保密性、垂直性等特性。权威性是指管理者的权威性越高,被管理者对信息的接受率越高。利益原则和真理性原则是通过管理者的权威间接体现的。强制性要求人们在思想上、行动上、纪律上服从统一的意志,但主要是原则上的统一,方法上可以灵活。阶级性是指管理总是被统治阶级所利用以实现本阶级的目标。稳定性是指对于外部因素的干扰具有较强的抵抗作用和重复作用。时效性指行政管理方法因对象、目的、时间变化而变化。具体性是指从发布对象到命令的内容都是具体的。保密性指它只适用于所属的管理范围之内。垂直性是指行政方法一般是纵向地传达执行。

行政方法的优点是集中统一,便于管理职能的发挥,是实施各种管理方法的必要手段,能处理特殊问题,灵活性强。其缺点是行政方法的管理效果受领导水平的影响,不便于分权,不利于子系统发挥积极性,横向沟通困难,信息传递迟缓而失真严重。

(2)法律方法。法律方法和行政方法相比有相似性与差异性。法律方法是指运用法律规范以及类似法律规范性质的各种行为规则来进行管理。就企业而言,各种规章、制度、纪律、条例、规定等属于这一范畴。

法律方法具有严肃性、利益性、概括性、规范性、强制性、稳定性和可预测性的特点。具体地说,严肃性是指法律和法规的制定必须严格按照法律程序和规定进行。利益性是指法律的制定和实施是为了使这个系统更好地运转,从而使系统获得最大利益。概括性是指法律方法的制约对象是抽象的一般人,而不是具体的、特定的人。规范性是规定该做什么,不该做什么;同时又通过这种指引作为评价人们行为的标准。强制性是人人必须遵守的行为规则,具有普遍的约束力。稳定性是指法律方法可以在同样的情况下反复使用。可预测性是指在法律方法实施前,人们可以估计到行为后果。

法律方法的优点是该方法宜于处理共性的一般问题,便于集权与统一领导,权利与义务分明,同时还能自动调节。其缺点是该方法缺少灵活性和弹性,不便处理特殊问题和及时处理管理中出现的新问题。

(3)经济方法。经济方法就是指借助于市场经济条件下价值规律等经济规律的作用,利用经济后果对管理对象进行诱导、推动、控制和约束的管理方法。经济方法的实质是贯彻物质利益原则。

经济方法具有客观性、利益性、阶级性、制约性、多样性、技术性等特点。客观性是指经济方法必须符合市场经济的客观规律。利益性是指经济方法必须体现不同利益实体共存、不同利益相互协调发展的要求。阶级性是指经济方法是为特定阶级服务的方法。制约性是指它的规范性,因为经济方法总是以某些规范的经济指标来表示的,经济指标的设置和确立需要保持在时间上和空间上的连续性和可比性。多样性是指反映经济方法的经济指标多种多样,如工资、奖金、罚款等。技术性是指经济方法有一定的技巧和计量方法。

经济方法的优点是它有利于管理对象接受,便于分权,能充分调动各级机构和人员的积极性。其缺点是对经济目标、经济规则要求较高,易于诱发拜金主义思想。

(4)启发教育方法。启发教育方法是指在管理者对被管理者需要有充分了解和分析的基础上,通过适当的方式对管理者进行宣传教育,使人们认识真理,激发人们的动机,引导人们的行为向着实现组织整体目标而努力工作。

启发教育方法具有启发性、阶级性、灵活性、长期性的特点。启发性是指启发教育方法的工作重点在于启发人们的自觉性,它不是强迫人们必须如何去做,而是通过宣传教育引导人们愿意去做某事,因而具有启发性。阶级性是指该方法总是被统治阶级利用以实现本阶级的目标。灵活性是指启发教育方法无固定模式,其具体内容、具体形式因具体管理活动的特点而不同,管理者可在总目标的导向下,因时、因地、因事地采取灵活的方式方法。长期性是指由于启发教育方法的短期效果不太明显,使用此方法时,要求管理者耐心细致,逐步渗透,长期坚持。

具体地说,启发教育方法包括人生观及道德教育、爱国主义与集体主义教育、民主法制纪律教育、科学文化教育、组织文化建设等。

2.6 本章小结

所谓企业,是指从事商品生产、商品流通或服务性经济活动,实行独立核算,以营利为目的,依法成立的经济组织。

企业具有经济性、社会性、独立自主性、能动性和竞争性。

企业按资产的所有制性质可分为:国有企业、集体所有制企业、私营企业、混合所有制企业。

根据企业制度的形态构成分为:业主制企业、合伙企业、公司制企业。

按企业生产经营业务的性质分为:工业企业、农业企业、商业企业、物资企业、交通运输企业、金融企业。

所谓管理组织,是指根据企业内部管理对象、任务和目标的复杂程度,将企业按从属关系划分为若干单元(或部门),每个单元都相应地配置一定数量和质量的人员,并由规章制度明确规定部门和人员的职责分工、权利和义务以及他们之间的信息沟通方式。

现代企业组织结构形式主要有:直线制、职能制、直线—职能制、事业部制和矩阵制。

现代企业制度是以企业法人制度为基础,企业产权制度为核心,以产权清晰、权责明确、政企分开、管理科学为条件而展开的由各项具体制度所组成的、用于规范企业基本经济关系的制度体系。

现代企业制度的特征包括:产权明晰、政企分开、权责明确和管理科学。

现代企业制度的基本形式有:有限责任公司、国有独资公司、股份有限公司。

所谓企业目标,就是企业在一定时期内,对主要的目的、追求所要预期达到的成果。

企业目标的基本内容包括:企业对社会的贡献目标、企业市场目标、企业发展目标和利益目标。

企业社会责任是指企业在争取自身的生存与发展的过程中,面对社会需要和各种社会问题,为维护国家、社会和人类的根本利益,所应该履行的义务。

企业社会责任的内容包括:企业对员工的社会责任、企业对社区的社会责任、企业对经济可持续发展的社会责任、企业对消费者的社会责任和企业对国家的社会责任。

企业管理学的研究对象是企业管理活动和管理过程,揭示企业管理的客观规律性,即如何按照客观的自然规律和经济规律的要求,合理组织生产力,不断完善生产关系,适时调整上层建筑,以促进生产力的发展。

企业管理的几种主要方法是:行政方法、法律方法、经济方法和启发教育方法。

复习思考题

1. 企业的概念及特征是什么?

2. 企业建立的条件有哪些?
3. 企业有哪些类型?
4. 什么是现代企业制度?
5. 企业如何才能承担得起自己的社会责任?

阅读材料

西方企业管理的发展

我们以美国为例,划分西方企业管理的五个发展阶段。

1. 放任管理阶段

在1861—1866年间,美国国内爆发了南北战争,战争过程中,军事工业得到飞速发展,国内市场扩大,大量采用机器生产。在资本主义自由竞争中,卡特尔、托拉斯组织形式相继出现。当时的管理人员,单纯依靠计件工资制刺激工人的生产积极性。由于管理人员不知道多种工作所需的合理时间,在制定计件单价时缺乏科学的依据,以致工人往往把工作效率提高到管理人员意想不到的程度,而取得很高的工资。管理人员为了避免付出巨额的工资,不断降低计件单价。工人为了避免过分被剥削,采取怠工措施对抗管理人员,其结果是,工人的劳动生产率只达到当时可能达到的1/3到1/2。这个阶段的管理称为放任的管理,时间大致到1881年以前。这个管理阶段的着眼点是表面的人工成本如何降低,而缺乏有科学依据的管理方法和手段,没有着眼于劳动效率。

2. 定量作业管理阶段——泰勒制

从1881年开始,美国人泰勒开始研究人机效率的问题,在工业管理中建立并推行了泰勒制,泰勒因此被西方尊称为科学管理之父。

泰勒原是米德威尔钢铁厂的车工,后来被提升为领班,后升为工程师。泰勒制大致可归纳为七条内容:

(1)研究人机关系,重视劳动效率,第一次把时间效率的问题作为科学研究的课题,应用于企业管理,并取得了明显的效果,这就是后来被称为企业管理基础工作的劳动定额。以当时搬运生铁为例,由原来每人每天搬运12吨,提高到47吨,提高效率近三倍。

(2)进行动作分析,详细分析劳动过程中工人的动作状况。当时他选择了身体强壮、技术熟练的工人进行操作,并进行仔细观察、记录和分析,确定必要部分,消除多余部分,依次确定时间消耗,并在生产中予以贯彻,其他工人就以此作为确定任务和衡量工作好坏的尺度。

(3)对生产过程进行分析,主要对工艺路线和切削用量进行分析,并进行大量切削试验,前后共经历26年,切削试验的铁屑达80万吨;对设备的传动装置、刀具、切削规范提供了科学的依据。

(4)对劳动条件、劳动环境和劳动过程的服务工作,也进行了初步的科学研究,提出了一些合理的资料。

(5)实行差别计件工资制,凡是达到定量作业标准的,按照高工资率计算工资,达不到的,按照低工资率计算工资。泰勒还将工作方法和工具,都记录在工作指导卡上,发给工人,并以此培训工人,使工人熟悉工作所需的时间大大缩短,工人之间的效率差别也有所缩小。

(6) 在企业管理体制方面,泰勒将原来实行的军队管理式直线制,改变为以计划管理为中心的职能制。

(7) 以新的作业方法和作业标准培训新工人,从参加工作开始就打好基础。

总的来说,泰勒制的基本特征是三定:定标准作业方法,定标准工作时间,定每日的工作量,形成了高工资与低生产成本的管理。

泰勒制的一整套学说,后来经过进一步发展,形成了工业工程和作业学派。

泰勒制的缺点在于:只重视工人操作效率的提高,而对怎样才能更全面地提高整个企业的效率则注意得不够。因此随着生产技术的发展,进入了管理的第三个阶段。

3. 同期管理阶段——福特制

这阶段的生产过程已发展到大量流水生产,运用传送带,使各个作业在同一时间内,按一定的节拍进行的程度,故称为同期管理阶段。

为了提高竞争能力,福特充分利用了流水生产的优点,采取生产标准化和移动式装配法,提高了整个企业的效率,把企业的生产成本降低到最低限度。

福特制五项标准化的主要内容是:① 产品标准化,即减少产品的类型,提高产量,以便实行大量流水生产。② 零件规格化,统一规格,提高零件的互换性和通用性,加大产量,便于修理,增加产品的销路,提高企业的盈利水平。③ 工厂专业化,把不同的零件分给专业的工厂或车间制造,以加大批量,改进质量,发展新技术,提高效率。④ 作业专业化,将复杂作业划分为简单作业,各种工人反复地进行同一种单调的作业,以提高效率,并可以雇用非熟练工人,以降低人工成本。⑤ 机器及工具的专门化。

福特制在20世纪30年代最为盛行。但也产生了下列问题:工人感到厌倦,易疲劳,引起了工人反抗,加剧劳资矛盾。另外,第二次世界大战后,科技飞速发展,生产过程逐步实现自动化和电子化,要求生产工人掌握全面的技术知识,简单、笨重的体力操作逐渐被机器人机械手所代替,企业管理也进入了更高的阶段。

4. 现代管理阶段

现代管理阶段产生的客观背景是:

(1) 技术现代化。先进科技日益应用于生产,如电子技术、原子科学技术、航天航空技术、数学、心理学、社会学、医学等日益应用于企业管理,人的作用更加突出,产品更新周期缩短。产生了行为科学等以人为中心的管理理论,并出现了研究人和电子计算机关系的人机工程。

(2) 产品复杂化。例如,阿波罗登月飞船,研究费用约300亿美元,整个飞船有1070万个零件,运用600台大型电子计算机进行分析计算,质量的可靠性要求为99.99%。

(3) 企业大型化。企业的规模空前庞大,出现了跨国公司。例如,福特汽车公司拥有员工80万人,年产汽车500万辆;道格拉斯化学公司有几十万职工,它的子公司和营业部遍布各大洲。

(4) 协作社会化。企业生产协作的关系千头万绪,极为复杂,依靠陈旧的管理方式是难以应付的。例如,美国的民兵导弹研制和生产,参加的人员有十几万人,参加的大小公司有200多家;阿波罗飞船由120所大学和研究单位、2万多个企业、60万人参加研制协作。

（5）矛盾激烈化。一方面主要表现在企业之间的竞争激烈，企业和社会的关系更加密切，市场供需问题、材料供应问题、能源交通问题、产生公害等问题，使企业与社会、企业与企业的关系复杂化，处理不好，就要受到舆论的谴责和法律的制裁。另一方面，劳资矛盾激烈化。工人文化水平的提高，提出了选择职业的更高要求，单调乏味的笨重劳动不容易雇佣到工人；工人组织力量的加大和社会保险的提高，也加强了工人的对抗力量。因此，资本家用同期管理的老一套方法来管理工人就行不通了。

在上述背景下，从20世纪60年代，现代管理的各种理论和学派就百家争鸣。传统管理着眼于一般效率问题，现代管理则着眼于人的因素和调动人的积极性。

现代管理的五个特征是：

（1）管理职能的高效率化。提倡效率、程序、紧张，反对扯皮、拖拉和疲沓。在生产组织、劳动组织、人员配备、信息传递、供应服务等各方面，都强调高效率化。

（2）管理方法的科学化，包括规律化、准确化、定量化、文明化。规律化就是进行一切活动，都要探索和掌握事物内在的客观规律，按照经济规律和自然规律办事，克服盲目性。准确化就是一切活动都用数据说话，办事要按程序，准确而有条不紊地进行。定量化就是每做一件事都要采用定性分析和定量分析相结合的方法，进行数量分析和研究。文明化就是讲究文明生产，创造良好的生产条件和生产环境。

（3）管理技术的电子化。要求企业管理广泛采用电子计算机，建立各种管理的数学模型，计算程序和数据库。

（4）管理组织系统化，出现了矩形体制、系统工程体制、事业部制等大型、复杂、跨国的新管理体制。

（5）管理方式的民主化。广泛采用参与、激励等手段，让职工参加企业管理。

5. 系统管理阶段

20世纪70年代以后，管理进入了更新型的系统管理阶段。

系统研究最初是从军工生产发展出来的，阿波罗飞船、哥伦比亚航天飞机都是系统管理的有效的成果。系统管理有三个特点：① 系统管理强调全面、系统、综合地分析研究问题，寻求综合的经济效益。② 系统管理寻求最佳方案，体现在技术的先进性、经济的合理性、安全的可靠性和周期最短等方面，重视产品的价值寿命，也就是要进行可行性分析，确保顺利进行。③ 采用先进的科学技术、先进的方法和先进的工具，把经济、技术、数学结合起来，应用计算机、概率论、运筹学、信息论、心理学、社会学等知识于企业管理，提高综合经济效果。

五个阶段的比较详见表2-1。

表2-1　管理的五个阶段对比表

管理阶段	管理范畴	管理原则	管理方法	管理工具
放任	传统管理	低人工成本	计件工资	算盘等手动工具
定量作业		低生产成本	工时定额	秒表
同期	科学管理阶段	最低生产成本	生产标准化	传送带
现代		最低生产成本和最高市场需要	定量化	计算机
系统	现代管理	最优化	系统化	计算机、数理、系统方法

第2章 企业管理概述

案例分析

威高集团的组织结构变革

山东威高集团从1987开始起步,到现在成为中国医疗器械行业的领头羊,其子公司威高股份在2004年就在香港创业板上市。这二十多年间,企业为了适应国家政治、经济改革的不断变化,不断地调整自身,不断地去捕捉外部的发展机遇,用内部不断变革去不断发展。下面就从企业组织结构角度来分析威高集团是如何随着企业内外部环境的变化而变化的。

1987年,威高集团现任董事长陈学利用2.5万元作为启动资金,改造了4间旧仓库,作为生产厂房,在山东省医疗器械研究所的支持和帮助下,创办了威海国营医疗器械厂一分厂。1988年,企业更名为山东省医用高分子器械厂,注册资本166万元。不久相继兼并了田村镇的地毯厂、针织厂、鞋帮厂、福利公司、鞋用材料厂5家企业。1989年山东省医用高分子器械厂正式更名为山东省威海医用高分子制品总厂,并相继成立了山东省威海市医用高分子一厂、三厂。1991年12月,共成立了5个分厂:一分厂生产输液器,二分厂生产医用PVC粒料,三分厂生产一次性注射器,四分厂生产小儿头皮针、钢针等配件产品,五分厂主要生产血袋。接着成立了3家公司;1992年5月,与意大利CCE公司达成合资成立威海信威卫生材料制品有限公司;1992年6月成立了山东省威海医用高分子制品总厂对外经济贸易公司;1992年8月,将威海田村第二建筑工程公司更名为威海市田高建筑工程公司,1993年7月成立田高建筑公司。

至此,威高集团用了4年时间搭建了5个分厂和3家公司的组织结构,也完成了企业从作坊式的生产企业向工厂式企业的过渡。虽然企业的组织结构建立了起来,但是组织内的"责、权、利"运行机制不可能一下建立起来,需要在企业的运行中不断完善"责、权、利"运行机制,使各个部门间、部门内人员不断磨合,使之规范化、制度化、标准化,使企业的各个部门能高效地运转起来。为了理清部门间、部门内"责、权、利"关系,企业从1991年到1993年又实施了各种方案。

1991年企业推出了《1991年承包实施方案》;1992年医用高分子总厂推出《1992年度经济指标考核办法(试行)》;1992年,总厂深化干部人事制度改革,实施了3项制度改革,引入优胜劣汰机制:一是干部实行聘任制,打破铁交椅,能上能下;二是工人实行合同制,能进能出,来去自由;三是在分配上,干部实行职务档次打分工资制,工人实行计件工资制,打破了大锅饭。1993年,全体厂长会议讨论通过了《关于转换经营机制的决定》:总厂对各厂简政放权,各生产厂(公司)相对独立,享有相当于法人的地位;总厂负责宏观管理,各厂自主经营,各单位在生产经营活动中彻底放开搞活。总厂下设5个分厂、2个公司(信威、田高建筑公司);总厂设立四科一室,即生产经营科、技术管理科、资金管理科、财务管理科、办公室,各科定人员、定任务、定责任、定分配标准;其他科室和单位组成6个实体公司。对各单位只考核利润指标,改变以六项经济指标考核的办法。总厂不干预各单位的具体分配办法,而是根据各单位利润指标基数和经济效益大小确定各单位的分配档次。各单位拥有用人自主权。各厂已经生产的定型产品,坚持以产品系列组织生产,不得重复生产其他厂已有产品;鼓励各单位研发新产品,给予资金和人员等方面的必要支持。加强销售市场的区域管理,坚持产品联销,总厂对联销产品实行指令性计划。12月,总厂召开扩大会议,确定机构、人员组成及分配原则。总厂下设5个职能科室,即生产经营科、技术管理科、资金管理科、财务管理科、办公室,撤销经营计划科、设备管理科、质量管理科、企业管理科;设立6个经济实体公司:物资供销公司,将医疗器械供销站扩建成销售公司,将外贸科扩建成外贸公司,将新产品开发科和检测中心组成技术开发公司,将机修厂和汽修厂组建成生产服务公司,将招待所、培训中心和综合服务部组建成生活服务公司。

这种改革的结果使企业在组织结构方面发生了质的变化,是典型的总厂分厂制,也是事业部制的雏形。这种分级管理、分级核算、自负盈亏的形式,从产品的设计,原料采购,成本核算,产品制造,一直到产品销售,均由分厂负责,实行单独核算,独立经营,公司总部只保留人事决策、预算控制和监督大权,并通过利润等指标对分厂进行控制。这也是企业大胆探索、不断创新的重大步骤,为今后完善事业部制奠定了组织基础。

1998年9月,威海医用高分子制品总厂正式更名为威海市医用高分子有限公司。由一家乡镇企业改制成为一家民营企业。改制后,公司及时按现代企业管理制度要求,理顺企业内部结构,实施内部改革。一方面,改革内部分配制度,推行岗位级别工资制。确定公司内部各部门设置经理、副经理、科长、副科长、一级科员、二级科员、三级科员,为今后的职级设置和工资改革奠定了基础。另一方面,改革企业管理,改革干部人事制度,实行领导干部岗位责任制。撤销政工管理部、司法部,增设人力资源管理部,企业管理部的投资项目移交财务管理部,增设总经理助理岗位。同时,相应建立健全各项管理制度,推动公司科学发展、规范发展。

2000年前后,公司又相继改组了输液器分公司、注射器分公司、输血器材分公司,组建了齿科器材分公司、医保分公司,成立了洁瑞卫材公司、洁瑞制品公司、威高创新公司、威高医疗器械公司、洁瑞医药公司、高新技术医药城公司等子公司,将全部业务重新整合,理顺了产权和经营权。

2000年11月,山东威高集团正式组建成立,威海市医用高分子有限公司更名为山东威高集团有限公司,作为母公司。12月,集团发起成立了山东威高集团医用高分子制品股份有限公司,将核心业务输液器、注射器、输血器、齿科器材及医保业务并入威高股份。

一个企业的组织结构要想高效地运转起来,不但需要组织结构内的职位设置合理,更需要组织结构内"责、权、利"分配合理。这样才能高效地发挥组织的协同效应,真正发挥出"1+1>2"的效应。

大家可以看出这个时期实行的组织结构和事业部的组织结构相接近,一般来讲,事业部制的组织结构,是西方经济从自由资本主义过渡到垄断资本主义以后,在企业规模大型化、企业经营多样化、市场竞争激烈化的条件下,出现的一种分权式的组织形式。当时的威高虽然规模较小,但是为了抓住当时的发展机遇,采用了适当分权的类事业部制是适合当时企业发展的内外部条件的。

2004年11月,企业对集团公司和威高股份公司的组织结构进行了重大调整,实现各自独立管理。2004年末2005年初,按照现代企业管理模式,重新划分集团公司和股份公司的管理职责,围绕打造新的融资平台,巩固发展根基,理顺各管理层次和管理职责,完善了责权体系,各负其责,各司其职,推动公司的体制向规范化推进。将集团公司变成控股公司,设立了行政、财务、人力资源、法律、研发管理、质量管理、审计、微机控制、后勤管理等部门。在威高股份公司,配备了新的领导班子,实行了产销分开,建立起统一指挥的生产公司、销售公司、采购、物流等部门,实现了企业资源的专业化分工和职能化管理。威高股份将原先的各分公司独立负责销售变为销售公司统一管理销售,各分公司变为专业生产单位;各分公司撤销财务科,由威高股份设立综合财务、销售财务、生产财务部门分别负责财务管理;建立办公室、质量、生产、物流中心、综合计划、营销等部门,分别行使职能管理职责。通过体制改革,集团公司变成控股公司,主要职能是:进行战略发展定位与目标设置、投资管理与资本运营、财务的宏观调控与审计稽查、人力资源管理与干部的运用决策等。

我们从上面可以看到,当威高规模做大以后,就需要集中资源做大事,就需要适当的集权,这时又调整了组织结构模式,此时的组织结构就和直线职能制的组织结构相似。

2006年,威高与美国著名的医疗器械企业美敦力公司合作,美敦力以总代价约17.26亿港元(即约2.21亿美元)购入威高15%股权,双方成立一合资公司,美敦力及威高分别占51%和49%的比例。

2006年3月,威高血液净化公司收购了山西华鼎医疗器械有限公司,组建了控股子公司山西威高华鼎医疗器械有限公司。9月,洁瑞制品公司收购了韩资企业——苏州大兴制管公司,结束了外购医用针管的历史,实现了产品结构的调整和资本运营的双赢。2007年6月,山东威高药业公司收购了文登康威药业有限公司,拥有三十多个药品和保健品种,加快了药业发展。2007年8月,山东威高骨科公司收购了北京亚华人工关节公司,推出了人工关节系列产品。

2007年,威高与新加坡柏盛国际公司合作,重组山东吉威医疗制品有限公司和山东威高柏盛医用制品有限公司股权;威高出售吉威医疗30%股权给柏盛国际,柏盛按每股1.08新加坡元,向威高发行1.2亿股新股作为代价。

随着企业的不断快速发展,公司经营多元化步伐也在加快,进军房地产、投资、制药等领域,而且经营权重也不断发生变化。2011年公司对原有组织结构再次进行调整改革。以企业所生产的产品为基础,将生产同一类产品的企业和组织重新组成一个子集团公司,形成了威高地产集团、威高医疗制品集团、威高医疗装备集团、威高投资集团、威高血液制品集团等8个子集团公司。每个子集团都是一个比较完整的法人组织,总部以投资中心的模式对其进行管理,放开人事管理权,集团总部设立威高管理学院作为人力培训中心。这种组织结构形态,在设计中将一些共用的职能进行适度集中,由上级委派以辅导各子集团,做到资源共享。同时各子集团下属公司均可独立包装上市,各子集团互相持股,既能充分利用上市获得相应好处,又规避了一些信息公开的制约,使企业获得更大的效益。

试分析:

企业的组织结构是如何随着企业内外部环境的变化来调整的?

第3章 企业决策

学习本章后,你应当能够:
1. 识记企业决策的概念和分类;
2. 掌握企业决策的程序和方法;
3. 培养运用决策的方法对企业管理中的实际问题进行科学决策的能力。

"野马"汽车的诞生

1960年,爱奥库卡晋升为美国福特汽车公司副总裁兼总经理,上任伊始,他意识到以青年人为代表的一股社会革新力量正在形成,它将对美国社会、经济产生难以估量的影响。爱奥库卡认为,设计新车型时,应该把青年人的需求放在第一位。在他的精心组织下,经过多次改进,1962年年底这种新车最终定型。它看起来像一部运动车,鼻子长、尾部短,满足了青年人喜欢运动和刺激的心理。更重要的是,这种车售价相当便宜,只有2 500美元左右,他们还为该车取了一个令青年人遐想的名字——"野马"。福特公司为此大造舆论,掀起了一股"野马"热,1964年4月,纽约世界博览会期间,"野马"正式露面,第一年就销售了41.9万辆,创下全美汽车制造业的最高纪录。"野马"的问世和巨大成功显示了爱奥库卡杰出的经营决策才能。从此,他便扬名美国企业界,并荣升福特汽车公司总裁。

3.1 企业决策

西蒙认为:"管理就是决策。"正确决策对于一个企业的生存与发展有着至关重要的作用。现代管理的重心在于经营,经营的中心在于决策。在企业生产经营活动中,经常会遇到各种各样的问题需要解决,做出决定,以便采取措施加以解决。如企业高层领导要研究处理长期战略规划、企业的组织机构、管理制度、产品、市场的开发、人事干部的任免等问题;车间主任要考虑中短期计划的制订、工效与质量如何提高、工人如何安排等;生产班组长要决定每班的作业怎样安排、定额的制定等问题。也就是说,决策贯穿于生产经营管理的各个方面及全过程。

3.1.1　企业决策的概念与特征

1. 企业决策的概念

企业决策是指在明确问题的基础上,对未来行动确定目标,并从两个以上可行方案中选取一个满意方案的分析判断过程。企业对生产经营过程中的每个环节都需做出科学的决策,它一般包括:

(1) 经营战略与方针决策。
(2) 经营目标与计划决策。
(3) 产品决策。
(4) 技术发展与投资决策。
(5) 资源开发与利用决策。
(6) 生产方案决策。
(7) 财务决策。
(8) 成本决策。
(9) 价格决策。
(10) 市场销售决策。
(11) 经营组织与人事决策。

2. 企业决策的特征

科学的决策应有以下基本特性:

(1) 决策要有明确的目标。明确为什么要进行决策,决策最终要达到的目标是什么。

(2) 决策应有若干个可供选择的可行方案。可行方案是指能够解决决策问题、实现决策目标、具备实施条件的方案。只有一个方案而无从比较的决策不是科学的决策,只有多个方案的选择才能评价优劣,得到满意的结果。因此,"多方案选择"是决策应该遵循的重要原则。

(3) 决策是一个分析判断过程。必须通过技术、经济等各个方面的综合评估。

(4) 决策的结果是选择一个满意的方案。人们要懂得,获得满足一切要求的最优方案是不现实的。

(5) 决策应是一项有组织的集体活动。因为,企业的决策问题具有信息量大、涉及面广、变化快的特点,这就增加了决策的复杂性和艰巨性,从而使个人决策成功的可能性大为减少。因此,科学决策不能是领导者个人行为,决策的民主性是决策成功的重要条件。

3.1.2　决策的分类

1. 按决策的重要程度划分

按重要程度,决策可分为战略决策、管理决策和业务决策。

(1) 战略决策,也称高层决策。这是事关企业生存和发展的全局性、长期性和大政方针的,对企业生产、技术、经济具有战略性的决策。如经营目标、经营方针的决策,产品更新换代决策、投资决策、技术更新改造、市场销售决策、企业最高领导人的择用决策、组织机构的调整等。

(2) 管理决策,也称中层决策。这是指战略决策执行过程中的具体战术决策。如生产、销售计划的制订、更新设备的决策、新产品定价等。这种决策旨在提高企业的管理效能,以实现企业生产技术、经济活动的高度协调及资源的合理利用。

(3) 业务决策。这是日常生产活动中,为了提高生产效率和工作效率所进行的决策。如生产任务的日常分配、定额的制定、库存决策等。企业职能部门和基层领导通常作为此种决策的担当者。

以上三类决策的重要性是不同的,因此,对于企业各级管理层来说,应该有所侧重。其结构如图 3-1 所示。

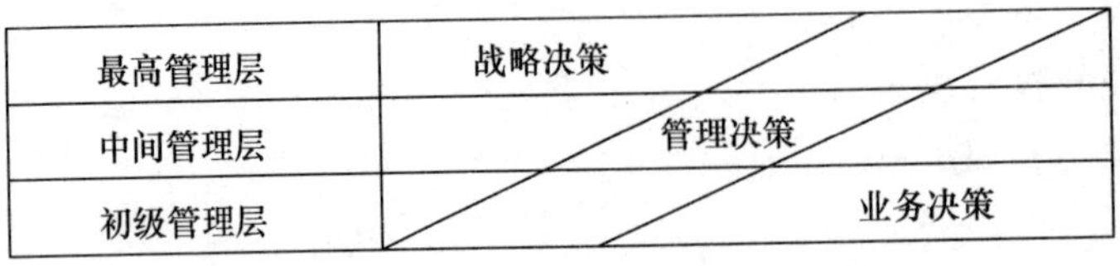

最高管理层	战略决策		
中间管理层		管理决策	
初级管理层			业务决策

图 3-1 决策分类图

战略决策是最重要的,它决定企业的兴衰,所以最高管理层应侧重于战略决策。为了减少决策失误,应吸收中间管理层和初级管理层参与战略决策。各级管理层都要进行管理决策。但是,中间管理层应侧重于管理决策,而初级管理层应侧重于业务决策。

2. 按决策发生的重复性划分

按照决策发生的重复性,决策可分为常规决策和非常规决策。

(1) 常规决策。它是对经常重复发生的例行公事所做出的决策,这类决策经常重复发生,因而可以预先把决策过程标准化、程序化,所以又称程序性决策。如生产作业计划制订、材料采购、库存决策、设备选择决策等。此种决策一般由专门机构进行,高级决策者很少过问。

(2) 非常规决策。它是对不重复或很少重复发生的非例行活动所做出的决策。这类活动一般都较重要,其决策由于情况各异,一般无例可循,难以按固定的标准、模式进行,故又称非程序性决策。如新产品的研究与开发、开辟新市场、企业的扩建与改建、技术引进等决策。由于决策程序不能标准化,所以需要高层管理人员亲自参与,并依赖于他们的经验判断与分析能力。

3. 按决策方式分

按决策方式分,决策可分为确定型决策、风险型决策和不确定型决策。

(1) 确定型决策。它是指每一种可供选择方案所需的条件都是非常明确的而又固定的,通过分析会得到明确的结果,从各方案中选优实施就能得到预期效果。这种决策一般可用数学模型得到最优解。如库存决策、设备更新改造决策、生产批量决策等。

(2) 风险型决策。它是指各种可行方案所需的条件大都已知的,但每个方案的执行都会出现几种不同的后果,而各种后果的出现都有一定的概率。故亦称随机型决策。根据客观概率,求得各方案的期望值,再根据期望值大小选优,这就必然存在风险。如企业产品决策、扩大生产规模的决策都是风险型的。

(3) 非确定型决策。它是指决策条件存在不可控因素,可供选择的方案存在多种结果,各种结果出现的可能性事先无法做出估计的决策。如新产品开发就属于此类决策。非确定型决策的做出主要依靠决策者的经验和判断能力。

此外,决策还可以根据决策目标的多少分为单目标决策和多目标决策,根据所涉及的时间长短而分为中长期决策和短期决策,根据决策组织层次的划分分为高层决策、中层决策和基层决策等。

3.1.3 决策的程序

企业决策要做到合理,除了对于决策的问题要有深入的了解和扎实的知识外,还必须按正确的步骤和科学的方法来进行才能得到有效的决策,企业决策是一个提出问题、分析问题和解决问题的逻辑顺序过程,因此,企业决策程序一般包括情报信息的收集与沟通,确定企业目标,拟订可行方案、选择满意方案,方案执行与反馈四个阶段,如图3-2所示。

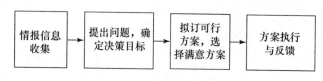

图 3-2 决策程序图

1. 情报信息收集

全面、准确、及时的情报信息是决策的前提条件。通过调查与预测,收集企业外部与内部的有关信息情报资料,可以分析企业面临的发展机会与威胁,分析企业内部的优势与劣势。收集到的资料越丰富、越准确,最终所做出的决策也就越合理有效。收集资料,一方面要有目的性和针对性,另一方面,还要有广泛性和综合性。

2. 提出问题,确定决策目标

明确决策所需要解决的问题和要达到既定的目标,是决策的出发点和归结点,也是决策的先决条件。目标不明确或者不正确,决策就会导致失误。决策目标是由决策所要解决的问题决定的,确定决策目标,首先要把需要解决的问题分析清楚。

(1) 找出要解决的问题。确定决策目标,首先就要把需要解决的问题的性质、结构、症结及其原因分析清楚。找问题就是从实际出发,从调查中发现。企业决策者怎样去寻找问题? 美国学者威廉·庞治(Willian Pounds)认为从以下四种情况可以寻找问题:

① 当情况出现反常时;
② 当绩效偏离计划时;
③ 当别人向管理人员提出更高的要求时;
④ 当竞争者的行为给管理者提出新课题时。

问题不过是一种现象。因此,当问题找出以后,就应找出产生问题的原因。决策者只有认真分析问题,明确地查出原因,对症下药,才能提出恰当的决策建议。

(2) 确定决策目标。决策目标必须具体、明确,不能含糊不清或模棱两可,不能空洞,否则是无法做出好决策的。决策目标明确、具体,一般要达到三个要求:

① 目标应是单一的,并且是可以计量的;
② 目标是可以落实的,并且能够确定责任;

③ 目标的约束条件明确。

面对许多复杂的决策问题,目标往往不止一个,有时目标之间还有矛盾。所以,处理多目标的决策问题要注意以下几点:

- 尽量减少目标数量;
- 把目标按重要性排列顺序,分清主次,抓住主要目标;
- 要保持目标之间的协调。

3．拟订可行方案,选择满意方案

(1) 拟订各种可行方案。决策目标确定后,就要拟订各种可行方案。各种可行方案的拟订是决策的基础。可行方案的拟订必须具备三个条件:

① 能保证企业决策目标的实现;

② 方案要符合企业内外部环境并且有可行性;

③ 方案的排他性。

制订可行方案通常是从提出设想开始的,它具有三个基本要素:

- 方案的设想必须以实现决策目标为出发点;
- 方案的设想必须充分利用外部环境提供的条件;
- 方案的设想必须能最佳地利用企业内部资源。

在保证实现决策目标的情况下,要达到一定数量和质量的可行方案,要注意集思广益,多吸收有关专家参加,做到决策的民主化和科学法。

(2) 方案的评价和选择。拟订出各种方案后,就要对每一个方案的可行性进行充分的论证,考查它们对目标的满意程度,在论证的基础上做出综合评价。如果说,确定目标是决策的前提,拟订可行方案是决策的基础,那么,方案的评价与选择是决策最关键的一步,是决策的决策。因此,在此阶段要解决两个最根本的问题,即确定评价标准和选择方案的方法。

① 评价方案的确定。决策方案的评价标准不能是最优标准,而只能是满意标准。"最优"标准是个理想化的标准,实际上往往不易达到,尤其是复杂的管理决策更难达到,因为人们进行决策时要受到各种客观条件的限制,情报信息的限制、时间的限制以及执行的限制等。因此,绝对的最优化是不存在的,为此,美国经济学家西蒙提出了另一个标准,即"满意标准"或称"有限合理性"标准,认为只要决策"足够满意"即可。

② 选择方案分析方法。方案的评价与选择要从系统观念、全局观念出发,既要考虑企业的直接利益,又要考虑到社会和消费者利益;既要考虑企业近期利益,又要考虑远期利益;既要求技术上的先进性,又要求经济上的合理性。要抓住方案之间的差异,衡量利弊,以定优劣。因此,方案评选可采用经验判断法、数学分析法和试验法三种方法。

4．方案执行与反馈

做出决策,并不意味决策过程的结束。决策的正确与否要以实施的结果来判别。因此,决策付诸实施之后,必须注意跟踪检查,如果偏离了目标,就应及时反馈并进行控制,不断修改方案,以便实现原定的目标。如果方案几次修改,仍达不到预期的效果,就应分析是否决策方案本身有问题,若发现决策有问题,就要勇于改正,把信息反馈回去,重新进行决策。

以上四个步骤是一个统一的决策过程,各个步骤相互衔接、相互关联,前一步骤是后一步骤的基础,可以反复进行,有时需经过多次反馈,直到选出满意的方案为止。

3.1.4 企业决策方法

企业决策方法大体上可分为两大类,即定性决策法和定量决策法。

定性决策法又称主观决策法,是指人们运用社会学、心理学、组织行为学、政治学和经济学等有关专业知识、经验和能力,在决策的各个阶段,根据已知情况和资料,提出决策意见,并做出相应的评价和选择。其优点是简单、灵活,费用低,节省决策时间;缺点是主观成分大,有一定局限性。适用于受社会经济因素影响,所含因素复杂又无法量化的综合性决策。采用的方法主要有专家调查法(德尔菲法)、头脑风暴法(畅谈会法)。

定量决策法是指根据现有数据,运用数学模型进行决策的一种方法。其核心是把决策有关的变量与变量之间、变量与目标之间的关系用数学模型表示出来,通过数学模型的求解,选择决策方案。其优点是使决策过程精确化、程序化,大大提高了科学决策水平;缺点是对于许多非程序化的决策方案的评价和判断还难以用数学语言加以表达和描述。

因此,一般在实际工作中,这两种决策方法往往交替或结合使用,才能产生较好的效果。下面以定量方法为主介绍几种常用的决策方法。

1. 确定型决策方法

确定型决策,即事件的各种自然状态是完全肯定的、明确的,也就是每一种供选择的方案的后果只有一种,经过分析计算可以得到各方案的明确结果。因此,一般可根据已知条件,直接计算出各个方案的结果值,进行比较,然后选择出满意的方案。这里仅介绍两种常用的确定型决策方法:直接选择法和量本利分析法。

(1) 直接选择法。直接选择法,又称单纯选优法,是指根据已掌握的每个方案的确切结果,进行比较,直接选择有最佳后果的方案。

例 1 某企业生产所需原材料可从甲、乙、丙三地购得,如甲、乙、丙三地距离该企业的距离相等、运费相同,甲、乙、丙地的同种原材料价格如表 3-1 所示,问该企业应从何地购进原材料?

表 3-1 三地的同种原材料价格

方 案	甲	乙	丙
价格(元/吨)	120	100	115

通过比较,很显然,在其他条件相同的情况下,选择价格最低者即可,即选择从乙地购进原材料的方案是最佳方案。

确定型决策看起来似乎很简单,但在实际工作中并不一定如此。因为决策人所面临的方案数量大,变量多,虽然条件明确,结果肯定,但往往不经过计算不能确定。因而一般对确定型决策,也要采用适当的数学方法。直接选择法一般只用于非常简单的决策问题。

(2) 量本利分析法。量本利分析法也称盈亏平衡分析法,是企业经营决策常用的有效工具。它是根据产品销量、成本、利润的关系,建立数学模型,分析决策方案对企业盈亏的影响。这种方法简单实用,应用范围很广,企业经营中许多重大问题都可以通过量本利的分析得到回答。例如,企业是否应该购置新设备或进行技术改造?某亏损产品是否应该淘汰?某种零件是自制还是外购好?产品价格是否应该下浮?企业目前的经营状况如何?某种产品生产多少才能盈利?

① 量本利分析原理。量本利的基本原理是边际分析理论。具体方法是,把企业的生产总成本分为固定成本和变动成本,若产品销售单价大于单位变动成本,便存在"边际贡献",即产品单位售价与单位变动成本的差额。当总的边际贡献与固定成本相等时,恰好盈亏平衡。此时,再每增加一个单位产品,就会增加一个单位的边际贡献利润。

销售总成本(C)由固定成本(C_F)与变动成本(C_V)两部分组成。固定成本(C_F)是指在一定时期内不随企业产量的变动而变动的成本费用,即使产量为零,它也要照常支出。如厂房、机器设备的租金、固定资产折旧费及计时工资等。其与产量(Q)的关系如图3-3所示。

图3-3 固定成本总额

总变动成本(C_V)是指随产量变动而变动的成本之和。如原材料、燃料、直接人工费、计件工资等。其与产量(Q)的关系如图3-4所示。

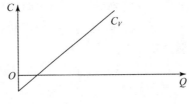

图3-4 变动成本总额

进行量本利分析的关键是找出盈亏平衡点,寻找的方法有图解法和公式法。

● 图解法。以纵轴表示销售收入或费用,以横轴表示销售量或产量,绘成直角坐标图。将销售收入线、固定成本线、总成本线标到坐标图上,如图3-5所示。在图3-5中,销售收入与销售成本的交点,或产品单价与单位产品成本的交点,即为盈亏平衡点。

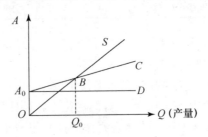

图3-5 盈亏平衡图

其中:OS——销售收入线;
A_0D——固定成本线;
A_0C——总成本线;

B——盈亏平衡点;

Q_0——盈亏平衡时的销售量(产量)。

由图可知,当销售量(或产量)低于 Q_0 时,企业处于亏损状态;当销售量大于 Q_0 时,企业才有盈利。

- 公式法。公式法有销售量计算法和销售额计算法两种。
  ➢ 盈亏平衡点的销售量计算法,即以产量 Q_0 表示。

确定盈亏平衡点必须满足以下条件:利润$(P)=0$,即

$$销售收入(S) = 销售总成本(C) \tag{3-1}$$

$$销售收入(S) = 产品销售量(Q_0) \times 产品单价(W)$$

$$总成本(C) = C_F + C_V = C_F + C_V' \times Q_0$$

代入(3-1)式得:

$$Q_0 \times W = C_F + C_V' \times Q_0$$

∴

$$Q_0 = \frac{C_F}{W - C_V'} \tag{3-2}$$

式中:C_F——固定成本;

C_V'——单位变动成本;

W——销售单价;

Q_0——盈亏平衡时的销售量。

➢ 盈亏平衡点的销售额计算法,即以销售收入 S_0 表示。

$$S_0 = \frac{C_F}{1 - \frac{C_V'}{W}} \tag{3-3}$$

S_0——盈亏平衡时的销售额。

例2 某工厂生产 A 产品,每台销价为 2 200 元,2004 年销售量为 250 000 件,全厂固定费用为 2 748 万元,每件变动费用为 1 600 元。

(1) 求盈亏平衡点的销售量和销售额。

(2) 2004 年销售量为 25 000 件时的利润为多少?

(3) 若企业计划期内的目标利润为 1 200 万元时的销售量应是多少?

解:(1) 盈亏平衡点销售量:

$$Q_0 = \frac{C_F}{W - C_V'} = \frac{27\ 480\ 000}{2\ 200 - 1\ 600} = 45\ 800(件)$$

盈亏平衡点销售额:

$$S_0 = \frac{C_F}{1 - \frac{C_V'}{W}} = \frac{27\ 480\ 000}{1 - \frac{1\ 600}{2\ 200}} = 10\ 076(万元)$$

解:(2) 2004 年销售量为 250 000 件时的利润为:

$$P = (W - C_V') \times Q - C_F = (2\ 200 - 1\ 600) \times 250\ 000 - 27\ 480\ 000 = 12\ 252(万元)$$

解:(3) 若企业目标利润为 1 200 万元时的销售量:

$$Q = \frac{C_F + P}{W - C_V'} = \frac{27\ 480\ 000 + 12\ 000\ 000}{2\ 200 - 1\ 600} = 65\ 800(件)$$

② 边际收益分析。由(3-2)式可以看出,单位售价超过单位变动成本,并抵补了单位固

定成本以后,才能获得利润。产品售价超过单位变动成本的部分称为单位边际贡献或单位边际收益(利润)。

● 边际收益 D 的计算

边际收益是销售收入与变动成本的差额:

$$D = Q \times (W - C_V') \tag{3-4}$$

式中:Q——销售量;
D——边际收益总额。

在决策分析过程中,进行边际收益分析是非常重要的,只要有边际收益,就能抵消固定成本。判别是否盈利可用下式:

$$D = C_F + P \tag{3-5}$$

式中:P——利润;
C_F——固定成本;
$D - C_F = 0$ 时,不亏不盈;
$D - C_F > 0$ 时,盈利;
$D - C_F < 0$ 时,亏损。

● 边际收益率的计算

边际收益率是边际收益与销售收入的比值。其计算公式为:

$$D_I = \frac{D}{Q \times W} \tag{3-6}$$

式中:D_I——边际收益率。

边际收益分析主要适用于研究多品种生产的问题。

例3 某工厂生产 A、B、C、D 四种产品,其中 A 产品系五年前建成的专用流水线生产,过去利润较高;但去年调价后,价格下降了 30%,因而连年亏损,今年预计亏损 40 万元。目前有两种方案可供选择:停产或继续生产 A 产品,其资料如表 3-2 所示。问如何决策?

表 3-2 两种方案

	方案1:继续生产 A 产品			方案2:停止生产 A 产品
	A 产品	B、C、D 产品	合计	B、C、D 产品
销售收入	260	800	1 060	800
销售成本	300	500	800	650
净收入	−40	300	260	150
变动费用	200	420	620	420
固定费用	100	180	280	280
边际收益	60	380	440	380

解:经分析后发现产品 A 虽然有亏损,但边际收益仍为正值:

$$260 - 200 = 60(万元)$$

这 60 万元仍可用于补偿固定费用。

由于该产品采用专用流水线生产,产品成本固定费用占的比重较大,如果停止生产,该专用线也不能生产其他产品;如进行改造需投入较多资金,一时资金来源也无法解决。并且该专用线的费用和其他固定费用并不因该产品停产而有所减少,相反这些固定费用将全部由余下的 B、C、D 三种产品分摊,三种产品的成本将因此而显著升高。所以,A 产品停产后,企业虽然淘汰了亏损产品,但企业利润却由 260 万元降到 150 万元,减少 110 万元。具体计算见表 3-2。

故,从定量分析来看,不宜做出 A 产品停产的决策。

③ 经营安全状况分析。企业的经营安全状况,可用安全余额和经营安全率来表示。安全余额是实际(或预计)销售额与盈亏平衡点销售额的差额。

$$L = QW - Q_0W \tag{3-7}$$

式中:QW——实际销售额;

Q_0W——盈亏平衡点销售额;

L——安全余额。

安全余额越大,销售额紧缩的余地越大,经营越安全。安全余额太少,实际销售额稍微降低,企业就可能亏损。

经营安全率是安全余额与实际销售额的比值:

$$L_I = \frac{L}{QW} \tag{3-8}$$

经营安全率在 0~1 之间,越接近于 0,越不安全,越接近于 1,越安全,盈利的可能性越大。判断经营安全状况的标准如表 3-3。

表 3-3 经营安全状况的标准

经营安全率	经营状况
30%	安全
25%~30%	比较安全
15%~25%	不太好
10%~15%	要警惕
10%以下	很不安全

一般来讲,当经营安全率低于 20% 时,企业就要做出提高经营安全率的决策。提高经营安全率有两个途径:第一,增加销售额;第二,将盈亏平衡点下移。

2. 风险型决策方法

风险型决策是一种随机决策。一般要具备五个条件:

(1) 存在着决策者希望达到的一个明确的目标,如最大利润、最低成本、最短投资回收期。

(2) 存在着决策者可以选择的两个以上的行动方案。

(3) 各种自然状态的存在是不以决策人意志为转移的。

(4) 不同的行动方案在不同的自然状态下的损失或利益可以计算出来。

(5) 未来将出现哪种自然状态,决策者不能肯定,但可大致估计出其出现概率。

风险型决策应用最广泛的两种方法是期望值表法和决策树法。

① 期望值表法。期望值表法,又称收益矩阵法。它是利用决策收益表为基础,根据各种状态的概率值和收益值,计算出不同方案的期望收益值,从不同方案的期望收益值中选择其中最满意的方案为最优方案。期望收益值一般为最少投资、最大盈利、最小损失、最高产值等。其计算公式为

$$E_i = \sum_{j=1}^{n} X_{ij} P_j \qquad (3\text{-}9)$$

式中：E_i——第 i 种方案的期望损益值；

X_{ij}——第 i 种方案在第 j 种状态下的损益值；

P_j——第 i 种自然状态的客观概率。

例4 某一土建工程，施工管理人员要决定下月是否开工。如果开工后天气好，则可按期完工并获利 5 万元；如开工后遇到天气坏则将造成损失 1 万元。假如不开工，不论天气好坏都要付出窝工损失费 1 000 元，根据过去的统计资料，预测下月天气好的概率为 0.2，天气坏的概率是 0.8。为使收益最大，损失最小，问施工管理人员应如何决策？

解：(1) 编制决策收益表(见表 3-4)

表 3-4 决策收益

自然状态	概率	方案	
		开工	不开工
天气好	0.2	50 000	−1 000
天气坏	0.8	−10 000	−1 000

(2) 计算各方案的期望收益值

开工：$E_1 = 0.2 \times 50\,000 + 0.8 \times (-10\,000) = 2\,000$(元)

不开工：$E_2 = 0.2 \times (-1\,000) + 0.8 \times (-1\,000) = -1\,000$(元)

由以上计算可知，开工时期望收益值 2 000 元，大于不开工的期望收益值。所以，施工管理人员应选开工为最佳方案。

② 决策树。决策树方法是用树状图来描述各种方案在不同自然状态下的收益，据此计算每种方案的期望收益从而做出决策的方法。这种方法的优点是：可以明确地比较决策问题的各种可行方案的优劣，对于某一个方案的有关事件一目了然，可以表明每一个方案实现的概率，每一个方案的执行结果均能计算出预期的收益，特别适合于分析复杂问题的多级决策。

- 决策树的构成。决策树由决策点、方案枝、状态结点、概率枝和损益值五个要素构成，如图 3-6 所示。决策树是以决策点为出发点，引出若干方案枝，每条方案枝代表一个方案。方案枝的末端有一个状态结点，从状态结点引出若干条概率枝，每条概率枝代表一种自然状态，概率枝上标明每种自然状态的概率损益值。这样层层展开，形如树枝状，因此得名。

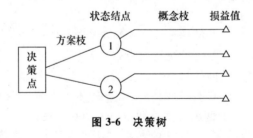

图 3-6 决策树

- 决策树的分析程序。

第一步，绘制树形图。绘制程序是自左至右展开。在进行决策条件分析的基础上，确定有哪些方案可供决策时选择，以及各种方案所存在的自然状态。

第二步,计算期望值。期望值的计算要由决策树的右端向左端依次进行。首先将每种自然状态的收益值分别乘以各自概率枝上的概率,再乘以计算期限,最后将各概率枝的值相加,标于状态结点上。

第三步,剪枝决策。比较各方案的期望值(如方案实施有费用发生,应将状态结点值减去方案费用后再进行比较)。剪掉期望值小的方案枝,保留期望值大的方案枝,将此最大值标于决策点上,即为最佳方案。

例 5 某公司准备对产品进行更新换代,经市场预测和分析研究,有三个方案可供选择。

第一方案:新建一条生产线,上新产品 A,需投资 260 万元。未来 5 年如果销路好,每年可获利 120 万元;如果销路不好,每年将亏损 10 万元。根据市场预测,销路好的概率为 0.7,销路差的概率为 0.3。

第二方案:改造原来的生产线,上新产品 B,需投资 100 万元,未来 5 年如果销路好,每年可获利 60 万元;如果销路差,每年可获利 10 万元。根据市场预测,销路好的概率为 0.8,销路差的概率为 0.2。

第三方案:维持老产品的生产。如果销路好,仍可生产 5 年,每年可获利 40 万元;如果销路差,只能维持 3 年,每年可获利 15 万元。根据市场预测,销路好的概率为 0.6,销路差的概率为 0.4。

根据上述资料绘制决策树,并计算期望值,如图 3-7 所示。

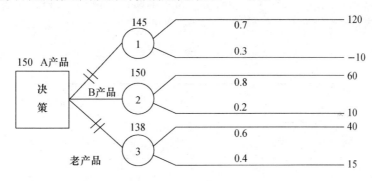

图 3-7 决策树图

比较三个方案的净效益(E):

第一方案 $E_1=[0.7\times120+0.3\times(-10)]\times5-260=145$(万元)

第二方案 $E_2=[0.8\times60+0.2\times10]\times5-100=150$(万元)

第三方案 $E_3=[0.6\times40\times5+15\times0.4\times3]=138$(万元)

从利润期望值来看,第二方案最优,所以将其他两个方案剪掉,选择改造原来的生产线,上新产品 B 方案。

3. 不确定型决策

不确定型决策,具有风险型决策的前四个条件,但不能根据资料测算各种自然状态的客观概率。这种情形下的最佳方案选择,取决于决策者的主观概率估计与态度以及他对某决策方案所持的决策标准。

例 6 某厂为了扩大经营,准备生产一种新产品,两年后投放市场,共生产 5 年。生产这种产品的方案有三种:第一,新建一条自动生产线;第二,扩建原有生产线;第三,对原来的生产线进行改造。三个方案在 5 年内的经济效果如表 3-5 所示。由于对未来两年市场需求情况判断不准,只能大致估计较高、一般、很低这三种可能情况的需求量。并且这三种情况发生的概率也不知道,应如何决策?

表 3-5　三个方案在 5 年内的经济效果

单位：万元

损益值＼需求量＼方案	需求量较高	需求量一般	需求量很低
新建	980	－500	－800
扩建	700	250	－200
改造	400	90	－30

决策者根据表 3-5 中的损益值,可以按不同的标准和方法进行方案选择。

(1) 悲观决策标准。这是按照"保守"态度用"小中取大"的决策标准(或称"不利中要求有利"准则)。当决策者对决策问题情况不明时,唯恐决策失误可能带来较大的经济损失因而在决策分析时,小心谨慎,总是抱着悲观的态度,宁可把情况估计得坏一些,从最坏的结果中选择最好的结果。其决策程序是：先选取各方案收益最低值,经比较,再从中选一个收益最高或最有利的方案为备选方案。

按此准则,此例中改造方案是最佳方案。因为,三个方案的三个最低收益值中,收益最大者为改造方案的－30 万元,如表 3-6 所示。对于那些把握很小、风险较大的问题,采用这个准则决策是可取的。

表 3-6　悲观决策方案

单位：万元

损益值＼需求量＼方案	需求量较高	需求量一般	需求量很低	极小值
新建	980	－500	－800	－800
扩建	700	250	－200	－200
改造	400	90	－30	－30
"小中取大"即选择极小值－30(改造方案)为最满意方案				

(2) 乐观决策标准。此标准与悲观决策标准相反,它的主要特点是在现实方案选择中的乐观原则。决策者不放弃任何一个获得最好结果的机会,争取大中之大,充满乐观与冒险精神,又称其为极大极大决策标准。它的决策程序是：

首先从每个方案中选择一个收益值最大的,然后再从这些方案中选出的最大值中选择一个最大值,作为最佳备选方案,它的选择原则是大中之大。如表 3-7 所示。

表 3-7　乐观决策方案

单位：万元

损益值＼需求量＼方案	需求量较高	需求量一般	需求量很低	极大值
新建	980	－500	－800	980
扩建	700	250	－200	700
改造	400	90	－30	400
"大中取大"即选择极大值 980(新建方案)为满意方案				

根据这一方法,则应选择新建方案为最佳备选方案。

(3)折中决策标准。这是介入悲观和乐观决策标准之间的一个折中决策标准。在应用中要求决策者确定系数 α,称为折中系数,$0<\alpha<1$,折中决策标准的公式如下:

$$\text{折中标准收益值} = \alpha O_{\max} + (1-\alpha) O_{\min}$$

式中 $O_{\max}$、$O_{\min}$ 分别为同一方案的最大收益值和最小收益值。上式当 $\alpha=0$ 时,为悲观标准;当 $\alpha=1$ 时,为乐观标准;当 α 在 0 与 1 之间即在两者之间折中时,称为折中决策标准。

根据表 3-6 的极小值数据和表 3-7 的极大值数据,假设令 $\alpha=0.7$,则各个方案的折中收益如表 3-8 所示。

当 $\alpha=0.7$ 时,根据折中收益值的计算,其中新建方案折中收益值最大,为 446 万元,故选新建方案为最满意方案。

表 3-8 折中决策方案

单位:万元

损益值\方案	需求量较高 (S_1)	需求量一般 (S_2)	需求量很低 (S_3)	极小值	极大值	折中收益值($\alpha=0.7$)
新建	980	-500	-800	-800	980	$0.7\times980+0.3\times(-800)=446$
扩建	700	250	-200	-200	700	$0.7\times700+0.3\times(-200)=430$
改造	400	90	-30	-30	400	$0.7\times400+0.3\times(-30)=271$
折中决策标准:选择折中值最大 446(新建方案)为满意方案						

(4)最小后悔值决策标准。在决策过程中,当一个自然状态可能出现时,决策者必然要首先选择收益值最大的方案。如果决策者由于决策失误未能选这一方案而错选了其他方案,因而感到后悔,这种情况下两个方案的收益值之差称为后悔值。此标准就是以在决策时避免将来的后悔为原则。它的决策程序是:将每种状态下的最大收益值减去其他方案的收益值。如表 3-9 中 S_1 列的 980、S_2 列的 250、S_3 列的 -30 减去其他方案的收益值后得到如表 3-9 所示的后悔值;然后从三个方案的后悔值中选出其中最大的后悔值;再从各方案最大后悔值中选择最小的后悔值为最佳备选方案。

表 3-9 最小后悔值决策方案

单位:万元

损益值\方案	需求量较高 (S_1)	需求量一般 (S_2)	需求量很低 (S_3)	后悔值 S_1	后悔值 S_2	后悔值 S_3	最大后悔值
新建	980	-500	-800	0	750	770	770
扩建	700	250	-200	280	0	170	280
改造	400	90	-30	580	160	0	580
最小后悔值决策标准:从各方案最大后悔值中选择后悔值最小 280(扩建方案)为满意方案							

从表 3-9 中可以看到各方案最大的后悔值是 770、280、580。其中最小的是 280,因而可选扩建方案作为最满意的方案。

由上述分析可见,对同一问题,采用不同的决策标准会得出不同的甚至相反的结果。究竟采用哪种方法取决于决策者的态度和经验。进行决策时,可以选用一个标准辅助决策,也可以综合应用,即将几个标准应用的结果进行综合评定,将备选次数最多的方案,作为最佳方案,如表 3-10 所示。

表 3-10 综合决策方案

决策标准	新建	扩建	改造
悲观决策标准			√
乐观决策标准	√		
折中决策标准	√		
最小后悔值决策标准		√	

其中新建方案被选中两次,所以可引入最佳方案。

3.2 本章小结

企业决策是指在明确问题的基础上,对未来行动确定目标,并从两个以上可行方案中选取一个满意方案的分析判断过程。一个科学的决策应有以下基本特性:

(1) 决策要有明确的目标。
(2) 决策应有若干个可供选择的可行方案。
(3) 决策是一个分析判断过程。
(4) 决策的结果是选择一个满意的方案。
(5) 决策应是一项有组织的集体活动。

决策的程序主要包括情报信息的收集与沟通,确定企业目标,拟订可行方案、选择满意方案,方案的实施与反馈四个阶段。企业决策方法大体上可分为两大类,即定性决策法和定量决策法。本章主要介绍了定量决策法。常用的几种定量决策的方法主要有确定型决策法、风险型决策法和不确定型决策法。其中确定型决策法介绍了直接选择法和量本利分析法。风险型决策法主要介绍了期望值表法和决策树法。不确定型决策介绍了悲观决策标准、乐观决策标准、折中决策标准和最小后悔值决策标准。

 阅读材料

美国克莱斯勒汽车公司的悲剧

克莱斯勒汽车公司以生产优质的大型汽车而享有盛名。当 1973 年至 1974 年世界性石油危机之后,美国的另外两家大汽车公司——通用汽车公司和福特汽车公司立即改变政策,重新设计小型省油汽车,以适应未来事态的发展。而克莱斯勒汽车公司在生产方向上仍犹豫不决,继续生产耗油量大的大型汽车。当 1978 年石油危机再次冲击世界时,这个公司生产的大型汽车瞬时销售量大降,存货堆积如山,每天损失达 200 万美元,在 1979 年的前 9 个月中,共亏损达到 7 亿美元之巨,企业面临倒闭的危险。该公司的董事长见势不妙,当即辞职。董事会立即聘请前福特汽车公司总经理李·亚科卡主持企业工作。亚科卡在极端困难的情况下,果断采取向政府申请贷款、解雇数万名工人和设计适销对路的新型汽车等重大决策,经过五年奋战,终于使克莱斯勒公司起死回生。

决策的正确与失误关系到企业和事业的兴衰存亡,因此,每一个管理者都必须认真研究决策科学,掌握决策理论、决策的科学方法和技巧,在千头万绪中找出关键之所在,权衡利弊,及时做出正确的可行的决策。

复习思考题

1. 何谓企业决策?决策有哪些特点?
2. 简析决策的过程。
3. 简析计划与决策的关系。
4. 确定型决策、风险型决策、不确定型决策有何区别?
5. 何谓乐观准则、悲观准则、后悔准则?
6. 某工厂为推销甲产品,预计单位产品售价为 1 200 元,单位产品可变成本为 700 元,每年需固定费用为 1 800 万元。
   (1) 盈亏平衡时的销售量和销售额是多少?
   (2) 当企业现有生产能力为 5 000 台时,每年可获利多少?
   (3) 计算企业经营安全率,判断企业经营状况。
7. 某轻工机械厂拟订一个有关企业经营发展的规划。据本企业的实际生产能力,本地区生产能力的布局以及市场近期和长期的需求趋势初步拟订三个可行方案:第一方案是扩建现有工厂,需投资 100 万元;第二方案是新建一个工厂,需投资 200 万元;第三方案是与小厂联合经营合同转包,需投资 20 万元。三个方案经营年限都为 10 年,据市场预测和分析,三种方案在实施过程中均可能遇到以下四种情况,有关情况估算如表 3-14 所示。

表 3-14 三种方实施预估表

损益值(万元) \ 状态概率 \ 方案	市场销售状态			
	销路好	销路一般	销路差	销路极差
	0.5	0.3	0.1	0.1
扩建	50	25	−25	−45
新建	70	30	−40	−80
合同转包	30	15	−5	−10

试用决策树法进行决策。

8. 第 7 题中如果各种销售状态概率无法确定,试用不确定型决策的各种标准分别进行决策。

苹果公司:把握行业发展趋势,以科技领先捕捉市场机遇

苹果公司是目前世界上市值最大的科技公司,2010 年营业额达到 652.3 亿美元,税后利润 140.1 亿美元。苹果公司有着辉煌的发展历史,2011 年过世的创始人——前 CEO 史蒂夫·

乔布斯在新世纪初重掌公司后,坚定地以产品为中心,将科技与艺术进行了完美的结合,推出了革命性的科技产品,包括iPod播放器、MacBook Air超薄电脑、iPhone手机和iPad平板电脑等。在销售这些终端产品的同时,苹果公司于2003年推出了iTunes音乐商店,这一重要决策不仅使苹果公司的"生态系统"得以完善,而且为音乐产业的发展带来了彻底变革。

2002年年初,苹果公司遇到了一个挑战。iPod、iTunes软件和计算机之间的无缝连接可以让你更方便地管理音乐,但是如果要获得新的音乐,你必须要离开这样一个"舒适"的环境,去外面购买CD,或者在网上下载歌曲。如果选择第二种方式,就意味着要涉足文件分享和盗版服务的灰色地带。所以,乔布斯希望给iPod用户提供一个简单、安全且合法的下载音乐的方式。音乐产业也面临着一系列挑战,如盗版侵害——Napster、Grokster、Gnutella、Kazza——人们可以从这些服务商下载免费歌曲,受此冲击,2002年正版CD的销量下降了9%。

在这样的背景下,全球五大唱片公司中的华纳音乐与索尼音乐共同飞往苹果公司会见乔布斯,以期获得方向上的帮助。合作初期,唱片公司、音乐人,甚至包括苹果公司都无法确定一种适当的商业模式,这导致了索尼公司的退出。在这样的情况下,乔布斯做出决策,开始独自领导苹果公司进行研发——iTunes软件。

最终,苹果公司经过将近一年的努力,在iTunes音乐管理软件的基础上,推出了iTunes音乐商店,并争取到了五大唱片公司数字音乐的销售权,同时获得了诸多著名音乐人的支持。iTunes一经推出便大获成功,并随着各项技术与服务的不断完善,为苹果公司带来了又一项重要收入,与此同时,也为音乐产业带来了革命。

iTunes的成功基于苹果公司的几项重大决策:

1. 苹果公司把握到了产业的发展趋势——音乐产业必将与互联网相结合;人们消费盗版音乐是出于无奈,一旦出现高品质的数字音乐,消费者们愿意为此支付。

2. 基于音乐平台构建生态系统——苹果公司是终端销售商,它已经具备完善而受欢迎的音乐播放设备,因此,极有必要构件一个平台以匹配这些终端,即为科技产品提供内容,iTunes音乐商店的出现使这一问题得到解决,也使得苹果公司为消费者搭建了"舒适"的音乐消费与管理系统。

3. 价格——苹果公司将iTunes音乐商店上每一首歌的价格定价为99美分,这还不到一杯星巴克咖啡的1/3,使得消费者愿意并能够为喜爱的音乐进行支付,而且iTunes上的作品均为正版音乐,音质可以得到保证,这就有效地打击了那些提供参差不齐音乐品质的盗版服务商。

4. 共赢——苹果公司构建了流行音乐产业的新体系,音乐人可以全心投入音乐创作,而不必担心盗版猖獗而导致的收入下降;唱片公司可以扭转颓势,通过收取每首歌曲99美分中的70美分而获得数字音乐的销售收入。这一"共赢"模式最终使欧美流行音乐市场得以复兴。

(资料来源:乔布斯传,〔美〕艾萨克森著,管延圻等译,中信出版社,2011.10)

试分析:

1. 根据有关的决策理论详细分析iTunes音乐商店成功的主要原因。

2. 根据上述案例的叙述,查找相关资料,分析iTunes音乐商为什么能够带来音乐产业的革命。

第4章 战略管理与企业经营计划

学习本章后,你应当能够:
1. 了解战略管理的重要性;
2. 掌握战略管理的特点;
3. 掌握战略管理的内、外部环境的分析方法;
4. 掌握企业三种总体战略的特征、优缺点;
5. 掌握企业战略实施的方法、控制的方式;
6. 了解企业计划的概念和类型;
7. 掌握企业计划编制的过程;
8. 掌握滚动计划法和企业计划的目标管理;
9. 了解编制年度计划和短期计划的方法。

山东艺达的战略转型之路

山东艺达集团位于"鲁绣之乡"、"中国工艺家纺名城"——山东文登,是文登家纺行业的龙头企业之一。

2000年以前,艺达集团还是一家单纯的外贸企业,单纯依靠出口加工赚取加工费。从纺织行业的产业链(原材料生产{棉花→纺纱→织造→印染}→设计研发→家纺织产品→营销)看,这种出口模式,实际上是企业仅仅参与家纺织产品的生产环节。生产环节是家纺产业链中附加值最低的环节,抗风险能力也较弱,产品的出口价格受制于"老外",国际形势发生变化时,企业的抗冲击能力较弱。特别是金融危机时,企业间的竞争更加激烈,企业的生产成本虽然控制到最低,但利润空间还是越来越小。

为了改变这种状况,企业开始了向产业链上、下游的延伸。

(1)向下的销售渠道的延伸。

2004年,由艺达商贸城一楼改造而成的艺达家纺专卖店开始营业,一年之后,专卖店实现销售收入600万元。这一成功尝试坚定了艺达人"内外销并举,两条腿走路"的新市场战略思路。2010年,艺达家纺加盟店已发展到400多家。为打开国内市场,艺达集团广建营销网络,建立100多人的招商队伍,以自营和加盟的形式将艺达家纺专卖店开到全国各地。按照计划,到2012年,艺达集团将在全国1 000个经济较为发达的县级以上城市开设专卖店,使企业的经营结构优势更为突出。

(2) 向上的原材料生产环节的延伸。

2004年,艺达集团投巨资建设了艺达菏泽工业园。园区占地近667平方千米,东西长两千米,计划总投资10亿元。由艺达家纺、艺达纺织、艺达棉纺、包装辅料、棉品加工区、床品加工区等八大厂区组成,集原料和成品加工、物流配送、宾馆服务等功能于一体。

与此同时,为有效缓解棉花等原材料价格上涨、面料供应紧张等不利因素,保证产品的质量、档次和交期,牢牢掌握生产的主动权,艺达集团利用菏泽工业园这个新阵地,将产业触角向外延伸。他们购进360台特宽幅喷气式织机,并以此为链接,与纺纱、染整企业实行强强联合,形成一条完整的家纺产业链。

4.1 企业经营战略和战略管理

4.1.1 企业经营思想

企业的经营思想也称为企业的经营哲学,是指企业在经营活动中对发生的各种关系的认识和态度的总和,是企业从事生产经营活动的基本指导思想,它是由一系列的观念所组成的。企业对某一关系的认识和态度,就是某一方面的经营观念。

企业的经营思想的内容是相当广泛的,因为企业在经营过程中需要处理的关系涉及方方面面,对某一方面的认识和态度,就是某一方面的观念。这一系列观念的总和就是企业的经营思想。由于人们对企业经营中的主要关系的认识存在差异性,因此,对企业经营思想的主要内容的认识也存在区别。我们在这里介绍下列基本观念的时候,并不排除其他观念在一定条件下的重要性,也不排除其他的一些观念是下列观念的派生观念。

1. 市场观念

市场观念是企业处理自身与顾客之间关系的经营思想。顾客需求是企业经营活动的出发点和归宿,是企业的生存发展之源。企业生产什么、生产多少、什么时候生产以及生产的产品以什么方式去满足顾客的基本需求就是市场观念的基本内涵。

2. 竞争观念

竞争观念是企业处理自身与竞争对手之间关系的经营思想。市场竞争是在市场经济的条件下,各企业之间为争夺更有利的生产经营地位,从而获得更多的经济利益的斗争。市场竞争具有客观性、排他性、风险性和公平性。企业对这方面的认识和态度,反映出企业竞争观念的表现方式和强度。

3. 效益观念

效益观念是企业处理自身投入与产出之间的关系的经营思想。企业可视为一个资源转换器,以一定的资源投入,经过内部的转换技术,转换出社会和市场所需要的产品。经济效益是产出和投入之比,这个比率越大,经济效益就越高。效益观念的本质就是以较少的投入(人、财、物)带来较大的产出(产量、销售收入和利润)。因此,企业的效益观念涉及处理好投入、转化和产出的综合平衡,解决好投入、转换的经济、高效和产品适销对路等问题。

第4章 战略管理与企业经营计划

4. 创新观念

创新观念是企业处理现状和变革之间关系的经营思想。创新是企业家抓住市场的潜在机会,对经营要素、经营条件和经营组织的重新组合,以建立效能更强、效率更高的新的经营体系的变革过程。企业的创新观念主要体现在以下三个方面:

(1) 技术创新,包括新产品开发、老产品的改造、新技术和新工艺的采用以及新资源的利用。

(2) 市场创新,即向新市场的开拓。

(3) 组织创新,包括变革原有的组织形式,建立新的经营组织。变革是有风险的,然而不变革也是有风险的。对两种风险的认识和态度是创新观念的本质。

5. 长远观念

长远观念是企业处理自身近期利益与长远发展关系的经营思想。近期利益和长远发展是一对矛盾统一体,商品生产的特点是扩大再生产,然而投资者和职工当前的利益又不能不考虑。企业领导者如何兼顾这对矛盾,是长远观念的核心。

6. 社会观念(生态观念)

社会观念是企业处理自身发展与社会之间关系的经营思想。现代企业越来越感到社会责任的重要性。企业之所以能存在,就在于能对社会做出某些贡献。除了生产适销对路的产品外,企业还负有诸如对国家、生态环境、文化教育事业、社区发展、就业、职工福利和个人发展等方面的责任。社会观念的本质,就是谋求企业与社会的共同发展。企业的发展为社会做出了贡献,社会的发展又为企业的发展创造了一个良好的外部环境,所以社会观念也称为生态观念。推而广之,生态观念是指企业与所有利益相关者互惠互利、共同发展的观念。

7. 民主观念

民主观念是企业领导在决策时处理与下属以及职工关系的经营思想。决策是企业经营的核心问题,现代企业的经营决策要科学化、民主化。企业的广大职工中蕴藏着丰富巨大的想象力和创造力,企业领导者如何把这种想象力和创造力激发出来,予以加工提炼,是民主观念的核心。

4.1.2 企业宗旨

企业宗旨是关于企业存在的目的或对社会发展的某一方面应做出的贡献的陈述,也称为企业使命。

企业宗旨不仅陈述了企业未来的任务,而且阐明为什么要完成这个任务以及完成任务的行为规范是什么。也就是说,尽管企业的宗旨陈述千差万别,但都要回答两个基本问题:

(1) 我们这个企业是干什么的? 按什么原则干的?

(2) 我们这个企业应该树立什么样的社会形象以区别于同类企业?

因此,企业的宗旨陈述应该包括以下基本内容:

(1) 企业形成和存在的基本目的。这一内容提出了企业的价值观念,以及企业的基本社会责任和期望在某方面对社会的贡献。

(2) 为实现根本目的应从事的经营活动的范围。这一内容规定着企业在战略期的生产范围和市场范围。

(3) 企业在经营活动中的基本行为规则和原则。这一内容阐明了企业的经营思想。经营思想的陈述，往往反映在企业的经营方针中。

虽然并不是所有的企业都有文字的宗旨，或公开发表自己的宗旨陈述，但是越来越多的企业已将企业的宗旨陈述看成是企业战略的一个重要组成部分。企业宗旨陈述的重要性可以概括为以下三个方面：

① 提出企业的价值标准（价值观），确保企业内部对企业的主要行动目标达成共识。企业宗旨中关于企业存在的根本目的的陈述，为全体员工树立了一个共同为之奋斗的价值标准。企业的价值标准是企业以及全体员工选择自身行为的总规范和总指导。个人的行为和目标，部门的行为和目标乃至整个企业的行为和目标是否符合企业发展的方向，其总的价值标准就是企业的价值标准。同时，以企业存在的根本目的所表达的企业价值标准还起着激励员工的作用。

② 为企业战略管理者确定企业战略目标、选择战略、制定政策、有效利用资源提供了方向性指导。企业宗旨中关于企业经营范围或经营领域的陈述及企业发展方向的陈述，为企业选择实现目标的手段即战略方案提供了依据。也就是说，企业宗旨为企业确定战略目标，为了实现战略目标应进行哪些经营活动（生产哪些产品，进入哪些市场）和以什么方式（制定什么政策，如何配置资源）进行这些活动指明了方向、提供了依据。

③ 树立区别于其他企业的形象。企业宗旨中关于企业经营思想的行为准则的陈述，有利于企业树立一个特别的、个性的、不同于其他竞争对手的企业形象。因为，它反映了企业处理自身和社会关系的重点和态度，反映了企业处理与各种相关利益团体和个人关系的观点和态度。良好的社会形象是企业宝贵的无形财产。

4.1.3　经营战略

"战略"一词源于军事上的术语，原指战场上的指挥员指挥战争或战斗的谋略和艺术。《辞海》解释为"对战争全局的筹划和指导"。随着社会的不断发展，人类社会的政治、经济、社会、文化、教育、科学等各个方面都被纳入了战略管理的范畴。因此辞海中对战略的进一步解释为"战略泛指重大的，带全局性的或决定全局的谋划"。

在现代市场经济条件下，企业面对的环境日益复杂和多变，客观上要求企业的领导人必须具备长远发展的观点，具备运筹帷幄的能力，提高企业对市场的抗争能力。因此产生了企业战略这一新的概念，企业进入了战略管理的新时期。

所谓经营战略是指企业面对激烈变化的环境，严峻挑战的竞争，为谋求生存和不断发展而作出的总体性、长远性的谋划和方略。其目的在于使企业在正确分析和估量外部环境和内部条件的基础上，求得企业的经营目标、经营结构和资源配置与外部环境提供的机会的动态平衡，从而在激烈的市场竞争环境中，求得企业的生存和不断发展。

经营战略的特点如下：

1. 全局性

经营战略是以企业全局为对象，是根据企业总体的发展需要而制定的。

2. 长远性

经营战略是对企业未来一定时期生存和发展的统筹谋划，它着眼于企业的长远发展，追求的是企业的长期利益。

3. 纲领性

经营战略规定的是企业总体的长远目标和发展方向,以及实现目标的基本方针、重大措施和步骤。这些内容一般带有原则性规定的特点,具有行动纲领的意义。

4. 抗争性

经营战略是企业在市场竞争中与对手相抗衡的行动方略,即针对来自市场竞争对手的冲击、压力、威胁和困难,为争取顾客,争夺市场,提高市场占有率而进行运筹谋划。

5. 风险性

经营战略是对企业未来发展的规划,而战略实施的环境总是处于不确定的、变化莫测的趋势中,因此,经营战略必然存在着一定的风险。

6. 相对稳定性

经营战略规定了企业较长时期的发展目标,具有长远性,只要战略实施的环境未发生重大变化,企业经营战略中所确定的战略目标、战略方针、战略重点、战略步骤等都应保持相对稳定,但这种稳定不是绝对的。

4.2 企业战略环境分析

4.2.1 企业与外部环境的关系

企业经营环境是指企业所处的外部总体环境和运营环境。企业的产生、存在和发展固然是因为它们可以以产品和服务满足社会的需要,同时,也是因为它们适应了自身所处的外部环境。

外部环境因素对一个企业的影响程度是不同的。首先,对于一个特定企业来说,它是存在于某一行业(产业)环境之内,这个产业环境直接影响到企业的生产经营活动。所以第一类外部环境是产业环境,它是企业的微观外部环境。第二类外部环境间接或潜在地对企业发生作用和影响,这类环境可称为企业的宏观外部环境。这两类环境因素与企业的关系如图 4-1 所示。

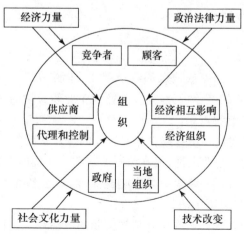

图 4-1 企业与外部环境的关系

产业环境和位于其内部的各个企业均要受到政治、经济、社会和科技等宏观环境的影响。当然,这些因素和力量是相互联系,相互影响的。

企业的外部环境作为一种企业的客观制约力量,在与企业的相互作用和影响中形成了自己的特点。

(1) 外部环境的变化是经常的。

(2) 外部环境的变化受单个企业的影响越来越小。

(3) 外部环境对不同的企业和不同的经营者影响是不同的。

企业的宏观环境主要包括政治环境(Political Environment)、经济环境(Economic Environment)、社会环境(Social Environment)和技术环境(Technological Environment),简称PEST。对企业宏观环境分析的方法称为"PEST法"。

宏观环境与企业的关系如图 4-2 所示,通过对这些因素进行评估,可以进一步了解企业可能会遇到的机会和威胁。

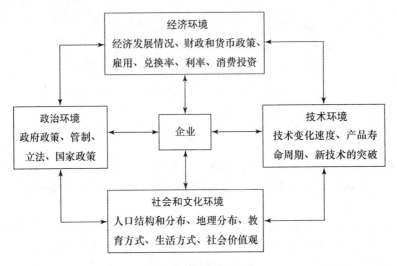

图 4-2　PEST 分析图

4.2.2　企业外部环境分析

1. 政治法律环境分析

政治法律环境是指一个国家或地区的政治制度、体制、方针政策、法律法规等方面。这些因素常常制约、影响企业的经营行为,尤其是影响企业较长期的投资行为。

政治环境对企业的影响特点是:

(1) 直接性。即国家政治环境直接影响着企业的经营状况。

(2) 难于预测性。对于企业来说,很难预测国家政治环境的变化趋势。

(3) 不可逆转性。政治环境因素一旦影响到企业,就会使企业发生十分迅速和明显的变化,而这一变化企业是驾驭不了的。

政治环境分析主要分析国内的政治环境和国际的政治环境。国内的政治环境包括以下一些要素:政治制度、政党和政党制度、政治性团体、党和国家的方针政策、政治气氛。国际政治环境主要包括：国际政治局势、国际关系、目标国国内政治环境。

法律环境分析主要分析的因素有：

(1) 法律规范，特别是与企业经营密切相关的经济法律法规，如《公司法》、《中外合资经营企业法》、《合同法》、《专利法》、《商标法》、《税法》、《企业破产法》等。

(2) 国家司法执法机关。在我国主要有法院、检察院、公安机关以及各种行政执法机关。与企业关系较为密切的行政执法机关有工商行政管理机关、税务机关、物价机关、计量管理机关、技术质量管理机关、专利机关、环境保护管理机关、政府审计机关。此外，还有一些临时性的行政执法机关，如各级政府的财政、税收、物价检查组织等。

(3) 企业的法律意识。企业的法律意识是法律观、法律感和法律思想的总称，是企业对法律制度的认识和评价。企业的法律意识，最终都会物化为一定性质的法律行为，并造成一定的行为后果，从而构成每个企业不得不面对的法律环境。

(4) 国际法所规定的国际法律环境和目标国国内法律环境。

2. 经济环境分析

所谓经济环境是指构成企业生存和发展的社会经济状况和国家经济政策。社会经济状况包括经济要素的性质、水平、结构、变动趋势等多方面的内容，涉及国家、社会、市场及自然等多个领域。国家经济政策是国家履行经济管理职能，调控国家宏观经济水平、结构，实施国家经济发展战略的指导方针，对企业经济环境有着重要的影响。

企业的经济环境主要由社会经济结构、经济发展水平、经济体制和宏观经济政策等四个要素构成。

社会经济结构指国民经济中不同的经济成分、不同的产业部门以及社会再生产各个方面在组成国民经济整体时相互的适应性、量的比例及排列关联的状况。社会经济结构主要包括五方面的内容，即产业结构、分配结构、交换结构、消费结构、技术结构，其中最重要的是产业结构。

经济发展水平是指一个国家经济发展的规模、速度和所达到的水准。反映一个国家经济发展水平的常用指标有国民生产总值、国民收入、人均国民收入、经济发展速度、经济增长速度。

经济体制是指国家经济组织的形式。经济体制规定了国家与企业、企业与企业、企业与各经济部门的关系，并通过一定的管理手段和方法，调控或影响社会经济流动的范围、内容和方式等。

经济政策是指国家、政党制定的一定时期国家经济发展目标实现的战略与策略，它包括综合性的全国经济发展战略和产业政策、国民收入分配政策、价格政策、物资流通政策、金融货币政策、劳动工资政策、对外贸易政策等。

因此，企业的经济环境分析就是要对以上的各个要素进行分析，运用各种指标，准确地分析宏观经济环境对企业的影响，从而制订出正确的企业经营战略。

3. 社会文化因素分析

社会文化环境包括一个国家或地区的社会性质、人们共享的价值观、人口状况、教育程度、风俗习惯、宗教信仰等各个方面。从影响企业战略制定的角度来看，社会文化环境可分解为文化、人口两个方面。

人口因素对企业战略的制定有重大影响。例如，人口总数直接影响着社会生产总规模；

人口的地理分布影响着企业的厂址选择;人口的性别比例和年龄结构在一定程度上决定了社会需求结构,进而影响社会供给结构和企业生产;人口的教育文化水平直接影响着企业的人力资源状况;家庭户数及其结构的变化与耐用消费品的需求和变化趋势密切相关,因而也就影响到耐用消费品的生产规模等。对人口因素的分析可以使用以下一些变量:离婚率、出生和死亡率、人口的平均寿命、人口的年龄和地区分布、人口在民族和性别上的比例变化、人口和地区在教育水平和生活方式上的差异等。

文化环境对企业的影响是间接的、潜在的和持久的,文化的基本要素包括哲学、宗教、语言与文字、文学艺术等,它们共同构筑成文化系统,对企业文化有重大的影响。

企业对文化环境的分析过程是企业文化建设的一个重要步骤,企业对文化环境分析的目的是要把社会文化内化为企业的内部文化,使企业的一切生产经营活动都符合环境文化的价值检验,另外,企业对文化的分析与关注最终要落实到对人的关注上,从而有效地激励员工,有效地为顾客服务。

4．技术环境分析

企业的科技环境指的是企业所处的社会环境中的科技要素及与该要素直接相关的各种社会现象的集合。粗略地划分企业的科技环境,大体包括四个基本要素:社会科技水平、社会科技力量、国家科技体制、国家科技政策和科技立法。如今,变革性的技术正对企业的经营活动发生着巨大的影响。企业要密切关注与本企业的产品有关的科学技术的现有水平、发展趋势及发展速度,对于新的硬技术,如新材料、新工艺、新设备,企业必须随时跟踪掌握,对于新的软技术,如现代管理思想、管理方法、管理技术等,企业要特别重视。

5．行业发展因素分析

行业发展影响因素分析主要包括以下一些内容:

(1) 行业在社会经济中的地位分析。行业在社会经济中的地位,主要表现在三个方面:

① 行业的产值(净产值和总产值)、利税额及吸收劳动力的数量,在全国工业产值、财政收入和就业总量中所占的比重;

② 行业的现状和未来对整个社会经济及其他行业发展的影响程度;

③ 行业在国际市场上的竞争、创汇能力分析。行业的产品收入弹性也能说明行业在社会经济中的地位。其公式如下:

某行业的产品收入弹性系数＝某行业产品的需求增长率/人均国民收入的增长率

若弹性系数大于1,说明这种行业在产业结构中能够占有更大的份额,有更广阔的发展余地。

在分析行业社会经济地位时,确定行业是否是社会经济发展的主导行业是非常重要的。

(2) 行业规模结构分析。

① 悬殊型,即一个行业内大企业处于领导地位,小企业和大企业在规模和实力上相差很大,行业内竞争不甚激烈;

② 均衡型,行业内各企业之间势均力敌,竞争十分激烈。在进行行业规模结构分析的时候,一定要分析行业内几家大企业的经营状况,因为它们的行动会对行业的发展及利润起主导作用,分析它们的经营思想、经营战略、产品特色、技术水平、竞争能力及市场占有率及其优劣势等因素,即行业的环境分析具有十分重要的意义。

(3) 行业数量结构分析。一般来讲,市场规模大,企业数量就多,行业内集中程度低,大企业少。反之,市场规模小,企业数量就少,行业集中程度高,大企业就多。

(4) 行业组织结构分析。即对行业内企业联合的状况进行分析,对联合与竞争的趋势进行估计和预测。

(5) 行业市场结构分析。从行业供求关系来看,基本上可以分为三类,即供不应求、供求平衡和供大于求。若供大于求,则企业间的竞争激烈,可能导致价格下跌和高额的销售费用支出,有的企业可能会发生亏损;若供小于求,则各企业产品都可以找到合适的市场,价格相对稳定,新企业会大量涌入本行业。同时,还应对行业市场的需求分布状态、对行业产品需求变动的频繁性进行分析。

(6) 行业社会环境方面的限制分析。行业发展过程中,应当防止对空气、森林、水源、地貌等自然环境的污染,这些因素将会对行业的发展起限制作用。

以上讨论的几个因素都是相互联系的,每个方面的变化都会引起其他方面的变化,因此在分析行业发展变化时,必须注意抓好关键信息,以便企业领导人能及时恰当地作出反应。

6. 波特五力分析

根据美国著名的战略管理学者迈克尔·波特(M. E. Porter)的观点,在一个行业中,存在着五种基本竞争力量,即潜在的进入者、替代品、购买者、供应者以及产业中竞争者的抗衡,如图4-3所示。对企业来讲,要通过分析每一种竞争力量的来源,以便制定出相应的对策。

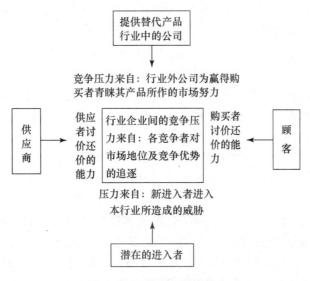

图4-3 五种竞争力量模型

在一个行业中,这五种基本竞争力量的状况及其综合强度的改变,会引发行业内在经济结构的变化,从而决定着行业内部竞争的激烈程度,决定着行业中获得利润的最终潜力。这一切最终决定着企业保持高收益的能力。下面一一简要说明。

(1) 潜在的行业新进入者:潜在的行业新进入者是行业竞争的一种重要力量,这些新进入者大都拥有新的生产能力和某些必需的资源,期待能建立有利的市场地位。新进入者加入该行业,会带来生产能力的扩大,带来对市场占有率的要求,这必然引起与现有企业的激烈竞争,使产品价格下跌;另一方面,新加入者要获得资源进行生产,从而可能使得行业生产成本升高,这两方面都会导致行业的获利能力下降。

(2) 替代品的威胁：某一行业有时常会与另一行业的企业处于竞争的状况,其原因是这些企业的产品具有相互替代的性质。替代产品的价格如果比较低,它投入市场就会使本行业产品的价格上限只能处在较低的水平,这就限制了本行业的收益。本行业与生产替代产品的其他行业进行的竞争,常常需要本行业所有企业采取共同措施和集体行动。

(3) 买方讨价还价的能力：买方亦即顾客,买方的竞争力量需要视具体情况而定,但主要由以下三个因素决定,即买方所需产品的数量、买方转而购买其他替代产品所需的成本、买方所各自追求的目标。买方可能要求降低购买价格,要求高质量的产品和更多的优质服务,其结果是使得行业的竞争者们相互竞争,导致行业利润下降。

(4) 供应商讨价还价的能力：对某一行业来说,供应商竞争力量的强弱,主要取决于供应商行业的市场状况以及他们所提供物品的重要性。供应商的威胁手段一是提高供应价格；二是降低相应产品或服务的质量,从而使下游行业利润下降。

(5) 现有竞争者之间的竞争：这种竞争力量是企业所面对的最强大的一种力量,这些竞争者根据自己的一整套规划,运用各种手段(价格、质量、造型、服务、担保、广告、销售网络、创新等)力图在市场上占据有利地位和争夺更多的消费者,对行业造成了极大的威胁。

4.2.3 企业内部环境分析

1. 企业资源竞争价值分析

不同的企业拥有的资源是不一样的,这就会使得不同的企业拥有的资源有强势弱势之分。企业之间资源的差异可以很好地解释为什么有的企业能够在竞争中获得更大的利润,取得更大的成功。如果一家企业所拥有的资源不但充足而且恰到好处,特别是如果企业所拥有的强势、资产、能力和成就有着产生竞争优势的潜力,那么企业在竞争取得成功的把握性就越大。

对于一个具体企业来说,它的资源,不管它是一项特异能力、资产(有形资产、人力资源、固定资产、无形资产)、成就,还是一项竞争能力,如果要成为持久的竞争优势,必须具有四个特征。

(1) 这项资源是否容易被复制。一项资源的模仿成本和难度越大,它的潜在竞争价值就越大。难于复制的资源往往限制竞争,从而使资源所带来的利润具有持久性。资源可能会因为下列一些原因而变得难于复制：资源本身的独特性(不动产的地理位置非常好,受到专利保护),如果要建立该种资源则需要时日,而且难以加速建立起来(一个著名品牌,对技术精湛的掌握)；建立该种资源需要大量的建造资金。

(2) 这项资源能否持续很久。一项资源持续的时间很长,它的价值就越大。有些资源很快就会丧失其竞争价值,那是因为技术或行业的环境在快速地发生变化。

(3) 这项资源能否真正在竞争中有上乘的价值。所有的企业都必须防止盲目地相信它们的核心竞争能力或特异能力会比竞争对手更有力量。

(4) 这项资源是否可以被竞争对手的其他资源或能力所抵消,即本企业资源的可替代性如何。一般来说,不可替代的资源对顾客来说有更大的价值,因而也就更有竞争的优势。

2. 企业能力分析

企业能力分析主要包括如下一些内容。

(1) 企业资源能力分析:资源供应能力的强弱将影响企业的发展方向、速度,甚至企业的生存。企业获取资源的能力,直接决定着企业战略的制定和实施。企业资源供应能力包括从外部获取资源的能力和从内部积蓄资源的能力。

企业从外部获取资源的能力取决于以下一些要素:

① 企业所处的地理位置。

② 企业与资源供应者(包括金融、科研和情报机构)的契约和信誉关系。

③ 资源供应者与企业讨价还价的能力。

④ 资源供应者前向一体化趋势。

⑤ 企业供应部门人员素质和效率。

企业内部积蓄资源的能力涉及企业整体能力和绩效,但内部资源的配置和利用则是最基本最主要的。企业内部资源的蓄积包括有形资源和无形资源,它们形成企业的经营结构,企业经营结构必须保证可以在竞争市场上形成战略优势。

分析企业内部资源的蓄积能力可以从以下几个方面入手:

① 投入产出比率分析(包括各经营领域)。

② 净现金流量分析。

③ 规模增长分析。

④ 企业后向一体化的能力和必要性。

⑤ 商标、专利、商誉分析。

⑥ 职工的忠诚度分析。

(2) 生产能力分析:生产是企业进行资源转换的中心环节,它必须在数量、质量、成本和时间等方面符合要求的条件下形成有竞争性的生产能力。有学者认为有竞争能力的生产能力构成要素包括以下几个方面。

① 加工工艺和流程。加工工艺和流程的决策主要涉及整个生产系统的设计。这种决策的具体内容包括:工艺技术的选择、工厂的设计、生产工艺流程的分析、工厂的选择、生产能力和工艺的综合配套、生产控制和运输的安排。

② 生产能力。生产能力的决策主要涉及决定企业的最佳生产能力。这种决策包括产量预测、生产设施和设备的计划、生产日程的安排。

③ 库存。库存决策是要确定原材料、在制品和产成品的合理水平。具体的内容包括订货的品种、时间、数量以及原材料的存放。

④ 劳动力。劳动力的决策主要涉及工作的设计、绩效测定、工作的丰富化、工作标准和激励方法等内容。

⑤ 质量。质量决策是要确保企业生产和提供高质量的产品和服务。具体内容包括质量的控制、样品、质量监测、质量保证和成本控制。

以上五个方面的优劣势可以决定企业的成败,因此企业生产系统的设计和管理必须与企业的战略相适应。另一方面,企业战略管理者在着手制定新的企业战略的时候,要对现在的生产部门和生产管理进行认真的分析。

(3) 营销能力分析。从战略角度进行的营销能力分析,主要包括三方面的内容。

① 市场定位的能力。市场定位的能力直接表现为企业产品定位的准确性。它又取决于企业在以下四个方面的能力：市场调查和研究的能力；把握市场细分标准的能力；评价和确定目标市场的能力；占据和保持市场位置的能力。

② 营销组合的有效性。评价市场营销组合的有效性主要把握两个方面：营销组合是否与目标市场中的有效需求一致；是否能与目标市场产品寿命周期一致。

③ 管理能力。

(4) 科研与开发能力分析。

科研与开发能力是企业的一项十分重要的能力，企业科研与开发能力分析主要包括以下几个方面。

① 企业科研成果与开发成果分析。企业已有的科研与开发成果是其能力的具体体现。如技术改造、新技术、新产品、专利以及商品化的程度，给企业带来的经济效益等。

② 科研与开发组合分析。企业的科研与开发在科学技术水平方面有四个层次，即科学发现、新产品开发、老产品的改进、设备工艺的技术改造。一个企业的科研与开发水平处于哪个层次或哪个层次的组合，决定着企业在科研、开发方面的长处和短处，也决定着企业开发的方向。一个好的科研或开发部门，应该能够根据企业战略的要求和实力决定选择哪一个或哪几个层次的有效组合。

③ 科研与开发能力分析。企业科技队伍的现状和变化趋势从根本上决定着企业的科研开发能力和水平。分析科研队伍的现状和趋势就是要了解他们是否有能力根据企业的发展需要开发和研制新产品，是否有能力改进生产设备的生产工艺。如果没有这样的人员，是否能在短期内找到这样的人才。否则企业就要考虑和高等院校或科研单位合作，以解决技术开发和技术改造的问题。

④ 科研经费分析。企业的科研设施、科研人才和科研活动要有足够的科研经费予以支持，因而应根据企业的财务实力做出预算。决定科研预算各经费的方法一般有三种：按照总销售收入的百分比制定，根据竞争对手的状况制定，根据实际需要制定。

3. 企业潜力挖掘

企业的资源是有限的，如何把有限的资源充分利用起来，去实现企业的战略，是企业管理者要着重考虑的问题。企业潜力挖掘是实现企业资源合理利用的有效方法。下面就如何挖掘企业现有的人力、物力、财力等资源方面的潜力谈一些可行的途径。

(1) 挖掘人的潜力。人是经济活动的主体，是生产活动的主体，企业生产经营活动的好坏，人是决定性因素。要提高企业的经济效益，实现企业的经营战略，必须最大限度地挖掘人的潜力。这就需要搞好劳动组织工作，使人尽其才，才尽其用，节约劳动时间，提高劳动生产率，尤其是要搞好三项制度的改革，即劳动用工制度的改革、工资分配制度的改革、劳动保险制度的改革。具体来说，方法如下：

① 定岗定员，合理组织使用好劳动力。人得其位是人尽其才，才尽其用的关键。因此，必须首先确定各种岗位，明确岗位的职责范围及上岗要求。定岗后，要根据各个岗位的职责范围，工作量大小，核定每个岗位所需的人员数量。正确决定定员定额后，应按优化组合的原则，采用自荐、推荐考评、民主选举考评、负责人挑选等方式确定上岗人员。

② 节约劳动时间。

③ 提高劳动生产率。

（2）挖掘物的潜力。企业在生产经营的活动中,生产资料的数量、质量、利用程度,对企业生产物质产品和经济效益影响很大,在生产经营的活动中,原材料、能源和设备的供应、储备、消耗和利用情况,都会对生产经营过程及效益发生影响。搞好原材料、能源及设备的供应及储备,节约消耗、提高劳动利用率,是提高企业经济效益不可缺少的方法。具体途径如下。

① 降低原材料消耗,提高材料利用率。原材料消耗的变化与回收利用,综合利用等因素有关。

② 加强管理,节约能源。节约能源,首先要建立健全节能管理机构和相应的制度,要革新生产工艺和设备,提高操作管理水平,特别是要建立经常性的能源消耗分析制度,及时解决和发现能耗过高的问题。

③ 提高设备利用率。设备利用包括设备数量利用、设备台时利用、设备能力利用三个方面。只有从这三个方面采取措施,才能提高设备利用率。

（3）挖掘财力潜力。企业的财力是企业拥有的物质资产与金融资产的货币表现。在拥有足量资金的情况下,企业生存和发展的潜力,主要取决于是否能够管好、用活资金。具体途径如下。

① 加快资金周转,节约资金占用。可以从以下几个方面采取措施来加速资金周转:建立健全资金管理的承包责任制;建立"企业内部银行",实行企业内部资金券;调整固定资产配置,提高固定资产的使用效果;加速流动资金管理,减少资金占用。

② 提高建设项目建成率,加速产出。项目建成率的计算公式如下:

建设项目建成率＝某时期建成投产(交付使用)项目个数/某时期施工项目个数

通过这一指标,可以从建设项目的数量角度来研究建设成果。要提高项目建成率,应从建设的程序入手,采取如下措施:严格按照基建程序做事,搞好建设前期的可行性研究;搞好勘察设计工作;做好施工设备、组织好建筑和安装工程施工;重视搞好工程投产准备工作。

4. SWOT 分析

SWOT 分析是把企业内外环境所形成的机会(Opportunities)、威胁(Threats)、优势(Strengths)、劣势(Weaknesses)四个方面的情况,结合起来进行分析,以寻找制定适合本企业实际情况的经营战略和策略的方法。

SWOT 分析的主要目的在于对企业的综合情况进行客观公正的评价,以识别各种优势、劣势、机会和威胁因素,有利于开拓思路,正确地制定企业战略。

SWOT 分析还可以作为选择和制定战略的一种方法,因为它提供了四种战略,即 SO 战略、WO 战略、ST 战略和 WT 战略。

SO 战略就是依靠内部优势去抓住外部机会的战略。如一个资源雄厚(内在优势)的企业发现某一国际市场未曾饱和(外在机会),那么它就应该采取 SO 战略去开拓这一国际市场。

WO 战略是利用外部机会来改进内部弱点的战略。如一个面对计算机服务需求增长的企业(外在机会),却十分缺乏技术专家(内在劣势),那么就应该采用 WO 战略培养招聘技术专家,或购入一个高技术的计算机企业。

ST 战略就是利用企业的优势,去避免或减轻外部威胁的打击。如一个企业的销售渠道(内在优势)很多,但是由于各种限制又不允许它经营其他商品(外在威胁),那么就应该采取

ST 战略,走集中型、多样化的道路。

WT 战略就是直接服务于内部弱点和避免外部威胁的战略。如一个商品质量差(内在劣势),供应渠道不可靠(外在威胁)的企业应该采取 WT 战略,强化企业管理,提高产品质量,稳定供应渠道,或走联合、合并之路以谋生存和发展。

SWOT 方法的基本点,就是企业战略的制定必须使其内部能力(强处和弱点)与外部环境(机遇和威胁)相适应,以获取经营的成功。

4.3 企业总体经营战略

企业战略可分为三个层次:企业战略(Corporate Strategy)、业务战略或竞争战略(Business Strategy)和职能战略(Functional Strategy)。三个层次的战略都是企业战略管理的重要组成部分,但侧重点和影响的范围有所不同。

企业战略,又称总体战略,是企业最高层次的战略。它需要根据企业的目标,选择企业可以竞争的经营领域,合理配置企业经营所必需的资源,使各项经营业务相互支持、相互协调,比如在海外建厂、在劳动成本低的国家建立海外制造业务的决策等。

企业的二级战略常常被称作业务战略或竞争战略。业务战略涉及各业务单位的主管及辅助人员。这些经理人员的主要任务是将企业战略所包括的企业目标、发展方向和措施具体化,形成本业务单位具体的竞争与经营战略。如推出新产品或服务、建立研究与开发设施等。

职能战略,又称职能层战略,主要涉及企业内各职能部门,如营销、财务和生产等,如何更好地为各级战略服务,从而提高组织效率。如生产过程自动化。本节主要介绍企业总体战略,主要包括稳定型战略、增长型战略、紧缩型战略。

4.3.1 稳定性战略

1. 稳定性战略的概念及特征

稳定型战略是指在内外环境的约束下,企业准备在战略规划期使企业的资源分配和经营状况基本保持在目前状态和水平上的战略。按照稳定型战略,企业目前所遵循的经营方向,正在从事经营的产品和面向的市场领域,企业在其经营领域内所达到的产销规模和市场地位都大致不变或以较小的幅度增长或减少。

从企业经营风险的角度来说,稳定型战略的风险是相对较小的,对于那些曾经成功地在一个处于上升趋势的行业和一个不大变化的环境中活动的企业会很有效。由于稳定型战略从本质上追求的是在过去经营状况基础上的稳定,它具有如下特征:

(1) 企业对过去的经营业绩表示满意,决定追求既定的或与过去相似的经营目标。比如说,企业过去的经营目标是在行业竞争中处于市场领先者的地位,稳定型战略意味着在今后的一段时期里依然以这一目标作为企业的经营目标。

(2) 实行稳定型战略的企业,总是在市场占有率、产销规模或总体利润水平上保持现状或略有增加,从而稳定和巩固企业现有竞争地位。

(3) 企业准备以过去相同的或基本相同的产品或劳务服务于社会,这意味着企业在产品的创新上较少。

从以上特征可以看出,稳定型战略主要依据于前期战略。它坚持前期战略对产品和市场领域的选择,它以前期战略所达到的目标作为本期希望达到的目标。因而,实行稳定型战略的前提条件是企业过去的战略是成功的。对于大多数企业来说,稳定型增长战略也许是最有效的战略。

2. 稳定型战略的优、缺点分析

稳定型战略的优点为:

(1) 企业的经营风险相对较小。由于企业基本维持原有的产品和市场领域,从而可以使用原有的生产领域、渠道,避免开发新产品、核心市场的巨大资金投入以及激烈的竞争抗衡和开发失败所带来的巨大风险。

(2) 能避免因改变战略而改变资源分配的困难。由于经营领域主要与过去大致相同,因而稳定战略不必考虑原有资源的增量或存量的调整,相对于其他战略态势来说,显然要容易得多。

(3) 能避免因发展过快而导致的弊端。在行业迅速发展的时期,许多企业无法看到潜伏的危机而盲目发展,结果造成资源的巨大浪费。

(4) 能给企业一个较好的修整期,使企业积聚更多的能量,以便为今后的发展做好准备。从这个意义上说,适时的稳定型战略将是增长性战略的一个必要的酝酿阶段。

稳定型战略也有不少缺陷:

(1) 稳定型战略的执行是以市场需求、竞争格局等内外条件基本稳定为前提的。一旦企业的判断出现失误,就会打破战略目标、外部环境、企业实力之间的平衡,使企业陷入困境。因此,如果企业不能正确预测环境,稳定型战略也不能正常实施。

(2) 特定细分市场的稳定型战略也会有较大的风险。由于企业资源不够,企业会在部分市场上采用稳定战略,这样做实际上是将资源重点配置在这几个细分市场上,因而如果对这几个细分市场把握不准,企业可能会更加被动。

(3) 稳定型战略也会使企业的风险意识减弱,甚至形成害怕风险,回避风险的文化,这就会大大降低企业对风险的敏感性,适应性和冒风险的勇气,从而增加了以上风险的危害性和严重性。

稳定型战略的优点和缺点都是相对的,企业在具体的执行过程中必须权衡利弊,准确估计风险和收益,并采取合适的风险防范措施。只有这样,才能保证稳定型战略的优点的充分发挥。

3. 稳定型战略的适用条件

采取稳定型战略的企业,一般处在市场需求及行业结构稳定或者较小动荡的外部环境中,因而企业所面临的竞争挑战和发展机会都相对较少。但是,有些企业在市场需求以较大的幅度增长或是外部环境提供了较多的发展机遇的情况下也会采取稳定型战略。这些企业一般来说是由于资源状况不足以使其抓住新的发展机会而不得不采用相对保守的稳定性战略态势。下面分别讨论企业采用稳定型战略的外部环境和企业自身实力的适用条件。

(1) 外部环境。

外部环境的相对稳定性会使企业更趋向于稳定战略。影响外部环境稳定性的因素很

多,大致包括以下几个方面:

① 宏观经济状况会影响企业所处的外部环境。如果宏观经济在总体上保持总量不变或总量低速增长,这就势必影响到该企业所处行业的发展,使其无法以较快的速度增长。因此,由于宏观经济的慢速增长会使得某一产业的增长速度也降低,这就会使得该产业内的企业倾向于采用稳定性战略,以适应外部环境。

② 产业的技术创新度。如果企业所在的产业技术相对成熟,技术更新速度较慢,企业过去采用的技术和生产的产品无须经过较大的调整就能满足消费者的需求和与竞争者的抗衡,这样使得产品系列及其需求保持稳定,从而使企业采取稳定性战略。

③ 消费者需求偏好的变动。这一点其实是决定产品系列稳定度的一个方面,如果消费者的需求变动较为稳定,企业可以考虑采用稳定性战略。

④ 产品生命周期或行业生命周期。对于处于行业或产品成熟期的企业来说,产品需求、市场规模趋于稳定,产品技术成熟,新产品的开发和以新技术为基础的新产品的开发难以取得成功,因此以产品为对象的技术变动频率低,同时竞争对手的数目和企业的竞争地位都趋于稳定,这时提高企业的市场占有率、改变市场的机会很少,因此较为适合采用稳定型战略。

⑤ 竞争格局。如果企业所处的行业的进入壁垒非常高或由于其他原因使得该企业所处的竞争格局相对稳定,竞争对手之间很难有较为悬殊的业绩改变,则企业采用稳定战略可以获得最大的收益,因为改变竞争战略所带来的业绩增加往往是不令人满意的。

(2) 企业内部实力。

当外部环境较好,行业内部或相关行业市场需求增长,为企业提供了有利的发展机会时,这并不意味着所有的企业都适于采用增长性战略。如果企业资源不充分,如资金不足、研发力量较差或人力资源有缺陷,无法满足增长性战略的要求时,就无法采用扩大市场占有率的战略。在这种情况下,企业可以采取以局部市场为目标的稳定性战略,以使企业有限的资源能集中在自己有优势的细分市场,维护竞争地位。

当外部环境相对稳定时,资源较为充足和资源较为稀缺的企业都应当采取稳定型战略,以适应外部环境,但两者的做法可以不同。前者可以在更为广阔的市场上选择自己的资源分配点,而后者应当在相对狭窄的细分市场上集中自身的资源,以求稳定型战略。

当外部环境不利时,如行业处于生命周期的衰退阶段时,则资源丰富的企业可以采用一定的稳定型战略;而对那些资源不够充足的企业,如果它在某个特定的细分市场上有独特的优势,那么也可以考虑采用稳定型的战略。

4.3.2 增长型战略

1. 增长型战略的概念及特征

从企业发展的角度来看,任何成功的企业都应当经历时间长短不一的增长型战略实施期,因为从本质上说只有增长型战略才能不断地扩大企业规模,使企业从竞争力弱小的小企业发展成为实力雄厚的大企业。

与其他类型的战略相比,增长型战略具有以下特征:

(1) 实施增长型战略的企业不一定比整个经济增长速度快,但它们往往比其产品的市场增长得快。市场占有率的增长可以说是衡量增长的一个重要指标,增长型战略的体现不仅应当有绝对市场份额的增加,更应在市场总容量增长的基础上相对份额的增加。

(2) 实施增长型战略的企业往往取得大大超过社会平均利润率的利润水平。由于发展速度较快,这些企业更容易获得较好的规模经济效益,从而降低生产成本,获得超额的利润率。

(3) 采用增长型战略态势的企业倾向于采用非价格的手段同竞争对手抗衡。由于采用了增长型战略的企业不仅在开发市场上下工夫,而且在新产品开发、管理模式上都力求具有竞争优势,因而其赖以作为竞争优势的并不会是损伤自己的价格战,而一般来说总是以相对更为创新的产品和劳务以及管理上的高效率作为竞争手段。

(4) 增长型战略鼓励企业的发展立足于创新。这些企业常常开发新产品、新市场、新工艺和旧产品的新用途,以把握更多的发展机会,谋求更大的风险回报。

(5) 与简单的适应外部条件不同,采用增长型战略的企业倾向通过创造以前本身并不存在的某物或对某物的需求来改变外部环境并使之适合自身。这种去引导或创造合适的环境的状况是由其发展的特性决定的,要真正实现既定的发展目标,势必要有特定的合适的外部环境,被动适应环境显然不一定有帮助。

2. 增长型战略的优、缺点分析

增长型战略的优点是:

(1) 企业可以通过发展扩大自身价值,这体现在经过扩张后的企业市场份额和绝对财富的增加。这种价值既可以成为企业职工的一种荣誉,又可以成为企业进一步发展的动力。

(2) 企业能通过不断变革来创造更高的生产经营效率与效益。由于增长型发展,企业可以获得过去不能获得的崭新机会,避免企业组织的老化,使企业总是充满生机和活力。

(3) 增长型战略能保持企业的竞争实力,实现特定的竞争优势。

增长型战略的缺点是:

(1) 在采用增长型战略获得初期的效果后,很可能导致盲目的发展和为了发展而发展,从而破坏企业的资源平衡。

(2) 过快的发展很可能降低企业的综合素质,使企业的应变能力虽然表面看起来不错,而实质上却出现内部危机和混乱。这主要是由于企业新增机构、设备、人员太多而未能形成一个有机的相互协调的系统所引起的。

(3) 增长型战略很可能使企业管理者更多地注重投资结构、收益率、市场占有率、企业的组织结构等问题,而忽视产品的服务或质量,重视宏观发展而忽视微观问题,因而不能使企业达到最佳状态。

3. 增长型战略适用条件

(1) 企业必须分析战略规划期内宏观经济景气度和产业经济状况。企业要实施增长型战略,就必须从环境中获得更多的资源。如果未来阶段宏观环境和行业微观环境较好,企业比较容易获得这些资源,因此就降低了实施该战略的成本。另一方面,从需求的角度看,如果宏观的走势较为乐观,消费品的需求者和投资品需求者都会有一种理性的预期,认为未来的收入会有所提高,因而其需求幅度将会有相应的增长,保证了企业增长型发展战略的需求充足。从上面的分析可以看出,在选择增长型战略之前必须对经济走势做一个较为细致的分析,良好的经济形势往往是增长型战略成功的条件之一。

(2) 增长型发展战略必须符合政府管制机构的政策法规和条例等的约束。世界上大多数国家都鼓励高新技术的发展,因而一般来说这类企业可以考虑使用增长型战略。

(3) 企业必须有能力获得充分的资源来满足增长型战略的要求。由于采用增长型战略需要较多的资源投入,因此从企业内部和外部获得资源的能力就显得十分重要。这里的资源是一个广义的概念,既包括通常意义上的资本资源,也包括人力资源、信息资源等。

(4) 判断增长型战略的合适性还要分析企业文化。如果一个企业的文化是以稳定性为其主旋律,那么增长型战略的实施就要克服相应的文化阻力。当然,企业文化也并不是一成不变的事物,事实上,积极和有效的企业文化的培育必须以企业战略作为指导依据。这里要强调的只是企业文化可能会给某种战略的实施带来一定的成本,而并不是认为企业文化决定企业战略。

4.3.3 紧缩型战略

(1) 紧缩型战略的概念及特征。所谓紧缩型战略是指企业从目前的战略经营领域和基础水平收缩和撤退,且偏离起点战略较大的一种经营战略。与稳定型战略和增长型战略相比,紧缩型战略是一种消极的发展战略。一般地,企业实施紧缩型战略只是短期的,其根本目的是使企业度过困难时期后转而实施其他的战略选择。有时,只有采取收缩和撤退的措施,才能抵御竞争对手的进攻,避开环境的威胁和迅速地实现自身资源的最优配置。可以说,紧缩型战略是一种以退为进的战略。与此相适应,紧缩型战略有以下特征:

① 对企业现有的产品和市场领域实行收缩、调整和撤退战略,比如放弃某些市场和某些产品线系列。因而从企业的规模来看是在缩小的,同时一些效益指标,比如利润率和市场占有率等,都会有较为明显的下降。

② 对企业资源的运用采取较为严格的控制,尽量削减各项费用支出,往往只投入最低限度的经营资源,因而紧缩型战略的实施过程往往会伴随着大量的裁员,一些奢侈品和大额资产的暂停购买等。

③ 紧缩型战略具有明显的短期性。与稳定和发展两种战略相比,紧缩型战略具有明显的过渡性,其根本目的并不在于长期节约开支,停止发展,而是为了今后的发展积蓄力量。

(2) 紧缩型战略的优、缺点分析。

紧缩型战略的优点有:

① 能帮助企业在外部环境恶劣的情况下,节约开支和费用,顺利地渡过不利的处境。

② 能在企业经营不善的情况下最大限度地降低损失。在许多情况下,盲目而且顽固地坚持经营无可挽回的事业,而不是明智地采用紧缩型战略,会给企业带来致命的打击。

③ 能帮助企业更好地实行资产的最优组合。如果不采用紧缩型战略,企业在面临一个新的机遇时,只能运用现有的剩余资源进行投资,这样做势必会影响企业在这一领域发展的前景,相反,通过采取适当的紧缩型战略的话,企业往往可以将资源从运作不利的领域转移到这一新的发展领域,从而实现企业长远利益的最大化。

与上述优点相比,紧缩型战略也能为企业带来一些不利之处:

① 实行紧缩型战略的尺度较难以把握,因而如果盲目地使用紧缩型战略,可能会扼杀具有发展前途的业务和市场,使企业的总体利益受到伤害。

② 一般来说,实施紧缩型战略会引起企业内部人员的不满,从而引起员工情绪低落,因为实施紧缩型战略常常意味着不同程度地裁员和减薪,而且实施紧缩型战略在某些管理人员看来意味着工作的失败和不利。

(3) 紧缩型战略的适用性。采用紧缩型战略的企业可能是出于不同的动机,从这些动机来看,有三种类型的紧缩型战略:适应性紧缩战略、失败性紧缩战略、调整性紧缩战略。下面分别论述一下这三类不同动机的紧缩型战略的适用性。

适应性紧缩战略是企业为了适应外界环境而采取的一种战略。这种外界环境包括经济衰退,产业进入衰退期,对企业的产品或服务的需求减小等情况。在这些情况下,企业可以采取适应性紧缩战略来渡过危机,以求发展。因此,适应性战略的使用条件就是企业预测到或已经感知到了外界环境对企业经营的不利性,并且企业认为采用稳定型战略尚不足以使企业顺利渡过这个不利的外部环境。如果企业可以同时采用稳定型战略和紧缩型战略,并且两者都能使企业避开外界威胁、为今后发展创造条件的话,企业应当尽量采用稳定型战略,因为它的冲击力要小得多,因而对企业可能造成的伤害就要小得多。

失败性紧缩战略是指企业由于经营失误造成企业竞争地位虚弱、经营状况恶化,只有采用紧缩型战略才能最大限度地减少损失,保存企业实力。失败性紧缩战略的使用条件是企业出现重大的问题,如产品滞销、财务状况恶化、投资已无法收回的情况下。这里就涉及一个"度"的问题,即究竟在出现何种严重经营问题时才考虑实施紧缩型战略?要回答这一问题,需要对企业的市场、财务、组织机构等方面作一个全面估计,认真比较实施紧缩型战略的机会成本,经过细致的成本—收益分析,才能最后下结论。

调整型紧缩战略的动机既不是经济衰退,也不是经营的失误,而是为了谋求更好的发展机会,使有限的资源分配得到更有效地分配利用。因而,调整型紧缩战略的适用条件是企业存在一个回报更高的资源配置点。为此,需要比较的是企业目前的业务单位和实施紧缩型战略后的资源投入的业务单位。在存在着较为明显的回报差距的情况下,可以考虑采用调整型紧缩战略。

4.4 企业经营战略的实施与控制

4.4.1 战略实施的模式

在企业的战略经营实践中,战略实施有五种不同的模式。

(1) 指挥型。这种模式的特点是企业决策者考虑的是如何制定一个最佳战略的问题。在实践中,计划人员要向决策者提交企业经营战略的报告,决策者看后做出结论,确定了战略之后,向高层管理人员宣布企业战略,然后强制下层管理人员执行。

这种模式的运用要有以下约束条件:

① 决策者要有较高的权威,靠其权威通过发布各种指令来推动战略实施。

② 本模式只能在战略比较容易实施的条件下运用。这就要求战略制定者与战略执行者的目标比较一致,战略对企业现行运作系统不会构成威胁;企业组织结构一般都是高度集

权制的体制,企业环境稳定,能够集中大量的信息,多种经营程度较低,企业处于强有力的竞争地位,资源较为宽松。

③ 本模式要求企业能够准确并有效地收集信息并能及时汇总到决策者的手中。因此,它对信息条件要求较高。这种模式不适合高速变化的环境。

④ 本模式要有较为客观的规划人员。因为在权力分散的企业中,各事业部常常因为强调自身的利益而影响了企业总体战略的合理性。因此,企业需要配备一定数量的有全局的眼光的规划人员来协调各事业部的计划,使其更加符合企业的总体要求。

这种模式的缺点是把战略制定者与执行者分开,即高层管理者制定战略,强制下层管理者执行战略,因此,下层管理者缺少了执行战略的动力和创造精神,甚至会拒绝执行战略。

(2) 变革型。这种模式的特点是企业决策者考虑的是如何实施企业战略。在战略实施中,企业的最高决策者需要对企业进行一系列的变革,如建立新的组织机构,新的信息系统,变更人事,甚至是兼并或合并经营范围,采用激励手段和控制系统以促进战略的实施,为进一步增强战略成功的机会,企业战略领导者往往采用以下三种方法:

① 利用新的组织机构和参谋人员向全体员工传递新战略优先考虑的战略重点是什么,把企业的注意力集中于战略重点所需的领域中。

② 建立战略规划系统、效益评价系统,采用各项激励政策以便支持战略的实施。

③ 充分调动企业内部人员的积极性,争取各部门对战略的支持,以此来保证企业战略的实施。

这种模式在许多企业中比指挥型模式更加有效,但这种模式并没有解决指挥型模式存在的如何获得准确信息的问题,也没有解决各事业单位和个人利益对战略计划的影响问题以及战略实施的动力问题,而且还产生了新的问题,即企业通过建立新的组织机构及控制系统来支持战略实施的同时,也失去了战略的灵活性,在外界环境变化时使战略的变化更为困难,从长远观点来看,在环境不确定性的企业,应该避免采用不利于战略灵活性的措施。

(3) 合作型。这种模式的特点是企业的决策者考虑的是如何让其他高层管理人员从战略实施一开始就承担有关的战略责任。为发挥集体的智慧,企业决策者要和企业其他该层管理人员一起对企业战略问题进行充分的讨论,形成较为一致的意见,制定出战略,再进一步落实和贯彻战略,使每个高层管理者都能够在战略制定及实施的过程中做出各自的贡献。

协调高层管理人员的形式多种多样,如有的企业成立有各职能部门领导参加的"战略研究小组",专门收集在战略问题上的不同观点,并进行研究分析,在统一认识的基础上制定出战略实施的具体措施等。决策者的任务是要组织好一支合格胜任的制定及实施战略的管理人员队伍,并使他们能够很好地合作。

合作型的模式克服了指挥型模式即变革模式存在的两大局限性,使决策者接近一线管理人员,获得比较准确的信息。同时,由于战略的制定是建立在集体考虑的基础上的,从而提高了战略实施成功的可能性。

该模式的缺点是由于战略是不同观点、不同目的的参与者相互协商折中的产物,有可能会使战略的经济合理性有所降低,同时仍然存在着谋略者与执行者的区别,仍未能充分调动全体管理人员的智慧和积极性。

(4) 文化型。这种模式的特点是企业决策者考虑的是如何动员全体员工都参与战略实施活动,即企业决策者运用企业文化的手段,不断向企业全体成员灌输这一战略思想,建立共同的价值观和行为准则,使所有成员在共同的文化基础上参与战略的实施活动。由于这种模式打破了战略制定者与执行者的界限,力图使每一个员工都参与制定实施企业战略,因此使企业各部分人员都在共同的战略目标下工作,使企业战略实施迅速,风险小,企业发展迅速。

文化型模式也有局限性,表现为:

① 这种模式是建立在企业职工都是有一定的学识的假设基础上的,在实践中职工很难达到这种学识程度,因而受文化程度及素质的限制,一般职工(尤其在劳动密集型企业中的职工)对企业战略制定的参与程度受到限制。

② 极为强烈的企业文化,可能会掩饰企业中存在的某些问题,企业也要为此付出代价。

③ 采用这种模式要耗费较多的人力和时间,而且还可能因为企业的高层不愿意放弃控制权,从而使职工参与战略制定及实施流于形式。

(5) 增长型。这种模式的特点是企业决策者考虑的是如何激励下层管理人员制定实施战略的积极性及主动性,为企业效益的增长而奋斗。即决策者要认真对待下层管理人员提出的一切有利企业发展的方案,只要方案基本可行,符合企业战略发展方向,在与管理人员探讨了解决方案中的具体问题的措施以后,应及时批准这些方案,以鼓励员工的首创精神。采用这种模式,企业战略不是自上而下地推行,而是自下而上地产生,因此,决策者应该具有以下的认识:

① 决策者不可能控制所有的重大机会和威胁,有必要给下层管理人员以宽松的环境,激励他们帮助决策者从事有利于企业发展的经营决策。

② 决策者的权力是有限的,不可能在任何方面都把自己的愿望强加于组织成员。

③ 总经理只有在充分调动及发挥下层管理者的积极性的情况下,才能正确地制定和实施战略,一个稍微逊色的但能够得到人们广泛支持的战略,要比那种"最佳"的却根本得不到人们热心支持的战略有价值得多。

④ 企业战略是集体智慧的结晶,靠一个人很难做出正确的战略。因此,决策者应该坚持发挥集体智慧的作用,并努力减少集体决策的各种不利因素。

在 20 世纪 60 年代以前,企业界认为管理需要绝对的权威,这种情况下,指挥型模式是必要的。60 年代,钱德勒的研究结果指出,为了有效地实施战略,需要调整企业组织结构,这样就出现了变革型模式。合作型、文化型及增长型三种模式出现较晚,但从这三种模式中可以看出,战略的实施充满了矛盾和问题,在战略实施过程中只有调动各种积极因素,才能使战略获得成功。上述五种战略实施模式在制定和实施战略上的侧重点不同,指挥型和合作型更侧重于战略的制定,而把战略实施作为事后行为,而文化型及增长型则更多地考虑战略实施问题。实际上,在企业中上述五种模式往往是交叉或交错使用的。

4.4.2 战略控制的概念

企业战略管理中的一个基本矛盾是既定的战略与变化着的环境之间的矛盾。企业战略的实施结果并不一定与预定的战略目标相一致,产生这种偏差的原因很多,主要有三个方面的原因:

(1) 制定企业战略的内外环境发生了新的变化。如果在外部环境中出现了新的机会或意想不到的情况,企业内部资源条件发生了意想不到的变化,都会使原定企业战略与新的环境条件不相配合。

(2) 企业战略本身有重大的缺陷或者比较笼统,在实施过程中难以贯彻,企业需要修正、补充和完善。

(3) 在战略实施的过程中,受企业内部某些主客观因素变化的影响,偏离了战略计划的预期目标。如某些企业领导采取了错误的措施,致使战略实施结果与战略计划目标产生偏差等。

对以上企业活动与预定的战略目标偏离的情况如果不及时采取措施加以纠正,企业的战略目标就无法顺利实现,要使企业战略能够不断顺应变化着的内外环境,除了使战略决策具有应变性外,还必须加强对战略实施的控制。

战略控制主要是指在企业经营战略的实施过程中,检查企业为达到目标所进行的各项活动的进展情况,评价实施企业战略后的企业绩效,把它与既定的战略目标与绩效标准相比较,发现战略差距,分析产生偏差的原因,纠正偏差,使企业战略的实施更好地与企业当前所处的内外环境、企业目标协调一致,使企业战略得以实现。

战略实施的控制与战略实施的评价既有区别又有联系,要进行战略实施的控制就必须进行战略实施的评价,只有通过评价才能实现控制,评价本身是手段,而不是目的,发现问题实现控制才是目的。战略控制着重于战略实施的过程,战略评价着重于对战略实施过程结果的评价。

4.4.3 战略控制的方式

从控制时间来看,企业的战略控制可以分为如下三类:

(1) 事前控制。在战略实施之前,要设计好正确有效的战略计划,该计划要得到企业高层领导人的批准后才能行,其中有关重大的经营活动必须通过企业的领导人的批准同意才能开始实施,所批准的内容往往也就成为考核经营活动绩效的控制标准,这种控制多用于重大问题,如任命重要的人员、重大合同的签订、购置重大设备等。

由于事前控制是在战略行动成果尚未实现之前,通过预测发现战略行动的结果可能会偏离既定的标准。因此,管理者必须对预测因素进行分析与研究。一般有三种类型的预测因素:

① 投入因素。即战略实施投入因素的种类、数量和质量,将影响产出的结果。

② 早期成果因素。即依据早期的成果,可预见未来的结果。

③ 外部环境和内部条件的变化对战略实施的控制因素。

(2) 事后控制。这种控制方式在企业的经营活动之后才把战略活动的结果与控制标准相比较,这种控制方式工作的重点是要明确战略控制的程序和标准,把日常的控制工作交由职能部门人员去做,即在战略计划部分实施之后,将实施结果与原计划标准相比较,由企业职能部门及各事业部定期将战略实施结果向高层领导汇报,由领导者决定是否有必要采取纠正措施。

事后控制方法的具体操作主要有联系行为和目标导向等形式。

① 联系行为。即对员工的战略行为的评价与控制直接同他们的工作行为联系挂钩。

他们比较容易接受,并能明确战略行动的努力方向,使个人的行动导向和企业经营战略导向接轨;同时,通过行动评价的反馈信息修正战略实施行动,使之更加符合战略的要求;通过行动评价,实行合理的分配,从而强化员工的战略意识。

② 目标导向。即让员工参与战略行动目标的制定和工作业绩的评价,既可以看到个人行为对实现战略目标的作用和意义,又可以从工作业绩的评价中看到成绩与不足,从中得到肯定和鼓励,为战略推进增添动力。

(3) 随时控制。即过程控制,企业高层领导者要控制企业战略实施中的关键性的过程或全过程,随时采取控制措施,纠正实施中产生的偏差,引导企业沿着战略的方向进行经营,这种控制方式主要是对关键性的战略措施要进行随时控制。

应当指出,以上三种控制方式所起的作用不同,因此在企业经营当中它们是被随时采用的。

从控制主体的状态来看,战略控制可以分为如下两类:

(1) 避免型控制。即采用适当的手段,使不适当的行为没有产生的机会,从而达到不需要控制的目的。如通过自动化使工作的稳定性得以保持,并按照企业的目标正确地工作;通过与外部组织共担风险减少控制;或者转移或放弃某项活动,以此来消除有关的控制活动。

(2) 开关型控制。开关型控制又称为事中控制或行与不行的控制。其原理是:在战略实施的过程中,按照既定的标准检查战略行动,确定行与不行,类似于开关的开与关。

开关控制方法的具体操作方式有多种:

① 直接领导。管理者对战略活动进行直接领导和指挥,发现差错及时纠正,使其行为符合既定标准。

② 自我调节。执行者通过非正式的、平等的沟通,按照既定的标准自行调节自己的行为,以便和谐工作配合默契。

③ 共同愿景。组织成员对目标、战略宗旨认识一致,在战略行动中表现出一定的方向性、使命感,从而和谐一致地实现目标。

开关控制法一般适用于实施过程标准化的战略实施控制,或某些过程标准化的战略项目的实施控制。

从控制的切入点来看,企业的战略控制可以分为如下五种:

(1) 财务控制。这种控制方式覆盖面广,是用途极广的非常重要的控制方式,包括预算控制和比率控制。

(2) 生产控制。即对企业产品品种、数量、质量、成本、交货期及服务等方面的控制,可以分为产前控制、过程控制及产后控制等。

(3) 销售规模控制。销售规模太小会影响经济效益,太大会占用较多的资金,也影响经济效益,为此要对销售规模进行控制。

(4) 质量控制。它包括对企业工作质量和产品质量的控制。工作质量不仅包括生产工作的质量,还包括领导工作、设计工作、信息工作等一系列非生产工作的质量,因此,质量控制的范围包括生产过程和非生产过程的其他一切控制过程,质量控制是动态的,着眼于事前和未来的质量控制,其难点在于全员质量意识的形成。

(5) 成本控制。通过成本控制使各项费用降低到最低水平,达到提高经济效益的目的,成本控制不仅包括对生产、销售、设计、储备等有形费用的控制,而且还包括对会议、领导、时间等无形费用的控制。在成本控制中要建立各种费用的开支范围、开支标准并严格执行,要事先进行成本预算等工作。成本控制的难点在于企业中大多数部门和单位是非独立核算的,因此缺乏成本意识。

4.5 企业计划

4.5.1 企业计划概述

企业计划是现代企业管理的基本职能之一,就管理的整个过程而言,它位于其他管理职能之首。计划职能的主要任务是在收集大量基础资料的前提下,对企业的未来环境和发展趋势作出尽可能准确的预测,并根据预测的结果和企业所拥有的可利用资源确立企业目标,然后制定出各种实施目标的方案、措施、方式和具体步骤,为企业目标的实现作出完整的谋划。

(1) 企业计划的含义。企业计划是指根据经营决策方案对企业各项生产经营活动和它需要的各种资源,以及对企业各部门、各环节的工作,从时间上、空间上进行具体的规划、安排和组织实施等一系管理活动。企业计划使企业的目标、任务变成全体职工的共同奋斗目标和自觉行动。

(2) 企业计划的作用。现代企业计划职能具有以下重要作用:

① 企业计划是管理活动的依据。企业计划为管理工作提供了基础,是管理者行动的依据。管理者要根据计划分派任务并确定下级的权力和责任,促使企业中的全体人员的活动方向趋于一致,而形成一种复合的组织行为,以保证达到计划所制定的目标。

② 企业计划是合理配置资源、减少浪费、提高工作效率的手段。计划工作的重要任务就是使未来的企业活动均衡发展。计划可以使企业的有限资源得到更合理的配置。由于有了计划,企业中各员工的努力将合成一种组织效应,这将大大提高工作效率,从而带来经济效益和社会效益。

③ 企业计划是降低风险、掌握主动的手段。未来的情况是不断变化的,计划是通过周密细致的安排,在尽量把握未来的各种可能性和变动趋势的基础上采取相应措施,选择最佳方案,并在需要时进行科学的修正。通过周密预测和筹划,减少企业因不确定因素带来的风险。

④ 企业计划是管理者制定控制标准的依据。计划的重要内容是企业目标,它是制定控制标准的主要依据。有了控制标准才能衡量实际的实施效果,发现偏差,及时纠正,使企业生产经营活动不脱离管理者所期望的发展方向。

(3) 企业计划的特点。计划作为管理的基本职能之一,具有首位性、普遍性、目的性、实践性、明确性、效率性等特性。

① 首位性。计划是进行其他管理职能的基础或前提条件。计划在前,行动在后。企业的管理过程首先应当明确管理目标、筹划实现目标的方式和途径,而这些恰恰是计划工作的任务。因此,计划位于其他管理职能的首位。

② 普遍性。实际的计划工作涉及企业中的每一位管理者及员工,一个企业的总目标确定之后,各级管理人员为了实现企业目标,使本层次的组织工作得以顺利进行,都需要制订相应的分目标及分计划。因此计划具有普遍性。

③ 目的性。任何企业或个人制订的各种计划都是为了促使企业的总目标和一定时期的目标的实现。在管理过程中,计划职能作为决策的延伸实质是为实现决策目标进行结构分析和设计,将企业的总目标分成不同层次、不同等级的分目标、次目标,并落实到企业各个层次、各个部门,直到各生产单位、车间和个人,即实行目标管理,从而保证企业总目标的实现。有了具体的目的、任务,才能把企业决策落实到实处,计划工作才具有指导性。

④ 实践性。计划的实践性主要是指计划的可操作性,并且以最终实施为目的。符合实际、易于操作、目标适宜,是衡量一个计划好坏的重要标准。另外,为了适应环境的变化,克服不确定因素的干扰,应适当增加计划的弹性。

⑤ 明确性。计划应明确表达出企业的目标与任务,明确表达出实现目标所需要的资源(人力、物力、财力、信息等)以及所采取行动的程序、方法和手段,明确表达出各级管理人员在执行计划过程中的权力和职责。

⑥ 效率性。计划的效率性主要是指时间和经济性两个方面。任何计划都有计划期的限制,也有计划实施时机的选择。经济性是指企业计划应该是以最小的资源投入获得尽可能多的产出。

4.5.2 企业计划的类型

现代企业管理实践活动的复杂性,决定了企业计划的多样性。企业的管理系统具有层次性,不同层次的计划有不同的表现形式和内容。

1. 长期、年度和短期计划

按时间的长短可以将计划分为三种,即长期计划、年度计划和短期计划。

(1) 长期计划。长期计划是指企业在五年以上可以完成的发展规划,也称长期战略规划。它主要是规定企业在计划期内的发展方向和目标,它包括生产规划,如生产规模扩大、产品发展、质量的提高等;主要技术经济指标规划,如盈利目标、产品成本水平、劳动生产率提高等;技术发展规划,如新材料、新工艺、新设备的采用、新产品的开发;市场经营的发展规划,如市场开拓、市场占有率的提高等;企业管理水平提高规划,如企业管理组织的调整与变化、管理手段现代化等。

(2) 年度计划。年度计划是企业年度生产经营活动的指南,是企业长期计划的具体化。即在长期计划的指导下,对年度内企业生产经营各环节、各方面的活动作出的计划安排,是企业组织各项生产经营活动的行动纲领。年度计划的内容一般包括年度利润计划、销售计划、财务计划、生产计划、物资供应计划、成本计划、劳动工资计划、技术开发计划和设备维修计划等。

(3) 短期作业计划。短期计划是企业在一年以下可以完成的计划,是年度计划的具体化。它将企业全年的计划任务落实到每一个岗位,每一个单位时间(月、旬、日、轮班)。短期作业计划是组织企业日常生产经营活动、实现均衡生产的有力工具,是实现年度计划任务的保证。

2. 综合性计划和专业性计划

从计划针对的对象范围可将计划分为综合性计划和专业性计划两大类。企业的综合性计划是对各方面活动所作的全面规划和安排,是指导企业生产经营活动的最主要、最全面的计划。它规定着计划年度应当实现的经营目标,如品种、产量、成本、利润等指标,把这个计划的指标层层分解落实,就成了企业内部各单位的计划目标。专业性计划则是对某一专业领域的职能工作所作的计划,它通常是综合性计划某一方面内容的细化。它的内容可根据企业具体情况决定,并无统一规定。一般有:年度利润计划、销售计划、生产计划、新产品试制计划、物资供应计划、设备维修更新计划、财务计划、技术组织措施计划等。

3. 指导性计划和具体性计划

指导性计划一般只规定一些指导性的目标、方向、方针和政策等,并由高层决策部门制定。具体性计划具有非常明确的目标和措施,具有很强的可操作性,一般由基层制定。

4. 战略计划和战术计划

根据计划对企业整体活动的影响范围和影响程度的不同,计划制订者所处的管理层次的不同,可将计划分为战略计划和战术计划。战略计划是关于企业活动长远发展方向、基本目标的计划。它只规定总的发展方向、基本策略和具有指导性的政策、方针。战术计划是关于企业活动如何具体运作的计划。

4.5.3 编制企业计划的过程

计划是一个不断滚动、调整和实施的过程,不是一次性的活动。制订一个完整的计划一般需要八个步骤:机会分析、确定目标、提出可行方案、评价备选方案、选定方案、编制计划、预算、反馈与执行。

(1) 机会分析。企业的计划工作是从市场调研和分析企业面临的机会与挑战开始的。这就需要企业的管理者认真分析企业拥有的资源、条件,面临的环境状况,预测其变化趋势,从中掌握市场机会与威胁,根据企业自身优势与劣势,明确企业发展的约束条件,对于未来不确定的事件尽可能做出科学的判断,使之成为某种程度的肯定。企业只有在调研的基础上,才能寻找到自身的发展机会,确定现实可行的目标。

(2) 确定目标。管理者对企业面临的机会和挑战以及应对策略,通过市场调研和机会分析形成了初步判断,以此确定出企业的阶段目标和长远目标。目标设立的影响因素和依据有三点:

① 企业目的。企业目的决定企业目标。

② 企业本身的因素。即主体因素或企业资源,人力、资金、技术、信息、组织结构、综合实力等。

③ 环境因素:政治因素、经济因素、社会因素、文化因素、科技因素、地域环境因素等。不同性质的企业,目标是不同的。

(3) 提出可行方案。围绕企业目标,要尽可能多地提出各种实施方案,充分发扬民主,吸收各级管理者、相关专家、专业技术人员、基层工作人员代表参与方案的制订,也可通过专门的咨询机构提出方案,做到群策群力、集思广益、大胆创新。多个方案的提出为选择最优方案或满意方案打下了基础。

(4) 评价备选方案。当提出了各种实施方案后,必须对每一个方案的优缺点进行分析比较,即评价备选方案,这是选择方案的前提。评价方案的优劣取决于评价方法和评价者的智慧水平。要从计划方案的客观性、合理性、可操作性、有效性、经济性、机动性、协调性等方面来衡量。

(5) 选定方案。这一步是依据方案评价的结果,从若干可行方案中选择一个或几个优化方案。首先要认真比较各个方案的优点和缺点,站在全局的观点上权衡利弊,必要时还可以采用试点实验、数量分析等方法比较这些方案。在方案选择的过程中要充分发扬民主,广泛征求意见。

(6) 编制计划。根据计划目标与所确定的最优方案,按照计划要素与工作要求,编制计划。

(7) 预算。企业在选定最佳方案后,必须确定预算。预算使得计划的人、财、物等资源和任务分配变得容易,有利于授予下级适当的权力与责任。预算本身也是衡量绩效的标准,因此预算是计划必不可少的组成部分,必须认真核定。

(8) 反馈与执行情况。为了保证计划的有效执行,要对计划执行情况进行跟踪反馈,必要时做出调整,并对计划执行结果进行总结。

4.5.4 编制企业计划的方法

企业借助一定的计划方法,才能把计划任务和原则转化为指导实际行动的具体计划指标。科学的计划方法是提高计划工作效率的重要保证。滚动计划法、网络计划法、线性规划法、PDCA 循环法是目前常用的几种方法。

(1) 滚动计划法。由于环境的不断变化,在计划的执行过程中的现实情况和预想情况往往会有较大的出入,这就需要定期对计划作出必要的修正。滚动计划法是一种定期修正未来计划的方法,其基本思想是:根据计划执行的情况和环境变化的情况定期调整未来的计划,并不断逐期向前推移,使短期计划和中期计划有机地结合起来。滚动计划法有以下优点:

① 适合于任何类型的计划;
② 缩短了计划的预计时间,提高了计划的准确性;
③ 使短期计划和中期计划很好地结合在一起;
④ 使计划更富有弹性,实现了企业和环境的动态协调。

滚动计划一般是在第一个执行期结束时编制。计划修正因素是编制滚动计划的关键。它主要包括三项内容:差异分析(第一个执行期的计划和实际的差距)、环境分析、生产经营方针调整。企业在对上述因素分析的基础上就可以进行计划的编制。编制滚动计划的方法如图 4-4 所示。首先是企业编制出 2000—2004 年的五年计划。到 2000 年年末,企业根据当年计划完成的情况和主客观条件变化因素,对原定的五年计划进行必要调整。在此基础上编制出 2001—2005 年的五年计划。以此类推,到 2001 年年末再根据 2001 年计划执行情况、计划修正因素的变化,编制出 2002—2006 年的五年计划。编制近期计划部分宜较细,远期计划部分宜较粗,如此不断地向前滚动编制各期计划。

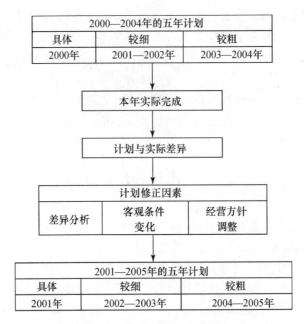

图 4-4 滚动计划法示意图

运用滚动计划法的计划期可长可短,若编制年度(月度)计划时,可将计划期向前推进一个季度(10天),如果是中期计划则按年滚动,其编制方法与长期计划相类似。

(2) 网络计划方法。网络计划方法(Program Evaluation and Review Technique)简称PERT。它是以网络图的形式制订计划,求得计划的最优方案,并以此组织和控制生产,达到预定目标的一种科学管理方法。网络计划方法的运用对于减少人力、物力、财力资源的占用与消耗起到了积极的推动作用。该方法的基本原理是将一项任务(工程)分为若干作业(工序),然后按照作业的顺序进行排列,应用网络图表达计划任务的进度安排和其中各项作业之间的相互关系;进行网络分析,计算网络时间、确定关键作业和关键路线;利用时差不断改善计划,对整个任务进行总体规划和调配,以便用最少的人力、物力和财力资源以及最高的速度完成整个任务。网络计划方法具有如下几个优点:

① 编制网络图的过程是深入调查研究的过程,有利于克服过去编制计划的主观性、盲目性。

② 网络图能够反映出各工序之间的相互依赖、相互制约的关系。在计划执行中,某一工作完成时间因某种原因提前或推迟时,可以预见到它对工期的影响。

③ 从网络图中可以了解哪些工序是关键工序,哪些工序有潜力可挖,能确保工程按期完成。

④ 能够从许多可行方案中,选择最优方案。

⑤ 按照网络图的指示,在工程(或任务)执行中能根据环境变化情况进行迅速调整。保证自始至终对整体计划进行有效的控制和监督。

⑥ 可以利用电子计算机进行计算。

(3) 线性规划法。在编制计划时,常常会遇到"在现有资源条件下,如何使得效果最佳(如收益最大、成本最小)"等问题。这类问题可以用线性规划法来解决。线性规划所研究的是:在一定条件下,合理安排人力物力等资源,使经济效果达到最好。一般地,求线性目标函数在线性约束条件下的最大值或最小值的问题,统称为线性规划问题。满足线性约束条件的解叫做可行解,由所有可行解组成的集合叫做可行域。决策变量、约束条件、目标函数是线性规划的三要素。在运用线性规划法建立数学模型一般有以下三个步骤:

① 根据影响所要达到目的的因素找到决策变量;
② 由决策变量和所在达到目的之间的函数关系确定目标函数;
③ 由决策变量所受的限制条件确定决策变量所要满足的约束条件。

最后通过求解该数学模型便得到最优计划方案。

(4) PDCA 循环法。PDCA 循环法,就是按照计划(Plan)、执行(Do)、检查(Check)和处理(Action)四个阶段的顺序,周而复始地循环进行计划管理的一种工作方法。这种方法的主要内容是:计划阶段确定企业经营方针、目标,制订生产经营计划,并把生产经营计划的目标和措施项目落实到企业各部门、各环节。执行阶段就是将制订的各项具体计划和措施,按各部门、各环节进行组织实施。检查阶段就是把执行的结果与预计计划对比,找出实际与目标之间存在的差距并确定原因。处理阶段就是根据检查的结果,一方面把成功的经验加以肯定并进行标准化,另一方面要把未解决的遗留的问题转入下一个循环,作为下次计划的目标之一。PDCA 四个阶段相互衔接,顺序执行。执行一遍就完成一个循环。每一次循环都有新的内容和要求,完成一个循环就应解决一些问题,使计划水平有进一步提高。企业各个层次的计划都实行 PDCA 循环,可以使计划编制、执行、控制有机结合起来,提高企业的计划实效。

4.5.5 企业计划的目标管理

1. 目标管理的含义

目标管理(Management by Objectives,MBO)由美国管理专家杜拉克提出,他在 1954 年出版的《管理的实践》一书中首先提出了"目标管理和自我控制"的主张。他认为,一个组织的"目的和任务,必须转化为目标",如果"一个领域没有特定的目标,则这个领域必然会被忽视";各级管理人员只有通过这些目标对下级进行领导,并以目标来衡量每个人的贡献大小,才能保证一个组织的总目标的实现;如果没有一定的目标来指导每个人的工作,则组织的规模越大,人员越多,发生冲突及浪费的可能性就越大。因此,他提出,让每个职工自己根据总目标要求制定个人目标,并努力达到个人目标,就能使总目标的实现更有把握。

为达到这个目的,他还主张,在目标管理的实施阶段和成果评价阶段中,应做到充分信任职工,实行权限下放和民主协商,使职工实行自我控制,独立自主地完成自己的任务;此外,成果的考核、评价和奖励也必须严格按照每个职工目标任务的完成情况和实际成果的大小来进行,以进一步激励每个职工的工作热情,发挥每个职工的主动性和创造性。杜拉克的以上见解,在当时的企业界和管理学家中产生了巨大的影响,并为目标管理的实际应用打下了坚实的基础。

可见,所谓目标管理就是把以目标实现为前提的管理转化成以目标为控制手段的管理,它是通过使企业的员工亲自参加工作目标的制定来实现"自我控制",并努力完成工作目标的管理制度,是一种根据工作目标来控制每个职工行动的新的管理方法。其目的就是通过目标的激励,来调动广大职工的积极性,从而保证实现总目标;其核心就是强调成果,重视成果评定,提倡个人能力的自我提高;其特点就是以"目标"作为各项管理活动的指南,并以实现"目标"的成果来评价其贡献大小。

2．目标管理的内容

目标管理的基本内容是动员全体职工参加制定目标并保证目标的实现。具体地说:

(1) 将整体目标分解为具体单位和个人的目标,形成目标体系。

(2) 建立分权组织体制,上级根据分解目标的内容在一定范围内给下级最大限度的权力,使下级充分运用权力谋求目标的完成。

(3) 制订实现目标的具体计划、方法和评价标准。

(4) 对目标实现的情况实行定期检查和考核,并据此实行奖惩。

(5) 在目标完成后,再制订新的目标体系,形成新的目标管理过程,开始新的循环。

3．目标管理的作用

实行目标管理,对企业加强管理具有重要作用:

(1) 发挥每个人的力量,提高整个企业管理的"战斗力"。随着现代科学技术的进步和社会经济的发展,管理工作相应地也复杂起来。传统管理往往用行政命令规定各部门的工作任务,而忽视了充分发挥人的积极性和创造性这个关键问题,致使每个职工或部门看不清为整个企业做出更大贡献的努力方向,从而削弱了部门或个人工作同完成整个企业任务之间的有机联系。在这种情况下,尽管每个人都极其认真地进行工作,但由于在一些无关紧要的工作上投入了过多的力量,或由于力量分散,或由于力量互相排斥,结果对完成目标任务没有多大的推动力。可见,集中并发挥职工的全部力量,提高整个企业的"战斗力",就成了当前各企业管理工作的当务之急。

(2) 增强现代企业管理的应变能力。管理工作是一项动态工作,应随着工作环境与条件的变化及时调整管理组织和工作方法,以迅速适应变化了的工作环境和工作条件。而目标管理是一个不间断的、反复的循环过程。其循环周期可以是一年、半年、三个月或更短些。这样就能根据变化了的环境,适时地、正确地制定企业目标,动员全体职工去实现目标。此外,目标管理在实施过程中,上级必须下放适当的权限,让每个职工实行自我管理,充分发挥每个人的智慧和力量,使每一个职工面对变化了的工作条件,适时地、合理地做出判断和决定,并积极采取必要的措施,以适应复杂多变的工作环境。可见,这种"动态"的管理制度,在多变的"现实"中贯彻执行,就能增强管理组织的应变能力。

(3) 提高各级管理人员的领导能力。领导水平的高低,是搞好各行各业管理工作的关键。过去,大多数管理干部都是靠其职务、权威去命令下级工作,也有极少数的管理人员采取了放任自流、松弛涣散和不负责任的管理态度。事实说明,这种"命令型"或"放任型"的领导方式,对搞好管理工作是极为不利的。实行目标管理,能创造一个培养和锻炼管理人员领导能力的管理环境,使他们逐渐具备真正的领导能力,不是单凭职务、权威、地位和尊严去领导下级,而是相信群众、依靠群众来实现领导,也就是采用"信任型"的领导方式。因此目标管理在管理方式上实现了从"命令型"向"信任型"的过渡,也就是从以往的由上级发布命令,下级只是服从的传统管理方法,转移到下级自己制定与上级目标紧密联系的个人目标,并由自己来实施和评价目标的现代管理方法上来,如表4-1所示。

表 4-1　传统管理方法向现代管理方法的转移

	命令指示型管理方法	信任指导型的管理方法
1	为下级制订实施计划,并规定工作的目标	下级自己制定与上级目标相结合的个人目标
2	对下级进行工作方法的训练	使下级主动地确定自己的工作方法
3	严格检查下级是否按照上级的指示意图进行工作	下级自己检查自己的目标实施活动并自我评价目标成果
4	上级研究新的工作方法,指示下级遵照执行	为下级提供不断改进自己工作的机会
5	在工作过程中,上级加强检查,下级只是按指令实施	下级在实施目标过程中,实行"自我管理",上级只是加强指导

（4）改善和提高职工的素质。以往各单位在布置工作任务时,片面强调领导意志,因而不能使每一个职工清楚地了解整个企业的总目标,致使每个职工的积极性不能充分发挥,人的主观能动作用也受到限制。在这种情况下,往往出现在自己职责范围内本来应该及时处理的问题也要请示汇报,因此会逐步丧失职工的责任心和进取心。而目标管理是以全体职工为对象,以提高职工的工作能力为中心。由于管理职层的不同,职工个人目标与企业总目标直接结合的程度就不同,如图 4-5 所示。所以,大多数基层职工,只能通过提高个人工作能力间接地与企业总目标相结合,成果评价也只能以提高个人工作能力的努力程度为依据。这就要求每个职工在制定目标时,努力反映出自己工作能力的提高程度,并在实现目标的过程中,加强自我管理,充分发挥自己的聪明才智。目标管理强调个人工作成果和个人工作能力,以利于激发职工努力学习,促进工作能力的自我提高,从而普遍提高整个企业的管理水平。

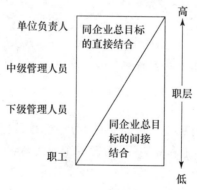

图 4-5　管理层次与目标的结合程度

4. 目标管理的特点

目标管理是让企业的管理人员和工人亲自参加工作目标的制定,在工作中实行"自我控制",并努力完成工作目标的一种管理制度。具有以下四个特点：

（1）目标管理是参与管理的一种形式。目标管理中用参与的方式决定目标,即目标执行者本人制定或参与制定目标。因此,目标管理的目标转化过程,既是"自上而下"的,又是"自下而上"的实行目标管理要求。这是目标管理与传统管理的由上而下的目标指令相比较的一个重要特点。也就是说,在制定目标的过程中尽量考虑和掌握执行者的意见,这样不但能使目标制定符合实际,而且有利于加强执行者的责任感,促使企业目标的实现。

（2）目标管理强调企业员工的"自我控制"。目标管理既重视企业任务和目标完成,又注意员工对工作的兴趣,因此对工作程序和方法不做硬性规定。强调发挥各类人员的创造性和积极性,每个人都要积极参与目标的制定、展开和实施,领导者应允许下级根据企业的总目标设立自己参与制定的目标,以满足"自我成就"的要求,以自我控制来代替消极被动地接受任务,从而实现有效的管理。

(3) 目标管理是一种系统整体的管理方法。目标管理在性质上则是一种体现了系统性和"以人为中心"的主动性的管理。它用系统的方法,使许多关键管理活动结合起来,将企业的整体目标转换为各部门和成员的目标,通过层层落实并采取保证措施,有效地和高效率地实现它们。

(4) 目标管理是一种重视成果的管理方法。目标管理在形式上表现为以目标为中心,它要求把管理的重点转移到目标上去,即转移到行动的目的上去,而不是行动本身,强调目标成果,以目标实现状况评价员工绩效。同时把评定的成果与每个人晋级、提升、加薪等结合起来,以成果作为确定奖酬的依据。

5. 目标管理的基本步骤

目标管理过程一般包含三个步骤:第一,建立一套完整的目标体系,这也是目标的制定过程;第二,企业目标实施;第三,进行目标考核。如图 4-6 所示。

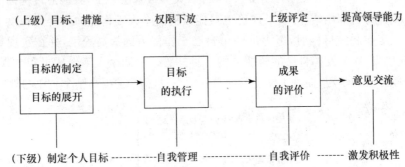

图 4-6 目标管理实施过程

(1) 目标的制定。确定目标是实施目标的起点,也是目标管理的重要内容。目标设置得如何,会直接影响目标的实施和控制,从而影响企业经营业绩。因此,建立合理有效的目标体系是企业完成计划的关键。具体需要经过以下步骤:

① 制定企业的总目标。企业总目标是推行目标管理的出发点,也是企业全体职工为之奋斗的中心。建立总目标的工作是从企业最高管理层开始的。最高决策者根据企业发展要求,在充分发动群众的基础上制定计划期内应达到的总目标,并拟定实现总目标的经营总方针。

② 将企业总目标层层分解。下属各单位根据企业总目标、总方针的要求和本部门的实际情况,制定部门目标和具体的保证措施;部门下属各小组负责人为完成部门目标而制定小组目标;基层每一个职工根据小组目标和自身情况,制定具体、切实可行的个人目标和保证措施。这样,自上而下与自下而上地把企业总体目标层层展开,最后落实到每个职工,形成一个完整的目标连锁体系,共同为保证实现总目标而奋斗。如图 4-7 所示。

(2) 目标的实施。目标的实施是指目标的执行和实现的过程,这是目标的执行阶段,也就是进入了完成预定目标值的阶段。这一阶段的工作内容主要包括四个部分:

① 上级应根据下级实现目标的需要,授予相应的权力,使每个人都明确在实现总目标中自己应负的责任,让他们在工作中实行自我管理,独立自主地实现个人目标。

② 有了目标和权力,下级在目标实施过程中,要充分发挥其创造力和主观能动作用,正确行使下放给自己的权力从而实现自我约束、自我控制,自觉执行各目标方案,通过积极主动的努力,完成各项目标。

③ 加强信息交流。要利用会议、报告、数据统计、个别交流等多种形式进行信息交流,保证整个目标管理系统的畅通。

④ 上级领导要经常深入下层,了解下级目标的执行情况,与下级进行充分协商与讨论,并进行必要的指导、检查与间接控制。一般采取下级自查报告和上级指导相结合的办法,并注意对目标值和实际值进行比较分析,实现目标实施的动态控制。

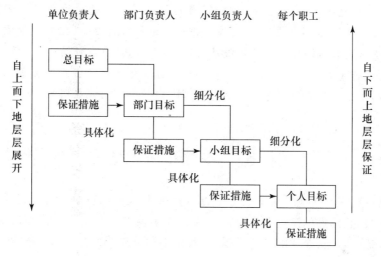

图 4-7 目标体系示意图

(3) 目标成果评价。对目标成果的评价是目标管理的最后一个阶段。这个阶段的工作内容是：当目标实施活动已按预定要求结束时,就必须按照定量目标值对实际取得的成果作出评价,并使这种评价与奖励挂钩;同时,还要把评价结果及时反馈给执行者,让其主动地总结经验教训。根据一些单位的实践来看,搞好成果评价工作的关键是：必须把评定结果与集体和个人经济利益真正挂钩,严格实行按劳分配、奖勤罚懒的原则。

成果评价的目的是为了促进领导工作的改善,鼓舞全体职工的斗志,以便更好地为保证达到总目标而奋斗。

总之,这种评定既是保证目标管理真正能落实的重要手段,又是下一循环周期制定目标体系的主要依据。由此可见,评价阶段是上级进行指导、帮助和激发下级工作热情的最好时机,同时也是发扬民主管理的一种重要形式,是群众参加管理的一种好方法。

成果评价工作完毕,则目标管理的一个循环周期即告结束。但是目标管理是一个不间断的、反复出现的循环过程,每一循环周期的目标体系都是在前一循环周期的管理实践基础上建立起来的,而且应比上一期目标管理有更新的内容,也应达到更高的水平。

金泰机床厂的目标管理

金泰机床厂(以下简称"金泰机床")是一家中型企业,公司效益连续多年下滑。公司领导层认为职工的积极性没有充分发挥出来,上下级之间关系紧张,管理不顺畅。为从根本上扭转这种局面,从管理中要效益,公司领导班子决定推行目标管理。金泰机床决定首先对厂部和科室实施目标管理,经过一段时间的试点后,再逐步推广到全厂各车间、工段和班组。金泰机床按照目标管理的原则,把目标管理分为三个阶段进行:第一阶段,目标制定阶段,通过对国内外市场调查,根据企业具体生产能力,制定了"三提高"、"三突破"的公司总目标,然后全厂对总目标进行分解,制定部门目标,最后将目标进行进一步分解和落实到每个人;第二阶段,目标实施阶段,主要抓以下三项工作——进行自我检查、控制和管理,强化经济考核,加强信息及时反馈;第三阶段,目标成果评定阶段,采用"自我评价"和上级主管部门评价相结合的方式进行成果评价。多年的实践表明,目标管理优化了企业经营管理平台,挖掘了企业内部潜力,增强了企业的应变能力,提高了员工整体素质,效益明显。

4.6 本章小结

所谓经营战略是指企业面对激烈变化的环境,严峻挑战的竞争,为谋求生存和不断发展而作出的总体性、长远性的谋划和方略。其目的在于使企业在正确分析和估量外部环境和内部条件的基础上,求得企业的经营目标、经营结构和资源配置与外部环境提供的机会的动态平衡,从而在激烈的市场竞争环境中,求得企业的生存和不断发展。经营战略具有全局性、长远性、纲领性、抗争性、风险性、相对稳定性的特点。

企业的经营思想也称为企业的经营哲学,是指企业在经营活动中对发生的各种关系的认识和态度的总和,是企业从事生产经营活动的基本指导思想,它是由一系列的观念所组成的。企业对某一关系的认识和态度,就是某一方面的经营观念。

企业宗旨是关于企业存在的目的或对社会发展的某一方面应做出的贡献的陈述,有时也称为企业使命。

企业经营环境是指企业所处的外部总体环境和运营环境。企业的产生、存在和发展固然是因为它们可以以产品和服务满足社会的需要,同时,也是因为它们适应了自身所处的外部环境。企业经营环境分析包括企业外部环境及内部条件分析。

企业战略可分为三个层次:企业战略、业务战略或竞争战略和职能战略。三个层次的战略都是企业战略管理的重要组成部分,但侧重点和影响的范围有所不同。

企业战略,又称总体战略,是企业最高层次的战略。它需要根据企业的目标,选择企业可以竞争的经营领域,合理配置企业经营所必需的资源,使各项经营业务相互支持、相互协调。如在海外建厂、在劳动成本低的国家建立海外制造业务的决策。

企业的二级战略常常被称作业务战略或竞争战略。业务战略涉及各业务单位的主管及辅助人员。这些经理人员的主要任务是将企业战略所包括的企业目标、发展方向和措施具体化,形成本业务单位具体的竞争与经营战略。如推出新产品或服务、建立研究与开发设施等。

职能战略,又称职能层战略,主要涉及企业内各职能部门,如营销、财务和生产等,如何更好地为各级战略服务,从而提高组织效率。企业总体战略包括稳定型战略、增长型战略、紧缩型战略。

在企业的战略经营实践中,战略实施有指挥型、变革型、合作型、文化型、增长型等五种不同的模式。

战略控制主要是指在企业经营战略的实施过程中,检查企业为达到目标所进行的各项活动的进展情况,评价实施企业战略后的企业绩效,把它与既定的战略目标与绩效标准相比较,发现战略差距,分析产生偏差的原因,纠正偏差,使企业战略的实施更好地与企业当前所处的内外环境、企业目标协调一致,使企业战略得以实现。

企业计划是指根据经营决策方案对企业各项生产经营活动和它需要的各种资源,以及对企业各部门、各环节的工作,从时间上、空间上进行具体的规划、安排和组织实施等一系列的管理活动。其特点具有:首位性、普遍性、目的性、实践性、明确性和效率性。

制订一个完整的计划一般需要八个步骤:机会分析、确定目标、提出可行方案、评价备选方案、选定方案、编制计划、预算和反馈与执行。编制企业计划的方法主要有滚动计划法、网络计划法、线性规划法、PDCA 循环法。

目标管理就是把以目标实现为前提的管理转化成以目标为控制手段的管理,它是通过使企业的员工亲自参加工作目标的制定来实现"自我控制",并努力完成工作目标的管理制度,是一种根据工作目标来控制每个职工行动的新的管理方法。其目的就是通过目标的激励,来调动广大职工的积极性,从而保证实现总目标;其核心就是强调成果,重视成果评定,提倡个人能力的自我提高;其特点就是以"目标"作为各项管理活动的指南,并以实现"目标"的成果来评价其贡献大小。目标管理过程一般包含三个步骤:

(1) 建立一套完整的目标体系,这也是目标的制定过程;
(2) 企业目标实施;
(3) 进行目标考核。

1. 什么是企业经营战略?怎样理解其基本内涵?
2. 企业经营战略有哪些特征?如何制定企业经营战略规划?
3. 在企业战略的实施过程中,应努力做好哪些工作?
4. 企业总体战略的主要形式有哪些?
5. 简述如何实施企业战略。
6. 简述如何对企业战略进行控制。
7. 简述计划的特点及其地位。
8. 什么是长期计划和年度计划?它们之间有什么关系?年度计划主要包括哪些专业计划?
9. 制订一个完整计划的所需步骤有哪些?请结合实际加以说明。

10. 什么是目标管理？有何特点？

11. 目标管理的实施分为几个阶段？简述各阶段进行工作的要求。

华光电力公司：以业务整合为核心实现企业快速成长

华光电力公司是以配、售电为主，多元化经营的大型国有独资企业，下属有供电、发电、辅业、多经企业91个，涉及电力、投资、房地产、酒店经营管理等10项业务，员工2.2万人。近年来，华光公司不断优化自身发展，综合实力逐年增强，2010年实现销售收入110亿元，资产总额达到130亿元，净利润5亿元，在省国资委所属企业排名中位列第七。面对宏观经济运行中的诸多不确定性因素，如何实现企业各项业务的进一步发展，便成了摆在华光公司高层管理团队面前的关键议题。

2011年，华光电力公司委托管理咨询公司，双方共同成立了联合项目组，制定企业2011—2015时期的发展战略。

在战略分析阶段，项目组首先通过环境要素分析和企业资源与能力分析，对企业运营的内、外部条件进行了科学、客观的判断与汇总。基于此，运用"波士顿矩阵"(BCG Matrix)对华光公司各项业务进行了战略分析，明确了公司目前的经营现状：

(1) 公司供电发展最为成熟，其他业务则尚处于起步发展阶段。问题类业务与明星类业务对现金流需求大，因此，从发展角度看，这样的业务布局将大大增加公司的财务压力。

(2) 缺乏明星类业务。当前公司的明星类业务仅辅业一项，且其发展前景具有一定的不确定性。从长远看，集团规模和利润新的增长点还未形成，需要在问题业务或新业务中积极培育，以实现企业长远、快速、健康发展。

(3) 问题类业务多，培育发展资金需求量大。公司的10项业务中，有6项处在问题类业务，多项业务同时开展说明各业务所需培育发展资金量大，意味着公司以及各单元在未来5年，需要通过多种方式进行融资，以将符合企业发展目标、具有资源优势的业务培育成未来优势业务。

(4) 所有业务均处于传统产业领域，科技含量不高，盈利性一般。未来5年，在各业务单元或者新的业务中，应注重开发高新技术产品和服务，提升产品附加值，提高收益率。

项目组在战略分析的基础上，结合企业高层的战略蓝图，明确企业战略愿景：成为现代化能源与服务提供商。

2011—2015年企业的发展战略：

1. 战略定位

立足供配电领域，深入推进"创新型、资本型、多元化、信息化"战略转型，着力培育人才、技术、文化三项核心竞争力，全面提升企业经营管理水平及专业化服务水平。积极实施产业链延伸和战略联盟，培育发展供电、发电和能源等核心业务，外延拓展电力辅业业务，投资壮大多元化业务，打造多层级优势业务群组，成为具有强综合实力和竞争优势的国内一流现代化大型企业集团。

2. 战略目标与战略规划方案

项目组设计了企业的战略目标，包括经营目标、多元化业务拓展目标、品牌建设目标、核心竞争力构建目标、企业创新目标、资本运营目标、信息化建设目标、服务升级目标和人力资源目标等。

为了确保战略目标实现,项目组提出的战略规划方案主要包括:

(1) 加强电能销售、整套服务及科技创新能力建设。

面对未来电力行业发展趋势以及市场高增长的特点,综合区域内产业发展格局,公司应大力提高供电业务产业外向程度,应在电能销售、整套服务及科技创新能力构建上加大力度;在智能电网研发方面加强投入,逐步形成以智能配电网为主导的技术核心,完善电网架构,为市场开拓提供坚强支撑;提高电能销售水平、供电可靠性,以提升综合服务能力;大力进行开发建设,更加积极参与市场竞争,从而进一步提升供电单元作为主营业务的市场份额,并努力降低成本,增强盈利能力,为公司的多元化战略提供稳定的收入保障。

(2) 整合发电业务,以收购重组等方式做大做强发电业务。

整合重组区域内小火电、小水电,并大力进行规模电厂/站地收购和投资建设,逐步提升发电单元装机容量和电源质量,从而为公司内部市场提供更充足、可靠的电源支持,同时获得更高的收入增长率,实现本单元自身的发展,使其成长为明星类业务。

(3) 努力开拓外部市场,做精做专辅业单元。

未来5年,应在服务内部市场的同时,充分利用现有资源,优化调整业务结构,加快技术创新和产业转型,大力开拓外部市场,通过市场竞争降低成本,增强活力,为提高市场占有率、取得规模效应进行业务扩张,不断增强其参与市场竞争的能力。按照产业链整合勘测设计、招标、建设、监理、物资等业务,做精做专,激发增长潜力,创造更多收入,使其逐步成为集团现金牛类业务之一。

(4) 洞悉产业发展趋势,做大做强多经单元。

在多经单元中,应首先增强投资业务的专业化程度,并对现有各项业务进行整合,使其成为产业投资定位清晰的专业化投资公司。"十二五"时期,使投资业务成长为盈利水平高、市场占有率高的公司优质业务。

投资控股公司应将现有的租赁业务从投资部门剥离,独立成为一个工业办公园区运营事业部,相关物业产权可以持有亦可以租赁,加强工业园区运营的专业化程度,为公司带来较为稳定的现金收入。酒店业务板块,应加速对集团公司各市县酒店的整合,将本业务构建成区域内定位准确的连锁酒店品牌,从而为集团公司创造稳定的现金流,使其成为多经单元的现金牛类业务。载能与能源业务板块,综合考虑市场发展及需求,拓展电石、金属镁以及煤炭深加工等化工业务;持续稳定进行投资,将产业链向上下游延伸,使载能与能源业务在实现自身发展的同时,与公司供电与发电业务产生协同效应,在产业链上游为电力业务提供充分的资源支持,并逐渐向精细化方向深度发展。

(5) 战略资源规划与实施路径。

为了确保华光公司战略规划的有效实施,项目组提出了包括公司人力、财务等资源规划方案,以及完善集团管控模式,重组组织结构,健全风险管控体系等战略实施措施。

试分析:

1. 什么是波士顿矩阵分析?如何利用波士顿矩阵进行企业战略分析?
2. 华光电力公司借助管理咨询公司制定的企业发展战略是否具有较强的可操作性?

第 5 章 人力资源管理

学习本章后,你应当能够:
1. 了解人力资源的概念、特点及管理的内容;
2. 掌握工作分析的步骤和方法;
3. 了解人力资源规划的内容,掌握人员招聘、培训技术;
4. 了解绩效考核方法和薪酬管理内容。

构建绩效管理体系,提升人力资源效能

光华物流公司前身是光华电力物资公司,成立于 1980 年,现有员工 280 人,2009 年营业收入 6.8 亿元,利润 0.5 亿元。公司成立初期,是以母公司电力物资采购供应为主营业务,随着国家电力体制改革的逐步深入,电力物资采购业务逐步上收至母公司,2010 年,公司营业收入不足 2 亿元,巨大的收入变化使得公司上下一片哗然,原来背靠母公司经营的模式已经不复存在,必须利用自身资源,走自主发展的道路。公司从电力物资采供向现代物流业务转变总体是成功的,但以前国企人力资源的管理模式以及员工得过且过的工作作风严重制约了公司的业务转型和绩效提升。基于此,光华物流公司开始构建自己的绩效管理平台,以提升员工工作绩效。

管理顾问从新业务运作流程入手,结合光华公司战略目标,对公司组织和岗位进行了再设计,形成部门工作职责体系和各岗位说明书。在此基础上,制定了光华公司的绩效管理体系。体系将公司经营目标与绩效考核内容进行融合,并细化分解到部门、个人绩效中,考核方案使绩效考核工作落到实处,从而保障公司经营目标的实现。

公司员工绩效管理主要包括绩效计划、绩效辅导、绩效考核与考核结果运用四个模块,其中重点是绩效考核。在绩效考核中,管理顾问确定以 KPI 考核、工作能力考核、工作态度考核为主要内容,建立了光华公司绩效考核指标库,详细列出了各个岗位的 KPI 指标,以指导考核工作。为保证考核工作的顺利实施,管理顾问还明确了绩效考核的组织保障、程序、考核结果的应用以及反馈流程。

经过近一年的绩效管理实践,企业营业收入相比 2010 年度有了大幅度提升,员工的工作作风和工作绩效改变显著,光华物流公司整体经营管理也步入正轨。

5.1 人力资源管理概述

5.1.1 人力资源的基本概念和特征

企业活动中的基本资源包括四种,即人、财、物、信息。而人力资源已成为企业乃至国家的第一资源,并将成为21世纪企业管理的核心所在。

1. 人力资源的概念

所谓人力资源,从狭义来讲,是指能推动整个经济与社会发展的具有智力劳动和体力劳动能力的劳动者的总和。智力劳动能力是指主要依靠知识和信息完成任务的一种复杂的思维创造能力,而体力劳动能力主要是指依靠人的身体功能而进行的一种简单重复操作的能力。人力资源从广义上来讲还包括现实的人力资源和潜在的人力资源两大类。现实的人力资源是指能够直接迅速投入劳动过程而产生效益的人群。而潜在的人力资源是指尚不能够直接参与劳动,还需经过一段时间的开发和培训才得以投入劳动的人群。

2. 人力资源的特征

(1) 人力资源的能动性。这是人力资源区别于物力资源的一个重要特征,也是人和动物的本质区别。人做任何事情总是有目的的,因此在劳动过程中人力资源始终处于主动地位,就可以有效地对自身活动做出选择,调节自身与外部的关系;人还是支配其他一切资源的主导力量,即可以改变劳动对象,还可以创造和使用劳动工具,从而推动社会的发展变化。物力资源正好相反,它在劳动中处于被改造被利用的地位,物力资源服从于人力资源。

(2) 人力资源的时效性。人力资源是以人为载体的,因此它与人的生命周期是紧密相连的。人能从事劳动、能被开发利用的时间被限制在生命周期的中间一段,当人进入老年期,由于其体力和智力的不断衰退,人已不适合劳动,就不能再称为人力资源了。当然,在生命的每一阶段,个体所拥有的人力资源有很大的差异性,在管理上,要把握员工的最佳工作状态,使其发挥最好的作用。

(3) 人力资源的可再生性。人力资源是一种可再生资源,一方面它通过人类的自身繁殖再生产,另一方面人可以通过学习、教育或培训得到进一步的提高和再生。随着知识信息时代的到来,终身学习理念的广泛传播,人力资源的再生性优势是越发明显。

(4) 人力资源的两重性。人力资源的两重性表现在人既是生产者,又是消费者。人首先是物质财富的创造者,同时他为了维持生存还必须无条件地进行物质的消费。生产与消费是相辅相成,密不可分的,共同推动社会生产的进一步发展。

(5) 人力资源的社会性。人都是生活在一定的历史条件下和社会环境中的,人力资源能力的发挥除了受到其自身和组织因素影响外,还会受到社会环境的影响。社会政治、经济、文化和意识形态的不同,必然导致人力资源总体素质的不同。例如古代社会人力资源的整体素质远远低于现代社会。经济发达国家的人力资源的整体素质高于贫困国家。

5.1.2 人力资源管理的概念、内容

1. 人力资源管理的概念

人力资源管理是指对人力资源的取得、开发、保持和利用等方面所进行的计划、组织、指挥、控制和协调的活动。与传统的人事管理相比较,现代人力资源管理以人为核心,将人力资源放在战略的高度,强调人与人关系的调整和人与事的配合,以充分发挥人的潜能,调动人的积极性和创造性,提高工作效率,实现组织的战略目标。

2. 人力资源管理的内容

人力资源管理的基本任务,就是根据企业发展的战略目标,通过人力资源规划、调配、招聘等方式,获得一定数量和质量的各类专业人员,并采取各种措施搞好员工的培训和开发,实现人力资本的增值;同时对员工进行选拔、使用、考核和奖励,做到人尽其才,才尽其用,激发员工的工作积极性。具体地说,人力资源管理主要包括以下内容:

(1) 进行人力资源规划。这就是对组织在一定时期内的人力资源的需求和供给做出预测,然后根据预测的结果制订出平衡供需的计划等。

(2) 工作分析与设计。这主要包括两方面的内容:一是对工作作出明确的规定,确定工作的任务、责任、职权;二是确定各职位任职人员所具备的资格,如学历、专业、年龄、技能、工作经验等。工作分析的结果要通过工作说明书来进行描述。

(3) 人力资源的招聘。这是指组织通过各种途径发布信息,吸引应聘者,录用组织所需员工。员工的招聘包括两个环节,一是招聘环节,即通过各种手段宣传组织形象,达到吸引应聘者的目的。二是录用环节,即从应聘者中挑选出符合组织要求的人选。

(4) 人力资源的培训和开发。这包括建立培训体系,确定培训计划,组织实施培训过程。通过对员工的知识培训、技能培训、潜能开发和综合素质提升等方式可以实现员工人力资本的增值。

(5) 人力资源的绩效考核和薪酬管理。根据科学合理的评价标准,对员工的工作绩效进行客观、准确、公平的评价,根据评价结果对员工进行不同的奖惩。

5.1.3 传统人事管理与现代人力资源管理的区别

传统人事管理是现代人力资源管理发展的基础,但二者却有很大的区别。

(1) 管理观念不同。传统的人事管理将人视为成本,当做机器设备的附属物,同生产资料一样,注重投入、使用和控制,尽量做到降低成本,以提高产出率。人力资源管理认识到了人的重要性,把人放在管理的中心地位,注重人与事的统一,重视人性管理。许多组织不再一味消减有关员工的开支,而是在人力资本上大做文章,采取各种措施激励员工,加强员工培训的投资,以期获得高额回报。

(2) 基本职能有所不同。传统人事管理的基本职能是具体的行政事务性管理,如定员、人员招聘、考核、录用、工资奖金、福利待遇、档案管理、人员调动等。总的说来,传统人事管理的职能都是一些技术性很强的管理事务。

人力资源管理的职能则有所不同,它增加了人力资源规划、人力资源培训与开发、工作设计等内容,这些职能的增加使人力资源管理更具有全局性、系统性、战略性和长远性。

(3) 管理方法有所不同。传统的人事管理是被动的管理,员工总是被动地被分配到某个岗位,直至退休,很少能进行岗位变动,把人置于严格的监督和控制之下。管理方法与手段简单、僵化,各部门只重视人的数量而不重视质量,更谈不上培训与开发和有效利用,因此人才浪费和闲置现象非常严重。

人力资源管理是按照市场经济的法则,对人进行主动、动态的管理。并充分运用当代的管理学、心理学、经济学等学科的最新研究成果,提出一些新的管理原则和方法。重视员工的培训与开发,对人员进行有效的配置,使企业更具有生命力。

(4) 重视程度不同。传统的人事管理在组织中被当做事务性管理,处于一种普通的地位,与高层决策毫不沾边,人事管理人员的工作仅限于人事档案记录与管理,以及人事规章制度的贯彻与执行等一些事务性工作。

在现代社会中,人被视为组织中最重要的资源,人力资源管理被提升到战略决策的高度,人力资源规划成为组织的战略性规划,人力资源部门经历了从无到有,直至上升到决策层的过程。

5.2 工作分析

5.2.1 工作分析的含义

工作分析,也叫职务分析、岗位分析,它是指对工作作出明确规定,确定工作的任务、责任、职权,并确定该工作承担着应具备的资格、条件的过程。换言之,工作分析就是全面收集某一工作的相关信息,对该工作岗位从 7 个方面(简称 6W1H)进行调查研究,即工作人员(Who)、工作内容(What)、工作时间(When)、工作岗位(Where)、工作服务对象(for Who)、如何工作(How)、为什么要进行这项工作(Why)进行书面描述。工作分析由工作描述和工作说明书两部分组成。

(1) 工作描述。工作描述主要针对工作任务本身,包括:职务名称、工作职责与任务、工作权限、工作环境、绩效标准、聘用条件等。

(2) 工作说明书。工作说明书则针对从事某岗位工作的员工应具备的知识、技能和能力等内容,主要包括:一般要求,指年龄、性别、学历、工作经验等;生理要求,指健康状况、灵活性、敏感性等;心理要求,指性格、爱好、观察能力、理解能力等。

5.2.2 工作分析的作用

工作分析是人力资源管理活动中的一项重要基础工作,同人力资源各项管理工作有着密不可分的联系。主要表现在以下几个方面:

(1) 工作分析为人力资源规划提供了必要信息。通过工作分析,人力资源管理部门才能对各个生产单位、职能科室的工作任务和人力资源的安排与使用有较为精确的统计和计量,从而为人力资源的规划提供可靠的依据。

(2) 工作分析为人员的招聘录用提供了标准。由于工作分析对担任某职位的人员应具备的任职资格作了详尽的规定和说明,组织在招聘录用中就有了明确的标准,减少了盲目性,在一定程度上保证了招聘录用的质量。

(3) 工作分析有利于科学评价工作绩效。通过工作分析,使每一职位的工作内容以及要达到的标准都有了明确的界定,它既是对员工的要求和指导,又是对员工进行考核的依据,规定了员工应达到怎样的水平,减少了绩效考核的主观因素,提高了考核的科学性。

(4) 工作分析有利于制定公平合理的薪酬制度。工作分析对各个职位承担的责任、从事的活动、人员应具备的资格等进行了具体的描述,这样企业就可以根据各个职位在企业中重要性的大小确定不同的报酬,从而确保薪酬的公平性。

(5) 工作分析有利于调动员工的工作积极性。在调动员工工作的积极性、主动性方面,工作分析起着重要的推动作用。工作描述是对员工的工作指导,使员工明确自己的工作职责、权限、工作方法和绩效评价标准等,有助于员工不断审查自己的工作内容和工作行为,主动寻找工作中存在的问题并圆满解决,以提高工作效率。

5.2.3　工作分析的步骤

(1) 确定工作分析的目标。了解企业的策略、目标,以确定企业工作设定的重点。要明确分析资料到底是用来做什么的,是要解决什么问题的,其作用是对工作分析提出一个主要方向,据此可以确定资料收集的内容和工作分析方法、工作分析的人员。

(2) 收集背景资料。对企业所处产业、企业竞争策略、文化、组织结构、职业分类、现有工作描述等因素加以分析,以了解上下隶属关系和左右的平行协作工作关系。但是在使用这些资料时要注意根据企业的具体情况,有选择地加以利用,不能全部照搬。

(3) 选择具有代表性的工作进行分析。即对每个职位系列或类别的工作,找出具有代表性的工作进行分析。例如对流水线上的工人所做的工作进行分析,如果我们对他们所做的工作一个一个地分析必然非常耗费时间。在这种情况下,选择典型工作进行分析显然是十分必要而且是比较合适的。

(4) 确定资料收集和分析方法,并收集相关资料。运用某些方法收集有关工作活动、工作条件、工作人员要求等方面的信息,来进行实际的工作分析。我们知道有多种方法可获得工作分析所需要的信息,如观察法、访问法、问卷法等。每一种方法都有其优缺点和适用范围,应根据具体情况选择使用。

(5) 进行工作描述,即对选定的工作,依据资料进行文字描述,列举主要工作事项和特性。

(6) 进行工作规范,即将工作描述转换为工作规范,强调从事该项工作应具备的能力和技术。

5.2.4　工作分析的方法

在实践中,经过人力资源专家与组织的多年努力,已经形成许多较为成熟的实用性较强的方法,下面,我们就来介绍一些常用的工作分析方法。

1. 访谈法

访谈法是指与工作人员本人或其主管进行面谈收集信息的一种方法。它既可以与每个雇员进行个人访谈,可以对做同种工作的雇员群体进行访谈,也可以对完全了解被分析的工作的主管人员进行访谈。访谈一般围绕以下内容进行:工作目标、工作内容、工作的性质和范围、员工在组织中的作用,员工的行动对组织产生的后果等。在访谈中要注意营造一种宽松友好的气氛,态度要诚恳,用语要适当,使被访谈者感到轻松愉快。

访谈法的优缺点:访谈法是工作分析中最广泛的一种应用方法,通过与雇员进行面谈,可以发现一些在其他情况下不可能了解到的工作活动和行为。另外,面谈还为组织提供了一个解释职务分析的必要性及其功能的机会。访谈还能使被访者释放对组织的不满,讲出一些平时不被重视的看法。最后,访谈法相对比较简单,效率高,可以迅速收集所要调查的信息。访谈法最主要的问题是:被访者可能出于自身利益的考虑,会采取不合作的态度或有意无意地夸大自己工作的重要性,造成信息的扭曲。另一方面,工作分析人员对某一工作固有的观念会影响其做出正确的判断。因此,访谈法一般不单独作为信息分析的方法,而适合与其他方法一起使用。

2. 观察法

观察法是工作分析人员到现场去查看员工的实际操作情况,并予以记录、分析、归纳,并整理为适用的文字资料的方法。使用观察法时要注意,观察人员尽可能不要引起被观察者的分心,不要干扰其正常工作。还要注意所选择工作样本的代表性,如果没有代表性,有些行为无法得到体现。

观察法是最简单的一种方法,通过对工作者的直接观察,使所获得的信息比较客观准确,适用于那些工作内容主要是由身体活动来完成且重复性较大的工作。其缺点是不适用于以脑力劳动为主或者处理紧急情况的间歇性工作。此外,针对一些员工从事的一些只是偶然发生,但是却非常重要的工作活动时,观察法也会失效。

3. 工作日志法

工作日志法是指由任职者本人按时间顺序记录工作过程,然后经过归纳提炼,取得所需工作信息的一种方法。这种方法如果运用得当,可以获取更为准确且全面的信息,一般不容易遗漏。缺点是使用范围小,信息缺乏条理,归纳工作繁琐,且任职者在记录时可能会夸大某些活动,也会对某些活动低调处理,影响工作分析的结果。

4. 问卷调查法

问卷调查法是通过将问题制成问卷发给员工,要求员工在一定的时间内填写,以获取有关信息的方法。调查的问题一般集中于各种工作的性质、工作的特征、工作人员的特征和业绩评价标准等方面。问卷调查表主要有两种:一种的内容具有普遍性,适合于各种职务;另一种是专门为特定的工作职务设计的。

问卷调查法的优点是速度快,能迅速得到进行工作分析所需的资料;成本低,比较节省分析工作人员的时间和经费;调查数据可以量化,通过计算机来处理;调查范围广,样本量大,适用于对很多工作者进行调查的情况。它的缺点是设计理想的调查表需要较大的成本;被调查者可能不积极配合和认真填写,或由于其耐心、文化水平、理解能力等因素,会影响调查的质量。

5. 关键事件法

关键事件法是指工作分析的调查人员、本岗位员工或与本岗位有关的员工,将劳动过程中的关键事件加以记录,在收集了大量信息之后对岗位的特征和要求进行分析研究的方法。这种方法主要是认定员工与职务有关的行为,并选择其中最重要、最关键的部分来评定其结果。关键事件记录包括:导致事件发生的原因和背景,典型行为的后果,员工可以控制的范围及努力程度的评估。关键法既能获得有关工作的静态信息,也能获得工作的动态信息。

关键事件法的优点是:研究的中心是在某些关键行为上,而这些行为是可观察和可测量的。它的缺点是比较费时,需要花大量时间去搜集那些关键事件,并加以概括和分类。

引导案例

光正公司为我国中部省份的一家房地产开发公司,近年来,随着当地的经济增长,房产需求强劲,公司发展迅速,员工数量也快速增长。随着公司规模扩张,许多问题也逐渐暴露出来,表现最突出的是部门、岗位职责不清,扯皮推诿现象经常发生。为使光正公司各个职位的职责权限得到清晰的界定,公司组织专人成立工作组,开展工作分析工作。工作组运用工作日志法、观察法、访谈法、问卷调查法等方法对各职位工作信息进行收集、整理,对各岗位工作职责、工作关系、岗位要求等进行了界定,在此基础上形成各岗位说明书。工作分析为光正公司组织和岗位设计提供了依据,为公司人力资源管理工作打下了良好的基础。

5.3 人力资源规划

5.3.1 人力资源规划的含义和作用

做任何事情,要想取得成功,都必须提前做好计划。人力资源管理也是如此,为了适应组织在发展变化中的人力资源配置,必须认真做好计划,以实现组织发展与人力资源的动态匹配,从而最终实现组织的发展目标。人力资源管理计划是通过人力资源规划这一职能实现的。

1. 人力资源规划的含义

人力资源规划有时也叫人力资源计划,是指一个组织为了实现其自身发展目标,而对所需人力资源进行供求预测,并据此制定或调整相应的政策和实施方案,以确保组织在恰当的时间、恰当的岗位上获得恰当人选的动态过程。

人力资源规划的目标是:确保企业在适当的时间和不同的岗位获得适当的人选;一方面,满足变化的企业对人力资源的需求;另一方面,最大限度地开发利用企业内现有人员的潜力,使企业及员工需要得到充分满足。

2. 人力资源规划的作用

(1) 人力资源规划有利于企业发展战略的制定。企业的发展战略是未来的一种规划,它首先考虑的是企业可以挖掘的各种潜在的资源,其中尤以自身的人力资源状况作为重点加以考虑,如果人力资源供给无法满足未来目标,那么就需要对战略进行调整。因此,人力资源规划与战略目标存在着密切的联系,一方面人力资源规划以企业的战略目标为宗旨,另一方面,人力资源规划又有助于企业战略目标的制定,并最终促进企业实现整体目标。

(2) 人力资源规划有助于满足企业对人力资源的需求。任何组织都处于复杂多变的内外环境之中,企业为了自身的生存和发展,必须随着环境的变化进行相应的调整,如改变组织结构等。另外,组织内部其他因素也在发生着变化,如员工的辞职、岗位的调动、职务的升降等。这些调整和变化必将影响到人力资源的数量和结构的变化。企业如果不能事先对人力资源状况进行分析,采取有效措施,必然会使企业面临人员供给不足,直至陷入窘境。因此企业为了保证人员的供给,就必须提前了解到这些变化并制定出相应的措施,以实现企业的最终目标。

(3) 人力资源规划可以降低企业人工成本。人力资源在为企业创造价值的同时也给企业带来了一定的成本开支,由于市场竞争和通货膨胀等因素,人力资源成本有可能使企业负担大大加重。而企业是以实现利润最大化为主要目标的,不可能使拥有的人力资源超出自己的要求,避免出现人员的浪费和成本的加大。通过人力资源规划,预测组织员工的数量变化和结构变化,并作出调整,就可以将员工的数量和质量控制在合理的范围内,从而减少人工成本的支出。

(4) 有助于调动员工的积极性、创造性,满足员工需求。现代人力资源管理要求企业在实现战略目标的同时,尽可能满足员工的多层次需求。人力资源规划展示了未来的发展机会,使员工明确自己未来可以得到的满足程度,工作积极性才会被调动起来,才能充分发挥每个人的主动性和创造性;否则,员工看不到自己的前途,他们的积极性就会受到不同程度的削弱和抑制,长此以往,将导致人员的流失,流失人员过多,就会大大削弱组织的整体实力,使企业的发展陷入恶性循环。

5.3.2 人力资源规划的分类

在实践中,人力资源规划存在着不同的形式,按照规划的时间、范围和性质,人力资源规划可以分为以下几种:

(1) 按照规划的时间划分,企业的人力资源规划有三种,短期规划、中期规划和长期规划。短期规划是指一年以内,此类规划时间短,目标明确,内容具体,操作性较强。长期规划是指时间在五年以上,由于时间长,很多因素不能准确预测,因此具有指导性,伴随着具体现实情况的变化而不断调整。中期规划介于短期和长期之间,一般指一年以上五年以内。

(2) 按照规划的范围划分,可分为整体的人力资源规划和部门的人力资源规划及某项任务和工作的人力资源规划。整体的人力资源规划是指在整个企业范围内进行的人力资源规划,它将企业的所有部门都纳入规划的范围之内;部门人力资源规划是指在某个或几个部门内进行的人力资源规划。某项任务或工作的人力资源规划是指企业为了完成某项工作或任务而制定的人力资源规划。

(3) 按照规划的性质划分,可分为战略性人力资源规划和战术性人力资源规划。前者具有整体性、全局性和粗线条性,后者一般更具体和更详细。

5.3.3　人力资源规划的内容

人力资源规划的内容包括两个方面，一个是人力资源总体规划，一个是人力资源业务规划。总体规划是关于组织在规划期内人力资源开发和利用的战略目标、政策的总体筹划安排，而人力资源的业务规划是总体规划的分解和具体，大致包括以下几个方面。

（1）人员补充更新规划。这是指在企业内外部环境和条件变化了的情况下，通过对人力资源供给与需求状况的分析，预测职位可能出现的空缺，并采取相应措施的一种动态的规划过程。补充更新规划可以改变企业内部人力资源配置与企业总体目标不相适应的情况，是企业总体规划的一个重要组成部分。

（2）制度建设规划。人力资源管理制度是企业人力资源管理系统有效运行的基本保证，企业要保证人力资源总体规划目标的实现，就必须不断建立、健全和完善企业人力资源管理的制度体系，使人力资源管理的吸引、录用、维持、评价发展等基本职能得到充分的发挥。

（3）人员变动规划。根据组织管理机构的需求和员工的表现，及时对有特殊才能的人给予晋升，而对于不能胜任岗位的工作人员进行解聘或内部调整，以实现企业人员的最佳配置。

（4）培训开发规划。为了使员工与工作岗位相适应，必须制定相应的培训和开发规划。它包括：企业全员培训开发规划、员工职业技能的培训计划、专门人才的培养计划等。通过培训，端正员工的工作态度，树立良好的工作作风，提高员工的个体素质和企业整体素质，增强企业智力资本的竞争优势。

5.3.4　人力资源规划的步骤

制定人力资源规划通常包括以下几个步骤：

（1）分析人力资源规划的前提条件。人力资源规划的前提条件分为内部条件和外部条件。内部条件指组织结构、组织的发展战略、企业的技术设备特点、产品的销售状况、员工的知识能力、价值取向等；外部环境即组织的外部经营环境和市场环境，如人力资源市场的供求状况、劳动者的文化素质水平、本地区的工资水平、人们的择业偏好、国家的法律政策等。这些内外部条件不同程度地影响着人力资源规划，必须对它们有明确的认识和科学的分析。

（2）分析组织人力资源现有状况。按照组织战略和目标，对当前现有人力资源的整体状况进行全面系统的分析，包括人力资源数量、质量、员工调整流动情况、员工的薪酬福利待遇水平、人力资源结构比例等。充分挖掘现有的人力资源潜力，满足组织人力资源需求，并找出人力资源的实际状况与理想状况之间的差距。

（3）人力资源供求状况预测。人力资源预测是人力资源规划中技术性较强的工作，企业人力资源部要运用各种定量和定性的分析手段和方法，预测企业各个部门未来人力资源需求和供给状况。

（4）制定人力资源规划。根据以上分析和预测，制定人力资源总体规划和各项业务规划,并明确规划完成的期限。同时要注意协调人力资源规划与内部各项业务规划之间的关系,以确保各规划之间的互相衔接和平衡,实现人力资源规划的预期目标。

(5) 执行人力资源规划。人力资源规划制定后就要全力以赴地执行,同时要设置执行过程中的监督和控制机制,以保证人力资源规划的实施。

(6) 设置人力资源规划的评估和反馈系统。当人力资源计划执行完毕时,要及时评估有关规划的效果,评估者可以来自执行者或部门的上级和平级,找出规划的不当之处并做适时修正,从而确保规划的可操作性和连续性。

5.4 人力资源的招聘与培训

5.4.1 人力资源的招聘

1. 人力资源的招聘原则

人力资源招聘是指企业为了发展的需要,根据人力资源规划和工作分析的要求,寻找、吸引那些有能力又有兴趣到本企业任职的人员,并从中选择适宜人员予以录用的过程。在招聘过程中,应遵循以下原则:

(1) 公开招聘的原则。所谓公开招聘就是把招聘单位、种类、数量、报名的资格,以及考试的方法、科目和时间,在组织内部或面向社会公告,形成社会舆论,造成竞争局面,达到广招人才的目的。

(2) 公平竞争的原则。公平竞争就是对所有的应聘者一视同仁,通过考试竞争和考核鉴别确定人员的优势和人选的取舍,杜绝"拉关系"、"走后门"和贪污受贿等腐败现象发生,为应聘者提供平等的竞争机会。

(3) 效率优先原则。不管组织采用何种方法招聘,都是要支付费用的,主要包括招聘的广告费,对应聘者进行审查、评价、考核的费用等。组织应根据不同的招聘要求,灵活选用适当的招聘方式,用尽可能低的招聘成本录用到高素质、适合组织需要的人员。

(4) 全面考核原则。对报考人员从品德、知识、能力、智力、过去的工作业绩等方面进行全面考察和测验。

(5) 择优录取的原则。根据应聘者的考试成绩,从中选择优秀者录用,任人唯贤,广揽人才。

(6) 守法原则。在招聘中必须遵守国家的法令、法规与政策,避免一切与国家有关法规相抵触的活动,在聘用过程中不能因民族、种族、性别、宗教信仰不同而产生歧视行为。

2. 招聘程序

员工的招聘一般经过以下程序。

(1) 制订招聘计划。招聘计划要以企业的实际情况和人员的增补计划为依据,主要包括以下几个内容:发布招聘信息的时间和方式;招聘的地域和时间范围;招聘小组人选及负责人;招聘测试的方法;应聘者的条件;招聘经费预算,等等。

(2) 发布招聘信息。信息发布要广泛,时间要及时。发布信息的方法包括:在人员流动大的市中心和文化中心地带张贴招聘广告;在报纸和杂志上刊登招聘简章;在电视和广播上发布招聘信息;通过人才市场发布信息。

(3) 人员选拔。人员选拔的目的是从应聘者中选出符合组织需要的各类人才。人员选拔过程一般包括初选和精选两部分。初选包括人员的登记、求职者的背景和资格的审查及初步面试;精选包括笔试、面试、体检等。在选拔中根据不同情况采用不同的测试技术,主要有心理测试、知识考试、情景模拟、面试等。

(4) 人事决策。人事决策是招聘的最后一个环节,根据测试结果确定人选,订立聘用合同并进行试用和培训。

3. 人员招聘的渠道

人员招募,与人力供给的来源相对应,人员招募可通过内部招聘和外部招聘两种渠道来进行。

(1) 企业内部招聘。企业内部招聘是企业的岗位出现空缺时,由企业内部员工重新配置来补充。通过内部招聘可以调动员工的积极性,并有助于他们个人的发展;企业原有员工熟悉本组织的情况,能很快进入角色;招聘成本低,成功率高。但容易造成"近亲繁殖"现象,不利于发挥组织的创造力;而且还会形成员工内部矛盾。内部招聘的方法主要有三种方式:

① 查阅人事档案资料。查阅人事档案资料,可以了解到员工在教育、培训、经验、绩效等方面的信息,帮助招聘人员确定是否有合适的人选。使用这种方法招聘时,要注意两个方面,一是档案资料是否真实可靠,二是要和本人接触,了解他们是否想提出申请。

② 发布工作公告。在公司或企业的布告栏或公司内部报纸、刊物、电子邮箱、办公系统内发布岗位空缺的信息,内容包括:空缺岗位名称、工作说明、工作时间、支付待遇、所需任职人员的资格条件等。布告招聘有利于激励士气,鼓舞员工在组织中高效工作,比较省时经济。

③ 执行晋升规划。企业在完善的职业生涯管理体系的基础上,建立内部晋升制度,使员工明确在取得何种程度的绩效后能得到晋升,帮助员工实现发展的愿望。

④ 内部员工推荐。此方法既可用于内部招聘,又可用于外部招聘。它是由本企业的员工推荐熟悉的合适人员,供用人部门进行考核和选择。由于推荐人对被荐者和用人单位都很了解,成功的概率较大。

(2) 企业外部招聘的方式。

① 刊登广告。广告是企业从外部招聘人员最常用的方法之一。一般通过传统媒体(报纸、杂志、电视)发布招聘信息,吸引感兴趣的人选应聘。广告的内容要真实,虚假的广告会引起应聘者的不满和日后的跳槽。刊登广告应注意两点:一是媒体的选择,各种广告媒体分别具有自己的优点和缺点,企业应当根据具体情况来选择合适的媒体;二是广告的结构,为了吸引高素质的应聘人员,广告的设计很重要,在设计中一定要充分显示出组织的特色和优势,引起人们的注意和激起人们对空缺职位的兴趣。

② 委托就业服务机构。在国外,就业服务机构有三种类型:政府部门经营的职业介绍单位、非营利性组织成立的职业介绍单位和私人经营的职业介绍所。

就业服务机构服务的优点是能提供经过筛选的现成人才给企业,从而减少企业的招募和甄选的时间。但是在实践上,由就业服务机构提供的应征者往往不符合工作岗位的资格要求,继而造成高流动率或效率低下等现象。

③ 委托猎头公司。这是主管招募的顾问公司的俗称。他们具有"挖墙脚"专长,特别擅长接触那些正在工作而且还没有流动意向的人才。优点是其掌握了大量人才数据信息,一般能为企业找到满意人才,还能为用人单位节约不少广告征求和筛选大批应征者所花费的费用和时间。缺点是:招聘过程较长,招聘费用昂贵;有些猎头公司开展完整的搜寻工作的能力有限;有些猎头公司的工作人员能力有限。

委托猎头公司招聘方式适用于物色高级人才,如高级管理人员和高级技术人员。

④ 校园招聘。企业大部分专业技术人员和基层人员都是从学校直接招聘的。作为招聘人员,去学校招聘主要有两项任务。一是筛选。通过面试,在众多的毕业生中确定初选名单。选才因素包括外表言谈、反应灵敏性、独立性、兴趣、资历、学历和专业与空缺岗位的资格要求是否相等。二是吸引。面试时要态度诚恳,尊重学生,要把企业的情况向学生介绍清楚,努力把优秀学生吸引到企业中来。

校园招聘的优点是双方了解充分,挑选范围和方向集中,效率较高;缺点是应聘者流动性过大,有时需支付其差旅费和实习费,相对招聘成本较高。

⑤ 推荐和自荐。推荐和自荐可以节约招募人才的广告费和就业服务机构的费用,而且还可以获得较高水平的应征者,所以企业应鼓励自己的职工推荐人才。自荐一般用于大中专学校的毕业生和计件工人等人员的招聘。

4. 人员招聘中的测试技术

(1) 心理测试。心理测试是现代人员素质测评最为方便和常见的方法之一,是指通过一系列的心理学方法来测量被试者的智力水平和个性差异的一种方法,心理测试是心理研究的一种方法,在许多领域中都有应用,在员工招聘中应用尤其广泛。通过心理测试可以了解人的潜在能力、性格、气质特点和职业倾向,这些信息可以帮助用人单位将应聘者安排到适当的岗位上。

心理测试可分为智力测试、能力倾向测试、品德测试和气质测试:

① 智力测验。智力测验可以用来甄选各种职业的工作者,因为研究表明,在同一职业中,聪明的人比愚笨的人学得快,做得好;不同职业对人的智力要求也不尽相同。采用智力测试,可以了解一个人的基本水平,可以使智力较高的人担任比较重要、难度较高的技术工种,而智力较低的人担任一般的操作工作。

② 能力倾向测验。能力倾向是一种潜在的特殊的能力,是一些对不同职业的成功在不同程度上有所贡献的心理因素。此种方法在员工招聘中并不常用。

③ 品德测评。采用问卷测验形式测评品德是一种实用、方便、高效的方法。这种形式的代表有卡特尔16因素个性问卷、艾森克个性问卷、明尼苏达多相个性问卷等。

④ 气质测评。神经活动类型学说根据神经运动的方向和特征,把人的气质划分为活泼型(多血质)、兴奋型(胆汁质)、安静型(黏液质)和抑制型(抑郁质)四种。

(2) 面试。面试就是通过主试者和被试者双方面对面的观察、交流等双向沟通方式,了解应试者的素质、能力和求职动机的一种选拔方式。面试是企业最常用的一种选拔方式,通过面试可以考察了解仪态仪表、语言表达、应变能力等,但其随意性较大,会受到面试者主观因素的影响,实施过程不规范,结果会受到影响。下面介绍招聘中几种面试方法:

① 行为描述面试法。行为描述面试法是基于行为的连贯性原理发展起来的。面试官通过求职者对自己行为的描述来了解两方面的信息:一是求职者过去的工作经历,判断他

选择本组织发展的原因,预测他未来在本组织中发展的行为模式;二是了解他对特定行为所采取的行为模式,并将其行为模式与空缺职位所期望的行为模式进行比较分析。面试过程中,面试官往往要求求职者对其某一行为的过程进行描述,如面试官会提问"你能否谈谈你过去的工作经历与离职的原因?""请你谈谈你昨天向你们公司总经理辞职的经过"等。

② 压力面试。压力面试(Stress Interview)是指有意制造紧张,以了解求职者将如何面对工作压力。面试人通过提出生硬的、不礼貌的问题故意使候选人感到不舒服,针对某一事项或问题做一连串的发问,打破砂锅问到底,直至无法回答。其目的是确定求职者对压力的承受能力、在压力前的应变能力和人际关系能力。

压力面试通常用于要承受较高心理压力的岗位的人员的测试。测试时,面试官可能会突然问一些不礼貌、冒犯的问题,让被面试人员会感到很突然,同时承受较大的心理压力。这种情况下,心理承受能力较弱的求职者的反应可能会较异常,甚至不能承受。而心理承受能力强的人员则表现较正常,能较好地应对。这样就可以判别出求职者的心理承受能力。

(3) 情景模拟测试。这是指根据被测试者可能担任的职务,编制一套与该职务实际情况相似的测试题目,将被试者安排在模拟的、逼真的工作环境中,要求被试者处理可能出现的各种问题,用多种方法来测试其心理素质、实际工作能力、潜在能力的一系列方法。

此种测试方法将应聘者放在一个模拟的真实环境当中,一方面可以全面观察应聘者的实际工作能力、人际交往能力、语言表达能力等综合素质,另一方面使用这种方法选拔出来的人员一般不需要培训即可直接上岗,可以节省培训费用。

情景模拟测试的方法有很多,如公文处理、无领导小组讨论、角色扮演、即席发言、案例分析等,在这里只简单介绍前两种方法。

① 公文处理。公文处理也称作"文件筐",是对管理人员的潜在能力进行测试的方法。首先要求被测者扮演某一特定角色,然后发给一套文件,如下级的请示、计划,客户的投诉,上级的指示、批复、规定等。要求在规定的时间内,负责全权处理所有文件。这种测试方法可以较好地评价被测试者的企业领导能力、统筹规划能力、分析决策能力、沟通协调能力、书面表达能力等。

② 无领导小组讨论。这是指所有被测试者组成一个角色平等、没有领导的小组,围绕所提供的议题经过大家充分讨论后形成一个小组决定。然后由评价专家对每个成员的人际交往技能、说服能力、领导欲望、归纳等能力进行评定。

5.4.2 人力资源的培训

1. 人力资源培训的含义与意义

(1) 含义:组织在将其发展目标和员工个人发展相结合的基础上,有计划地组织员工从事学习和训练,提高员工的知识技能,改善员工的工作态度,激发员工的创新意识,使员工能胜任本职工作的人力资源管理活动。

人员培训与其他常规教育特别是学校教育的区别:从性质上讲,是一种继续教育,是常规学校教育的延伸和发展;从内容上讲,是对受训人员的专门知识和特殊技能进行有针对性的培训;从形式上讲,表现为灵活多样,不像学校教育那样整齐划一。

(2) 人员培训的意义。

全世界最大的培训组织 ASTD(美国培训与发展协会),在全世界的 42 个国家调查了超过 550 家的企业后,发现这些企业的平均培训支出,在 1997 年占员工工资的 1.8%,2000 年增长到员工工资的 2.5%,而 2001 年与 2002 年在美国经济发展速度放缓甚至有所衰退的情况下,企业对培训的支出却增长了 37%。

从以上数据中可以看出,目前越来越多的企业将人员培训作为一种投资已成为明显的趋势。企业要想生存、发展,就必须重视员工培训。

① 人员培训是建立优秀组织文化的有力杠杆。对企业新成员进行培训,可以帮助他们了解本企业的文化,使他们的思想观念与企业的思想文化统一起来,很快进入角色。另一方面,培训本身就是企业文化的一部分。有些企业工资不高,但人们却愿意到那里工作,就是因为企业能提供高质量的培训。IBM 公司就是一个非常注重培训的企业,它认为,"教育和培训是 IBM 文化的一部分,而且不应该看做是与其他的人力资源政策和管理相互独立的。"

② 人员培训是提高员工整体素质的要求。企业所处的环境在不断地变化,市场竞争加剧,企业要在激烈的竞争中取胜,必须重视员工培训。通过培训,不但使员工熟悉自己的工作,而且了解本专业的最新动态,掌握有关的新技术和新方法,使自己有比较宽的知识面和合理的知识结构,提高自己的工作技能,更好地为企业服务。培训对担负一定责任的各级领导者来说就更为重要,他们知识面的扩大、视野的开阔、领导水平的提高和决策能力的增强,都需要有效的培训才可以获得。

③ 培训可以有效激励员工。培训可以增强员工的责任感、成就感和自信心。培训本身就是一种重要的激励方式,当员工通过企业组织的职业培训感受到自己的价值和组织的重用,就会对工作满腔热情,对自己充满信心。培训提高员工的技能水平,他们的工作业绩也会随之提升,这有助于提高员工的成就感,增强工作的积极性。

④ 培训可以增强企业的竞争力。市场竞争激烈,顾客的要求也越来越挑剔,使胜任每一个工作岗位的难度增大,需要通过培训来加强员工的工作技能。现代科学技术的迅猛发展,知识日新月异,需要员工不断获得新知识和新技术,为员工个人和企业目标的实现提供有力的保障,使企业获得竞争优势。

2. 人员培训的原则

(1) 学以致用的原则。企业员工的培训要有强烈的针对性,要根据企业的实际需要组织培训,与岗位的要求相联系,真正提高员工所需的知识和技能;如果不能按需培训,不仅会造成企业人力、物力的浪费,而且会使培训失去意义。

(2) 效益原则。企业以获取利润为基本目的,做任何事情都要考虑效益的大小及远期效益、近期效益问题,尽量以最小的投入获得最大的效益。虽然培训效益包括潜在的和发展的因素不能以传统的经济核算方式来评价,但我们也要把它当做重要的问题来考虑。

(3) 激励原则。为了调动员工的积极性和主动性,以更大的热情参与到培训中来,要坚持激励的原则。一方面要与员工充分沟通,了解他们的培训要求;另一方面,加大宣传教育,鼓舞员工学习的信心。在培训过程中,要对受训人员择优奖励,或与今后的晋升相挂钩,这也是激励内容的一部分。

(4) 长期原则。员工培训是企业生产经营活动的一个重要环节,是一个长期的过程。有的培训可能会在短期内见到成效,有的培训可能在很长的一段时间内才会发挥作用,例如关于企业文化的培训。因此要认识到培训的长期性和连续性，以战略的眼光去看待企业培训。

3. 员工培训的方法

实际工作中员工的培训方法有很多，企业在实施培训时，应根据培训对象、培训内容、培训时间等来选择合适的培训方法。这些培训方法又分为在职培训和脱产培训两大类。

（1）在职培训。在职培训又叫不脱产培训，是员工在工作岗位和工作现场进行的培训。在职培训有许多优点：一是可以充分利用组织内的设施和有关条件，边生产边学习，费用较低，还可以将学习内容应用到实际中去，学以致用；二是员工的工作不会受到影响，易于与其他员工交流，提供现成经验。正是这些优点使在岗培训得到了很广泛的应用。具体来说，在岗培训可以分为以下几种。

① 学徒培训。简单说就是师傅带徒弟的培训方法。也就是在师傅的指导下，通过实际生产劳动，培养新技术工人的一种传统培训方法。学徒培训适用范围广，培训数量大，能节约成本，有利于工作技能的迅速掌握，因此很多国家都有学徒培训制度。学徒培训的缺点在于容易形成固定的工作思路，不利于创新；而且偏重技术操作方面的训练，而在理论学习上显得不足，因而限制了学习的广度和深度。

② 项目指导。项目指导是由指导人员首先讲明工作的要求、内容和程序，并进行示范，然后由学习者实际操作的一种培训方法。如果前一步做得令人满意就可以进入下一步。若出现问题，就立即纠正，直到满意为止。项目指导非常直观并且具有实操性，对工作中所用的设备和工具有很好的理解，因而被广泛地用于操作工和低级职员的培训中。

③ 工作轮换。工作轮换是安排被培训者到组织内的不同部门的不同工作岗位进行实际工作的一种系统而正式的培训方法。工作轮换能使员工掌握更多的技术技能，增加工作的挑战性，使单调的工作极大地丰富化；还有利于企业员工的相互理解和沟通。但是，工作轮换可能会使员工在新岗位上不那么认真钻研，追求短期效应。而且，由于工作轮换在人事和工作安排上比较麻烦，很多企业不太喜欢采用这种方法。

（2）脱产培训。脱产培训又叫离岗培训，是指员工离开自己的工作岗位专门参加的培训。离岗培训有许多优点：一是可以使员工更加专心地学习，不受工作牵制；二是学生较多，来自不同组织或单位，可以相互交流，了解更多的信息；三是可以系统地学习理论知识。

脱产培训的方法更为多样，既可以在组织内进行，也可以在组织外进行。具体有以下一些方法：

① 授课法。授课法是由培训者向众多学员讲解培训内容，培训者一般是该方面的专家。这种方法可以在同一时间内培训许多人，成本比较低；而且对于智力活动多一些的工作，用讲授的方式更现实、更有效，因为授课培训有利于学生独立思考。授课培训的缺点是：这种方法是一种单向沟通方式，教师讲、学生听，不利于学生了解自己的学习结果，很难说真正掌握。由于培训采取离岗形式，因而学到的东西不能直接运用到实际过程中去。

② 案例分析。案例分析是在培养经营和管理人员时常用的方法。它首先给受训者提供一个来自现实中的案例，然后要求受训者去分析讨论，找出一个适当的解决方案。案例研究的目的是：通过学生观察和分析找出问题所在的症结，并提出解决问题的可能办法，培养学生观察问题、分析问题和解决问题的实际能力。这种方法的缺点是：案例的编写比较困难，而且要经过一定的加工，限制了培训效果。

③ 游戏。游戏是一种很受受训人员欢迎并且参与性高、实用性强的培训方法。它精心设计一些类似游戏但其实与员工工作有密切关系的活动,要求受训者对结果进行分析并做出一系列决策。有效的游戏可以在没有设备的情况下,通过模拟的设备和环境来学习,部分游戏是参与式的,可以提供与真实情况非常相似的"竞争者"、"市场"、"经济环境"等,使受训者在身临其境中学习如何应付变化的情况。但是由于设计费用昂贵,因此在某种程度上限制了推广。

④ 影视培训。影视培训是用电影、录像、投影等手段开展员工培训。其优点是直观,能观察到许多过程细节,活动的物体容易记忆,容易引起视觉想象,可以重播。缺点是受训者处于被动的地位,无法进行相互的交流;制作成本大。

⑤ 研讨会。研讨会是以受训者感兴趣的题目为主,进行一些有特色的演讲,并分发一些材料,引导受训者讨论。研讨会一般在宾馆或会议中心举行,对人数有一定的控制。较成功的研讨会由于结合了其他方法的长处,因此效果十分理想。

⑥ 网络培训。随着计算机和网络技术的发展,网络培训方法逐渐兴起。这种方法由于可以克服空间距离,在一个特定的时间内可以不定期地持续地接受培训而受到越来越多地组织的青睐。实践表明,此方法培训方便、效率高,能满足各种行业的需要。但由于需要建立良好的网络系统,培训成本较高;有一些内容如人际沟通能力、设备操作能力的培训无法进行。

在岗培训和离岗培训绝大部分都是由企业提供的,但有时企业提供的培训不符合员工的愿望,或者企业没有提供培训的机会,这时员工可以自我培训。

一般而言,自我培训常常是利用业余的时间去学习,如上夜大、函授大学等。自我培训的内容大多由员工自己决定,很少有专家进行指导。自我培训也是一种提高技能的有效方式,企业应该给予支持和鼓励,并在条件许可的情况下,进行经济上的援助。

引导案例

恒丰科技公司(以下简称"恒丰公司")是民营企业,主要业务为钢材加工。目前已拥有员工 3000 多人,销售额数亿元。2010 年,恒丰公司产品质量陆续出现问题,不断遭到客户的投诉和不满,短短 2 个月,公司连续失去了两个大客户。为此,恒丰公司管理层专门组织攻关小组,研究问题,制订解决方案。分析认为:质量问题频发的原因在于在生产工人忽视操作规程,质量检查员以及相关管理部门工作疏忽大意、质量意识淡薄。于是,公司决定加大力度进行质量培训,以解决此问题。人力资源部在进行培训需求分析的基础上,与质检部一起,针对操作工人、质量检查员、质量管理人员分别制订了培训方案,邀请公司资深工程师担任培训师,根据每个岗位的特点采取讲授、看视频、现场操作等多种方式,安排培训工作。为增强培训效果,人力资源部还为每个岗位制定了奖惩措施,与绩效挂钩。1 个月后,公司产品质量明显改善。

5.5 人力资源的绩效考核

5.5.1 绩效考核的意义

1. 绩效考核的含义

绩效是指员工完成工作或履行职务的结果,即员工所创造的新的价值。在企业组织中,员工工作绩效具体表现为完成工作的数量、质量、成本费用以及为企业做出的其他贡献。而考核即考查审核,在西方国家,考核是公务员制度的一项重要内容,是提高政府工作效率的中心环节。尽管各国考核制度的名称不同,它们都有一个共同的特征,就是把工作实绩作为考核的最重要内容,并根据工作实绩的优劣决定公务员的奖惩和晋升。因此考核制度又常被称为"考绩"制度。总的来说,绩效考核就是对员工的工作行为与工作结果进行全面的、系统的、科学的考察、分析、评估与反馈的过程。

2. 绩效考核的功能

绩效考核是人力资源开发与管理的重要环节,是其他环节正确实施的基础与依据。建立企业职工考核制度,是提高职工队伍素质、充分调动职工积极性、加强组织沟通与协调、进行劳动管理科学化的重要基础。

绩效考核的功能表现为:

(1) 管理功能。表现在考核什么、如何考核以及考核结果如何运用上。考核结果是晋升、奖惩、培训等项人力资源工作开发与管理的基础和依据。

(2) 激励功能。绩效考核对员工绩效的优劣进行鉴别,可以改善调整工作人员的行为,激发其积极性,促使组织成员更加积极主动地完成组织目标。

(3) 学习功能。通过绩效考核,使员工认识到自己的不足,促使组织成员更好地认识组织目标,改善自身行为,不断提高组织的整体效益和实力。

(4) 导向功能。绩效考核标准是组织对其成员行为的期望和要求,是职工努力的方向和目标,有什么样的考核标准就有什么样的行为方式。

(5) 监控功能。职工的绩效考核,对组织而言,就是考察员工的任务在数量、质量和效率等方面的完成情况;对职工个人而言,则是上级对下属工作状况的评价。通过考评,获得反馈信息,便可据此制定相应的人事决策与措施,调整和改进其效能。

5.5.2 绩效考核的原则

组织在绩效考核时通常应注意的原则有以下几点:

(1) 客观、公正的原则。客观即实事求是,做到考核标准客观、组织评价客观、自我评价客观。公正即不偏不倚,无论对上司还是部下,都要按照规定的考核标准,一视同仁地进行考核。

(2) 科学实用的原则。科学即要求考核过程设计要符合客观规律,正确运用现代化科技手段进行正确评价,实用即评估的手段要有助于组织目标的实现。

(3) 注重实绩的原则。即要求在对职工做考核结论和决定升降奖励时,以其工作实绩为根本依据。坚持注重实绩的原则,要把考核的着眼点、着力点放在实际贡献上,要着重研究绩效的数量关系和构成绩效的数量因素,还要认真处理好考绩与其他方面尤其是考德方面的关系。

(4) 重视反馈的原则。评估的结果应及时反馈给员工,以使员工明白自己的缺点和不足,修正工作中存在的偏差。

(5) 多途径分能级的原则。在绩效考核中对不同类型和不同能级的人员应有不同的考核标准。以实现对不同能力的人员,授予不同的职称和职权,对不同贡献的人员给予不同的待遇和奖励。

(6) 时效性原则。绩效评估是对考核期内所有的成果形成的综合评价,不能将本考核期之前的行为纳入当期的考核之中,也不能将近期突出的一两件事代替整个考核期的绩效进行评估,这就要求绩效内容与考核时段相吻合。

5.5.3 绩效考核的种类

绩效考核根据不同的标准可分为不同的种类:

(1) 根据考核的性质划分,可分为定性考核和定量考核。定性考核是对工作绩效进行质的鉴别和确定,主要通过评审的方法进行。其标准不易确定,经常受评审者主观因素和其他外部因素的影响和干扰;定量考核是对人员的工作绩效进行量的确定和鉴别,是在测量的基础上,运用统计和数学的方法,对测量的数据进行分析整理。单纯运用具有片面性,必须与定性考核结合起来。

(2) 根据考核的主体,可分为上级考核、自我考核和同级考核。上级考核一般由被考核者的上级领导者和人力资源管理人员进行,是最常见的考核方式。自我考核即依据一定的标准,由被考核者对自己进行评价。典型方式为自我申报制度。同级考核是由同级之间对被考核者的工作绩效进行评价。有利于贯彻民主原则,提高职工的参与感。

(3) 根据考核的时间,可分为日常考核、定期考核、不定期考核和长期考核。日常考核指每天进行的考核或每星期进行的考核,也包括日常工作中的单一考核,如日记录、周记录;定期考核,通常是一个月、一个季度、半年一次的考核。往往是对人员绩效的较全面的考核;不定期考核,是根据工作需要,为了抽查人员某一方面情况,或为某一临时性目的而进行的考核;长期考核,可分为一年一度和数年一度两种。一般是对人员各方面情况的全面、综合性的考核。

(4) 根据考核的方式,可分为口头考核与书面考核。口头考核是指采取面对面地直接回答的形式;书面考核是采取文字描述的形式。

(5) 根据考核的目的和用途可划分为例行考核、晋升考核、转正考核、评定职称考核、转换工作考核等。

5.5.4 绩效考核的程序

绩效考核要经过以下几个过程：

（1）制定考核标准。这是考核时为避免主观随意性不可缺少的前提条件。考核标准必须以工作分析中制定的岗位职务职责要求与职务规范为依据。因此首先必须查阅被考核岗位的工作分析文件，明确该岗位的工作职责和对员工的技能要求。

（2）实施考核。即对职工的工作绩效进行考核、测定和记录。考核内容要体现出企业的管理原则，即企业鼓励什么，反对什么；考核的内容还要抓住重点，不能面面俱到。在考核过程中，要加强同被考核人员的沟通，主要是通报考核成绩，并指出被考核人的优缺点和努力方向，帮助被考核者确定改进工作绩效的目标以及达到这些目标所需的途径和行为的安排。

（3）考核结果的分析与评定。考核的记录需与既定标准进行对照来作分析与评判，从而获得考核的结论。根据考核结果划分出不同的等级，据此给予员工不同的奖惩；或为人力资源管理其他职能的实施提供指导和依据。

（4）结果反馈与实施纠正。考核的结果通常应告知被考核职工，从而发扬优点，克服缺点。同时通过反馈，可以帮助组织检查各项工作的合理性，如考核目标是否符合实际，考核结果是否达到了预期目的，人员配置是否做到用人所长等。

5.5.5 绩效考核的方法

（1）分级法。分级法又可称为排序法，即全体被考核员工按所考核的内容表现的优劣进行排序，确定每人的相对等级或名次。按照分级程序的不同，分级法又可分：

① 简单分级法。这是考核者将员工按照工作的总体情况从最好到最差进行总体排序。这种方法一般操作简单，适合于员工数量比较少的考核情况。

② 交替分级法。这是以最优和最劣两级作为标准等次，采用比较选优和淘劣的方法，交替对人员某一绩效特征进行选择性排序。具体做法是：将绩效最优和最差的员工挑选出来，作为整个序列的第一和倒数第一，在从剩余的被考核员工中挑选出绩效最好和最差的，排在整个序列的第二位和倒数第二，依次反复进行，直至将所有员工排序完毕。

③ 范例对比法。通常从五个维度进行考核，即品德、智力、领导能力、对职务的贡献和体格。每一维度又分为优、良、中、次、劣五个等级。然后就每一维度的每一等级，先选出一名适当的职工作为范例。实施考核时，将每位被考核的职工与这些范例逐一对照，按近似程度评出等级分。最后各维度分数的总和，便作为被考核职工的绩效考核结果。

④ 对偶比较法。要将全体职工逐一配对比较，按照逐对比较中被评为较优的总次数来确定等级名次。如表5-1的范例所示。

⑤ 强制分配法。这是按事物"两头小，中间大"的正态分布规律，先确定好各等级在总数中所占的比例。然后按照每人绩效的相对优劣程度，强制列入其中的一定等级。

第5章 人力资源管理

表 5-1 某公司小组员工绩效评估比较表

姓 名	刘建立	李 丽	张 敏	王 军	曹利平
刘建立		0	0	1	0
李 丽	1		0	1	1
张 敏	1	1		1	1
王 军	0	0	0		0
曹利平	1	0	0	1	
排 序	2	4	5	1	3

注：数字表示员工两两对比，绩效优者记"1"，绩效少者记"0"。

（2）关键事件法。这是指在某些工作领域内，员工在完成工作任务过程中有效或无效的工作行为会导致成功或失败，这些有效或无效的工作被称为"关键事件"。考核者要记录下这些关键事件，通过和他的工作职能进行对照分析，对被考核者的优缺点、工作技能进行评价，从而形成一份综合的绩效考核报告。

（3）量表考核法。这是指将绩效考核的指标和标准制作成量表，依此对员工的绩效进行考核。它的好处是：因为有了考核标准，便于对考核结果进行客观比较；因为有了具体的考核指标，可以确切地知道员工存在的问题和不足，便于员工改进绩效。这种方法广泛应用于机关、企事业单位的人事考核管理。

（4）划等法。所谓划等法就是将员工的绩效通过一定的行为表现分解为专项，这种描述可以通过数字等级也可以是文字描述等级来表述。这种方法简单易用，容易在员工间进行比较。但是容易流于形式，出现平均主义，而且易于受考评者的主观偏见的影响。此方法如表 5-2 所示。

表 5-2 划等考核表

员工姓名：		填表日期：		
考核者姓名：		考核阶段：		
绩效维度	优异	优秀	值得赞扬	合理	较差
知识	5	4	3	2	1
沟通能力	5	4	3	2	1
判断力	5	4	3	2	1
管理技能	5	4	3	2	1
质量绩效	5	4	3	2	1
团队合作	5	4	3	2	1
人际关系	5	4	3	2	1
主动性	5	4	3	2	1
创造性	5	4	3	2	1
请将符合员工的表现画出来					

(5) 行为锚定评分方法。此法是由美国学者史密斯和肯德尔在美国全国护士联合会的资助下于 1963 年研究提出的一种考核方法。它就是把量表评测法与关键事件法结合起来，使之兼具两者之长。它为每一职务的各考核维度都设计出一个评分量表，并有一些典型的行为描述性说明词与量表上的一定刻度（评分标准）相对应和联系（即所谓锚定），供操作中为被考核者实际表现评分时作参考依据。

(6) 因素评定法。这就是通过调查分析与实测数据统计分析，提出人员绩效考核的有关因素，形成评价标准量表体系，然后把被测者纳入该体系中进行评价的方法。因素测定法的评定角度主要有以下几项。

① 自我评定。即由评定者依据参照式标准量表，自己对自己的工作绩效进行评价。其特点是：参与性、自我发展性、督促性。

② 同级评定。即由同一职务层次的人员依据参照标准量表互相进行评价。它必须满足三个条件：一是同事之间必须是相互高度信任的，彼此之间能够互通信息；二是报酬制度不是彼此竞争的；三是被评价人的绩效应该是评定人能够了解和掌握的。

③ 下级评定。即由管理者的直接下级依照参照标准量表对其上级领导的绩效进行评价。它有利于表达民意，但往往受人际关系影响大。

④ 直接领导评定。即由管理者依据参照标准量表对其直接下属的工作绩效进行评价。

(7) 描述法。这是指考核者用描述性的文字来描述员工在工作业绩、工作能力和工作态度方面的优缺点，以及需要加以指导的事项和关键事件等，以此得到对员工的综合考核。这种考核方法主观性较强，而且考核者的写作能力也会影响到考核结果。它适用于对高层管理者进行绩效考核，对基层员工的考核不宜采用。

5.6 薪酬管理

5.6.1 薪酬概述

(1) 薪酬的含义。薪酬就是劳动报酬，是指组织对员工为组织所付出的劳动的一种直接的回报（包括物质和精神两个方面）。在企业中，员工的薪酬一般由三个部分组成：一是基本薪酬，是以员工的劳动的熟练程度、复杂程度、责任大小及劳动强度为基准，按员工完成的劳动定额或工作时间进行支付，如工资、津贴等；二是间接薪酬，就是给员工提供的各种福利，往往具有普遍性，如住房补贴、带薪休假、工作午餐、医疗保健等。三是激励薪酬，是指企业根据员工、团队或者企业自身的绩效而支付给他们的具有变动性质的经济收入，如奖金等。其与基本薪酬构成了薪酬的主体。

(2) 薪酬的作用。

① 激励作用。薪酬是调动员工工作积极性的重要手段，使每个员工安于职守、努力工作、增强责任心；是员工地位和荣誉的象征。

② 维持和保障作用。员工通过付出劳动获得薪酬，首先是为了保障自身和家庭的基本生活需要，维持社会劳动力的生产和再生产；同时也是保障自身和家庭成员发展的需要。

③ 资源配置作用。组织通过薪酬的变动，能够合理调节劳动力流向，以实现内部各种资源的有效配置。

5.6.2　薪酬管理的基本原则

有效的薪酬管理，应该遵循以下原则：

(1) 公平性原则。这主要包括薪酬的外部公平和内部公平两个方面。外部公平，就是与同行业其他组织相比较，类似职位的薪酬水平应基本相同。内部公平，是指在同一组织中，不同职位上的员工其薪酬水平应该同员工付出的劳动成正比。

(2) 竞争性原则。这是指要考虑组织生产经营特点和员工特点，考虑竞争对手的人才策略和劳动力市场上的人才供求状况确定合理的薪酬水平，从而可以更好地从组织外部吸引人才，或者从组织内部发现有潜力的优秀员工，把他放在更重要的岗位上去。

(3) 激励性原则。这是指把薪酬的大部分与工作表现直接挂钩，组织按员工绩效付酬，引导并推动员工达到更高的绩效。

(4) 经济性原则。这是指组织要在财力能够支付的前提下确定薪酬水平，高水平的薪酬虽能吸引人才，但会给企业造成沉重的负担，因此组织需要进行人力资本核算，把人力成本控制在一个合理的范围之内。

(5) 合法性原则。这是指薪酬管理政策要符合国家法律和政策的有关规定，例如遵守《劳动法》中最低工资保障制度。

5.6.3　影响薪酬管理的因素

企业的薪酬管理活动会受到多种因素的影响，一般来说，主要有两方面，一是企业外部因素，二是企业内部因素。

1. 企业的外部因素

(1) 国家的法律政策。组织薪酬的制定必须遵守国家和地方的有关规定，例如《劳动法》中的最低工资制规定了企业支付薪酬的下限。国家的一些政策，如财政政策、货币政策等，对组织的薪酬水平也会产生影响。

(2) 劳动力市场上的供求状况。劳动力市场上的供求变化，影响了组织薪酬水平的变化。在企业需求一定的情况下，当劳动力供过于求时，员工可以接受较低的薪酬；当供不应求时，企业只有提高薪酬，才能吸引和留住人才。

(3) 当地的生活水平。当企业进行薪酬管理时，必须考虑当地的生活水平，以维持和保障员工生活。随着生活水平和物价水平的提高，企业的薪酬水平就应该提高。

(4) 行业薪酬水平。当其他行业或本行业的其他企业薪酬水平上升时，为了保障外部的公平性，要求本企业提高薪酬水平，以防止人员的流失。反之，则可以降低企业薪酬水平，以降低人力成本。

2. 企业的内部因素

(1) 企业经济效益。企业的经济效益影响到企业的支付能力，当企业的经济效益较好时，可以适当提高员工薪酬；当企业经营状况不佳时，则倾向于降低薪酬，以降低企业经营成本。

（2）劳动差别。劳动差别主要表现为岗位劳动差别和个体劳动差别上。岗位劳动差别主要是指各岗位在工作难易、责任轻重、危险高低及环境好坏等方面的差异。工作难度大、责任重、环境艰苦的情况下，支付给员工的薪酬应该高些；反之，薪酬应低些。个体差别主要是个人的学历、工作经验、对企业的贡献等方面的差别。当个人工作经验丰富、对企业贡献大时，薪酬水平就高；反之则低。

（3）企业的发展阶段。企业处于不同的发展阶段，其经营的特点是不同的，薪酬制度也是不同的。一般在企业的发展成熟期，薪酬水平较高；而在开创和衰退期，薪酬水平较低。

5.6.4 常见的薪酬制度

薪酬制度是由公司根据劳动的复杂程度、精确程度、负责程度、繁重程度和劳动条件等因素，将各类薪酬划分等级，按等级确定薪酬的一种制度。常见的薪酬制度有技术等级薪酬制、职务等级薪酬制、岗位等级薪酬制、结构薪酬制、岗位技能薪酬制、年薪制等。

（1）技术等级薪酬制。这是按劳动技术的复杂程度等因素划分为不同的等级，并规定相应的薪酬，然后再对员工的技术水平进行评价，确定其薪酬水平的薪酬制度。这是一种适用于技术工人的薪酬形式。

（2）职务等级薪酬制。这是根据员工所履行职务的种类与完成某一特定职位工作能力等级确定薪酬等级的一种薪酬制度，这种薪酬制度往往较多地在管理技术岗位上使用。

（3）岗位等级薪酬制。这是按照员工在生产中的工作岗位确定薪酬等级和薪酬标准的一种薪酬制度。这种薪酬制度多用于企业工人岗位的薪酬管理。

（4）结构薪酬制。这是按照薪酬的各种职能将其分为相应的几个组成部分，分别确定薪酬额的一种薪酬制度。常包括基本工资、年功工资、职位工资、效益工资、技能工资等。

（5）岗位技能薪酬制。这是以岗位的劳动技能、劳动责任、劳动强度和劳动条件为基础而确定薪酬的一种基本制度。它是建立在岗位评价的基础之上，充分突出了薪酬中岗位和技能这两个结构单元的特点。

（6）年薪制。这是以企业的有关经营业绩指标为依据，确定经营者年度薪酬的一种制度。它以企业会计年度为时间单位计发工资收入，主要用于公司经理和高层管理人员。

5.6.5 员工福利

1. 福利的概念

员工福利是指组织为员工提供的除工资和奖金之外的一切物质待遇。福利一般与员工的工作业绩没有直接的关系，也很少以现金形式表现，主要是通过公共设施和各种补贴，为员工提供方便、减轻员工负担的一种方式。其目的是为了吸引优秀员工、降低员工流动率、提高企业经济效益。例如公司为了员工上下班方便，使用通行车等。

2. 企业常选用的福利类型

（1）国家法定的福利。法定福利，是国家通过法律的形式强制实行的、保障员工合法权利和利益的形式。一般包括以下几项内容。

① 法定的社会保险,包括医疗保险、失业保险、养老保险和伤残保险等,企业要按照员工工资的一定比例为员工缴纳保险费。

② 公休假日,指企业要在员工工作一段时间后进行休息,我国目前实行的是每周休息两天的制度。

③ 法定休假日,就是员工在法定节假日有休息的权利,我国目前的法定节日包括元旦、春节、国际劳动节和国庆节。

④ 带薪休假,指员工工作满规定的时期后,可以带薪休假一定的时间。员工休假的资格因行业、地点和组织规模而异,假期也因工作时间而异。

(2) 企业福利。它主要是根据企业的实际情况,在不违背国家法律、法规的前提下,向本企业的员工提供的福利项目。它没有强制性,由企业自主设计和管理。它的内容非常广泛,例如有教育培训、辞退金、交通费、工作午餐、海外津贴、人寿保险等。

3. 企业员工福利管理

员工福利管理涉及的四个方面的内容:福利的目标、福利的成本核算、福利的调查与沟通、福利的实施。

(1) 福利的目标。员工福利应有明确的目标,一般的福利管理目标包括以下几个内容:符合国家与地方的法律政策;符合企业长远的发展目标;提高员工的满意度,符合员工对健康与安全的需要;吸引与激励员工;使企业有较强的竞争力。

(2) 福利的成本核算。这是福利管理中的重要部分,管理者必须花很多的精力去进行福利成本核算。主要内容有:通过销售量和利润计算出企业最高的可供支配的福利总费用;将企业福利水平与外部进行比较,进行福利项目的预算;确定每个员工的福利项目成本;制订相应的福利成本计划,尽可能在满足福利目标的前提下降低成本。

(3) 福利的调查与沟通。为了激励员工,满足员工的需要,福利沟通相当重要。企业只有经过充分调查才能了解员工的需求,知道员工的满意度如何,怎样改进。从而在与员工的沟通过程中,使福利问题得到圆满的解决。

(4) 福利的实施。这是福利管理中最具体的一个方面。在实施过程中要根据福利目标,按照各个福利项目的计划有步骤地去实行,并且要及时检查和反馈,防止漏洞的产生。

引导案例

美同光伏科技股份有限公司(以下简称"美同公司"),是一家专门从事环保新能源的高新技术企业,近年来,我国光伏产业发展迅速,成为国际市场上举足轻重的力量。美同公司通过自身管理和技术方面的优势逐步在光伏行业站稳了脚跟,目前公司1000多名员工中,其中40%为技术人员。公司面临的问题是,公司技术和管理骨干对薪资福利状况感到不满,甚至有些骨干员工离职,员工队伍稳定性持续下降,公司亟须改变目前的状况。美同成立专门的薪酬体系设计工作组,工作组将公司全部岗位分为科研、管理、生产、销售四大类,运用海氏评价法对不同岗位进行价值评价,确定各个岗位分值及工资系数。在确定薪酬水平时,工作组对收集到的市场薪酬数据进行分析,以市场化回归后数据作为基础,整个等级序列符合光伏行业市场薪资水平,既保证了薪资水平的对外竞争性,又符合美同公司的支付能力。同时,针对公司技术和管理骨干成员设计递延现金的中长期激励方案。该薪酬体系方案既考虑了薪资的公平性、竞争性,中长期激励机制又保证了骨干员工队伍的稳定性,提高了员工的薪资满意度。

5.7 本章小结

本章主要介绍了人力资源的含义和特征,以及人力资源管理的重点内容:介绍了工作分析、人力资源规划、人力资源的招聘和培训、人力资源的绩效考核和薪酬管理;并就一些管理方法如工作分析方法、人员招聘和培训方式、绩效考核方法等进行了阐述;系统地提出了人力资源规划和人员招聘的程序;指出员工福利的内容。

一、名词解释

人力资源　人力资源管理　人力资源规划　薪酬

二、思考题

1. 人力资源的含义是什么?它有哪些特征?
2. 传统人事管理与现代人力资源管理有什么区别?
3. 工作分析包括什么方法?
4. 企业进行人力资源规划有什么作用?
5. 人力资源招聘有哪些方式?企业应如何吸引应聘者?
6. 企业如何对员工进行绩效考核?
7. 影响薪酬管理的因素是什么?

现代企业员工培训发展的新趋势

我国越来越多的企业已经认识到人力资源开发在现代企业发展中的重要地位,并开始积极探索有效的人力资源开发培训的方式、方法。随着世界经济全球化发展趋势越来越清晰,企业员工的培训教育方式也随之传入我国并被各企业有选择地借鉴。但作为舶来品,肯定存在与我国实际不相符合的地方,这使得企业在开展员工培训过程中可能会出现"水土不服"的现象。很多管理专家正致力于此问题的探讨研究,努力寻找解决问题的方法与途径。随着技术和理念的不断发展,在企业的员工培训和教育上逐步形成了现代企业员工培训的新趋势:

(1) 企业借助培训和教育的功能,使企业成为"学习型企业"。成功的企业将培训和教育作为企业不断获得效益的源泉。"学习型企业"的最大特点是:崇尚知识和技能,倡导理性思维和合作精神,鼓励企业通过素质的提高来确保其不断发展。这种学习型的企业与一般的企业的最大区别就是,永不满足地提高产品和服务的质量,通过不断学习进取和创新来提高效率。

(2) 企业培训呈现高科技趋势。利用高科技来丰富培训手段和提高培训质量,是近年来国际上兴起的企业培训的潮流。特别是电脑多媒体技术被广泛地运用于企业培训工作,如运用光盘进行人机对话、自我辅导培训、利用终端技术互联网进行规模巨大的远距离培训等,都使培训和教育方式产生质的变化。这种技术创新,使员工获得新知识和新技术的速度大大加快,使企业可以迅速适应市场的快速变化。

(3) 企业培训社会化。现代企业的许多要素,如管理、经营、销售,乃至文化理念,都有许多相通之处,这就为培训的社会化创造了基本条件。同时,现代社会的分工和信息交流的畅通,使得培训能以社会化的形式出现,通过培训产品的组合来满足各方面的需求。

(4) 企业培训的深层次发展。许多企业已将企业员工的培训向各个领域渗透,其内涵已远远超过培训本身。比如,一些企业除了对员工知识和技能的培训,还通过一定的形式使培训向企业文化、团队精神等方向发展,使企业行为进入更深层次的领域。这是一个具有重要战略意义的发展趋势。

(5) 培训质量成为培训的生命。首先,培训者要认清员工培训的特点,从员工的需求和企业的需求之间寻找最佳结合点。其次,培训还要有一个科学和规范的组织程序和操作程序,在时间和空间上最大限度地贴近企业管理和业务的实际,用最佳方法帮助员工获得知识和技能。最后,追求效益的最佳化和成本的合理化也不能忽视。

案例分析

启远机电公司:实施绩效管理,完善管理制度

启远机电公司是一家生产制造型企业,公司成立于1988年,本着"诚信、双赢、感恩、求实"的经营理念,凭借优质的产品,良好的信誉、完善的服务赢得广大客户的赞誉、信任和支持,实现了年销售总额以50%的速度稳步递增的可喜成果,连续3年创造了西北五省机床销售第一,数控机床加工中心销售第一的良好业绩。经过二十余年的发展已经成为国内机电产品制造领域知名企业之一。然而企业发展的瓶颈也日益凸现,主要表现在公司人力资源管理方面,严重制约企业的进一步发展。为此,公司借助管理咨询公司来帮其进行改进。

管理顾问通过对启远公司运营现状分析,发现存在如下问题:

1. 中高层固定年薪制影响了骨干队伍的稳定;
2. 尚未建立绩效考评机制,影响了关键人员的积极性;
3. 产品质量不稳定导致售后服务成本居高不下;
4. 操作工人的简单计件工资制影响了产品质量的提升;
5. 薪酬体系的公平性和竞争性都存在一定缺陷;
6. 人力资源管理尚处于劳资管理阶段;
7. 管理制度不健全。

经过管理顾问对上述问题的分析研究,并与启远公司高层和人力资源管理部门沟通,达成以下目标:

1. 建立健全激励体系结合绩效考核,将公司经营效益、个人绩效与薪酬相结合,提高对员工的激励作用；建立以绩效为核心的人力资源基础管理平台；

　　2. 加强关键岗位的激励，建立多种职业发展通道；将技能与工资有机地结合考虑，适当提高技术骨干和管理骨干的待遇，留住并骨干人员；

　　3. 解决人力资源管理中的关键矛盾，尤其是中高层的年薪制引起的矛盾；

　　4. 建立体现技能的操作工工资激励体系；

　　5. 完善各项管理制度，规范工作标准。

　　针对以上问题，管理顾问具体制定并协助实施了如下的工作：

　　1. 选择96个典型职位，进行工作分析和岗位设置；

　　2. 通过职位价值评价，确定了4个职位序列，设计了薪酬结构、薪酬档级、职位工资系数，很好地体现了薪酬策略目标；

　　3. 建立健全中高层年薪制、操作工/装配工岗位技能工资激励机制；

　　4. 建立以绩效管理为核心的人力资源管理平台框架；

　　5. 设计关键业绩指标KPI，汇编KPI手册；

　　6. 设计绩效管理制度、流程和表单，建立职位和薪级动态管理规则；

　　7. 完善行政人事管理制度、采购管理规范、库房管理规范、门市管理规范、财务管理制度、员工职业发展规划制度。规范行为、明确责任、界定职权，规范公司组织管理体系。

　　在管理顾问的帮助下，公司形成了适用于自身的人力资源管理体系，组织结构已经完全调整到位，按照岗位级别展开了竞聘活动，人员都已到位，薪酬体系与业绩考核体系已经实施，效果良好。以期在今后更加科学、系统地对企业的员工绩效进行考核与管理，促进组织良好发展。

试分析：

　　1. 什么是KPI？如何编制KPI手册？

　　2. 为什么管理顾问公司在启远机电公司内能成功实施绩效管理制度？

第6章 企业营销管理

学习本章后，你应当能够：
1. 掌握市场调研与预测的方法，并能结合企业实际正确地选择和运用这些方法；
2. 理解整体产品概念，树立产品整体观念；
3. 识记产品组合策略的相关概念和产品组合决策，掌握产品策略；
4. 了解品牌和包装决策；
5. 了解影响价格的因素与定价方法，掌握产品定价策略；
6. 掌握分销渠道的形式与策略；
7. 掌握促销概念及其实质、促销组合决策的基本内容；
8. 了解促销的过程以及广告、人员推销、公共关系和营业推广等策略；
9. 能对市场进行调研与预测；
10. 能运用营销组合策略开展市场营销。

完善营销管理，全力打造公司市场竞争力

森光电气公司为中美合资企业，拥有三百余名员工。公司成立于1996年，主要生产电气设备。公司成立之初，人员少，产品结构也比较简单，然而，经过几年快速发展之后，企业经营环境发生了很大变化，无论是外部环境还是内部环境。外部市场竞争加剧，内部管理也越来越跟不上经营需要，尤其是公司市场营销工作存在的短板效应日趋显现，制约着公司的进一步发展。

管理顾问在调研访谈的基础上，得出公司的问题主要包括：公司的营销管理水平相对较低，仍旧停留在简单的人员行销阶段；营销管理缺少宏观的控制和协调，市场工作职能缺失；销售队伍管理不善，销售计划完成状况差；销售和新产品开发之间的衔接存在问题，导致新产品上市难度加大；客户服务工作缺乏整体规划，成本高，效率低。

针对企业存在的问题，管理顾问分三个阶段来解决。第一阶段是市场环境分析，包括电气设备市场分析、企业战略与产品分析、市场细分等内容；第二阶段是市场定位，在市场环境分析的基础上，管理顾问分析目标市场的现状，确认公司潜在的竞争优势，并准确选择竞争优势，对目标市场初步定位；第三阶段是营销管理方案的制订，在前两个阶段工作的基础上，管理顾问为公司量身定做了一套切实可行的营销管理方案。它包括将市场部从经营公司分离出来,成立独立的市场管理中心,以市场管理拉动销售;以产品管理拓展市场,设置产品经理,强化产品线营销职能的纵向和纵向拓展;设置销售区域管理平台,加强业务的管理职责和权限,通过流程优化加强市场与研发之间的衔接与沟通,提高应对市场变化的反应速度。营销管理方案强化了整个营销体系的管理和控制力度,保证了有效性和稳定性。

营销管理方案从整体营销管理体系的高度解决问题,系统地解决了企业营销系统存在的根源问题。方案实施后,公司的营销管理局面获得了根本性的扭转,公司对销售队伍管理能力明显增强,市场效率明显好转,销售成本也得到了有效控制。

6.1 市场调查与预测

市场调查与预测是企业进行有效的市场营销工作的基础,企业为了寻求市场机会和避开市场风险,使自己的内部条件适应不断变化的外部环境,企业必须经常收集全面而又可靠的市场信息,认真地开展市场调查与预测活动。

本节重点介绍市场调查与预测的基本内容、步骤和方法。

6.1.1 市场的概念及构成要素

1. 市场的概念

市场调查与预测在一般意义上可理解为与市场有关的人类活动。因此,我们首先要了解市场的概念。

市场是社会分工和商品交换的必然产物,随着社会分工和商品经济的发展,市场的概念也在不断发展和深化,并在深化过程中体现不同层次的多重含义。

（1）一般人的看法:市场就是从事买与卖活动的场所。在日常生活中,人们习惯将市场看做是买卖的场所,如集市、商场、纺织品批发市场等。这是一个时空(时间和空间)市场概念。我国古代有关"日中为市,致天下之民,聚天下之货,交易而退,各得其所"的记载(《易·系辞下》),就是对这种在一定时间和地点进行商品交易的市场的描述。

（2）经济学家的看法(从经济实质角度):市场是一个商品经济范畴,是商品内在矛盾的表现,是一种供求关系,是商品交换关系的总和,是通过交换反映出来的人与人之间的关系,是社会分工和商品生产的产物。

（3）管理学家的看法(从具体的交换活动及其运行规律的角度):市场是供需双方在共同认可的一定条件下所进行的商品或劳务的交换活动。

（4）市场营销学的一般看法:买方是市场,卖方是行业。

可见,人们可以从不同角度界定市场。我们从市场营销角度理解为:市场是指某种产品的现实购买者与潜在购买者需求的总和。站在销售者市场营销的立场上,同行供给者即其他销售者都是竞争者,而不是市场。销售者构成行业,购买者构成市场。亦即市场是对某企业某产品有特定需要和欲望,并愿意且能够通过交换来满足该种需要的所有现实和潜在消费者的集合。

2. 市场的构成要素

市场包含三个主要因素,即:有某种需要的人、为满足这种需要的购买能力和购买欲望。用公式来表示就是:

$$市场 = 人口 + 购买力 + 购买欲望$$

(1) 人口。这是指有某种需要的人口数量。这种需要既包括现实需要,也包括潜在需要,而根本不需要一般不计入其中。

(2) 购买欲望。这是指为满足这种需要的购买欲望。

(3) 购买力。这反映为满足这种需要的购买力。购买力包括可支配收入的消费能力。

市场的这三个因素是相互制约、缺一不可的,只有三者结合起来才能构成现实的市场,才能决定市场的规模和容量。

6.1.2 市场调查

1. 市场调查的含义、作用与内容

(1) 市场调查的含义和作用。所谓市场调查,是指运用科学的方法,有目的、系统地收集、记录、整理、分析有关市场经营方面的各种情报资料,从而掌握市场经营的现状及其未来发展趋势,为企业经营预测和决策提供客观准确的资料的活动。市场调查是企业生产经营活动的出发点,是认识市场、了解市场的有效方式和手段;是企业市场预测的基础;是企业经营决策的重要依据,它对改善经营管理,提高经济效益,求得企业进一步发展,具有十分重要的意义。

(2) 市场调查的内容。市场调查的内容十分广泛,凡是直接和间接影响市场经营的资料都要收集。一般说来,市场调查的内容主要有:

① 市场需求调查。如调查顾客对本企业产品的显在和潜在的需求量,本企业的市场占有率,市场竞争形势对企业的影响等。

② 消费者和消费行为调查。如消费者的类别、购买力、欲望、动机、购买习惯、需求差异等。

③ 竞争结构调查。竞争结构调查主要是对竞争对手和竞争产品的调查分析。竞争对手分析,包括竞争单位的数量,产品市场占有率、生产能力、生产成本、价格、推销政策、销售渠道等。竞争产品分析,如质量、性能、价格、包装、商标等。

④ 市场营销活动调查。市场营销活动调查主要包括产品调查、分销渠道调查、价格调查、产品促销调查和销售服务调查。

- 产品调查。如顾客对产品的意见和要求,包括质量、价格、交货期、零部件供应、技术服务等。
- 销售渠道调查。如分销渠道现状如何、中间商的销售情况分析、顾客对中间商的印象及评价、分销渠道的策略的实施、评估、控制与调查等。
- 价格调查。如本企业产品定价是否适宜,价格变动对销售量的影响,价格对竞争的影响等。
- 产品促销调查。如采用何种推销方式为宜,哪种广告媒体效果优良、什么时间做广告的效果最好、什么样的广告内容最受欢迎、各种营业推广措施对产品销售量的影响等。

- 销售服务调查。如消费者需要在哪些方面得到服务、服务质量如何、服务网点分布、主要竞争对手提供的服务与质量等。

2. 市场调查的步骤

为保证市场调查的系统性和准确性,市场调查行动应依据一定的科学程序进行。一般可分为三个阶段九项内容,如图 6-1 所示。

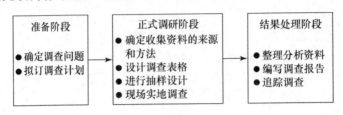

图 6-1 市场调查的步骤

(1) 准备阶段。调查前的准备阶段主要分为确定调查题目和拟订调查计划两部分内容。

① 确定调查题目。首先要明确市场调查的问题,对调查范围作出明确的界定。一般需回答以下几个问题:
- 为什么要调查。
- 调查中想要了解什么。
- 调查结果有什么用处。
- 谁想知道调查的结果。

如果漫无边际地调查,不但不能解决问题,还可能造成人、财、物的浪费。

② 拟订调查计划。拟订调查计划就是确定调查方案,其内容主要有:
- 摘要。这是整个调查计划书的一个简短总结。
- 调查的作用和目的。说明调查对经营决策有何影响和帮助,调查结果能带来什么效果。
- 调查的内容范围。说明调查的主要内容,确定调查范围。
- 怎样调查。调查第一手资料还是第二资料,还是两种资料都调查。
- 确定调查的时间、地点、次数。
- 确定调查的经费预算。

(2) 正式调查阶段。调查计划拟订后,就要进行正式调查,这是市场调查实质性的工作阶段,主要有四方面的内容。

① 确定收集资料的来源和方法。调查资料一般分为两种:一种是第一手资料,又称原始资料,这是调研人员通过实地调查取得的。这种资料收集方法有询问法、观察法和实验法三种。至于采用何种方法,要根据调研问题的性质而决定。另一种是第二手资料,即他人收集整理过的资料。如企业内部资料,有关单位公布的统计资料,公开出版的期刊、文献、报纸等。这种资料可以通过查阅、交换、购买、索取等方法取得,以及通过情报网收集和复制。

② 设计调查表格。设计理想的调查表格是做好调查工作的重要一环。调查人员如果已确定用询问法收集第一手资料,这时就需要拟定询问调查表。询问表的设计无一定格式和规则,而是根据平时的经验和常识来设计,格式没有统一规定,应根据调查方式、问题的类

型而设计。询问表提出问题的形式有：是非法、选择法、自由法、简答法等。

③ 进行抽样设计。抽样调查是市场调研中普遍采用的一种方法。在实地调查前应对抽样对象、抽样方法、样本大小进行设计和选定。

④ 现场实地调查。现场实地调查就是到现场调查收集资料。现场实地调查必须通过调查人员进行，调查人员的素质会影响调查结果的正确性。因此，为了做好实地调查，一是要制订切实可行的调查计划，二是要做好现场调查人员的选择和培训工作。

(3) 结果处理阶段。这一阶段的工作内容有：整理分析资料，写出调查报告和追踪调查。

① 整理分析资料。将调查收集到的资料进行整理和统计分析，剔除不必要的资料和排除不可靠的资料，以保证资料的可靠性和准确性。一般可分为编辑、编号、制表、分析等程序。

② 编写调查报告。市场调查人员应根据研究分析的情况，以书面的形式给以详细说明，写出调查报告，以供领导决策之用。调查报告的主要内容，一般包括调查研究的目的、方法、结果、结论和建议。

③ 追踪调查。追踪调查是指完成调查报告后，调研人员的工作并没有结束，还要跟踪了解调查报告是否已被采用，以及建议被采用的程度和产生的实际效果。

3. 市场调查的方法

市场调查的方法很多，选择是否得当，对调查的结果影响很大，常用的方法基本上有三种，即询问法、观察法、实验法。

(1) 询问法。询问法是指调查人员将所拟调研的事项，通过一定的形式，向被调查人员提出询问，以获得所需资料的一种调查方法。具体方式有面谈调查、电话调查、邮寄调查、留置问卷调查等。实际工作中，这四种方式可以结合使用。

① 面谈法。面谈法又称人员访问法，即调查人员用当面谈话的方式来收集资料的方法。可采用个别询问和开调查会的形式进行。

这种方法的优点是：
- 问卷回收率高。
- 信息真实性强。
- 能使问题得到较深入的了解。

缺点是：
- 费用高。
- 被调查者易受调查人员业务水平和态度的影响，有时不易取得被调查者的支持。

面谈法用于问题较复杂所且需要了解情况较多时为宜。

② 电话调查法。电话调查法是调查人员用电话向被调查人员询问以收集资料的一种方法。

这种方法的优点是：
- 信息反馈快，费用低。
- 被调查者不受心理拘束，可畅所欲言，回答率高。

其缺点是：
- 通话时间不宜过长，对问题不易作深入了解。

- 一般无法显示照片、图表等资料。
- 有的不易取得合作。

电话调查法一般用于初步调查阶段或样本筛选调查。

③ 邮寄调查法。邮寄调查法是调查人员将设计好的问卷或表格,通过邮局寄给被调查人,由被调查者自行填写后寄回的方式来收集资料的方法。

这种方法的优点是:
- 调查区域广。
- 调查成本较询问法低。
- 被调查者有较充足的时间回答问题。
- 被调查者不会受到调查人员的影响。

其缺点是:
- 问卷回收率低。
- 回收时间较长。
- 调查者难以控制调查回答过程。

④ 留置问卷调查法。调查者将设计好的问卷送交被调查者,并详细说明目的和要求,由被调查者事后自行填好后,再由调查人员定期收回的一种调查方法。它是面谈调查与邮寄调查两种方式的结合。这种调查吸收了上述两种调查方法的长处,克服了两者的缺点。调查人员可以当面消除被调查者的思想顾虑和填写调查表的疑问,被调查人又有较多的时间思考问题,避免受调查人员倾向性意见的影响,可提高问卷质量,还可以提高调查表的回收率。但这种调查方法费用高,且受调查区域范围的限制。

在以上四种方法中,究竟以何种方法为宜,要根据调查问题的性质和要求并结合调查的灵活性、准确性、资料范围、费用大小、问题的复杂程度及要求的速度等因素综合选择。

(2) 观察法。观察法是指由调查人员或利用仪器(如照相机、录音机、录像机)在调查现场对被调查者的行为进行观察和记录的一种调查方法。由于被调查人员在被调查时并不感到自己正在被调查,总是处于自然状态,因此所收集到的资料较为客观、真实、自然、详细。但缺点是只能观察事实的表面现象,观察不到行为的内在因素,如消费者的心理、购买动机,所需费用也较大。

(3) 实验法。实验法是指从影响调查对象的若干个因素中选出一个或几个因素,将它们置于一定的条件下进行小范围试验,然后对实验结果作出分析,研究是否值得大规模推广的一种调查方法。如从影响产品销售量的几个因素中,选择包装和价格两个因素进行实验,在其他因素不变的情况下,从销售量的变动便可表明包装和价格的影响。实验法的应用范围很广,无论是新产品推出,还是某种商品在改变结构、包装、价格、广告等因素时,都可用此法作小范围试验,来调查用户反映,然后研究是否值得大规模推广。在展销会、试销会、订货会等场合,均可采用这种方法进行市场调查。此种方法比较科学,结果准确;但市场中可变因素难以掌握,调查成本高,实验时间长。

以上三种市场调查方法,各有优缺点,企业到底采用哪种方法,要根据调查对象的性质和特点来定。一般应选择能够达到调查目的而又省时、省费用的方法。

6.1.3 市场预测

1. 市场预测的概念

市场预测是在市场调研的基础上，运用科学的预测技术，对市场需求状况、影响因素和发展趋势所做出的分析和判断。

市场调查与市场预测既有区别又有联系，市场调查是对市场经营全过程进行调查，重点在于掌握现状；市场预测是在市场调查的基础上，分析研究市场今后的发展趋势。两者都是研究市场，为企业进行正确的经营决策提供科学依据。

2. 市场预测的分类

市场预测的内容很多，可从不同的角度对市场预测作出分类：

（1）根据空间规模可分为宏观市场预测和微观市场预测

① 宏观市场预测。这是指对各种影响市场活动的社会经济环境因素的发展变化进行预测，如国民经济增长速度、国家财政金融、居民收入和支出的变化、科学技术发展状况的预测等。宏观市场预测通常是由国家有关部门进行，个别大型企业有时也会从事必要的预测。宏观市场预测既可作为国家宏观决策的依据，又可为企业进行微观市场预测提供资料。

② 微观市场预测。这是指行业或企业对生产经营变化趋势、某类或某种产品的市场需求作出估计和判断。如某生产商对本行业或本企业产品的供求状况、销售前景的预测等。

（2）根据时间范围可分为短期、中期和长期预测

① 短期预测。这是指以月或季为单位，对3个月以上（包括3个月）1年以内的市场情况及市场发展变化趋势的预测。这种预测主要是为企业的日常经营管理、年度生产经营计划的编制提供依据。

② 中期预测。这是指对3～5年的市场情况及市场发展前景的预测。它主要是为企业的中期计划提供参考依据。

③ 长期预测。这是指对5年以上的经济发展变化趋势的预测。这种预测主要是为企业制定长远规划、选择战略目标提供决策信息。

（3）根据分析方式可分为定性预测和定量预测

① 定性预测。它是依靠人的观察分析能力，凭借有关人员的经验分析判断未来事件发展趋势和状态的方法。

② 定量预测。它是指依靠信息资料，运用数学模型和数理统计方法，对预测对象目标运动的质的规律进行量的描述，据以确定未来量的变化程度。定量预测的技术和方法主要包括时间序列分析法和因果关系分析法。

3. 市场预测的步骤

市场预测的一般程序如图6-2所示。

图6-2 市场预测的步骤

（1）确定预测目标。即明确进行预测要解决什么问题，希望达到什么目的。这样才能做到有的放矢，预测目标不同，所需要的资料和采用的方法也不同，所以预测目标不明确是无法进行预测的。

（2）收集信息资料。要围绕预测目标的要求，通过市场调研，去广泛系统地收集所需要的历史的和现实的资料，并对资料进行科学的分析，找出其事物发展变化规律性。收集的资料越全面、越充分，分析研究就越详细、深刻，预测的准确度就越高。预测所需资料包括：与预测对象有关的各种因素的历史统计数据资料和反映市场动态的现实资料。

（3）选择预测方法。预测是一项综合性的复杂的工作，如果采用的预测方法不当，就难以达到预测的目的。特别是在选择预测模型时，更应十分注意。只有当预测模型有效时，才能用于实际的预测。预测的方法与模型很多，各有其预测对象、范围和条件，应根据预测的问题的性质，占有资料的多少，预测成本的大小，选择一种或几种方法进行预测。

（4）编写预测结果报告。要及时将预测结果写成预测结果报告。报告中，表述预测结果应简单、明确，对结果应做解释性说明和充分论证，包括对预测目标、预测方法、资料来源、预测过程，以及预测检验过程和计算过程的说明。

（5）分析误差，跟踪检验。预测是以过去的资料推断未来，以局部推算总体，故预测是有误差的。因而要对预测结果进行分析判断、检验和评价，找出预测结果与未来实际之间的误差，进行误差分析，找出误差原因及判断误差大小，以便总结经验，修改调整由预测模型得出的预测结果，选出最佳值，作为决策的依据。

4. 市场预测方法

现代市场预测方法种类繁多，有据可查的已达150多种，按预测的方式不同，可分为定性预测方法和定量预测方法两大类。

（1）定性预测方法。定性预测方法，也称经验判断预测。这种方法的特点是简单、方便、容易掌握，而且使用的费用少。在有些方法中，虽然带有某些经验性质，但是，如果调查的资料准确，预测人员经验丰富、能灵活运用这些方法，预测的结果也能比较准确。常用的定性预测方法主要有以下几种：

① 集合意见法。集合意见法又称综合判断法，是由企业经理召集销售、计划、生产、财务等部门的负责人或销售人员等，凭他们的经验和判断共同讨论市场发展趋势，所作出预测的一种方法。这种方法的优点是简便易行，能吸收各种人员的意见，可提高预测的准确性。其缺点是容易受预测者了解情况的局限，以及某些权威、外界气氛的影响。

② 专家调查法，又称德尔菲法。这主要是指采用函询的方式，就所需要预测的问题背靠背地征求专家意见，经过多次信息交换，逐步取得一致意见，从而得出预测结果。

专家调查法是市场预测的一个重要的定性预测方法，应用十分广泛。具体做法是：首先向事先物色好的专家分别发函或调查表，提出问题，并提供预测的有关资料，要求专家在各自独立的条件下提出预测的意见；然后由预测组织者将各种不同意见进行综合整理、汇总成表；再分别反馈给每位专家，请他们对各种意见进行比较、修正或发表自己的意见。经过这样几轮的反复征询，逐步缩小不同意见的差距，得到比较符合市场发展规律的一致意见，最后作出预测结论。

③ 用户意见法。这种方法是指预测者通过访问、座谈、电话、函询等方式，广泛征求用户对产品的需求情况和意见，通过整理分析得出消费者未来需求的特点和变化趋势的一种

方法。它主要适用于用户不多或主要用户不多的商品市场预测。这种方法的优点是简便易行、节省时间、费用;但其准确性受用户配合协作程度的影响。

(2) 定量预测方法,又称统计预测法。这是指预测人员在掌握数据、资料的基础上,通过统计方法并建立一定的数学模型,对未来市场进行预测的方法。应当指出,在使用定量预测方法进行预测时,要与定性预测的方法结合起来,才能取得较好的效果。

常用的定量预测的方法有两种:时间序列预测法和因果关系分析法。

① 时间序列预测法。这是指把收集到的历史数据按时间顺序进行排列,构成一个统计数列,然后运用数学模型,分析它随时间变化的趋势,从而外推出未来市场预测结果的一种方法。常用的时间序列法主要有以下几种:

- 简单平均数法。这种方法就是将过去形成的时间序列数据进行简单平均,以平均数作为下一时期的预测值的方法。计算公式为:

$$X_{n+1} = \overline{X} = \frac{\sum_{i=1}^{n} x_i}{n} \tag{6-1}$$

式中:x_{n+1}——下一期预测值;

n——已知资料期数;

x_i——第 i 期实际值;

$\overline{X}$——平均值。

例1 已知某企业 2004 年的各月销售额如表 6-1 所示,请预测 2005 年 1 月份的销售额。

表 6-1 某企业产品 2004 年 1—12 月的销售额

月 份	1	2	3	4	5	6	7	8	9	10	11	12
销售额(万元)	50	51	48	53	60	65	65	68	70	75	85	90

解:$X_{13} = \overline{X} = \dfrac{\sum_{i=1}^{n} x_i}{n} = \dfrac{50+51+48+53+60+65+65+68+70+75+85+90}{12}$

$= \dfrac{780}{12} = 65(万元)$

∴ 2005 年 1 月份的销售额为 65 万元。

这种方法最大的优点是计算简便,存在的不足是预测值准确度较低,预测误差较大。因此,这种方法一般用于各期资料比较平稳,没有明显增长或下降的短期预测。

- 加权平均法。这种方法是把每期数据按重要程度分别给予不同权数,然后求每期数据与对应的权重之积,再将此和除以各个权数之和,作为预测值。计算公式如下:

$$X_{n+1} = \frac{\sum_{i=1}^{n} D_i x_i}{\sum_{i=1}^{n} D_i} \tag{6-2}$$

式中:X_{n+1}——下一期的预测值;

X_i——第 i 期销售量($i=1,2,3,\cdots,n$);

D_i——第 i 期权数；

N——已知资料期数。

加权平均法的关键是确定适当的权数。一般说来,从产品的销售趋势分析,越是近期数据,越能表明市场需求的趋势,所加的权数应越大,越是远期的数据,所加的权数越小。权数之间的级差应根据经验判断。

● 移动平均法。移动平均法是常用的预测方法之一。它是将历史资料分段加以移动平均,使数据变化的幅度大为缓和并显示出比较平滑的变化趋势。

这种方法首先确定一个适当的移动期,然后去掉最远一期,加入最近一期资料,求其平均数,以此类推,逐期移动,最后一个移动平均数,为所求的预测值。计算公式为：

$$X_{i+1} = \frac{x_i + x_{i-1} + \cdots + x_{i-N+1}}{N} \tag{6-3}$$

式中：X_{i+1}——$i+1$ 时期的预测值；

X_i——第 i 期的实际值；

N——移动期数。

移动平均法只适合近期预测,特别是在库存管理和销售管理中,为了逐月预测很多种产品或物资的库存和进货情况,移动平均法为一种简单、有效的预测方法。

例 2 仍以例 1 所列资料为例,试用移动平均预测 2005 年 1 月份的预测值（取移动期数 $N=5$）。

解：如表 6-2 所示,取移动期 $N=5$,代入上式,则得

$$X_{12+1} = \frac{90+85+75+70+68}{5} = 77.6（万元）$$

∴ 2005 年 1 月份的销售额为 77.6 万元。

表 6-2 移动平均法求销售额

月　份	销售额（万元）	$N=5$ 时的平均销售额（万元）
1	50	
2	51	
3	48	
4	53	
5	60	
6	65	52.4
7	65	55.4
8	68	58.2
9	70	62.2
10	75	65.9
11	85	68.6
12	90	72.6
2005 年 1 月份		77.6

● 指数平滑法。它是移动平均法的改进形式。移动平均法采用的是算术平均值,它把各项数据对预测值的影响看成同等重要。实际上各项数据的影响是不同的,越是近

期的数据影响越大。指数平滑法就是根据这一原理对近期资料及远期资料给予递减的加权数,计算出 t 期的指数平滑值,作为 $t+1$ 期的预测值。其计算公式为:

$$S_t = \alpha D_t + (1-\alpha)S_{t-1} \tag{6-4}$$

式中:S_t——第 t 期的指数平滑值,即第 $t+1$ 的预测值;

S_{t-1}——第 $t-1$ 期的预测值;

D_t——第 t 期的实际值;

A——平滑系数($0<\alpha<1$)。

例3 仍以例1所列资料为例,设 $\alpha=0.3$,$S_0=D_1=50$,用指数平滑法预测2005年1月份的销售额。

解:计算如表6-3所示。从表中可知,2005年1月份的销售额为77.95万元。

表6-3 指数平滑法求销售额

期 数	D_t 销售额(万元)	$S_t = \alpha D_t + (1-\alpha)S_{t-1}$,$\alpha=0.3$
0		50
1	50	50
2	51	50.3
3	48	49.61
4	53	50.62
5	60	53.43
6	65	56.90
7	65	59.33
8	68	61.93
9	70	64.35
10	75	67.55
11	85	72.79
12	90	77.95

应用指数平滑法时,重要的是正确选取 α 值,一般由预测人员根据经验判断选定。当时间序列观察值(已知数据)长期趋势处于稳定的状态,则 α 取值应介于 0.4~0.6 之间;时间序列的各数据具有迅速且明显的变动倾向时,则 α 取值为 0.6~0.9;时间序列的各数据资料长期趋势变动较缓慢,则 α 取较小值,一般取 0.1~0.4。

另外,应用指数平滑法时还要确定初始值 S_0。S_0 可取时间序列前几项的算术平均值,也可取时间序列数据中的第一项。

② 因果分析法。因果分析法,它是根据实际资料的发展趋势,从事物变化的因果关系进行统计分析并建立数学模型,来揭示预测变量与其他经济变量之间的数量变动关系,并据此进行定量预测的一种方法。因果分析法的主要工具是回归分析技术,因此又称其为回归分析预测方法。这种方法不仅可用于时间序列分析,而且也可用于回归分析。

回归分析根据其预测的因素之间的关系,可分为线性回归和非线性回归。所谓线性回归,是指回归方程中只有指数为1的自变量,与回归方程对应的直角坐标系的图像是一条趋势直线;所谓非线性回归,是指在回归方程中有指数大于1的自变量,在其回归方程对应的直角坐标系中的图像是一条趋势曲线。根据回归方程中自变量的多少可分为一元回归、二元回归、多元回归。其中一元线性回归分析是最常用和最简单的方法。本节通过实际例子从理论和实践的结合上介绍一元线性回归分析的方法。
- 一元线性回归分析法。一元线性回归研究是一个自变量 X 对另一个因变量 Y 的关系是线性关系,其基本预测公式是:

$$Y = a + bx \tag{6-5}$$

式中：x——表示预测期的自变量；

Y——表示因变量,即预测值；

a、b——表示回归系数。

运用这种方法进行预测的主要步骤是：

第一步,根据实际资料绘制坐标图,分析数据的变动趋势是呈直线状态还是曲线状态。

第二步,根据实际变动趋势拟合一条倾向变动直线,即回归线(如图 6-3 所示),其方程为 $Y=a+bx$。

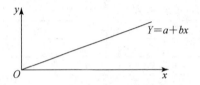

图 6-3　倾向变动直线回归图

第三步,求回归系数 a、b,回归系数可以应用最小二乘法原理求得。

$$\begin{cases} b = \dfrac{\sum\limits_{i=1}^{n} x_i y_i - \bar{x} \sum\limits_{i=1}^{n} y_i}{\sum\limits_{i=1}^{n} x_i^2 - \bar{x} \sum\limits_{i=1}^{n} x_i} \\ a = \bar{y} - b\bar{x} \end{cases} \tag{6-6}$$

其中：$\bar{x} = \dfrac{\sum\limits_{i=1}^{n} x_i}{n}$，$\bar{y} = \dfrac{\sum\limits_{i=1}^{n} y_i}{n}$。

第四步,根据自变量 x 的一定值求得预测值 Y。

例 4　某企业某种耐用消费品的销售和人均年收入的关系如表 6-4 所示。若 1996 年的人均收入为 800 元,请预测 1996 年该产品的销售是多少？

表 6-4　某企业耐用消费品的销售和人均年收入的关系

年　　度	1990	1991	1992	1993	1994	1995
人均年收入(百元)	2	3	4	5	6	7
某耐用消费品销售(万件)	7	9	8	12	13	15

解：根据上述资料,描点作坐标图,分析二者的相关关系。如图 6-4 所示。

从图 6-4 可见,变量 x 与变量 Y 密切相关,随着人均收入的增长,某种耐用品的销售也随之增长,二者存在线性关系,根据这种关系,可对 1996 年的产品销售量运用一元线性回归分析的模型进行预测。

根据以上提供的资料,代入一元线性回归分析模型进行回归分析计算,见表 6-5,计算

$\sum x_i$、$\sum y_i$、$\sum x_i^2$、$\sum x_i y_i$ 的值。

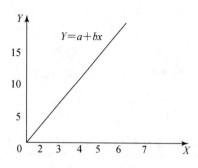

图 6-4 直线回归图

表 6-5 回归分析计算表

年 份	x_i	y_i	x_i^2	$x_i y_i$
1990	2	7	4	14
1991	3	9	9	27
1992	4	8	16	32
1993	5	12	25	60
1994	6	13	36	78
1995	7	15	49	105
$n=6$	$\sum x_i = 27$	$\sum y_i = 64$	$\sum x_i^2 = 139$	$\sum x_i y_i = 316$

将表 6-5 中的有关数据代入公式得:

$$\overline{X} = \frac{27}{6} = 4.5$$

$$\overline{Y} = \frac{64}{5} = 10.67$$

$$b = \frac{316 - 4.5 \times 64}{139 - 4.5 \times 27} = 1.6$$

$$a = 10.67 - 1.6 \times 4.5 = 3.47$$

$$y = 3.47 + 1.6 \times 8 = 16.27 (万件)$$

∴ 1996 年该产品的销售为 16.27 万件。

另外,一元线性回归分析法也可用于时间序列分析。当收集到的统计资料数据为时间序列资料(此时变量 x 代表时间)且时间序列资料呈线性关系时,仍可采用回归分析的预测模型进行预测。但需注意的是,为简化 a、b 的计算过程,令 $\sum x_i = 0$,此时回归系数的计算公式为:

$$\begin{cases} a = \dfrac{\sum\limits_{i=1}^{n} y_i}{n} \\ b = \dfrac{\sum\limits_{i=1}^{n} x_i y_i}{\sum\limits_{i=1}^{n} y_i x_i^2} \end{cases} \quad (6-7)$$

在进行具体计算时,为了保证令 $\sum x_i = 0$,如果已有的资料期数 n 是奇数,可以将 x 的间隔期取为 1,并将 $x=0$ 放在资料的中央期,在中央期以上为负,在中央一期以下为正。然后按 $-7、-6、-5、-4、-3、-2、-1、0、1、2、3、4、5、6、7$ 的次序排下去。若时间序列资料期 n 是偶数,取 x 的间隔期取为 2,将 $x=-1$ 和 $x=1$ 分别置于资料期中央的上下两期,即是将 $x=0$ 定在中央两期中间,每个间隔差距为 2,然后按 $-7、-5、-3、-1、1、3、5、7$ 的次序排列下去。

例5 某企业 1990—1994 年的销售额如表 6-6 所示,请对 1995 年的销售额进行预测。

表 6-6　某企业 1990—1994 年的销售额

年　　度	1990	1991	1992	1993	1994
销售额(万元)	45	50	55	50	60

解:列表 6-7,计算 $\sum y_i$、$\sum x_i^2$、$\sum x_i y_i$ 的值。

表 6-7　$\sum y_i$、$\sum x_i^2$、$\sum x_i y_i$ 的计算表

N	y_i	x_i	x_i^2	$x_i y_i$
1	45	-2	4	-90
2	50	-1	1	-50
3	55	0	0	0
4	50	1	1	50
5	60	2	4	120
	$\sum y_i = 260$	$\sum x_i = 0$	$\sum x_i^2 = 10$	$\sum x_i y_i = 30$

将表中的有关数据代入公式(6-7)得:

$$a = \frac{\sum_{i=1}^{n} y_i}{n} = \frac{260}{5} = 52, \quad b = \frac{\sum_{i=1}^{n} x_i y_i}{\sum_{i=1}^{n} x_i^2} = \frac{30}{10} = 3$$

所以 1995 年的销售预测值为:

$$Y = a + bx = 52 + 3 \times 3 = 61(万元)$$

各种预测方法都有自己的范围与局限性,运用时应根据企业自身的具体条件、预测目的、预测对象及预测时间长短等择优选用,同时注意定性与定量的结合,相互验证,减少误差,得出最合理的预测结果。

引导案例

新永集团是一家多元化大型企业集团,主要业务集中于食品加工、现代农业开发、房地产、医药和餐饮服务业。成立于 20 世纪 80 年代初,经过 30 年发展,已经成为资金实力雄厚、拥有大批专业技术人员的跨地区、跨行业的综合性企业集团。凭借在农业开发方面所具备的丰富土地资源和大量优质草场,集团高层将目光投向了乳品行业,并邀请专业机构做市场调查分析。首先进行全面、细致的全国乳品行业调研,获得第一手的数据资料;其次在调

查报告的基础上明确行业成功的关键因素;结合关键成功因素,从新永集团自身的资源和能力方面进行评估,客观公正地分析战略、营销、生产、供应链等方面面临的挑战。通过市场分析,新永集团认识到了乳品行业的真实一面,及时更正了该项投资意图,使集团及时避免了一次经营陷阱。

6.2 产品策略和定价策略

6.2.1 产品策略

1. 产品整体概念

(1) 产品整体概念。研究产品策略,首先必须明确什么是产品。产品概念分为广义的和狭义的两种。广义的产品即市场营销学所说的产品,是指人们通过购买或租赁所获得的能满足需要的任何事物。它包括实物、服务和主意等,是有形产品和无形产品的统一体。

因此,市场营销学所讲的产品是一个整体概念,包含三个层次的内容:核心产品,形式产品,附加产品。市场营销学关于产品的整体概念如图 6-5 所示。

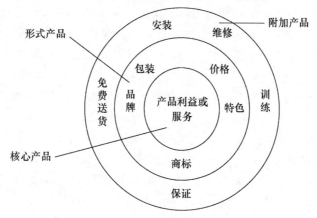

图 6-5 产品整体概念

① 核心产品。这是购买者购买某种产品时所追求的主要利益,是消费者需要的中心内容。例如,顾客购买照相机,不是为了得到一个铁匣子,而是要从中得到丰富业余文化生活和留下良好的形象以作纪念的需要。核心产品是产品整体概念中最基本、最主要的部分。

② 形式产品。形式产品主要包括产品的品种、规格、式样、花色、形状、品牌、包装等方面的内容,是购买者需求的不同满足形式。

③ 附加产品。这是购买者在购买形式产品时所获得的全部附加服务和利益,能给购买者以更大的满足。其内容主要包括保证(如实行"三包"、"三保"等)、安装、送货、维修、提供信贷等。

(2) 树立"整体产品"观念的意义。

① 有利于贯彻实施以消费者为中心的营销思想。现代市场营销强调以消费者为中心,

必须落实到实处。如何才能落到实处？这就要从贯彻产品整体概念着手，产品整体概念要求从产品的各个方面去考虑和满足消费者需要，这正是以营销思想作指导的具体体现。

② 有利于产品的完善，增强竞争能力。确立了产品整体概念，企业就可以自觉地从产品的各个方面去寻找问题，加以改进和完善，增强市场竞争力，立于不败之地。

③ 有利于产品的最终实现。产品的最终实现，不是取决于生产者，而是取决于消费者，消费者是现代市场的主宰，只有消费者愿意接受的产品才能最终实现。而消费者对产品的要求往往又是多方面的，因此，要确保产品顺利实现，企业不仅要在产品的第一层次上使消费者满意，还应在产品的第二、三层次上同样使消费者感到满意。只有从产品整体上使消费者满意了，该产品才能最终加以实现。过去，我国许多企业缺乏对产品整体概念的认识，往往只抓产品的第一层次，忽视了产品的第二、三层次，导致许多产品难以最终实现。如家具只讲结实耐用，不讲式样美观；服装只讲经穿耐磨，不讲款式新颖等，就会造成大量产品滞销积压。因此，为使产品得以最终实现，明确产品整体概念是必不可少的。

(3) 整体质量观念。整体质量即大质量。产品整体概念确立以后，我们应提出另一个新的概念——大质量。与产品整体概念的三个层次相对应，大质量概念也包含三个层次：内在质量，即核心产品的质量，也称第一质量；外在质量，即形式产品的质量，也称第二质量；服务质量，即附加产品的质量，也称第三质量。

传统的质量概念只包含产品的性能、耐用、可靠，而对产品的美观适用、服务周到等则基本排斥在外，实际上这只是大质量概念中第一质量所包含的内容，这给企业经营带来很大的不利，正是这种旧质量观念的影响，我国许多企业只重视产品的内在质量，不重视产品的外在质量和服务质量，致使许多产品在国内外市场因式样、包装、服务等方面不佳而卖不出去，或者卖出去了却卖不出好价钱。外商评价我国某些出口产品是"一等质量（指内在质量）、二等包装、三等价格"。因此，面对当代市场的激烈竞争，我国企业必须树立新的质量观念——大质量观念。

所谓树立大质量观念，就是要求企业在经营中全面考虑产品的三层质量，既要抓好第一层次的质量，同时也不能忽视第二、三两个层次的质量，做到以第一质量为重点，三层质量一起抓。在一定条件下，提高第一质量总是有限的，提高第二、三质量则潜力无穷，因此，树立大质量观念就能够更好地解决产品适销对路的问题。

值得注意的是，当前国际市场上正出现一种新趋势，这就是许多消费者对商品的质量要求，从把"第一质量"放在首位转向"第一、二质量"并举，部分商品的"第二、三质量"已经或正在超过"第一质量"，成为消费者更注意的质量。例如，人们对时装、礼品等商品的第二质量比第一质量更看重。正是从这种趋势看，我们强调企业树立大质量观念具有更现实、更重要的意义。

2. 产品组合策略

(1) 产品组合的概念。产品组合是指一个企业在一定时期内生产经营的全部产品线、产品项目的组合方式。

这个定义中的产品线是指具有相同的使用功能，但其规格、型号不同的一组类似产品项目。产品项目是指产品线中按规格、外形、价格等区分的产品品种。如一个大型服装厂生产各种服装，男装、女服、童装构成了产品组合。其中女服是一条产品线，这条产品线中的西服、大衣、衣裙等分别是产品项目。

产品组合包含四个因素：宽度、长度、深度和关联度。产品组合的宽度是指一个企业所拥有的产品线的总数。产品线越多，企业产品组合的广度就越宽；产品组合的长度是指一个企业的产品项目总数；产品组合的深度是指一个企业每条产品线上平均具有的项目数。它等于产品组合的长度除以宽度。例如某企业有四条产品线，它们的产品项目数分别是6、8、5、3，则该企业的产品组合的宽度为4，长度为22，深度为5.5。产品的关联度是指一个企业的各个产品大类在最终用途、生产条件、销售渠道等方面的相关程度。

（2）产品组合策略。产品组合策略就是企业根据其经营目标和市场竞争环境，对产品组合的宽度、深度和关联度进行选择，使之形成最佳的产品组合。企业在调整和优化产品组合时，依据情况不同，可选择如下策略。

① 扩大产品组合策略。它包括两个方面的内容：一是扩大产品组合的宽度，二是发掘产品的组合深度。一般当企业预测到现有产品线的销售额和利润额在未来一段时期内有可能下降，或认为某一行业有发展的新机会，就应考虑在现有产品组合中增加产品线，或加强其中有发展前景的产品线；当企业打算增加产品特色，或为更多的细分市场提供产品时，则可选择在原有产品线中增加产品项目。一般而言，扩大产品组合策略，可以更加充分地利用企业资源，分散经营风险，提高竞争能力。但不足之处就是容易分散经营者的精力，增加管理困难。

② 缩减产品组合策略。它是指企业从产品组合中剔除那些获利小的产品线或产品项目，即缩小产品组合的深度和宽度，集中经营那些获利最多的产品线和产品项目，这种策略通常是在经营状况不景气，或者市场环境不佳时采用。

③ 产品延伸策略。它是指全部或部分地改变公司原有产品的市场定位，增加经营档次和经营范围。具体做法有向下延伸、向上延伸和双向延伸三种。

- 向下延伸是指企业原来生产高档产品，后来决定生产低档产品。采取向下延伸策略的主要原因是原有的高档产品在市场受到竞争者的威胁，本企业产品在该市场的销售增长速度缓慢，因此不得不向下延伸，以寻找新的经济增长点。
- 向上延伸是指企业原来生产低档产品，后来决定增加高档产品。采取向上延伸策略的主要原因：一是高档产品的需求增长较快；二是中、高档产品还存在市场的空白；三是企业追求高、中、低齐备的产品线，以使自己生产的产品品种更丰富、更全面，从而占领更多的市场。
- 双向延伸。双向延伸是指企业原来生产中档产品，现在同时向高档产品和低档产品延伸，以扩大市场份额。

3．品牌与包装策略

（1）品牌。

① 品牌的含义。品牌是指用来识别产品或企业的某种特定的标志，通常以某种名称、记号、图案或其他识别符号所构成。一般包括品牌名称和品牌标志两部分。品牌名称是指品牌中可用语言称呼的部分。如"海尔"、"可口可乐"、"剑南春"等。品牌标志是指品牌中可以被认知，但不能用语言称呼的部分。品牌标志通常为某种符号、象征、图案或其他特殊的设计，如"海尔"产品中两个拥抱的儿童形象，麦当劳快餐店的金色大M招牌等。

② 商标。商标是一个法律名词，是经过政府有关部门注册登记，受到法律保护的品牌或品牌的一个部分。未经注册的品牌不是商标，不享有专用权，也不受法律保护。商标不能

与品牌等同。所有的商标都是品牌,但并非所有的品牌都是商标,二者的区别在于是否经过一定的法律程序。

③ 品牌策略。企业的品牌策略是指企业如何使用品牌,以达到一定的营销目的。企业在进行品牌决策时一般可以做出以下几种选择。

● 有无品牌策略。即决定是否给产品规定品牌名称,通常是根据产品的性质、消费者购买习惯及权衡使用或不使用的利弊大小来决定。下列产品可以采用无品牌与商标的策略:尚未定型,属于试产、试销产品;临时性产品、一次性产品;小范围内销售的产品;生产工艺简单、无技术标准的产品;超市出售的简装、价廉的产品;均质的产品,如自来水、煤气、电力等;消费者习惯上只认货不认品牌的商品,如盐、粮食等。

● 品牌使用者策略:决定用本企业的牌号,还是用经销商的牌号,或一部分产品用本企业的牌号,另一部分产品用经销商的牌号,这叫做品牌使用者策略。有三种可供选择的决策,即:企业可以决定使用自己的品牌,这种品牌叫做企业品牌、生产者品牌、全国性品牌;企业还可以决定将其产品大批量地卖给中间商,中间商再用自己的品牌将货物转卖出去,这种品牌叫做中间商品牌或私人品牌;企业还可以决定部分产品用自己的品牌,部分产品用中间商品牌。

● 家族品牌策略:决定企业的各种产品使用一个或几个品牌,还是分别使用不同的品牌,这叫做家族品牌策略。家族品牌策略有以下四种:个别(差异化)品牌名称,即企业决定其各种不同的产品分别使用不同的品牌名称;统一品牌名称,即企业决定其所有的产品都统一使用一个品牌名称,例如美国通用电气公司的所有产品都统一使用"GE"这个品牌名称;各大类产品单独使用不同的品牌名称,例如希望集团针对其饲料使用"希望"牌,但对其火腿肠、白酒却采用"美好"这个品牌名称;企业名称与个别品牌名称并用,即企业决定其各种不同的产品分别使用不同的品牌名称,而且各种产品的品牌名称前面还冠以企业名称,如海尔对它的冰箱系列产品推出时,就用了"海尔—大王子"、"海尔—帅王子"、"海尔—小王子"的策略。

● 品牌扩展策略。它是指企业利用其成功品牌名称的声誉来推出改良产品或新产品,包括推出新的包装规格、香味和式样等。还有一种品牌扩展,即企业在其耐用品类的低档产品中增加一种式样十分简单的产品,以宣传其品牌中各种产品的基价很低。

● 多品牌策略。它是指企业同时经营两种或两种以上互相竞争的品牌。例如,中国的五粮液酒厂生产的白酒有"五粮液"、"五粮醇"、"五粮春"等不同品牌。

● 品牌重新定位策略。这是指某一个品牌在市场上的最初定位即使很好,随着时间推移也必须重新定位。这主要是因为以下情况发生了变化。竞争者推出一个品牌,把它定位于与本企业相同的细分市场,侵占了本企业的品牌的一部分市场,使本企业的品牌的市场占有率下降;有些消费者的偏好发生了变化。

(2) 包装策略。

① 包装的含义。包装是指为产品设计的和制造的某种容器或包装物。这种容器或包装物就是包装。包装一般分为三个层次。一是内包装,即产品的直接包装。二是次要包装,即保护首要包装的包装物。三是装运包装,即为了便于储运、识别某些产品的外包装。

② 包装策略。产品的包装对于促进消费有着重要的作用,在确定产品包装时必须选择适当的包装策略。常用的包装策略有如下几种。

- 相似包装策略,即企业生产的各种产品,在包装上采用相似的图案、颜色,体现共同的特征。
- 差异包装策略,即企业的各种产品都有自己独特的包装,在设计上采用不同的风格、色调和材料。
- 相关包装策略,即将多种相关的产品配套放在同一包装物内出售。
- 复用包装策略或双重用途包装策略,即在包装内产品用途之外,包装本身还可作其他用途使用。
- 分等级包装策略,即对同一种商品采用不同等级的包装,以适应不同的购买力水平。
- 附赠品包装策略,即在包装上或包装内附赠奖券或实物,以吸引消费者购买。
- 改变包装策略,当某种产品销路不畅或只使用一种包装时,企业可以改变包装设计、包装材料,使用新的包装。

6.2.2 定价策略

1. 影响定价的因素

企业定价策略是市场营销组合中最重要的因素之一,也是决定企业经营状况与效益的关键要素。企业营销活动能否成功,在一定程度上取决于定价的合理性。因此,价格通常是影响产品销售的最直接、最重要因素之一。价格的制定一方面以产品的价值为基础,另一方面又受市场供求和各种市场环境因素影响。因此,企业在灵活运用定价策略时,必须充分考虑影响定价变动的各种因素。一般影响定价的因素主要有三个方面:

(1) 产品成本。任何企业都不能随心所欲地制定价格,某种产品的最高价格取决于市场供求和竞争对手,最低价格取决于成本。从理论上说,成本是定价的下限。从厂家和商家来看,在正常情况下,定价不应低于成本,否则将无法维持生产和经营。但在特殊情况下,下限可能突破。

(2) 市场需求。在产品最高价格和最低价格的区间,企业选择不同的点,会导致不同的需求量,并对营销目标产生不同的影响。

首先,要注意需求弹性。典型表现是产品价格较高可能使需求量减少,价格较低可能使需求量增加;消费者收入降低可能使需求量减少,收入提高可能使需求量增加。其次,注意供求关系。供过于求,产品将降价;供不应求,产品将抬价。

特别注意:需求的多少与收益并非一定呈正比,但是定价必须考虑需求因素的约束;一般来说,预定规模的消费者或用户的最大价格承受能力,是定价的上限。

(3) 竞争。在产品最高价格和最低价格这一幅度内,企业如何定价,则取决于竞争对手同种产品的价格水平。企业必须了解同行竞争者产品的质量和价格,与竞争产品比质比价,就可以更准确地制定本企业产品的价格。

具体做法有三种:两者质量较接近,价格大体一样;本企业产品质量较差,价格就应更低;本企业产品质量较好,价格就可以更高。

2. 确定定价目标

对任何一种商品价格的制定过程进行调查,我们都会发现,价格的制定总是具有明确的目标。归纳起来,常见的目标有维持生存、获取利润、保持销量、应对竞争等。

(1) 以企业生存为目标。当企业自身存在较大的问题(如经营管理不善、产品进入衰退期、生产成本太高、销售渠道阻塞、人力资源匮乏等),并由此引发危机时,往往需要把维持生存作为制定价格的主要目标。在这种特殊的阶段,赢得生存比获取利润更为重要。为了确保生存,企业只能以较低的价格刺激和吸引消费。生存目标的要求是弥补可变成本和一部分固定成本,不是利润。

(2) 以获取利润为目标。利润是企业从事经营活动的直接动力和最终目的,也是企业生存和发展的必要条件,因此,利润目标为大多数企业所采用。由于企业的经营思想及营销的总目标不同,以利润为目标可分为三个层次。较低层次——预期收益目标,即投资收益加上一定的利润;中间层次——适当利润目标,即力求合理而不一定最大的收益;较高层次——最大利润目标,即获取尽可能多的利润。有些企业希望制定一个能使当期利润最大化的价格。它们在估计需求和成本的基础上,选择一种价格,使之能产生最大的当期利润、现金流量或投资报酬率,迅速积累资金。一般来说,具有垄断性的企业和产品才能采用这种定价目标。

(3) 以销量为目标。扩大销量的目的是提高市场占有率。市场占有率被许多企业看成是市场营销的生命线,因为大多数企业确信赢得最高的市场占有率之后将往往意味着享有最低的成本和最高的长期利润。所以,企业制定尽可能低的价格来追求市场占有率领先地位。例如企业计划在一年内将其市场占有率从10%提高到15%。为实现这一目标,企业就要做出相应的降价决策。

当具备下述条件之一时,企业就可考虑通过低价来实现市场占有率的提高:市场对价格高度敏感,因此低价能刺激需求的迅速增长;生产与分销的单位成本会随着生产规模的扩大或生产经验的积累而下降;低价能对现有的和潜在的竞争者造成威胁。

(4) 以竞争为目标。以竞争为目标就是与竞争者所提供的产品比质比价,更准确地制定本企业产品的价格。价格是企业参与竞争的重要条件,按竞争程度,可以把市场竞争分为完全竞争、完全垄断、不完全竞争三种情况。在不同竞争情况下,企业定价对策不同。

定价是一种挑战性行为,任何一次价格制定都会引起竞争者的关注,并导致竞争者采取相应的对策,从而引发一轮竞争。在这种对抗中,竞争力强的企业有较大的定价自由,竞争力弱的企业定价的自主性就小,通常只能追随领先者。

3. 定价方法

企业产品价格的高低要受市场需要、成本费用与竞争状况三方面因素的影响和制约,因此,从三方面的不同侧重出发,大体上可把定价方法分为三大类:成本导向定价方法、需求导向定价方法和竞争导向定价方法。

(1) 成本导向定价方法。成本导向定价法是以产品成本作为定价的基本依据,具体形式主要有成本加成定价法、目标定价法、边际贡献定价法、盈亏平衡定价法。

① 成本加成法。这是在单位产品成本的基础上加上一定比例的预期利润构成价格。即按照产品的总成本确定价格,常用平均单位成本加上若干百分比利润(加成的含义就是一定比率的利润)。成本加成定价公式为:

$$单位产品价格 = 单位产品成本 \times (1 + 加成率)$$

例如,某手表厂生产某品牌石英表单位成本为120元/只,加成率为50%,则每只手表价格为 $120 \times (1 + 50\%) = 180(元)$。

零售企业往往以售价为基础进行加成定价。其加成率的衡量方法有两种：
- 用零售价格来衡量，即加成（毛利）率＝毛利（加成）/售价；
- 用进货成本来衡量，即加成率＝毛利（加成）/进货成本。

成本加成定价法颇受企业界欢迎。主要原因是：
- 成本的不确定性一般比需求的不确定性低，将价格盯住单位成本，可以大大简化企业定价程序，而不必根据需求情况的瞬息万变而作调整。
- 只要行业中所有企业都采取这种定价方法，则价格在成本与加成相似的情况下也大致相似，价格竞争也会因此减至最低限度。
- 许多人感到成本加成法对买方和卖方都比较公平，当买方需求强烈时，卖方不会利用这一有利条件谋取额外利益仍能获得公平的投资报酬。成本加成定价法的缺陷是忽视了需求弹性。

② 目标收益法（目标定价法）。这是根据总销售收入（销售额）和估计的产量（销售量）来确定目标收益率，制定价格。其计算公式为：

$$单位产品价格＝总成本×(1＋目标利润率)/预计销售量$$

目标收益法的缺陷是：企业必须以预计销量倒推价格，但价格却又恰恰是影响销量的重要因素。因而就可能出现达不到预计销量，实现不了预期目标收益的情况。这种方法适用于产品市场潜力很大，而需求价格弹性不大，市场占有率较高的企业或垄断企业。

③ 边际贡献定价法，又称高于变动成本定价法。这是指不计算固定成本，而以单位变动成本作为定价基本依据，加入单价产品贡献，形成产品售价。单位产品贡献是指产品单价扣除单位变动成本后的余额，即：

$$单价产品贡献＝产品单价－单价变动成本$$

边际贡献，是指预计的销售收入减去变动成本后的余额。当边际贡献等于固定成本时，即可实现保本价格；当边际贡献大于固定成本时，即可有盈利；当边际贡献小于固定成本时，企业就会出现一定程度的亏损。边际贡献定价法的公式为：

$$单位产品价格＝(总变动成本＋边际贡献)/总销售量$$

边际贡献定价法的优点是：易于在各种产品之间合理分摊固定成本费用；有利于企业选择和接受市场价格，从而提高企业的竞争能力；根据各种产品贡献的多少安排企业的产品线，易于实现最佳产品组合。

这种方法一般在市场商品供大于求，卖方竞争十分激烈时采用。因为，不同此于售价过高而滞销或丧失市场信息，还不如暂时不计算固定成本，尽力维持生产经营，减少企业损失。只要产品单价不低于单位变动成本，生产可以维持，如果产品单价低于单位变动成本，则生产越多亏损越多。

④ 盈亏平衡定价法，即保本点定价法，它是按照生产某种产品的总成本和销售收入维持平衡的原则来制定产品的保本价格。其计算公式为：

$$单位产品价格＝单位固定成本＋单价变动成本$$

这种定价方法使企业不能得到收益，是在市场不景气，为避免更大的损失时，企业为维持生成而采取的权宜之策。

（2）以需求为导向的定价方法。这是以市场需求状况和消费者对产品价值的认识程度来确定产品价格的一种定价方法。在具体运用中，主要有认知价值定价法和需求差别定价法。

① 认知价值定价法（理解价值定价法）。这就是企业根据购买者对产品价值的认知和理解（"值多少钱"）为定价依据来制定价格。现实购买中，顾客往往是根据对价值的认知和感受而不是产品的实际成本去决定同意付出的价格。

认知价值定价的关键和难点是企业要确定产品在市场上的认知价值。即

- 对顾客的认知价值做出正确的估计和判断。企业如果过高地估计认知价值，便会定出偏高的价格；如果过低地估计认知价值，则会定出偏低的价格。为准确把握市场认知价值，必须进行市场营销调研。
- 用营销手段中的各种非价格因素对顾客的认知价值做出有效引导。如利用产品形象、促销活动和网点选择等，对顾客施加影响，使他们形成既定的"认知价值"。

② 需求差别定价法（差别取价法）。这主要是根据消费者不同的需求强度、不同的购买力、不同的购买地点、不同的购买时间等方面的差异来确定不同价格。

（3）以竞争为依据的定价方法。这是以竞争产品的价格为定价依据，随市场竞争状况的变化确定和调整价格的定价方法。主要有以下两种：

① 随行就市定价法。这是指企业按照行业的平均现行价格水平来定价。在以下情况下往往采取这种定价方法：

- 难以估算成本；
- 企业打算与同行和平共处；
- 如果另行定价，很难了解购买者和竞争者对本企业的价格的反应。不论市场结构是完全竞争的市场，还是寡头竞争的市场，随行就市定价都是同质产品市场的惯用定价方法。

在完全竞争的市场上，销售同类产品的诸多企业在定价时实际上没有多少选择余地，只能按照行业的现行价格来定价。某企业如果把价格定得高于时价，产品就卖不出去；反之，如果把价格定得低于时价，也会遭到削价竞销。

在异质产品市场上，企业有较大的自由度决定其价格。产品差异化使购买者对价格差异的存在不甚敏感。企业相对于竞争者总要确定自己的适当位置，或充当高价企业角色，或充当中价企业角色，或充当低价企业角色。总之，企业总要在定价方面有别于竞争者，其产品策略及市场营销方案也尽量与之相适应，以应付竞争者的价格竞争。

② 密封投标定价法。这是买方引导卖方通过竞争确定成交价格的一种方法。买方公开招标，卖方密封投标参与比价。这种价格是供货企业根据对竞争者的报价的估计制定的，而不是按照供货企业自己的成本费用或市场需求来制定的。供货企业的目的在于赢得合同，所以它的报价应低于竞争对手（其他投标人）的报价。

特别注意：供货企业不能将其报价定得低于边际成本，以免使其经营状况恶化。如果企业报价远远高出边际成本，虽然潜在利润增加了，但却减少了取得合同的机会。

企业在确定最后价格时还须考虑更多的因素。如定价政策，法律，法规，分销商的意见，销售人员的意见，竞争对手可能的反应等。

4. 定价策略

定价策略是指在制定价格和调整价格的过程中，为实现企业的营销目标而采取的定价艺术和定价技巧。企业必须善于根据市场状况、产品特点、消费者心理和营销组合等因素，正确选择定价策略。

(1) 新产品定价策略。定价策略一般要随着产品生命周期的变化而相应改变。由于事关新产品的市场前景,处于介绍期的新产品的定价自然是一个十分重要的问题。常用的新产品定价策略主要有以下形式。

① 市场撇脂定价法(高价策略)。企业研制出的新产品,开始推出时以尽可能高的价格投入市场,以求得最大收益,尽快收回投资。

采用这种撇脂定价法的条件是:产品的质量与高价格相符;要有足够的顾客能接受这种高价并愿意购买;竞争者在短期内不易打入该产品市场。

市场撇脂定价法的优点是:新产品初上市,奇货可居,可抓紧时机迅速收回投资,再用以开发其他新产品;价格开始定高些,有较大回旋余地,可使企业在价格上掌握主动权,根据市场竞争的需要随时调价;企业可根据自己的生产供应能力,用价格调节需求量,避免新产品断档脱销,供不应求;可提高产品身价,树立高档产品形象。

② 市场渗透定价法(低价策略)。与市场撇脂定价法相反,市场渗透定价法是在新产品介绍期制定较低价格,以吸引大量顾客,迅速占领市场,取得较大的市场份额。

采用市场渗透定价法的条件是:目标市场必须对价格敏感,即低价可扩大市场,促进销售;生产和分销成本必须能随销售量的扩大而降低。

市场渗透定价法的优点是:可促使新产品迅速成长,打退竞争对手,自己则通过扩大生产,降低成本,薄利多销,来保证长期的最大利润。但是,如果需求的价格弹性不大,扩大生产和降低成本的可能性很小,则不可采取这种策略。

③ 满意定价策略。产品的基本价格制定后,企业还要依据市场需求和产销的具体情况,随时对基本价格进行调整,以达到营销目标。这主要有折扣和折让定价、差别定价、心理定价和地区定价等几种策略。

(2) 折扣和折让定价。在定价过程中,可先定出一个基本价格,然后再用各种折扣和折让来刺激中间商和用户,以促进销售。市场上常用的折扣和折让主要有以下几种:

① 现金折扣。在赊销的情况下,卖方为鼓励买方提前付款,按原价给予一定折扣。例如,顾客应在30天必须付清货款,如果10天内付清货款,则给以2%的折扣。

② 数量折扣。为刺激客户大量购买而给予的一定折扣,购买量愈大,折扣愈大,但折扣数额不可超过因批量销售所节省的费用额。数量折扣包括:一次性数量折扣,即一次购买某种产品达到一定数量或购买多种产品一定金额时所给予的折扣优惠,其目的是鼓励顾客大批量购买,促进产品多销、快销;累计数量折扣,即指顾客在一定时间内,购买商品若达到一定数量或金额,则按其总量给予一定折扣,其目的是鼓励顾客经常向本企业购买,成为可信赖的长期客户,在我国通常称为"批量差价"。

③ 功能折扣。也称交易折扣,指制造商给中间商的折扣。具体会因不同的分销渠道所提供的服务不同,给予不同折扣;因批发商和零售商的功能不同,折扣也不同。

④ 季节折扣。也称季节差价,是制造商为保持均衡生产、加速资金周转和节省费用,鼓励客户淡季购买,按原价给予的一定折扣。例如,滑雪橇制造商在春夏季给零售商以季节折扣,以鼓励零售商提前订货;旅馆、航空公司等在淡季营业额下降时给旅客以季节折扣。

⑤ 折让。折让根据价目表给顾客以价格折扣的一种类型,也是减价的一种形式。例如,一辆小汽车标价为4 000元,顾客以旧车折价500元购买,只需付给3 500元。这叫做以旧换新折让。如果经销商同意参加制造商的促销活动,则制造商卖给经销商的货物可以打折扣。这叫做促销折让。

(3) 差别定价。差别定价，就是对同一产品或服务定出两种或多种不同的价格，这种差价并不反映产品成本的变化，而是根据不同顾客、不同时间和场所来调整其产品价格。差别定价主要有以下几种形式：

① 对不同顾客群定不同价格。同一种商品，对某些顾客照价收款，而对另一些顾客则给予优惠，即根据具体情况灵活掌握售价。

② 不同的花色、式样定不同价格。例如，同一质量和成本的产品，因花色不同，需求量不同，定不同的价格。

③ 不同部位定不同价格。例如，同一头牛的肉，不同部位定价不同；同一个剧场的座位，前排与后排定价不同等。

④ 不同时间定不同价格。有些产品价格特别是饮食服务业的价格，可因季节、日期甚至同一天里的不同时间，定不同的价格。

实行差别定价的前提是：市场必须是可细分的，且各个子市场的需求强度不同；商品不可能从低价市场流向高价市场，即不可能转手倒卖；不会因价格的不同引起顾客反感而放弃购买；细分与控制市场的费用不应超过差别定价所带来的额外收入；差别价格必须合法（如有些国家法律禁止"价格歧视"），并得到社会公众的认同。

(4) 心理定价。心理定价是指企业定价时，利用顾客心理有意识地将产品价格定高些或低些，以扩大销售。

① 声望定价。有些名牌商品或著名企业，故意把价格定成整数或定高价，称为声望定价或整数定价。质量不易鉴别的商品最适合采用此法，因为消费者有崇尚名牌的心理，往往以价格来判断质量，认为高价格代表高质量。此外，艺术品、礼品或"炫耀性"商品的定价也必须有适当的高度，定价太低反而会卖不出去。当然，也不可过高，使买主难以接受。

② 参照定价。当顾客选购商品时，头脑中常有一个参照价格。参照价格可能是顾客已了解到的目前市场上这种产品的一般价格，也可能是把以前的价格当做参照价格。

③ 奇数定价。也称尾数定价，即尾数用奇数 5、7、9 定价，特别是用 9，如本应定价 100 元的商品，定价 99.99 元，虽然只低 0.01 元，却可给买者以价廉的感觉。

④ 促销定价。有些企业利用多数顾客有贪便宜的心理，将某几种商品定低价（低于正常价格甚至低于成本），或利用节庆日和换季时机举行"大甩卖"、"酬宾大减价"等活动，把部分商品按原价打折出售，以吸引顾客，促进全部商品的销售。例如，"原价 359 元，现价 299 元"。但如果将原价虚增后再打折扣欺骗顾客，应受到法律制裁。

6.3 销售渠道和促销策略

6.3.1 销售渠道策略

1. 分销渠道的概念

分销渠道，也称作分配渠道或配销通路，是指某种产品从生产者向消费者或用户转移过程中所经过的一切取得所有权（或协助所有权转移）的商业组织和个人。即产品所有权转移过程中所经过的各个环节连接起来形成的通道。分销渠道的起点是生产者,终点是消费者或用户,中间环节包括各种批发商、零售商、商业中介机构(交易所、经纪人等)。

2. 分销渠道的结构

(1) 长度结构。

① 渠道长度结构的定义。分销渠道的长度结构是指渠道中包括的中间商的层次数量,也就是通常所讲的渠道长度。按渠道长度的不同,可分为4种结构,如图6-6所示。

- 直接渠道也称"零层渠道",是指制造商直接把产品卖给消费者(或用户)。
  主要有:派推销员上门推销、邮寄销售、开设自销门市部、通过订货会或展销会与用户直接签约供货等形式。
- 一层渠道。制造商和消费者(或用户)之间,只通过一层中间环节,即消费者市场的零售商,或生产者市场的代理商或经纪人。
- 二层渠道。制造商和消费者(或用户)之间经过二层中间环节,即消费者市场的批发商和零售商,在生产者市场则可能是销售代理商与批发商。
- 三层渠道。在大批发商和零售商之间,再加上二道批发商,因为小零售商一般不可能直接向大批发商进货。此外,还有层次更多的渠道,但较少见。

以上4种模式,是就分销渠道的长度不同而言的,也可概括为直接渠道和间接渠道(后3种)两大类。直接渠道即产品从生产者流向最终消费者或用户的过程中不经过任何中间环节;间接渠道则是在产品从生产者流向最终消费者或用户的过程中经过一层或一层以上的中间环节,消费者市场多数采用这种间接渠道。

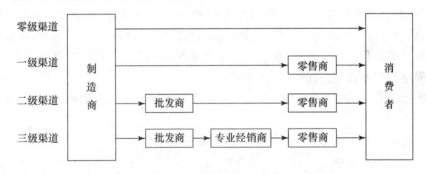

图6-6 四种渠道长度结构

② 不同长度渠道的特点。不同层次环节的多少是渠道的长短问题,即产品流通所经过的中间环节愈多,则渠道愈长;反之,则愈短。因此,从生产者到消费者的直接渠道是最短的,即使地理上相距千里。

长渠道的优点:企业的销售网络长,它的优点在于使企业的分销能力大大增强。例如企业在开发某一区域市场时,把产品销售给一个一级批发商,然后一级批发商再把产品分销给10个二级批发商,每一个二级批发商把产品再分销给50个零售店,向50个零售店铺货,很快企业就能够把产品摆上成百、上千个零售店的柜台,这样企业的分销能力就会变得很强。

企业的销售网络长也有它最重要的一个缺点:鞭长莫及。销售网络越长,企业对销售网络的控制能力就越差,企业可以控制一级批发商,但是一级批发商下面的二级批发商、零售商,企业就无法控制。如果企业无法控制二级批发商、零售商,就会给企业造成许许多多的问题,例如降价倾销、窜货等。

短渠道的优点：短渠道的优点在于企业对其控制能力很强。例如企业直接把产品卖给消费者,就不存在不正当竞争,就不会存在经销商之间压价、倾销、窜货这些问题。如果企业采用直营制,像可口可乐一样直接面向零售店铺货,那么就不存在降价倾销、窜货的问题。

短渠道最大的特点,也就是它的缺点：分销能力差。例如在上海市场上有4万家左右的零售店,如果企业要想直接面向4万家零售店铺货,那么企业该需要多少人呢？企业该需要多少费用呢？企业该需要多强的管理能力呢？

(2) 渠道宽度结构。

① 渠道宽度结构的含义。渠道宽度结构是指渠道使用同类中间商的数量。同一层次或环节的中间商多,渠道就较宽;反之,渠道就较窄。

② 渠道宽度的选择策略。根据同一层次中间商数目的多少,可以分为三种形式的渠道宽度的选择策略,即密集型分销、选择型分销和独家型分销。

● 密集型分销：通过较多的中间商,扩大市场覆盖面,或快速进入一个新市场。

优势：在密集分销中,由于销售网络的市场覆盖率高,从而最大限度地便利消费者,推动销售的增长。密集分销中最重要的假定之一就是对分销的占有率等同于对市场的占有率。产品的分销越密集,销售的潜力也就越大。

不足：在某一市场区域内,密集分销容易导致经销商之间为争夺市场机会而进行竞争,造成销售努力的浪费。竞争的结果常常会损坏企业的利益,例如经销商之间为了争夺销售机会而压价倾销,到处窜货,扰乱企业的市场秩序。竞争的加剧也会导致经销商对制造商忠诚度的降低,价格竞争的激烈又致使经销商对消费者服务水平的下降。同时,制造商所能提供服务的经销商数目总是有限的,制造商不得不花费大量的精力对经销商进行培训,对分销支持系统等进行评价,以便及时发现其中的不足。

● 选择型分销：委托部分中间商经销,重心是维护企业、产品的形象和声誉,巩固市场地位。

优势：选择分销比密集分销能够取得经销商的更大支持,同时又比独家分销能够给消费者购物带来更大的方便。

不足：选择分销中常见的问题是如何确定经销商的区域重叠度。区域重叠度决定着在某一给定区域内选择分销与独家分销、密集分销的接近程度。高重叠率会造成经销商之间的一些冲突,但可以给消费者以方便;低重叠率会增加经销商的忠诚度,但却降低了消费者的方便性。

● 独家型分销：在一定时间、一定地区,选择一家经销。通常双方订有协议——经销商不得经营竞争者的产品,企业也不得向其他中间商供应产品。目的是控制市场,彼此更加积极配合,强化产品形象。独家分销的特点是竞争程度低、市场覆盖率低。

优势：独家分销可以确保该经销商的利益,避免了与其他竞争对手作战的风险；能够调动经销商的积极性,而且从事独家分销的制造商还希望通过这种方式取得经销商强有力的销售支持,可以使经销商愿意增加销售开支和人员,以扩大自己的业务；可以有效地管理和控制经销商。

不足：如果企业只有一家经销商,那么市场掌握在经销商的手中,经销商就可能会挟市场以令企业。此外,由于缺乏竞争会导致经销商力量减弱,出现市场空白点,丧失许多销售机会。独家分销商在市场中占据垄断地位,因此容易使其认为他们可以支配顾客,对于顾客来说,独家分销使他们在购物时不太方便。

引导案例

宏鑫公司是国内生产电气设备的现代化高新技术企业,主要从事低压开关、断路器等产品的开发、生产、销售和服务,随着公司快速成长以及环境的变化,公司营销管理体系尤其是渠道管理问题越来越多,导致销售费用居高不下,营销效率持续低迷。宏鑫公司组织专人对其营销管理体系进行深入分析,找到了公司营销管理的瓶颈——渠道设计不合理,渠道管理能力差。针对此问题,宏鑫公司决定调整渠道设计,完善渠道管理,安排直销与经销不同管理模式,同时加强对中间商及终端客户的维护和管理,建立了规范的营销管理体系。同时,调整销售人员的绩效考核体系,把对经销商、终端客户的管理等纳入考核系统,促进销售绩效的整体提高。通过改善市场职能,保证营销工作有序发展,并始终处于企业的管控范围内。新方案实施之后,宏鑫公司的营销管理呈现高效有序的状态,公司对市场和销售的管理能力明显增强。

6.3.2 促销策略

1. 促销与促销组合

(1) 促销的概念及其作用。

① 促销的含义。促销是通过市场传播,传递企业或产品的存在及其性能、特征等信息,帮助顾客认识产品带给他的利益,从而达到引起顾客注意、使其产生兴趣并采取购买行为的过程。因此,促销的实质是卖方与买方之间的信息沟通。

② 促销的作用。促销在整个营销活动中具有不可忽视的作用。概括起来就是:传递信息,提供情报;突出特点,诱导需求;指导消费,扩大销售;滋生偏爱,稳定销售。

(2) 促销的主要方式。促销的主要方式分为四种:即人员促销、广告、公共关系、销售推广。这四种方式各有其特点,既相对独立,又紧密相连。必须合理搭配与组合,以达到更好的促销效果。

(3) 促销组合的概念。所谓促销组合,就是企业根据产品的特点和营销目标,综合各种影响因素,对各种促销方式的选择、编配和运用。促销组合是促销策略的前提,在促销组合的基础上,才能制定相应的促销策略。因此,促销策略也称促销组合策略。

2. 人员促销策略

(1) 人员促销的概念:是指推销人员深入中间商或消费者、用户,直接进行推荐、介绍,促使顾客购买。

(2) 人员推销的特点主要有以下三个:

① 直接性。同非人员推销相比,人员推销的最大特点是具有直接性,无论是采取推销人员面对面地与顾客洽谈,还是通过电话与顾客沟通,推销人员通过自己的声音、形象、动作或拥有的样品、宣传图样等直接向顾客展示、操作和说明,直接与顾客沟通交流。

②培养感情。人员推销可使买卖双方从单纯的买卖关系,发展到建立深厚的个人友谊,保持长期的关系,开展"关系营销"。

③迅速反应。人员推销能够及时得到对方的反应。因为人员推销具有上述特点,所以对某些处于一定销售阶段的产品,它是一种最有效的促销方式,特别在争取顾客偏好、建立顾客对产品的信任和促成交易等方面,有较显著的效果。但人员推销的缺点主要有两方面:其一是推销费用高。人员推销在西方是一种最昂贵的促销方式,如美国企业用于人员推销的费用,约等于广告费用的3倍。其二是影响范围有限。由于人员推销受人数和素质的限制,其活动范围有限,接触用户的面不如广告宣传传播广泛。

(3)人员推销的过程。人员推销过程主要包括以下几个阶段:

①寻找顾客。寻找潜在顾客的途径很多,既可通过推销人员的市场调查、观察、访问、查阅资料等途径直接寻找,也可通过广告或客户介绍、推销员之间的协作等途径间接寻找。

②接近准备。接近准备是指推销人员在接触目标顾客之前进一步了解顾客的情况,制定面谈计划,准备有关样品和物品等。

③接近顾客。接近顾客是指推销人员直接与目标顾客发生接触,以便成功地转入推销洽谈。接近的方法有自我介绍、亲朋引见、利益接近、提问接近等。

④推销面谈。推销面谈是指推销人员运用各种技艺和方法说服顾客购买的过程,是整个推销活动的关键环节。通过面谈,说服顾客,实现交易。

⑤回答异议。异议是顾客对推销人员提出的问题、意见和看法。推销人员只有处理好顾客异议,克服顾客为推销设置的障碍,才能取得推销成功。

⑥成交。成交是顾客接受推销人员的建议,做出购买行动和决策过程。在买卖双方的洽谈过程中,当顾客产生较强的购买欲望时,推销人员要善于抓住机会,促成交易。

⑦跟踪服务。产品销出后,推销活动并未结束,推销人员必须为顾客提供各种售后服务,这是人员推销的最后一个环节,也是新一轮工作起点,它能加深顾客对企业和产品的信赖,促成重复购买。

3. 广告

(1)广告的概念:广告是企业通过支付一定的费用,利用一定的传播媒体,向目标市场传递有关企业或产品的信息,以打动顾客购买的一种促销手段。

(2)广告的特点主要有以下三个:

①公众性。广告是一种高度大众化的信息传递方式。这一特点表明,它比较适用于供应大众的标准化产品的宣传。

②渗透性。广告是一种渗透性很强的信息传递方式,可多次重复同一信息,使受众易于接受和比较各企业所传播的信息。

③表现性。广告的表现手法多种多样,它可以把感情、兴趣、知识、利益等感性因素和理性因素艺术地结合起来,融为一体,极其富有表现力和说服力。

(3)广告媒体的类型。广告媒体种类繁多,一般可分为以下几类:

按人们感官接触的不同,可分视觉、听觉及综合三大类;

根据内容和目的划分,可将广告分为商品广告和企业广告;

根据广告传播的区域划分,可分为全国性广告和地区性广告;

按广告的形式划分,可分为文字广告和图画广告;

按媒体不同,可分为报纸广告、杂志广告、广播广告、电视广告、其他媒体广告等。
下面主要介绍视觉、听觉和综合类广告。

① 视觉类广告。
- 报纸广告:传播迅速,影响面大,能够留存作多次宣传,广告面积可大可小;印刷质量较差,表现手法局限性大,并随报纸时效失去广告作用。
- 杂志广告:杂志一般有较为固定、专一的读者,广告的针对性可以加强;保存时间较长,多次宣传的效果更好;印刷质量也较报纸要好。但是广告传播速度慢,影响范围较小。
- 年历、日历、月历广告:广告宣传的时间长,印制质量高;时间灵活性及对象选择性较差。
- 招贴广告:在街头张贴,可以深入街头巷尾、村落,造成促销气候;但是,宣传时间长短与气象关系密切,由于遭受风吹雨打招贴容易剥落。
- 传单广告:利用纸片传单形式发送,一般选择节假日、展销会举办日与特定时间散发。使用灵活,费用较低,有助于强化广告宣传气氛,但受时间、地点局限性大。
- 邮政广告:利用邮局代为发送,常见的有征订单、商业信函、产品宣传印刷品等。这种方式简便,内容详尽。
- 路牌广告:画面大,宣传时间长,但影响范围只限于经过的路人,能送达的对象相对要少。
- 车船广告:在车船等交通工具外部或内部涂制、张挂的广告,流动性大。
- 售货现场广告:利用商店橱窗、货架或店内其他空间,张挂、竖立、摆放,也叫POP(Point of Purchase)。这种广告方法灵活,形式多样,展示生动;广告场所与销售场所一致,有助于顾客当即购买。
- 霓虹灯、灯箱广告:色彩闪烁丰富,容易引起注意。
- 包装广告:利用产品本身的内外包装物及装潢做广告。广告与产品的包装装潢合二为一,广告的作用一直伴随着产品。
- 气球广告:采用大型氢气球高空悬吊的一种广告。容易引起周围广大地区顾客的注意和兴趣,广告内容一般只能非常简单。

② 听觉类广告。
- 广播广告:利用电台、广播播送。传播速度快,影响的空间广;可以配乐,可以朗诵,可配音响,听觉形象强;费用较低。但时间短促,不易记忆。
- 歌谣广告:把产品宣传文字谱成歌曲、戏曲,或编成民谣、口诀、顺口溜等,录制以后利用电台、广播或其他音响设备播放。乐感强,朗朗上口,容易引起注意,广为流传。

③ 综合类广告。
- 电视广告:可以同时运用活动画面、语言文字和音响效果,送达对象范围大,穿透力、渗透力强,印象深。但费用昂贵,时间短促。
- 电影广告:在电影正片之前放映的。特点与电视广告相同,但观看人数不及电视观众。
- 幻灯广告:画面静止,作用逊于电视及电影广告,制作容易,费用低廉,可另行配词配乐解说。

④ 录像广告：可灵活运用于各种场所。

(4) 广告媒体的选择。选择媒体类型除了考虑媒体类型所具有的特点以外，还需考虑一些其他因素。

① 消费者接触媒体的习惯。不同媒体会将广告信息传递给不同的对象，能达到目标顾客的才是最有效的媒体。企业究竟选择什么广告媒体以及广告内容，要以广告媒体所涉及的对象以及接触媒体的习惯为转移。

② 产品的性能和特点。不同的产品其性能、特点各不相同，这种差别影响着广告媒体的选择。如妇女服装和化妆品适合登在彩色的生活杂志上，而技术产品一般登在专业性杂志上。

③ 成本。各种媒体的成本费用差别很大，广告活动应考虑企业的经济负担能力。一般说来，广播、报纸广告成本较低、电视广告成本较高，选择哪种广告媒体，还要考虑费用水平和广告目标。

4. 公共关系

(1) 公共关系的概念。公共关系是指一个组织为改善与社会公众的关系状况，增进公众对组织的认识、理解与支持，树立良好的组织形象而进行的一系列活动。公共关系作为一种特殊的促销形式，其作用主要表现为：帮助企业与公众沟通，协调关系、化解矛盾，争取理解和支持，树立形象。

(2) 公共关系促销的特点。

① 真实感。大多数公众认为新闻媒体报导比较客观、真实，比广告更加可信。

② 新鲜感。公共关系的活动和报导可使企业和产品具有新鲜感，引人入胜。

③ 传达力强。许多人对广告等信息的传递本能地反感并有意识地回避。而公共关系活动中的宣传报道主要是以新闻形式出现，公众收看、收听和阅读的概率和兴趣较大，所以传达能力强。

(3) 公共关系促销的方式。企业常用的公关活动方式主要有：报导，组织和接待公众、顾客参观，访问客户，处理投诉，赞助公益事业和社会活动，进行消费教育，提供免费指导、咨询、培训等。

5. 销售推广

(1) 销售推广的含义。销售推广，也称营业推广，它是通过短期的刺激性手段说服和鼓励消费者，激发他们的购买欲望的除人员推销、广告和公共关系以外的营销活动。追求立竿见影，大张旗鼓，产生轰动效应。

(2) 销售推广的特点。相对人员推销、广告及公共关系等促销方式，销售推广具有以下特点：

① 刺激购买。销售推广一般都是通过提供某些优惠，来刺激和引诱顾客购买。因此最大特点在于强烈展示企业及品牌，产生较大吸引力，激励情绪，打破购买的惰性。

② 易引起顾客反感。销售推广的许多做法显得急于推销，频繁运用或使用不当会让人怀疑，甚至反感，自贬身价。

③ 短期效果。营业推广往往是为了推销积压产品，或是为了在短期内迅速收回现金和实现产品价值而采用的。因此，这种促销方式的效果也往往是短期的，如果运用不当，可能会使顾客对产品产生怀疑，不利于实现长期效果。

（3）销售推广的方式。销售推广的主要形式有：提供免费样品；有奖销售；折价赠券；展销；竞赛；津贴与奖金。

6.4 市场营销的新发展

随着营销实践的不断发展，营销理论也不可避免地要发生转变。当前是营销理念多元化发展的时期，营销理念在理论上出现了不同的新发展，从而与当前迅速发展的经济形势相适应。这些新发展主要有以下几个方面。

6.4.1 关系营销理论

目前，营销总体指导思想由顾客是上帝的理念向顾客是伙伴的理念转化。顾客是上帝，把顾客放在了第一位，说明企业已意识到了顾客需求的重要性，但是把顾客当成上帝是不够的。第一，上帝高高在上，不利于相互沟通，把顾客视为上帝拉大了企业与顾客的距离。第二，把企业与消费者的关系比喻成上帝与信徒之间的关系不恰当，企业与消费者之间是一种平等的交易关系。因而企业应转而确定顾客是伙伴的理念，与顾客建立合作伙伴关系。这种经营理念既有利于拉近企业与消费者的距离，方便沟通，又利于改善企业与顾客的关系，使顾客成为企业忠实的买主，进而影响新的顾客。一般说来，吸引新顾客的成本是维持现有顾客成本的7倍，所以，忠实顾客是企业的一笔巨大财富。

关系营销即由此而产生。关系营销(Relationship Marketing)一词是1983年Berry首先引入文献的，1985年巴巴拉·杰克逊在产业市场营销领域提出这个概念，他认为："关系营销是指获得、建立和维持与产业用户紧密的长期关系"。关系营销的基本观点是，企业要在盈利的基础上，识别、建立、维护和巩固企业与顾客及其他利益相关人的关系的活动。关系营销的实质是在买卖关系的基础上建立非交易关系，以保证交易关系能持续不断地确立和发生。

6.4.2 营销组合理论

传统的"4P"营销理论是1960年由美国密执根大学教授J.麦卡锡(McCarthy)提出的，他提出了市场营销中4个关键组合因素，即Product(产品)、Price(价格)、Place(渠道)、Promotion(促销)。他认为企业关键是要生产出质优的产品，制定适当的价格，通过对中间商的控制和促销活动，以使产品畅销，企业走向成功。针对"4P"理论，美国营销专家菲利普·科特勒于1984年提出了一个新的理论，他认为企业能够影响自己所处的市场营销环境，而不应单纯地顺从和适应环境。因此，除了市场营销组合的"4P"外，还应再加上两个"P"，即"权力"(Power)和公共关系(Public Relations)，成为"6P"，也就是说要运用政治力量和公共关系，打破国际或国内市场上的贸易壁垒，为企业的市场营销开辟道路，他把这种新的思想称为"大市场营销"。

除了大市场营销理论之外，营销学者劳特朋针对当前买卖双方的矛盾，进一步提出了以消费者欲望和需求(Consumer wants and needs)、消费者欲望与需求的满足成本(Cost to satisfy the wants and needs)、购买的方便性(Convenience to buy)、沟通(Communication)为四个营销要素组合的"4C"新理论,以取代传统的"4P"。"4C"理论主要强调:

(1) 瞄准消费者需求。企业要了解、研究、分析消费者的需要与欲求,而不是先考虑企业能生产什么产品。若产品不符合消费者的要求,营销活动也会失灵。

(2) 消费者所愿意支付的成本。厂商要了解消费者满足需要与欲求愿意付出多少钱(成本),而不是先给产品定价。

(3) 消费者的便利性。由于现代化的邮购、电话、电脑、信用卡等工具的普及,消费者更注重考虑购买的便利性。因此,企业要考虑为顾客购物提供方便,而不是先考虑销售渠道的选择和策略。

(4) 与消费者沟通。企业的营销要从购买者出发,促销不是决定因素,买卖双方的对话才是重要的。因此,应加强与顾客的沟通,让顾客能参与到生产过程中。通过互动、沟通等方式,将企业内外营销不断进行整合,把顾客和企业双方的利益无形地整合在一起。

总的来看,"4C"营销理论注重以消费者需求为导向,与市场导向的"4P"现象相比,"4C"现象有了很大的进步和发展。但从企业的营销实践和市场发展的趋势看,"4C"现象依然存在以下不足:

一是"4C"以顾客需求为导向,但对于顾客的需求是否合理则没有加以考虑。二是"4C"理论没有体现既赢得顾客,又长期拥有顾客的关系营销思路。针对"4C"理论的不足,近来,美国 Don E. Schultz 提出了"4R"(关联、反应、关系、回报)营销新理论,阐述了一个全新的营销四要素。

(1) 关联(Relevancy):与顾客建立关联。在竞争性市场中,顾客具有动态性,顾客忠诚度是变化的,他们会转移到其他企业。要提高顾客的忠诚度,赢得长期而稳定的市场,重要的营销策略是通过某些有效的方式在业务、需求等方面与顾客建立关联,形成一种互助、互求、互需的关系,把顾客与企业联系在一起,这样就大大减少了顾客流失的可能性。

(2) 反映(Reactivity):提高市场反应速度。在今天的相互影响的市场中,对经营者来说最现实的问题不在于如何控制、制订和实施计划,而在于如何站在顾客的角度及时地倾听顾客的希望、渴望和需求,并及时答复和迅速作出反应,满足顾客的需求。目前多数公司多倾向于说给顾客听,而不是听顾客说,反应迟钝,这是不利于市场发展的。

(3) 关系(Relation):关系营销越来越重要。在企业与客户的关系发生了本质性变化的市场环境中,抢占市场的关键已转变为与顾客建立长期而稳固的关系,从交易变成责任,从顾客变成伙伴,从管理营销组合变成管理和顾客的互动关系。

(4) 回报:回报是营销的源泉(Return or Respond)。对企业来说,市场营销的真正价值在于其为企业带来短期或长期的收入和利润的能力。一方面,追求回报是营销发展的动力;另一方面,回报是维持市场关系的必要条件。企业要满足客户需求,为客户提供价值,但不能做"仆人"。因此,营销目标必须注重产出,注意企业在营销活动中的回报,一切营销活动都必须以为顾客及股东创造价值为目的。

"4R"理论实质是一种以竞争为导向的理论,是着眼于企业与顾客需要而使企业获利,通过关联、反映、关系等形式与顾客建立起稳定和互相信赖的关系,从而使企业取得了竞争优势。

6.4.3 整体市场营销理论

1992年,市场营销学界的权威菲利普·科特勒提出了跨世纪的市场营销新观念——整体市场营销(Total Marketing)。他认为:"从长远利益出发,公司的市场营销活动应囊括构成其内、外部环境的所有重要行为者,他们是:供应商、分销商、最终顾客、职员、财务公司、政府、同盟者、竞争者、传媒、一般大众。"其内容主要有:

(1) 供应商市场营销。企业开展"供应商市场营销",一是要确定严格的资格标准以选择优秀的供应商,这些标准可以包括技术水平、财务状况、创新能力、质量观念等;二是要积极争取那些成绩卓著的供应商,使其成为自己的合作者。

(2) 分销商市场营销。对许多制造商而言,分销商市场营销正变得比最终顾客市场营销更重要。因此,制造商必须开展分销商市场营销,以获取分销商主动或被动的支持与合作。

(3) 最终顾客市场营销。企业除了满足现有顾客的需求外,还要注意挖掘潜在顾客的需求。

(4) 职员市场营销。职员市场营销由于面对内部职员,因而也称"内部市场营销"。一方面,它要求通过培训提高职员的服务水平,增强敏感性及与顾客融洽相处的技巧;另一方面,它要求强化与职员的沟通、理解并满足他们的需求,激励他们在工作中发挥最大潜能。

(5) 财务公司市场营销。财务公司提供一种关键性的专门资源——资金,因而财务公司市场营销至关重要。公司的资金能力取决于它在财务公司及其他金融机构的资信,是否被认为能有效地使用借入资金从而能够偿本付息。因此,公司需要了解金融机构对它的资信评价,并由公司的财务经理通过年度报表、业务计划等工具影响其看法,以便在资金成本和便利性方面获得优势。这种影响活动过程及其中的技巧就形成了财务公司市场营销。

(6) 政府市场营销。所有企业的经济行为都必然受制于一系列由政府颁布的法律。因此,对政府进行市场营销,企业要立足于维持好关系,以取得政府的全面支持。

(7) 同盟者市场营销。因为市场在全球范围的扩展,寻求同盟者对企业来说日益重要,因此,企业要与同盟者联手,建立合作互惠的合作关系。

(8) 竞争者市场营销。通过与竞争者沟通和协调,形成更加有力的竞争格局。

(9) 传媒市场营销。大众传媒(如广播、报刊、电视等)直接影响企业的公众形象和声誉。因此,企业要一方面委托公关部门致力于与记者建立良好关系,另一方面企业的发言人要认真对待传媒的提问,尽量作出准确、清晰的回答,以赢得他们的信任和好感。

(10) 公众市场营销。企业逐渐体会到公众看法对其生存与发展有至关重要的影响。因此,为了获得公众的好感,企业必须广泛搜集公众意见,确定他们关注的新焦点,并有针对性地设计一些方案,加强与公众的交流。

6.4.4 顾客让渡价值理论

1994年,菲利普·科特勒提出了"顾客让渡价值"这一概念,进一步发展了市场营销理论。顾客让渡价值是指顾客总价值与顾客总成本之间的差额。顾客总价值是指顾客购买某一产品与服务所期望获得的利益总和,它包括产品价值、服务价值、人员价值和形象价值等。顾客总成本是指顾客为购买某一产品和服务所耗费的时间、精神、体力以及所支付的货币资金等,因此,顾客总成本包括货币成本、时间成本、精神成本和体力成本等。

顾客在购买产品或服务时,总希望把有关成本,包括货币、时间、精神和体力等降低到最低程度,而同时又希望从中获得更多的实际利益,以使自己的需要得到最大限度的满足。因此,顾客在选购产品时,往往从价值与成本两个方面进行比较分析,从中选择出顾客让渡价值最大的产品作为优选的对象。顾客让渡价值越大,顾客就越满意。企业要在竞争中战胜竞争对手,吸引更多的潜在顾客,就必须向顾客提供比竞争对手具有更多"顾客让渡价值"的产品,这样才能使消费者更加愿意购买本企业的产品,进而使本企业建立巨大的竞争优势。为此,企业可以从两个方面改进自己的工作:一方面通过开发与改进更适应顾客需要的产品或服务,提高人员素质,塑造良好形象,以提高顾客的总价值。另一方面努力降低生产与销售成本,减少顾客的货币支出;同时,改善经营方式,最大限度地降低顾客购买产品的时间、精神与体力的耗费。这样,就会增大顾客的让渡价值,提高顾客的满意程度。20世纪90年代是以服务取胜的年代,这个时代企业活动的基本准则应是使顾客满意。因为在信息社会,企业要保持技术上的优势和生产率的领先已越来越不容易,企业必须把工作重心转移到顾客身上。从某种意义上讲,使顾客感到满意的企业是不可战胜的,是永远成功的。

6.4.5 网络营销

从某种意义上来说,网络营销的发展可以说是源远流长。其最早被称为电子营销(Electronic Marketing),即通过一种或多种电子途径或媒介将产品或服务从销售者手中送到购买者手中。最早的媒介是19世纪时使用的电报。此后,随着电话、收音机、电视和电缆的大量出现和使用,电子媒介成为营销的主要力量。近几年来,越来越多的企业采用网络作为它们的营销工具。网络的特点在于它既是市场,又是媒介。这意味着它一方面扮演着以计算机为媒介的市场,通过这个市场购销双方可以相互接触;另一方面它又扮演着媒介的作用,实施和实现诸如营销、销售、分销的功能等,从而使得网络具有多渠道的作用。

随着互联网的应用,电子营销开始被一个新概念所取代——网络营销。不过现在还有不同的叫法。有的叫在线营销(On-line Marketing)、网络营销(Cyber Marketing)或互联网营销(Internet Marketing)。当然,最近网络营销开始让位于另外一个很流行的词——电子商务(e-Business)。网络营销被定义为通过网上活动来建立和维持顾客关系,以促进思想、产品和服务的交换,从而满足购买者和销售者的目标。

6.5 本章小结

从市场营销的角度来看,市场是对某企业某产品有特定需要和欲望,并愿意且能够通过交换来满足该种需要的所有现实和潜在消费者的集合。它主要由人口、购买力、购买欲望三要素构成。

市场调查是指运用科学的方法,有目的地、系统地收集、记录、整理、分析有关市场经营方面的各种情报资料,从而掌握市场经营的现状及其未来发展趋势,为企业经营预测和决策提供客观准确的资料的活动。其调查内容主要有市场需求调查、消费者和消费行为调查、竞争结构和调查营销活动调查。市场调查的方法很多,本章主要介绍了询问法、观察法和实验法。

市场预测是在市场调研的基础上,运用科学的预测技术,对市场需求状况、影响因素和发展趋势所做出的分析和判断。市场预测的方法有上百种,按预测的方式不同,可分为定性预测方法和定量预测方法两大类。常用的定性预测方法主要有集合意见法、德尔菲法和用户意见法。定量预测法通常分为时间序列法和因果关系法两大类。

产品概念分为广义的和狭义的两种。广义的产品即市场营销学所说的产品,是指人们通过购买或租赁所获得的能满足需要的任何事物。它包括实物、服务和主意等,是有形产品和无形产品的统一体。它由三个基本层次组成:核心产品,形式产品,附加产品。

产品组合是指一个企业在一定时期内生产经营的全部产品线、产品项目的组合方式。产品组合的选择可以从宽度、深度、长度和关联度四个方面考虑。通常,可供企业选择的产品组合策略主要有:

(1) 扩大产品组合;

(2) 缩小产品组合;

(3) 产品线延伸。

品牌是指用来识别产品或企业的某种特定的标志,通常以某种名称、记号、图案或其他识别符号所构成。一般包括品牌名称和品牌标志两部分。企业在进行品牌决策时,一般可以做出以下几种选择:

(1) 有无品牌策略;

(2) 家族品牌策略;

(3) 品牌扩展策略;

(4) 多品牌策略;

(5) 品牌重新定位策略。

包装策略是产品策略中的一个重要组成部分。常用的包装策略主要有:相似包装策略、差异包装策略、相关包装策略、复用包装策略或双重用途包装策略、分等级包装策略、附赠品包装策略、改变包装策略。

影响商品定价的主要因素有:产品成本、市场需求、竞争。企业的定价目标主要有:维持生存、获取利润、保持销量、应对竞争等四种。

由于商品价格的高低主要受成本、市场需求和竞争状况三大因素的影响,因此,各种定价方法可归纳为成本导向定价方法、需求导向定价方法和竞争导向定价方法三大类。

定价策略是指在制定价格和调整价格的过程中,为实现企业的营销目标而采取的定价艺术和定价技巧。主要有:新产品定价策略、折扣和折让定价、差别定价、心理定价策略。

分销渠道是指某种产品从生产者向消费者或用户转移过程中所经过的一切取得所有权(或协助所有权转移)的商业组织和个人。即产品所有权转移过程中所经过的各个环节连接起来形成的通道。它的结构主要有:分销渠道的长度结构和宽度结构。按渠道长度的不同,分销渠道可分为:直接渠道、一层渠道、二层渠道、三层渠道四种结构。企业根据同一层次中间商数目的多少,可以分为三种形式的渠道宽度的选择策略,即密集型分销、选择型分销和独家型分销。

促销策略是市场营销组合的四大要素之一。它包括广告、公共关系、人员推销和销售推广四种促销方式。促销组合即指对这四种促销方式的综合运用。

人员推销是推销人员深入中间商或消费者、用户，直接进行推荐、介绍，促使顾客购买。人员推销的优点在于：直接性、培养感情、迅速反应。其缺点是：推销费用高、影响范围有限。

广告是一种非人力的传播信息手段，它通过各种宣传媒介，如电视、广播、杂志和报纸等将产品或信息传递给接受者。广告最主要的优点之一是它能在同一时间内向很多人传递信息。

公共关系是指一个组织为改善与社会公众的关系状况，增进公众对组织的认识、理解与支持，树立良好的组织形象而进行的一系列活动。公共关系的作用是帮助企业与公众沟通，协调关系、化解矛盾，争取理解和支持，树立形象。企业常用的公关活动方式主要有：报导，组织和接待公众、顾客参观，访问客户，处理投诉，赞助公益事业和社会活动，进行消费教育，提供免费指导、咨询、培训等。

销售推广是通过短期的刺激性手段，说服和鼓励消费者，激发他们的购买欲望的除人员推销、广告和公共关系以外的营销活动。销售推广的主要形式有：提供免费样品、有奖销售、折价赠券、展销；竞赛、津贴与奖金等。

现代营销理论新发展主要有：关系营销理论、营销组合理论、整体市场营销理论和网络营销。

复习思考题

1. 市场调查的主要方法及各自的优缺点是什么？
2. 试述市场调查的步骤。
3. 试述市场预测的步骤。
4. 定性预测方法有哪几种？各有何特点？
5. 如何理解产品整体概念？
6. 品牌和商标有何区别？
7. 品牌策略主要有哪些？
8. 产品包装有什么重要作用？有哪些包装策略？
9. 成本导向定价法有几种？各有什么利弊？各适用于什么情况？
10. 什么是差别定价？
11. 举例说明奇数定价和声望定价各在什么情况下适用。
12. 什么是"感受价值定价法"？它在什么条件下适用？
13. 什么是促销？促销的方式与作用有哪些？
14. 何谓渠道长度结构？它有哪几种类型？
15. 试述分销渠道宽窄的选择。
16. 人员推销的特点有哪些？
17. 销售推广与其他促销方式相比有哪些特点？

18. 简述常见的几种心理定价技巧。
19. 常用的营业推广有哪些?
20. 如何选择广告媒体?
21. 某企业产品 2000 年的各月销售量如表 6-7 所示,请用下列方法预测 2001 年 1 月份的销售量。

表 6-7 某企业产品 2000 年的各月销售量

单位:千件

月份	1	2	3	4	5	6	7	8	9	10	11	12
销量	33	34	37	34	41	44	50	46	47	52	45	55

(1) 简单平均法;
(2) 移动平均法(移动期 $N=4$);
(3) 指数平滑法(平滑系数 $\alpha=0.3$);
(4) 回归分析法。

案例分析1

爱心打造的"双举海参"品牌

中国人吃海参已经有上千年的历史了,自古以来海参就作为一种价值极高的滋补品食用或者药用。10 年前人们提起海参仅仅只认同"辽参",但是现在崛起于胶东半岛海滨小城威海的"双举海参"已经进入我国刺参品牌的前三甲。从 2004 年开始"双举海参"的创始人李双举在短短的 6 年时间里在山东省内、外发展了 40 多家加盟店、直营店,成为仅次于獐子岛、三山浦的海参品牌。那么只上过两年半学的李双举是如何把默默无闻的胶东刺参做成与辽参并驾齐驱的呢?"双举海参"的品牌之路是怎样走出来的呢?

胶东半岛人历来就有食用海参的习惯,无论男女老少、体质强弱,只要条件允许就把海参作为进补的最佳选择。尤其是怀孕的女人,体质较弱的老人、小孩,还有手术后的病人,更是进补海参的对象。海参在胶东地区及山东本来就有巨大的市场潜力及美誉度,可以说是家喻户晓,这么大的市场潜力,只要做出品牌,取信于用户就一定会获得成功。道理说起来简单,但真正做起来确实非常难,在李双举创立品牌的初期,在做好产品品质的同时,需要做大量的品牌推广及宣传工作,这一切都需要投入,这些投入都是李双举开拉面馆挣来的第一桶金,在 2004 年、2005 年两年里,李双举甚至通过银行贷款来维持这样的持续投入,持续的投入带来的经营亏损,这在当时李双举的压力是非常大的。如果当时李双举也像其他的海参经营户一样,不那么重视产品质量,不花那么多资金去做宣传推广,凭着李双举的经营能力,同样也能获得可观的利润,但是双举走的是另外一条道路,忍受了前期经营亏损带来的剧痛,凭着超出一般人的眼光和毅力走了过来。

要取信于客户首要的保证是品质,李双举深深地意识到并做到了这一点。

完善的全过程产品品质控制环节

小小的海参从上游养殖、捕捞环节,到中游的加工、生产环节,到下游的营销环节。各个环节环环相扣。哪一个环节的质量出现纰漏，就会影响到双举海参的质量，为了从源头上有效地控制海参的品质，双举海参在上游沿海藻类丰富的海域建立野生海参捕捞加工基地，所有产品100%选用活海参为原料，确保产品天然、纯正、地道，并首家推出海参专家鉴定的办法，保证消费者的权益。

原料采购环节，采购的海参必须经过质量检验的"三关"，第一关是采购委员会关，采购委员会都是由企业内经验丰富的员工组成，他们都有一双分辨海参的"火眼金睛"，如果说通过肉眼的分辨能带来误差的话，那么第二关就是纠正误差的关键；第二关是检测关，是双举海参自掏腰包把海参送到威海市产品质量检验所和威海市农副产品质量检验所进行产品的检验，这在威海本地的海参营销企业是没有愿意这样做的，因为检验检测费用是相当高的，一批货物的检验费就得两万多元，为什么同时选择两家检验机构做两次相同的检验？双举海参这样做的目的是确定两家检测机构检测质量的相互验证性，从而百分之百地确保质量；第三关是发泡关，这一关是对所采购的原料参进行发泡，经过发泡就可以看出海参再生长期体制的强弱，体质强的海参滋补作用更强。所以经过这些环节的双举海参都会"跳舞"。也正因为有这样严格的质量控制程序，同时也提高供应商的质量意识，双举海参的供应商不敢有一丝马虎，从而在供应环节确保了海参品质。

在加工环节，双举海参不惜投入巨资购进了清华紫光具有高科技含量的智能臭氧消毒设备。先进的设备既保证了蛋白质及其所有的微量元素不流失，又为高压开袋即食海参的卫生提供了科学的保证。公司在产品开发上舍得投入，开发了三大系列产品：高压即食海参系列、干品海参系列、海参汤圆，并且为这些产品申请专利，注册了"双举"牌海参商标。

在连锁经营环节，早期双举海参采取的是特许加盟形式，2008年双举海参已经有很高的市场知名度，加盟店数量达到了40家，到现在三年多过去了，双举海参的品牌知名度越来越高，加盟店数量却越来越少，为什么？是双举海参的为母亲和用户负责的经营理念，使李双举总经理放弃了去不断地扩大市场规模，赚取更多市场利润的机会。自2008年双举海参的品牌打响后，每天都有全国各地想要加盟双举海参的商家来电询问，想要加盟双举海参的商家络绎不绝，李双举要想迅速扩大自身的规模赚取更多的利润非常容易，2009年大连晓芹海参的销售额做到了4亿元，李双举其实也能做到，但其却没有这样。李双举发现，随着加盟店数量的增多，有些加盟店为了获得更大的经济利益，在加盟店中销售盐参、糖参，这就和李双举的为母亲和用户负责的经营理念相悖，李双举是大义灭亲，其中一加盟店是双举海参的第一家加盟店，店主和李双举本人是一起共患难的朋友，而且为支持此加盟店的发展，李双举先给其赊销50多万元的货款，就是这样的人在不顾企业的产品质量，因此李双举还是忍痛关掉了此加盟店，这样做李双举本人也损失了一些利益，但维护了信誉，真正做到了为母亲和用户负责。

会"跳舞"的"双举海参"

有过海参泡发经验的人都知道，海参经过水发之后，硬度和弹性都会大大降低。水发海参一是要掌握火候，二是海参的质量要非常过硬。而摔海参的直接后果第一是海参被摔碎；第二是海参发出"扑腾"的声响，趴到面板上；第三是海参会弹起来。

据说，早在几十年前，獐子岛人从海底采捕海参，像陆地上的农民交公粮一样交给国家时，检验海参质量的方法就是把海参摔到水泥地上，看它能否弹起来。"会跳舞的海参才是好海参，这是岛上人的共识。"行动就是最好的语言，当双举工作人员从盆中捞出海参并重重地摔下去时,海参像跳舞一样弹起来时,其过硬的产品质量在此时已经得到了无声的证实。李双举2006年为证明产品质量,在山东省工商局主办的省名优商品博览会上就"砸海参",并上演了一幕"摔海参"的行动。结果会跳舞的"双举海参"就流传开来。

用爱心打造的"双举海参"品牌

人做一件好事容易,但是要把做好人、做好事变成自己的自觉行动就非常难得。在现今人们一切向钱看,社会道德底线屡屡被冲破的形势下,李双举常常感叹做好人难、做好事难,然而其却一直默默地坚持着。做好人,做好事,质量就是人品,人品就是品牌。这些停留在头脑里是经营理念,落实在行动上却需要有锲而不舍的精神。对母亲和用户负责,给爸爸以硬朗的腰板,给妈妈以童颜鹤发,让爱人拥有充沛的精力,让孩子拥有聪慧的大脑,这些承载着爱心的忠实承诺需要一点一点地去落实,去践行。

2005年,他出资近万元为儿童福利院一位先天无耳道的孩子做了耳道再植术;当双举得知威海第一位造血干细胞捐献者要赴上海捐献时,他送去5 000元并送上价值数千元的海参;树高千尺不忘根,从2005年开始,双举逢年过节便会给远遥村的数百位老人送去节日慰问品;2006年重阳节这天,他给威海的数十家敬老院的老人们送去价值3万多元的节日礼品;2006年威海遭遇了百年不遇的风暴潮,李双举带头给受灾群众捐款25 000元;2007年里,李双举数次为弱势群体伸出援助之手数万元,这些人中有身患重病致贫者,也有社区内的百岁老人或孤寡老人;2008年,当汶川大地震的消息传来,身在外地出差的他,第一时间打电话回来向当地红十字会捐款2万元,随后李双举和他的员工们又在各种抗震救灾捐款场合陆续为灾区捐款十万余元。

李双举不只自己做善事,他也用自己的行动影响着身边的人。双举海参有个"日行一善"活动,这个活动形式不限,但固定的是每位员工都要从自己每月的工资中捐出一部分纳入"日行一善"基金用于慈善事业。双举的经销商也在他的影响下,在各地做了许多公益事业,资助了多名贫困学生。周围的邻居也在他的带动下纷纷参与到公益事业中来,依米奴服装的闫森,跟李双举是好朋友,他也曾多次随李双举一起给弱势群体捐款捐物。

李双举不但有一颗慈善的心,还有巨大的"慈善"能量。他有一个目标,那就是要资助1 000名贫困家庭的学生,从最初的每年捐助5名孩子,到2008的100名、2009年至今每年200名学生,李双举不仅在物质上帮助孩子们,更传递了一种坚定的信念,鼓励他们乐观,豁达,勇于克服困难,顽强拼搏。他经常告诉同学们三句话:第一,我家员工都给父母洗脚,我相信同学们回家也能做到,用心去感悟这件事,这种感受会在心里种下一颗善良的种子。第二,我们家的员工,每天都给别人找优点,非常好。同学们也要给父母、同学、老师找优点,你就会发现你身边的人会越来越好,你的学习也会越来越好。第三,我自己有梦想板,捐助1 000个孩子就是其中的一个梦想,今天,我正在实现自己的梦想。同学们回家也要做一个梦想板,每天都要看,相信它有神奇的能量,会帮你达成目标。他经常教同学们一个让自己快乐、增加能量的方法:每天喊"今天是最美好的一天",相信时间空间是你的,你不能掌握未来,但可以决定当下的一分钟,让这一分钟快乐,延续60分就是一时,你可以做到让自己每天都是最快乐美好的。

培养员工感恩的心,企业就是员工的家

首先,感恩父母。每位员工新来,必须用心给父母写一封信,感恩自己的父母,逢年过节更是必须给父母写信。2008年春节,李双举给员工布置作业:回家给父母洗脚,再每人发

1 000元专用红包,这项款是专用来给父母买名牌新被和新鞋的。李双举知道,老人含辛茹苦一辈子都是为了孩子,不舍得吃穿,不求回报。用这种行动来感恩父母,许多父母都感动得不知如何是好。

每年年底,李双举都要把所有员工父母召集来威海,老板、员工、父母、家属、子女欢聚一堂,其乐融融,其间让员工给父母家属汇报一年来自己的成长进步,给父母找出优点,用心说出自己的感受,那些平日埋藏在心中不好意思说出的话都说出来了,并且每人拥抱了父母。临走,李双举还给父母们每人两个红包,一个是感恩父母的"感恩红包",一个是"慈善红包",请父母回村里发给村里最需要帮助的人。并给父母送上双举海参让父母补补身体,再把在一起时的照片冲洗成册,每家发一本影集,并制作一个大相框,父母在家高兴地逢人就讲自己的孩子在一个多么好的单位,有一位多么好的老板,有一帮多么好的同事。员工们忙于工作没有时间陪父母,每逢过节,李双举从不忘记员工父母家属,给父母写上一封信,再寄去几百元。2009年4月,李双举却出人意料地组织所有员工及父母、家属出国旅游,走出国门向别人学习,也帮员工们圆一个让父母出国的梦。

其次,感恩顾客,顾客让我们成长。在双举海参,每天往全国各地发货很多,每一次发货,都有一封手写信跟出去,谈谈自己从顾客身上学到哪些,很多顾客成了他们的好朋友,来威海的第一件事情就是来双举海参,还喜欢让双举海参的家人做他们在威海的导游,跟顾客成了一家人。

在双举海参,没有个人的事,都是单位的事。大至结婚买房,小至年轻两口吵架拌嘴,都挂在李双举的心上,企业就是员工的家。

感恩的心态,让双举人学会了看别人的优点,每天在快乐、感恩中度过,身边的人越来越好,周围的环境越来越和谐,每个人都创造了一个和谐的小环境,双举海参的和谐也在无限扩大。

总结双举海参的成功经验,李双举认为是三点:道德改变命运;学习改变命运;大气改变命运。这三点看似和企业成功无关的经验确是企业成功的关键。双举海参不单单是个企业,而是一个欢乐的大家庭,这样一个充满欢歌和笑语的企业,用户也会受到其感染的,自觉地融入其中的。小小的海参不但是产品的承载,而且把一颗热爱生活、关心他人的爱心传递,这种爱心的传递不但在企业内部员工、亲属间进行着,而且客户间也在传递着爱心,双举海参的用户绝大部分是回头客,而且老客户引荐新客户,这种引荐不是利益的驱使,而是爱心的传递。正是拥有了这样一颗火热的心,人变得乐观了、开朗了,身体也健康了。双举海参这些忠实客户不但是对双举海参产品品质的信赖,更是对双举海参爱心的认同。有了好人品,才有好商品,正是凭着一颗善良的心,李双举一步一个脚印,带着他的员工把"双举海参"做成了一个享誉齐鲁大地的知名品牌。

在双举海参自己的公司官网上有"双举故事"这个栏目,里面记载着公司员工、顾客和双举海参之间发生的许多普普通通真实的故事,这正是双举海参发展历程的最好见证,现在采摘一例以飨读者:

海参让我的老父亲多活了10年

2011年10月23日,店里来了两位特殊的顾客,来自天津的刘大叔和老伴徐阿姨。大叔大姨是通过媒体了解到双举海参后,特意赶到威海来买双举威海刺参的。两位老人都非常健谈,也深知海参对人体的滋补作用,他们一次性购买了11斤干海参,大姨高兴地说:"我吃多年海参了,也在很多地方买过,但从没有一家海参店让我感觉如此信任的,你们的做法打动了我,我以后就定了长年购买双举威海刺参。"

大叔大姨与双举海参的故事等等再说,先说大叔给我们讲的他自己的故事。

大叔说,他的老父亲于两年前去世,老人家是在96岁那年去世的。在老人家86岁那年,家里发生了一件事情,所有家人包括医生都认为自己的父亲迈不过那道坎儿的,孰料,老父亲不但顺利渡过这道关,并且又健康地生活了10年,直到96岁才无疾而终。

原来,在大叔的父亲86岁那年的一个深夜,一个小偷入室偷盗,因老人身体一直很好,也不愿意与儿女同住就一直独居,那晚小偷入室后,被老人发觉,惊慌失措的小偷把老人打了一顿后逃走了,当时打得很严重,送到医院时,老人全身水肿,尤其头部肿得厉害,急需手术排液,但医生说,老人都已经86岁了,手术风险非常大,不建议手术治疗。情况非常不乐观,医生和家人都做了最坏的打算。没想到一周后,老人的水肿居然渐渐消去,通过透视发现,老人身上的一个受到伤害的部位竟然神奇地自我保护般地排出了大部分积液。医生一直纳闷,询问刘大叔,老人平日是不是有什么特殊的保健身体的方法?刘大叔寻思过后,父亲一直没有什么特殊饮食或体育保健,唯一常年坚持吃海参。医生说:"这次老人的意外自愈,应该是跟常年吃海参有关,因为海参有极强的自愈及修补能力。"

那次以后,刘大叔更坚定了给老父亲常年吃海参的信念,老人家一直安然无恙地生活到96岁才去世。

如今,刘大叔和大姨也都保持了这一习惯,常年吃海参。大姨对我们说:"我从网上解到,你们的李双举经理说过一句话:不带犯罪感经营,只卖纯淡干海参。这句话打动了我,我对海参是有一些了解的,现在的"加料参"很多,一不小心就容易上当受骗,我本身患有糖尿病,所以对加糖海参是深恶痛绝,做生意就该像你们这样,昧着良心的钱不能挣。"

试分析:

"双举海参"是如何通过爱心打造其品牌的?

案例分析2

山东艺达家纺的营销渠道选择

2010年,我国家纺行业的市场容量约为9 000亿规模,家纺企业约有2万家,规模以上的有1万家左右。随着竞争的加剧,和其他竞争性行业一样,家纺行业目前也出现产能相对过剩,产品结构相对雷同,产品多以中低档产品为主,多数家纺企业利润率不高等一系列问题。目前在这2万家企业中,只有约4%~5%(约900家)企业依靠在国内市场进行品牌经营,约1/3的企业有比较稳定的海外订单;2/3的企业缺乏稳定的订单,始终处于低速运转阶段。接近90%以上的家纺企业,走的都是生产型道路;只有为数极少的家纺企业走品牌经营道路。而就在这些走品牌经营道路的企业中,大多数企业品牌内涵雷同,难以形成品牌间的区分;销售渠道模式雷同,多选择专柜模式与专卖模式。渠道的竞争已成为家纺企业间竞争的重点,如何选择适合企业自身发展的销售渠道是每一个企业必须解决的问题。

一、渠道的竞争已是家纺企业间的主要竞争方式

(一)渠道环节成为家纺产业链中最重要的环节

家纺产业价值链包括产品研发设计、产品生产、产品营销等三个大环节,其中产品生产环节包括原料(棉花)的采购、纺纱、织造、印染等细分环节;产品营销环节包括品牌、销售渠

道、物流配送等细分环节。产业利润在产业链的各个环节分布是不均匀的,各环节的利润大小与各自环节的发展状况、成熟度有很大关系,如果某一个环节发展较为成熟出现产品和服务的同质化的状况,那么这个环节的利润就会减少,而流向其他环节。

在家纺产业链三个大环节中,生产环节是这三个环节中最为成熟的环节。我国纺织行业发展有近60年的发展历史,在这60年的发展历程中一直是重生产、轻营销和设计,直到90年代以后,才有些先知先觉的企业开始以营销和设计为重心来发展。所以生产这一环节发展历程最长,成熟度最高,行业内企业众多,竞争非常激烈,价格战是这一环节的主要竞争方式,这些决定了生产环节是家纺产业价值链中最弱势和附加值最低的环节。产品研发设计环节是产生家纺产品差异化的重要环节,差异化能使不同品牌间形成内涵区分,能产生产品的溢价、提高产品附加值,但这些的最终实现要依赖产品的成功销售。产品营销环节是家纺产业链中最强势的环节,是面向消费者的最终环节。企业的销售收入、利润等都是通过这一环节实现的,企业的产品质量、设计等环节工作做得再好,若不能通过这一环节顺利实现销售收入及利润,对于企业来讲是无任何意义的。企业若想建立起强大的营销环节,必须熟悉消费者的消费习惯,建立良好的品牌形象,拥有强大的产品分销渠道,其中强大的分销渠道是营销环节最重要的支撑。

(二)渠道的竞争越来越激烈

目前,家纺行业已经从规模上形成了层次区分。虽然全国性的家纺品牌企业仍未出现,但一线企业已经具有相当的规模,2011年罗莱家纺的销售额突破22亿元,旗下自有及其代理的品牌已达到15个,已形成完整的产品品牌矩阵。罗莱、富安娜、梦洁等一线品牌企业成为全国性家纺企业的雏形已经具备,一线品牌企业大都通过"多品牌"的模式以形成对终端销售渠道的隐形垄断,一线品牌企业中已经有10家的终端销售渠道总数超过2 000家,家纺行业渠道竞争将越来越激烈。在"渠道为王、终端制胜"的时代,渠道对于家纺企业的意义已不言而喻。渠道终端是企业的经脉。经脉通畅,企业就会健康,就有发展的活力,渠道不畅企业则如笼中斗兽,无从施展手脚,更不用说在市场竞争中取胜。得品牌者得市场,而得渠道者得天下,已成为业界的共识。

二、家纺行业的主要渠道模式

随着我国20世纪80年代改革开放后商业的发展和变化,我国商品流通渠道也发生了深刻的变化。尤其是90年代后超市、大卖场等零售业态的兴起与发展,2000年以后加盟连锁专卖店的发展,以及近几年网上营销的井喷式发展,这些都给家纺的销售渠道带来了一定的影响。如今家纺行业的渠道终端正已形成如下发展态势。

(一)百货商场(商场专柜,商场店中店)

在我国计划经济时期,百货商场是我国商品销售的主渠道。改革开放后,尤其是随着国内流通体制的改革,经过激烈的市场竞争,百货商场这种渠道不但生存了下来,而且成为消费者购买中高档消费品的主渠道之一,对于家纺产品同样如此。

一般来讲,家纺企业选择百货商场这种渠道有以下优点:(1)百货商场一般占据城市的核心商圈,有着稳定和巨大的人流量。(2)百货商场通常装修较好,能够对商品进行较大空间的展示与陈列,能够较好地激发消费者的购买欲望。(3)众多的品牌荟萃,有利于消费者加深对各个不同品牌的区分与认识。(4)有利于提升产品档次和品牌形象。正因为如此,家纺行业的一、二线品牌企业都把商场渠道作为销售渠道的首选,如罗莱、梦洁、富安娜、水星、紫罗兰、恐龙等。

随着百货商业和家纺行业自身的发展,百货商场(商场专柜,商场店中店)这种渠道模式也出现了如下变化:(1)家纺行业自身的发展带来了整个行业中重视品牌建设的企业越来越多,百货商场成为众多家品牌纺企业渠道的主要选择,百货商场成了稀缺资源,面对众多想进入商场的众多品牌,商场拥有绝对话语权,租金或扣点数不断提高,利润慢慢流向商场,而家纺企业的成本压力则大大增大。(2)由于百货商场间的激烈竞争,折扣营销成了各百货商场的主要营销手段,很多品牌专柜或店中店深受其累,有时即使有可观的销售额,却无法保证利润。(3)由于家纺产品的毛利率及周转速度不如化妆品和服装等高,不能带给百货商场较高的利润,所以家纺产品一直不能成为百货商场的主打品种,不能受到百货商场的重视,同时受商场的空间限制,商场对各家纺企业的产品陈设雷同,家纺产品的整体感无法充分展示,不能完全诠释品牌的内涵和文化,消费者很难把握不同品牌之间的差异,只能从价格或颜色花型或品牌知名度上做随机的选择,这不利于家纺企业品牌的维护和建设。

在这种情况下,一些一线家纺品牌企业开始学习服装企业开设专卖店的模式,以摆脱这种模式不能有效控制终端的问题。目前专卖店的模式已得到了快速的发展,但百货商店作为传统的家纺产品的购买场所,短期不会改变,不过其所占份额会逐步下降。

(二)专卖店模式

这种模式发源于富安娜家纺,主要是以特许经营连锁(加盟店)为主,直营店为辅的模式。2000年后罗莱家纺也采用了这种模式,获得较好的发展,至今成为家纺行业第一品牌。目前家纺企业无论是一线企业还是二、三线企业都把此作为主要渠道选择之一。

这种模式的优点:(1)专卖店体现了专业性和品牌性,定位于中高档消费层,产品档次、品质、系列化、多样化程度较高,品牌形象规范,购物环境舒适,能够提供全面服务。这种模式能够得到品牌溢价和渠道加价的好处。(2)对消费者来说,专卖店能够提供一个全面了解家纺产品,获得家纺企业点对点服务的最好平台。(3)对家纺企业来说,专卖店这种销售终端是其比较容易控制的形式,企业对专卖店的控制力强,对于处于品牌推广阶段的大多数国内家纺企业来说至关重要,因为企业直接控制终端,一方面可以及时获得市场或消费者对该品牌的信息反馈,便于产品开发与服务的改进,另一方面,也便于企业的品牌形象塑造。

正因为有以上优点,这种渠道模式发展较快,尤其是2003年以后,在我国广大的较发达的县级市场(如浙江、江苏、山东等)得到较好的发展。因为在县级区域来自大卖场、百货商场等渠道的竞争较少,家纺专卖店较好地抓住了县级市场的中高端消费群体得以迅速扩张。但随着这一两年发达县级市场百货商场、大卖场等渠道的进入,这种模式也已进入成熟期,发展速度逐渐减慢。

随着这种渠道模式进入成熟期,其缺点也逐渐暴露出来:(1)随着加盟网络的扩大,对家纺企业的品牌管理及渠道管理能力要求逐渐提高,如果家纺企业不能跟上发展,反而渠道规模成为其发展之累。(2)随着加盟商的发展,有些实力较强的加盟店容易和企业形成一定的对抗,这样不利于企业销售渠道更完善的发展,比如,家纺企业采用电子商务渠道模式在线上销售,必然会带来线下加盟商的反对。再比如,罗莱家纺2009年9月在深圳交易所上市,融资约9亿元,其中募集计划中约2亿元用于连锁自营店的建设以增加其自营店在专卖店中的比重,但这项计划一直受到来自加盟商的阻力,到目前此计划都未得到很好的落实和执行。

（三）超市（大卖场）模式

超市（大卖场）主要是面向大众消费的主要渠道。但目前此渠道模式并未形成主流的消费渠道，其中原因是：（1）由于目前我国的商品生产厂家与零售商相比处于弱势地位，产品进入超市渠道对于企业的长期发展不利。目前我国连锁零售业已形成沃尔玛、家乐福、麦德龙、大润发等国际零售巨头牢牢地占据一、二线城市市场，各区域的龙头零售企业占据各区域市场的市场格局。这些零售企业相对家纺企业处于产业链的强势地位，家纺企业在超市这种渠道中不能控制其产品的销售价格，对其建立良好的产品品牌形象不利；另外零售商对企业的结账期往往较长，占用企业的货款，给企业造成较大的资金压力，这就要求把大卖场作为终端渠道的家纺企业要有很强的生产、成本控制能力及资金调配能力。（2）超市商品的中档定位，价格偏中下，又基本上排除了婚庆和乔迁需求，总体销量不大。（3）超市（大卖场）模式多是单品销售，配套性差，而且销售区展示面积不足，选择性不强。这些决定主流的家纺企业一般不会把超市这种渠道作为其营销的主渠道。

（四）家纺家居生活馆

随着生活节奏加快以及生活水平的提升，人们对家居用品的一站式购物需求越来越大，家纺行业零散的专卖店模式以及商场、超市中较少的品牌，已逐渐无法满足消费者的消费需求，2009年，满足消费者购物需求的"一站式"的家居馆应运而生，这种模式不但销售床品，还包括窗帘、布艺、家居等家庭软装饰产品，其实质是专卖店模式的延伸。另外，由于家居生活馆的营业面积较大，能够对从床品、地毯到窗帘等家居用品的整体展示，这种展示能够体现一种整体风格，如颜色、风格的整体协调，便于消费者选择和购买，也利于家纺企业更好地建立自身品牌的内涵。这种模式也成为家纺企业突破渠道瓶颈的最佳途径之一，它既能增强企业结构调整的动力，又能转变人们的消费方式。但由于家居生活馆占地面积都在百平方米以上，投入资金较大，同时多需要家纺企业自身出资而短期回报少，目前家纺企业开设的家居馆主要用来提升自身的形象。虽然目前这种家纺家居馆局限性很大，但毋庸置疑的是，这种"一站式"家居购物馆将是未来家纺行业渠道发展的选择之一。

（五）网络营销

电子商务的快速发展已全面影响到人们的生活，尤其80后逐渐成为未来消费的主流，将有越来越多的人选择网络购物。网络营销，不受时间、空间的制约，投入小，回报大，这一渠道前景非常广阔。家纺产品本身多定位于年龄段在25~45岁的顾客群体，这个年龄段目前是我国网上购物的主流，因而网络营销这种模式必将会带来家纺销售渠道的大变革。当前，家纺行业的一、二线品牌都认识到了这一点，许多企业已经参与到网络营销这种模式中来了，例如罗莱家纺已在2010年创建专门在网上销售的品牌LOVO，2011年其网上的销售额在1亿元以上，虽然在其总销售中占比不大，但发展较为迅速。还有很多家纺企业进入网上营销，采用与淘宝商城合作的模式，目前已有孚日、水星、百丽丝、艾莱依、博洋、凯盛等以及各大小家纺企业在淘宝商城上建立了自己的旗舰店，2011年博洋家纺创造了超过2个亿的网络销售规模，其中2011年11月11日一天的销售额就达到4 000亿。家纺企业之所以这么重视网络营销这一渠道，都是希望在未来的渠道竞争中取得领先地位。虽然目前网络营销不是家纺企业营销的主渠道，但从发展的角度讲，这种渠道模式必然成为未来家纺营销主渠道选择之一。

家纺行业除了以上5种主要的销售渠道外，还有专业大卖场、批发模式、出口模式等其他的渠道模式。目前百货商场、专卖店模式仍然是家纺企业渠道的主选择，但从发展趋势来讲，家居生活馆和网络营销将成为发展趋势。

未来的几年对于家纺企业来讲将是风云变化的时期，全国性家纺企业将会出现，企业间的兼并和重组将会层出不穷。因此，家纺企业要想在激烈的市场竞争中不被淘汰，就要善于在未来的变化中打牢自身的基础，把销售渠道经营得更加稳固。

艺达集团是家纺行业产能最大的企业之一，企业地处家纺产业集群区的山东文登市，是文登家纺行业的龙头企业。企业具有良好生产高品质产品的基础。

自 2000 年起，企业首先开始实施了大规模技术改造，引进了多头电脑绣花机、飞梭电脑彩绣机、宽幅喷气式织机等大批先进设备。企业的生产效率、产品质量大幅提升。

艺达集团从企业创立之初，就以做外贸出口为主，2002 年以前虽然其产品在欧美市场占有较大的份额，但是，由于没有自己的品牌只能做贴牌加工，利润空间较小。为了改变这种局面，公司又开始大力实施品牌战略，加大无形资产投入，加快技术进步，建立现代企业制度，推广国际化管理体系，加大品牌策划力度，不断提升产品的知名度。

企业不断依靠技术进步和产品创新出口品牌建设。产品方面加快向功能保健型、环保型家纺产品转变，目标是能引领市场发展新潮流。公司建立了省级电脑刺绣工程和技术研发中心，而且已经拥有了 30 多项专利技术，每年开发出 20 多个新品种，800 多个花稿。公司以 ISO 9001 质量管理为基础，依靠完善产品质量管理控制体系，运用信息化技术整合管理资源，极大地提高了免检产品的质量水平。公司以"管理制度化，制度国际化"为理念，不断创新质量管理方法，提高产品质量水平。

2003 年，艺达品牌的商标荣获"山东省著名商标"；2004 年，艺达家纺获"山东省名牌产品"、"国家免检产品"称号；2005 年荣获"中国名牌产品"、"山东省出口名牌企业"称号。

2008 年在世界金融危机发生时，以出口为主的家纺企业经营的外部环境发生很大变化，欧美国家的订单大幅减少，艺达家纺的经营也出现很大的困难，在这种情况下，艺达家纺痛下决心，战略决策做出重大调整，决心从外贸转向内贸。内贸相对于外贸来讲经营难度较高，外贸重点只需要做好产品的质量，提高产品的品质，在经济状况较稳定的情况下，就能接到较多的外贸订单，这时企业仅仅是"坐商"的角色，企业仅仅是别人产业链中的一环，对风险的控制能力较弱。然而内贸要涉及从产品研发设计、产品生产、产品营销的各个环节，不但需要企业能生产高品质的产品，而且要求企业同时具备较强的营销能力，这时企业就变成了"行商"角色，企业要对产业链的各个环节具有管理和控制能力，对企业的要求提高了，企业是否能够适应这种变化，这对企业提出了很大的挑战。

山东艺达集团若想在行业能继续保持领先地位，发挥其在生产、产品研发及供应链管理方面的资源优势，必须在最短时间内把产品营销这块短板补上来。品牌和渠道是产品营销营销环节两个关键的要素，对于品牌来讲，艺达家纺的品牌基础较好。渠道是其营销环节的最大的短板。目前，山东艺达集团在渠道建设方面已在河南、河北、山东、东北三省等区域建立了牢靠的市场基础，发展特许经营专卖店 400 余家。

试分析：

山东艺达集团若想在行业能继续保持领先地位，发挥其在生产、产品研发及供应链管理方面的资源优势，在渠道方面有什么好的办法和策略？

第7章 生产运作管理

学习本章后,你应当能够:
1. 理解生产与运作管理的基本概念、内容及类型;
2. 理解生产过程组织的基本要求,掌握流水线组织设计步骤;
3. 熟悉生产计划与生产作业计划的内容;
4. 了解先进生产方式对企业所具有的价值及其发展的趋势。

应用"6σ法"提高服务质量

奥斯本保健医院位于美国亚利桑那州斯科茨代尔市,这里的急诊服务供给与需求之间的动态变化比其他大多数市场要明显得多。成千上万的退休老年观光者,在每年流感开始流行的时候,聚集到阳光灿烂的斯科茨代尔市。再加上当地的永久居民,这些人口对奥斯本保健医院这样的医院急诊部产生了巨大的急诊服务需求。

在一次6个月的时间里,这一地区报告说有12 000多个小时将新的病人拒之门外,并将救护车带来的病人转往其他医院。奥斯本保健医院的急诊部是最忙的外科急救中心之一,经历了74%的转院率增长以及在受到任何关注之前自动离开急诊部的病人数量272%的增长,这一数据非常令人担忧。没有经过医生诊治就离开的病人表示急诊部流程的顾客满意度很低,而那些留下来等待很长时间以接受服务的病人在出口处的调查表上也给出了很低的满意度打分。医院估计在这种情况出现的每一个季度,可能会损失50万美元。

6σ法顾问人员首先画出了急诊部的流程以识别可能的问题领域。其流程中的三个嵌套流程表现为严重的瓶颈,会增加病人转向其他医院的可能性。所以关心的流程变量是挂号时间、实验室X光线科出结果的时间以及在要求住院时将病人转到病房的时间。为了进行分析,顾问们对这些流程变量数据进行了收集。明确了流程的改进方案,并进行了可行性研究。一些改进意见得到了实施。例如,分析揭示将一名病人转出急诊部的时间是80分钟,但是在这80分钟中有40分钟的时间病床实际上已准备就绪,在等待着病人。这一结果促使医院改变了向病房转移病人的程序。用6σ法识别出了关键的流程变量,使医院的管理人员能够对其流程进行再设计。

(资料来源:运营管理——流程与价值链(第七版)/(美)克拉耶夫斯基,里茨曼著;刘晋,向佐春 译,北京:人民邮电出版社,2007.8)

第7章 生产运作管理

7.1 生产运作管理概述

7.1.1 生产运作管理的含义

人们最初主要是研究有形产品生产制造过程的组织、计划与控制,其相关学科被称为"生产管理学"(Production Management)。随着经济和技术的发展,社会构造越来越复杂,原来附属于生产过程的一些业务、服务过程相继分离并独立出来,形成了专门的商业、金融、房地产等服务行业。因此,对所有这些提供无形产品的运作过程进行管理和研究的必要性也就应运而生。随着系统论的发展,使人们能够从系统、整体的角度来认识各种社会现象,更抽象地认识和把握各种现象的共性。人们开始把有形产品的生产过程和无形产品,即服务的提供过程都看做是一种"投入—变换—产出"的过程,作为一种具有共性的课题来研究。这种扩大了的生产的概念,即"投入—产出"的概念,在西方管理学界被称为"Operation",即运作。无论是有形产品的生产过程还是无形产品的提供过程,都被统称为运作管理。但从管理的角度来说,这两种变换过程实际上有许多不同之处。

生产与运作活动是一个"投入—变换—产出"的过程,即投入一定的资源,经过一系列、多种形式的变换,使其价值增值,最后以某种形式的产出提供给社会的过程。其中的投入包括人力、材料、设备、技术、信息、能源和土地等多种资源要素。产出包括两大类:有形产品和无形产品。中间的变换过程就是劳动过程、价值增值过程,这个过程既包括一个物质转化过程——使投入的各种物质资源进行转变,也包括一个管理过程——通过计划、组织、实施、控制等一系列活动使上述的物质转化过程得以实现。有形产品的变换过程称为生产过程;无形产品的变化过程称为运作过程,也可称为服务过程。

生产运作管理是指对产品(包括有形和无形)的变换过程实施计划、组织和控制而构成的一系列管理工作的总称。

7.1.2 生产运作管理的内容和目标

1. 生产运作管理的内容

具体说来,生产运作管理的内容可概括为以下两个方面:

(1) 生产运作系统的设计。它包括产品领域或服务的选择和设计、生产运作实施的定点选择、实施布置和工作设计等。生产运作系统的设计一般在设施建造阶段进行。但是,在生产运作系统的生命周期内,不可避免地要对生产运作系统进行更新,包括扩建新设施或对设施进行调整和重新布置。

生产运作系统的设计对其运作有后天性的影响。如果产品和服务选择不当,将导致方向性错误。厂址和服务设施的位置选择不当,也将铸成大错。同时,位置和设施的布置往往决定了产品和服务的成本,决定了产品和服务在价格上的竞争力,进而决定了一个组织的兴衰。

(2) 生产运作系统的运行。它主要涉及生产计划、组织与控制三个方面。计划方面解决生产什么、生产多少和何时生产的问题。组织方面解决如何合理组织生产要素,使有限的资源得到充分而合理利用的问题。生产要素包括劳动者、劳动资料、劳动对象和信息等,它们的不同组织和配置,构成了不同的组织生产的方式。控制方面解决保证按计划完成任务的问题,主要包括接受订货控制、投料控制、生产进度控制、库存控制和成本费用控制等。

2. 生产运作管理的目标

生产运作管理的目标可概括为"四适"、"三提高",即"在适应需要的时候,以适合的品种、适宜的价格、向顾客提供适当质量的产品和服务,达到提高顾客和社会满意度、提高竞争力、提高经济效益与社会效益的目的"。

生产运作管理是一个"投入－变换－产出"的过程,是向社会提供有用的产品,并实现价值增值的过程。而"有用"的产品,无论是有形还是无形,都必须有一定的使用价值,而使用价值的支配要素主要是产品的品种、质量、提供的时间和价格。只有产品品种适合市场需求或潜在需求,满足用户的一般需求与特殊需求,产品质量充分体现出其"适用性"本质(包括使用功能、操作功能、社会性能、维护性能等),产品提供的时间适应顾客需要的时间,产品价格适宜,能被顾客所接受或承受,使用价值才能实现。因此,生产运作管理的目标必然是"四适"、"三提高"。

7.1.3 生产运作的类型

生产运作一般分成制造性生产和服务性生产两大类,而每一大类又可根据不同的标志作进一步的细分。

1. 制造性生产

制造性生产是通过物理或化学作用将有形输入转化为有形输出的过程。它又可作如下进一步分类。

(1) 根据工艺过程的特点,可以把制造性生产分成连续性生产与离散性生产。连续性生产是物料均匀、连续地按一定工艺顺序运动,在运动中不断改变形态和性能,最后形成产品的生产,又称作流程式生产,如冶金、化工、炼油等产品的生产过程。

离散性生产是指物料离散地按一定工艺顺序运动,在运动中不断改变形态和性能,最后形成产品的生产,如轧钢和汽车制造。汽车制造是由多种零件组装成一种产品,像汽车制造这样的离散性生产又称作加工装配式生产。

由于流程式生产与加工装配式生产在产品市场特征、生产设备、原材料等方面有着不同的特点,导致生产管理的特点也不同。对流程式生产来说,生产设施地理位置集中,生产过程自动化程度高,只要设备体系运行正常,工艺参数得到控制,就能正常生产合格产品,生产过程中的协作与协调任务也少。相反,加工装配式生产的设施地理位置分散,零件加工、装配可以在不同地区甚至在不同国家进行。由于零件种类繁多,加工工艺多样化,又涉及多种多样的加工单位、工人和设备,导致生产过程中协作关系复杂,计划、组织、协调任务相当繁重,加大了生产管理的复杂性。因此,生产管理研究的重点一直放在加工装配式生产上。

(2) 根据产品需求特性,可把制造性生产分为备货型生产与订货型生产。备货型生产是指在没有接到用户订单时,根据市场需求调查、预测的结果,按已有的标准产品或产品系列进行生产,以满足市场需求的共同性。如轴承、紧固件等产品的生产。

订货型生产是指按用户订单来设计、制造和销售产品。用户可能对产品提出各种各样的要求,经过协商、谈判,以合同形式确认对产品质量、数量和交货期的要求,然后组织设计和制造。如锅炉、船舶等产品的生产。

(3) 根据生产的稳定性和重复性,可把制造性生产分成大量生产、成批生产和单件生产。大量生产的特点是产品稳定,品种少,产量大,每个工作地固定执行一道工序或少数几道工序,工作地专业化程度高,普遍采用高效率的专用设备和专用工具,有利于组织流水生产。大量生产的产品通常都是通用产品。这种类型的生产组织较为简单,但计划安排要求非常精确。

成批生产的特点是产品品种相对稳定,品种较多,每一品种的产量较大,工作地成批地定期地轮番生产若干种产品或零件,工作地专业化程度不高,当一批产品制造完毕后改制另一批产品时,往往需要重新调整设备和工艺装备。成批生产又可分为大批生产、中批生产和小批生产。

单件生产的特点是品种繁多,每种仅生产一台,生产的重复程度低,稳定性差,所需设备需具有较高的柔性,生产计划和生产过程的控制比较复杂。

2. 服务性生产

服务性生产的基本特征是提供劳务,而不是制造有形产品。但是,不制造有形产品不等于不提供有形产品。从不同角度,可将服务性生产分为三类:

(1) 按照是否提供有形产品,可将服务性生产分成纯劳务性生产和一般劳务性生产。前者如咨询、法律辩护、指导和讲课。后者如批发、零售、运输、图书馆书刊借阅等。

(2) 按顾客是否参与,可将服务性生产分成顾客参与的服务生产和顾客不参与的服务生产。前者如立法、旅游、客运等。后者如修理、洗衣、邮政、货运等。

(3) 按专业化程度,也可将服务性生产分成单件小批生产与大量大批生产。例如,医生看病,可看做单件小批生产,因为每个病人的病情不同,处置方法也不同;而学生体检,每个学生的体检内容都一致,可以看做是大量大批生产。

7.2 生产过程组织

7.2.1 生产过程组织的概念和内容

生产过程是企业投入产出转化的主体部分,是企业维持生存和发展的基础。生产过程是否合理,对企业生产经营的效率、效益都有巨大影响。因此,必须对企业生产过程进行合理组织。生产过程组织,就是要以最理想的方式将各种生产要素结合起来,对生产的各个阶段、环节、工序进行合理的安排,使其形成一个协调的系统。这个系统的目标是使产品在生产过程中的行程最短、时间最省、耗费最小,并能按国家计划和市场需要生产出适销对路的产品。

生产过程组织的基本内容主要包括:生产过程的时间组织、生产过程的空间组织和流水线生产的组织等。

7.2.2 组织生产过程的原则

为了提高效率,现代化大生产必须遵循分工原则,实行专业化生产。组织生产过程的原则主要有两个:工艺专业化原则与对象专业化原则。

1. 工艺专业化原则

按照工艺特征建立生产单位,即将完成相同工艺的设备和工人放到一个厂房或一个区域内建立一个生产单位,称作工艺专业化原则。

其优点是:

(1) 对产品品种变化的适应能力强;

(2) 生产系统的可靠性较高;

(3) 工艺及设备管理较方便。

其缺点是:

(1) 工件在加工过程中运输次数多,运输路线长;

(2) 协作关系复杂,协调任务重;

(3) 一般使用通用设备,生产效率低;

(4) 在制品量大,生产周期长。

2. 对象专业化原则

按照产品(或零件、部件)建立生产单位,即将加工某种产品所需的设备和工人放到一个厂房或一个区域内建立一个生产单位,称作对象专业化原则。

其优点是:

(1) 可减少运输次数,缩短运输路线;

(2) 协作关系简单,简化了生产管理;

(3) 可使用专用高效设备;

(4) 在制品少,生产周期短。

其缺点是:

(1) 对品种变化适应性差;

(2) 生产系统的可靠性差;

(3) 工艺及设备管理较为复杂。

7.2.3 组织生产过程的基本要求

合理组织生产过程的基本要求可概括为以下几点:

(1) 生产过程的连续性。生产过程的连续性是指物料处于不停的运动之中,且流程尽可能短,它包括空间上的连续性与时间上的连续性。时间上的连续性是指物料在生产过程的各个环节的运动,自始至终处于连续状态,没有或少有不必要的停顿与等待现象。空间上的连续性要求生产过程各个环节在空间布置上合理紧凑,使物料的流程尽可能短,没有迂回往返现象。

提高生产过程的连续性,可以缩短产品的生命周期,降低在制品库存,加快资金的周转,提高资金利用率。

(2) 生产过程的平行性。生产过程的平行性是指物料在生产过程中实行平行交叉作业,加工装配式生产使生产过程的平行性成为可能。平行作业是指相同的零件同时在数台相同设备上加工。交叉作业是指一批零件在上道工序还未全部加工完时,就将已完成的部分零件转到下道工序加工。显然,平行交叉作业可以大大缩短产品的生产周期。

(3) 生产过程的比例性。生产过程的比例性是指生产过程各环节的生产能力要保持适合产品制造的比例关系。它是生产顺利进行的重要条件,如果比例性遭到破坏,则生产过程必将出现"瓶颈"。瓶颈制约了整个生产系统的产出,造成非瓶颈资源的能力浪费和物料阻塞,也破坏了生产过程的连续性。

(4) 生产过程的均衡性。生产过程的均衡性是指产品从投料到完工能按计划均衡地进行,能够在相等的时间间隔内完成大体相等的工作量。

生产不均衡会造成忙闲不均,既浪费资源,又不能保证质量,还容易引起设备、人身事故。

(5) 生产过程的准时性。生产过程的准时性是指生产过程的各阶段、各工序都按后续阶段和工序的需要生产。即在需要的时间,按需要的数量,生产所需要的零部件。准时性将企业与用户紧密联系起来。只有各工序都准时生产,才能准时向用户提供所需数量的产品。

7.2.4 流水生产

现代流水生产方式起源于福特制,是专业化组织形式的进一步发展,是一种高效率的先进生产组织形式。流水生产与非流水生产相比,具有多方面的优越性。它有利于提高劳动生产率和设备利用率;有利于缩短产品生产周期,减少在制品占用量,降低产品成本;有利于满足合同交货期的要求,极大地提高了企业的经济效益。

1. 流水生产的概念

流水生产是指通过在生产过程中建立某种传送装置,使产品(零件)按照规定的工艺路线和速度,有顺序地通过各个设备和工作地,像流水般地进行连续重复的移动而完成作业的生产组织形式。

(1) 流水生产所具有的基本特征包括:

① 流水生产线上每个工作地完成的一道或几道工序都是固定的,因此工作地专业化程度高;

② 工作地和设备按产品加工顺序排列;

③ 各道工序的加工时间之间,规定着相等或倍比关系;

④ 按规定的节拍或时间间隔产出产品;

⑤ 生产过程具有高度的连续性。

(2) 要实行流水生产所需的条件有:

① 要有足够大的产品产量,以保证流水线上各工作地具有充分的负荷;

② 产品结构和工艺过程要相对稳定;

③ 工艺过程能分解为简单的工序,而工序的分解与合并可以满足工序同步化的要求;

(3) 流水生产线类型。流水生产线可按不同的标志进行分类：
① 按生产对象移动方式不同,可分为固定流水线和移动流水线;
② 按生产对象的数目不同,可分为单一对象流水线和多对象流水线;
③ 按生产对象轮换方式不同,可分为不变流水线和可变流水线;
④ 按生产过程连续程度不同,可分为连续流水线和间断流水线;
⑤ 按流水线节奏不同,可分为强制节拍流水线和自由节拍流水线;
⑥ 按流水线的机械化程度不同,可分为手工流水线、机械流水线和自动生产线。

2. 流水线的组织设计

流水线设计包括技术设计和组织设计。技术设计的任务是设计流水线上所需各种专用设备和工艺装备,主要由工程技术人员来承担;组织设计的任务主要由生产组织管理人员来承担。

下面以单一对象流水线为例,简略介绍流水线组织设计的步骤与有关计算方法。

(1) 确定流水线平均节拍。

平均节拍是指流水线上连续出产前后两件产品之间的时间间隔。平均节拍的计算公式如下:

$$R_{平} = T_{效}/Q \tag{7-1}$$

式中：$R_{平}$——流水线的平均节拍(min/件);

$T_{效}$——计划期有效工作时间(min);

Q——计划期产品出产量(件),包括计划产量和预计废品量。

(2) 组织工序同步化。

工序同步化是指通过采取技术组织措施,使各道工序的加工时间与流水线的平均节拍相等或成倍比关系,这是组织连续流水生产线的必要条件。

(3) 确定设备(或工作地)数量。

流水线上各道工序的加工时间,都必须接近节拍或节拍的倍数,但实际上各道工序的加工时间长短不一。为了适应节拍的要求,必须计算每道工序确切需要的设备(或工作地)数量。其计算公式如下:

$$n_{计} = \frac{t_i}{R_{平}} \tag{7-2}$$

式中：$n_{计}$——某工序需配置的设备(或工作地)数量;

t_i——第 i 道工序单件时间定额。

按上式计算出来的设备(工作地)数量可能有小数,在实际中确定设备(工作地)时应取接近于计算数的整数。

(4) 计算设备(工作地)负荷率和流水线的平均负荷率。

在确定各工序实际采用的设备(工作地)数后,还应分别计算各工序的负荷率与整条流水线的平均负荷率。其计算公式如下:

$$K_i = \frac{n_{计}}{n_{实}} \tag{7-3}$$

$$K_{平} = \frac{\sum n_{计}}{\sum n_{实}} \tag{7-4}$$

式中：K_i——第 i 道工序的设备(工作地)负荷率；

$K_平$——整条流水线平均负荷率，一般要求不小于 75%；

$n_计$——某工序需配置的设备(或工作地)数量；

$n_实$——某工序实际采用设备(工作地)数量。

(5) 确定流水线所需工人人数。

流水线上的工人人数要根据工作地数、工作轮班数、一名工人可同时看管的设备(工作地)数和工人的缺勤率来确定。整条流水线还要安排几名多面手工人，以替换缺勤的工人。流水线所需工人人数的计算公式如下：

$$S_总 = \sum S_i(1+a) + C \tag{7-5}$$

$$S_i = \left(\frac{n_实}{V_i}\right) \times b \tag{7-6}$$

式中：$S_总$——所需工人总数；

S_i——第 i 道工序所需工人数；

a——缺勤率；

C——后备多面手工人；

V_i——第 i 道工序一个工人可同时看管的设备(工作地)数；

b——流水线工作轮班数。

(6) 选择流水线的运输工具。

流水线上采用的运输工具很多，如传送带、辊道、回转台、各种运输车、重力滑道、传送链等。最常用的是传送带，它可辅助工人，缩短运输时间，按规定的节拍进行生产。传送带长度的计算公式如下：

$$L = 2\left(\sum L_1 + \sum L_2\right) + L_3 \tag{7-7}$$

式中：L——传送带总长度；

$\sum L_1$——工作地长度之和；

$\sum L_2$——工作地之间距离之和；

L_3——传送带两端需要长度。

(7) 流水线的平面布置和设备(工作地)的排列。

流水线的平面布置要有利于工人操作、运输路线最短以及有效利用面积。流水线上设备(工作地)的排列要符合工艺路线的顺序，符合产品总的流向，以尽可能缩短运输路线，减少运输工作量。

7.3 生产计划与控制

生产计划是指在生产战略指导下，企业在计划期(年、季、月)内应完成的产品生产任务和进度的计划，即规定企业在计划期内应当完成的产品品种、质量、产量、产值、出产期等一系列生产指标的计划。生产计划也是编制物质供应计划、劳动人事计划、销售计划和技术组织措施计划等的重要依据，并同成本指标和利润指标密切相关。

生产计划的主要任务是充分挖掘企业内部资源,合理利用企业资源,不断生产出国内外市场适销的商品,以提高企业经济效益。因此,生产计划必须具有全局性、科学性、应变性,既要保证企业生产的产品在品种、数量、质量和交货期上满足市场的需求,又能充分利用企业的人、财、物,在提高劳动生产率、降低产品成本的基础上,增加企业的利润。

7.3.1 生产计划的工作步骤

由生产计划的任务可以看出,企业在具体确定生产计划时,要认真进行调查研究,摸清企业内外部情况,了解和掌握市场需要与生产可能,力求做到以销定产,按需生产。因此,生产计划必须做好以下工作。

(1) 进行生产计划准备。充分而准确的信息资料是编制生产计划的基础。因此,生产计划准备工作主要是指各方面的资料的收集。这些资料大致分为两部分:一部分是反映企业外部环境和需要的,包括经济形势、国家政策、市场需求、竞争者状况、原材料及其他物资供应状况等;另一部分是反映企业内部条件和可能的,包括劳动力及技术水平、生产能力水平、各种物资库存水平、流动资金和成本水平及上期计划完成情况等。其中市场需求量和生产能力两方面的资料尤为重要。

(2) 确定生产计划指标。经过生产计划准备工作,基本掌握了计划期内社会对企业产品的需求及计划期内企业可能提供的生产资源状况,在此基础上就可以确定生产计划指标,这是生产计划的核心。生产计划工作的成果,其实就表现在为各项生产计划指标确定一个合理的水平,即企业在计划期内应当完成哪些产品,其质量档次如何,生产多少,何时投入、产出,实现多少利润等。

生产指标的确定必须坚持充分满足社会需求、充分利用企业各种资源和提高企业经济效益的原则,选用恰当的方法,通过综合平衡、优化而取得。一般来讲,通过市场预测这一工作,企业应当清楚市场对企业在产品品种、质量和产量方面的需求,进而企业可通过盈亏平衡分析法优化总产量指标,通过线性规划法优化品种、产量指标,也可通过计算机构造模拟模型寻优。

(3) 编制主生产计划。主生产计划是指把企业全年的生产任务,按产品品种、规格、数量具体地按季、月进行分配,也称作产品出产进度计划。由此可以看出,企业主生产计划的编制,既要从时间上保证生产指标的实现,保证产销衔接,又要能保证企业生产秩序和工作秩序的稳定。所以,合理地编制主生产计划是生产计划的核心内容,它对合理地组织生产、有效利用各种资源、均衡生产、提高企业效益有重要作用。为此,编制主生产计划必须与企业已签的合同交货计划、技术准备计划、生产能力计划、物资供应计划、财务收支计划等进行反复综合平衡。

7.3.2 主生产计划编制方法

在编制主生产计划时,不仅要确定好年度总量指标,还要确定好各季或各月的需求指标。前者是要达到总量平衡,后者则是要达到结构和产出进度平衡,而要同时做到这两点往往要付出代价。因为从现代生产的特点看,各月需求量往往是变动的,而且有时变化幅度很大。

若紧随需求量安排生产,则会出现劳动力、设备等不足或过剩,还会带来其他一些不利的后果,如产品质量不稳定、工人情绪不稳定、生产费用增加。当劳动力、设备等不足时,要多付加班、聘用、外包费用,当劳动力、设备等过剩时,要多付解聘或闲置费用等。

若均衡安排生产,最简单的办法就是制订恒定生产率计划。但恒定生产率计划也有缺点,它使得在计划期的某些时间段上,可能出现库存增加(多付库存费用)、延迟交货(多付延迟交货费用)或脱销(蒙受利润损失)。

因此,理想的生产计划能够综合市场需要和生产系统的优势,使企业在尽量满足市场需要的前提下,降低成本,提高生产效率。实际生产计划的制订既不能紧随市场需求,也不能完全按照恒定生产率来制订,只能是两方面的综合。

一般来说,在制订生产计划时,通常有四个基本考虑:尽可能满足顾客需求,尽可能保持恒定的企业产出率,尽可能维持一定水平的企业总人数,尽可能使总成本最低。其中使总成本最低、利润最大是企业最终的追求。为此,需要进行各可行计划方案的成本费用计算比较,从中选择总成本最低的计划方案。编制主生产计划的工作步骤一般为:

(1) 确定各期需求;
(2) 确定各期生产能力(包括正常生产能力、加班生产能力和转包生产能力);
(3) 明确相关的政策(库存水平、劳动力水平);
(4) 确定各种相关单位成本(正常生产能力、加班生产能力、转包生产能力、存货、延迟交货、解聘或培训等情况下的相关单位成本);
(5) 规划可供选择的各种方案,并计算出各方案的期间成本,相关成本计算如下:

期间成本＝生产成本＋聘用/解聘成本＋存货成本＋延迟交货成本

其中:

生产成本＝正常生产成本＋加班生产成本＋转包生产成本
正常生产成本＝单位产品正常成本×正常产出数量
加班生产成本＝单位产品加班成本×加班产出数量
转包生产成本＝单位产品转包成本×转包数量
聘用成本＝单个员工聘用成本×聘用人数
存货成本＝单位产品存货成本×平均存货数量
延迟交货成本＝单位产品延迟交货成本×延迟交货数量
某期平均存货＝(起初存货＋期末存货)/2
期末存货＝前期期末存货－本期产量－本期产品需求量

(6) 如果出现满意的计划,选择其中最能满足目标的,否则回到第(5)步。

7.3.3 生产能力需求计划

生产能力需求计划是通过对企业生产能力的核算,来建立与生产需求相适应的平衡。

企业的生产能力是指在一定的时期内直接参与生产过程的固定资产,在一定的生产技术条件下,经过综合平衡,所能生产一定种类的产品或加工处理一定数量原材料的能力。

1. 企业生产能力的核算

企业生产能力一般分为设计能力、查定能力和计划能力三种。设计能力是指企业设计任务书和技术文件中所规定的生产能力,它是确定企业生产规模、编制战略规划、安排基本建设计划的依据。查定能力是指老企业没有设计能力,或原有设计能力被突破的情况下,经过重新调查核定的生产能力,它是企业进行技术改造时核定生产能力的依据。计划能力是指企业在计划年度内实际能够达到的生产能力,它是企业编制年度计划、确定生产指标时的依据。

影响企业生产能力的主要因素有三个:一个生产中固定资产的数量,即机器设备的数量;二是固定资产的有效工作时间;三是固定资产的生产效率,即设备和生产面积的生产效益。

单一品种条件下设备组生产能力的计算公式为:

设备组生产能力＝设备数量×单位设备有效工作时间×单位台时产量定额

多品种条件下生产能力的核定可采用代表产品法。代表产品是指从多品种中选择一种产量大,在结构和工艺上具有代表性,能反映企业专业方向的主要产品。

该代表产品的某设备组生产能力计算公式为:

某设备组生产能力＝某设备组全年有效工作时间/代表产品台时定额

2. 生产能力与生产计划的平衡

在编制生产计划时,一般要进行设备负荷计算,其目的是为了发现生产任务与生产能力之间的不平衡状况,以便有计划地采取各种有效措施,以保证计划任务落实和生产能力的充分利用。

在平衡时,应当注意把当前同长期结合起来。这就是说,不仅要考虑到本年、本季、本月的生产能力不足或有余,同时还要注意到今后较长时期内社会需求量同企业生产能力的平衡情况。只有将这两方面结合起来考虑,采取相应的不同措施,才能使企业的生产经营活动取得较好的经济效益。

一般来说,从长期与短期看,需求与能力的关系可分为九种:

(1)短期和长期的生产能力都大于需求量。为了充分利用生产能力,应当要求上级机关调走多余的设备和工人,或者部分生产其他品种产品。

(2)短期看,生产能力与需求量基本相符,但从长期看生产能力大于需求量。虽然当前任务与能力是平衡的,但要及早抓好新产品的研制和开发,以便今后扩大社会需求量,充分利用企业的生产能力。

(3)从当前看生产能力不足,但从长期看,生产能力过剩。为了解决当前能力不足的问题,可以采取合理的加班加点、临时性外协、同用户协商推迟交货期等措施来解决。同时仍然需要及早研究解决今后生产能力利用不足的问题。

(4)当前的生产能力大于需求量,但从长期看,能力同需求基本适应。为了充分利用生产能力,企业可以承接一些临时性协作任务或来料加工任务,也可以提前进行一些生产准备工作,如提前进行一些设备的检修、增加在制品库存等。

(5)当前的和长期的生产能力都同需求量相一致,这是最理想的情况。

(6)当前生产能力不足,但从长期看,能力与需求基本相符。这时可以采取一些临时性外协、加班加点等措施来解决。

(7)当前生产能力有富裕,但从长期来看则能力不足。这时应当利用当前生产任务较轻的有利时机,抽出力量进行技术改造、职工培训等,以扩大今后的生产能力。

(8) 当前能力与任务基本相符,但从长期看将发生能力不足的情况。这时要早做准备,在完成当前任务的同时,挤出力量,进行技术改造和职工培训。

(9) 从当前和长期来看,生产能力都满足不了需求。这时可以采取组织专业化生产、进行技术改造、签订长期的外包协作合同等措施来解决。

7.3.4 车间作业计划

车间作业计划是生产计划的具体执行计划,即把企业的年度、季度生产计划中规定的月度生产任务以及临时的生产任务,具体分配到各车间、工段、班组以至每个工作地和个人,规定它们在月、旬、周、日轮班以至小时的任务,并按日历顺序安排生产进度。生产作业计划是生产计划的延续和补充,是组织当前企业日常生产活动的依据。编制车间作业计划就是要解决生产的期和量的问题,即期量标准。

由于企业的生产类型、产量大小和生产组织形式不同,采用的期量标准也不同。大量生产一般采用节拍、节奏、流水线工作的指示图表、在制品定额等;成批生产一般采用批量、生产间隔期、生产周期、生产提前期、在制品定额等;单件小批生产采用生产周期、生产提前期等。

企业的车间作业计划编制包括了厂级生产作业计划的编制和车间内部生产作业计划的编制。编制厂级作业计划,就是厂部(公司)根据全年产品生产进度计划的分月任务、供货合同要求,规定各车间的生产任务,包括月度投入量、产出量以及投入和出厂期限。其核心是要组织各个车间之间的衔接平衡。编制车间内部作业计划,就是各车间将厂部(公司)下达的生产作业计划任务,进一步分解为工段或班组月度作业计划、工段或班组还要把任务分配到各个工作地和个人。

7.3.5 生产作业控制

生产作业控制是指在生产作业计划执行过程中,对有关产品的数量和生产进度进行控制。生产作业控制是实现生产作业计划的保证。它一般要确定生产作业控制标准,把执行结果与标准进行比较,以采取措施纠正偏差。

1. 生产调度

生产调度是对企业的生产过程进行直接控制和调节。生产调度的任务就是在企业日常生产活动中,按照生产计划的要求,对企业的生产进行有效的指挥、监督和控制,使生产均衡进行,从而保证生产计划任务的顺利完成。

生产调度工作的主要内容包括:

(1) 控制生产进度和在制品流转;

(2) 督促做好生产技术准备和生产服务工作;

(3) 检查生产过程中的物资供应和设备运行状况;

(4) 合理调配劳动力;

(5) 调整厂内运输;

（6）组织厂部和车间生产调度会议，监督有关部门贯彻执行调度会议决定；

（7）做好生产完成情况的检查、记录、统计分析工作。

一般企业设立厂部、车间、工段（班组）三级调度组织。即厂部设总调度室，车间设调度组，工段设调度员。在工作中实行值班制度、报告制度和会议制度等工作制度，及时、动态地处理生产中出现的问题。

2. 生产进度控制

生产进度控制是指从原材料投入生产到成品入库为止的全过程的控制，包括投入进度控制、生产进度控制和工序进度控制等。

（1）投入进度控制。它是指控制产品开始投入的日期、数量和品种，使其符合生产作业计划的要求。同时，也包括原材料、零部件投入提前期，以及设备、劳动力、技术组织措施、项目投入使用日期的控制。搞好投入进度控制，可以避免造成计划外生产和产品积压现象，保持在制品正常流转，保证产品投入的均衡性和成套性。

（2）生产进度控制。它是指控制产品的出产日期、生产提前期、产出量、产出均衡性和成套性等。搞好生产进度控制，是保证按时、按量、均衡、成套完成计划任务的有效手段。

（3）工序进度控制。它是指对产品在生产过程中经过的每道加工工序的进度所进行的控制，主要用于单件生产、成批生产中加工周期长、工序多的产品。工序控制的方法一般采用工票和加工路线单进行控制。

3. 在制品占用量控制

在制品占用量控制是对生产过程各个环节的在制品实物和账目进行控制。进行在制品占用量控制，不仅对实现生产作业计划有重要作用，而且对减少在制品积压、节约流动资产、提高企业经济效益也有重要作用。在制品占用量控制主要包括：控制车间内各工序之间在制品的流转和跨车间协作工序在制品的流转，加强检查和对在制品流转的控制。

此外，还可以采用看板管理法控制在制品占用量。采用"看板方式"生产与一般生产的一个显著区别是，它不是由前道工序向后道工序送货，而是由后道工序在需要的时候向前道工序领取需要的零部件，前道工序只生产被后道工序取走的那部分零部件，严格控制零部件的生产和储备。

上面介绍的都是传统的生产计划和控制方式，随着科技水平的发展，也出现了新的生产计划和控制方法，最具代表性的就是制造资源计划（MRP-II）和企业资源计划（ERP）。

7.4 现代生产运作管理的发展

科学技术的快速发展，市场需求的不断变化，人们生活水平的不断提高，对生产运作管理提出了新的要求。与此同时，运筹学、系统工程、计算机等科技新成果的产生和发展，又推动了生产管理理论和方法的发展。近年来，生产管理的新思想、新理论和新方法不断提出，并在实际中逐步得到推广和应用。下面对一些新型生产管理方式进行简单介绍。

7.4.1 精益生产

1. 精益生产的概念与目标

精益生产(Lean Production, LP)是美国麻省理工学院国际汽车项目组的研究者在研究了以丰田汽车公司为代表的日本汽车工业的生产方式之后提出的。其含义是在生产的各个层面上，采用能完成多种作业的工人和通用性强、自动化程度高的机器，以持续改进为基础，通过实施准时化生产，不断减少库存，消除一切浪费，降低成本的一种生产方式。丰田生产方式是精益生产的核心。丰田生产方式又称为准时生产方式(Just in Time, JIT)。

精益生产的基本目标是消除生产过程中的一切浪费，提高效率、降低成本。精益生产把只增加成本，不创造价值的一切要素和活动定义为浪费，主要包括过量生产带来的浪费、窝工造成的浪费、搬运的浪费、库存的浪费、加工过程的浪费、动作的浪费、不良品的浪费。精益生产采取有效的措施从消除超过最低需要量的人、设备和原材料库存开始，逐步消灭浪费。追求的目标是废品量最低（零废品）、库存量最低（零库存）、更换作业时间最短（零时间）、搬运量最低、生产提前期最短和批量最小。精益生产的最终目标是增强企业竞争力，提高盈利水平。

2. 精益生产的特征

精益生产方式综合了大量生产方式和单件生产方式的优点，又避免和克服了这两种生产方式各自的缺点。精益生产方式主要有以下特征：

(1) 实行拉动式准时生产。在生产制造过程中，生产产品的所有零件按小时间隔准时直接送装配线，杜绝一切超前、超量制造。

(2) 以人为本，充分调动人力资源的积极性。摒弃了传统生产方式把人作为机器的附属品的观点，强调以人为本，充分发挥员工作用，培训员工一专多能，不断提高工作技能，推行多机床操作和多工序管理，并把工人组成作业小组，赋予相应的责任和权利。作业小组不仅直接参与组织生产，而且参与管理，甚至参与经营。

(3) 建立主机厂与协作厂的利益共同体。在生产组织结构和协作关系上，丰田公司一反大量生产方式追求纵向一体化的做法，把70%左右的汽车零部件的设计和制造委托给协作厂进行，主机厂只完成占汽车整车零部件30%的设计与制造任务。协作厂在经济上虽然都是独立的，但主机厂通过签订长期合作协议拥有协作厂股份，并且向协作厂输送高级管理人员，以组织互助协作会等办法，把主机厂与协作厂之间存在的单纯买卖关系变成利益共同的血缘关系。

(4) 把多种现代管理手段和方法用于生产过程中，计算机更多地应用到计划、过程控制中来，使生产手段现代化，也会极大地提高生产效率。

(5) 有效配置和合理使用企业资源。资源进入企业就转化为成本。"精耕细作"使用资源，可使企业生产成本得到降低。

(6) 彻底消除无效劳动和浪费。少投入多产出，正是精益生产方式的优越之处。精益生产方式认为，只有能增加价值和附加价值的劳动才有效，否则就是无效，是一种浪费。

(7) 在产品开发与生产准备工作上化整为零，采用小组工作法。小组工作法是精益生产方式的另一个突出的特点。小组不仅进行生产，而且要参与管理和经营，它是为彻底消除无效劳动和浪费、实行拉动式生产而建立的。

精益生产方式克服了大量生产方式中由于分工过细所造成的信息传递慢、协调工作难、开发周期长等缺陷。采用项目负责人制和同步工程的方法,从确定产品开发项目开始就成立有产品设计、工艺、质量、成本、销售等各种专业人员组成的开发小组,并由能力强的组长来领导。这样就能大大提高产品开发的工作质量,缩短开发周期,改变了大量生产方式中只能提供少量有限标准产品的状况,能够按照市场信息开发出多种多样的产品品种,满足社会多元化的需要。

7.4.2 大规模定制

1. 大规模定制的概念

大规模定制是斯坦·戴维斯在他所著的《未来理想》一书中首先提出的。其含义是以满足顾客个性化需求为目标,以顾客愿意支付的价格,并以能够获得一定利润的成本高效率地进行定制,从而提高企业适应市场需求变化的灵活性和快速响应能力的先进生产方式。大规模定制既不同于大规模生产,也有别于通常的定制生产。一般的定制生产方式是根据消费者的特别需求而定制生产产品,它适合那些产品的歧异化对于消费者有重要意义的产品,对于消费者不需要歧异化的产品则不适合这种方式。定制生产与大量生产相比虽然能很好地满足消费者的需求,但其组织过程很复杂,组织不当会导致生产成本的大幅提高。

大规模定制兼有大量生产与定制生产的优点,即能够在不牺牲企业经济效益的前提下满足顾客对产品或服务的个性化需求。在该生产方式中,对顾客而言,每一种产品都是定制的、个性化的。但对生产企业而言,该产品都是主要采用大批量生产方式制造出来的,以大批量的生产成本和效率生产出个性化的产品。随着经济、技术的发展和人们生产生活水平的提高,人们对产品多样性的要求越来越突出,顾客需求个性化将成为一种趋势,通过为顾客提供个性化的产品和服务来提高顾客的满意度是现代企业获得竞争优势的有效途径。因此,大规模定制将称为21世纪主流生产方式之一。

2. 大规模定制的类型

(1) 合作型定制。企业通过与顾客交流使顾客明确表达出对产品的具体要求,依此设计并制造。

(2) 透明型定制。顾客不参与产品的设计过程,企业根据预测或推断不同顾客的需求,为其提供个性化产品。

(3) 装饰性定制。企业以不同的包装把产品提供给不同的顾客。这种方式适用于顾客对产品本身无特殊要求,但对包装有个性化要求的情况。

(4) 适应性定制。企业提供客户化的标准化产品,顾客根据要求对产品进行调整,以满足其个性化的需求。

7.4.3 计算机集成制造系统

1. 计算机集成制造系统的概念

计算机集成制造系统(Computer Integrated Manufacturing System,CIMS)是美国的约瑟夫·哈林顿博士在20世纪70年代首先提出的概念,其中有两个基本观点:第一,企业生产的各个环节,即从市场分析、产品设计、加工制造、经营管理到售后服务的全部生产活动是一个不可分割的整体,要紧密连接,统一考虑;第二,整个生产过程实质上是一个数据的采集、传递和加工处理的过程,其最终形成的产品可以看做是数据的物质表现。

从这两个观点来看,CIMS是信息技术和生产技术的综合应用,目的在于使企业更快、更好、更省地制造出市场需求的产品,提高企业的生产效率和市场响应能力。从生产技术的观点看,CIMS包括了一个企业的全部生产经营活动,是生产的高度柔性自动化;从信息技术的观点看,CIMS是信息系统在整个企业范围内的集成,主要是体现以信息集成为特征的技术集成、组织集成乃至人的集成。因此,CIMS是生产组织的一种哲理、思想和方法。当一个企业按CIMS哲理组织整个企业的生产经营活动时,就构成了计算机集成制造系统。

2. 计算机集成制造系统的特征

CIMS是在自动化技术、信息技术及制造技术基础上,通过计算机及其软件将制造工厂全部生产活动所需的各种分散的自动化系统有机地集成起来,形成一种高效率、高柔性的智能制造系统。其特点主要有以下四个方面:

(1) 从科学技术来看,CIMS是高科技密集型技术,是系统工程、管理科学、计算技术、通信网络技术、软件工程和制造技术等的高度综合体。

(2) 从制造业的生产经营管理看,CIMS是一个大型的一体化的管理系统。由于CIMS将市场分析、预测、经营决策、产品设计、工艺设计、加工制造和销售集成为一个良性循环系统,这就大大地增强了企业的应变和竞争能力。

(3) 从数据的共享看,CIMS将物流、技术信息流和管理信息流集成为一体,它使企业中数据共享达到了一个崭新的水平。

(4) 从管理技术和方法看,CIMS将CAD/CAPP、LP、JIT等技术部分或全部集成起来。

3. 计算机集成制造系统的功能及构成

CIMS包括四个功能分系统与两个支撑分系统。

四个功能分系统分别是:

(1) 管理信息分系统。它是以MRPII为核心,包括预测、经营决策、生产计划、生产技术准备、销售、财务、成本、设备、工具、人力资源等管理信息功能。

(2) 产品与工程设计自动化分系统。它是用计算机来辅助产品设计、制造准备及产品性能测试等阶段的工作。

(3) 制造自动化或柔性制造分系统。它是CIMS中信息流和物料流的结合点,是CIMS最终产生经济效益的聚集地,可以由数控机床、加工中心、立体仓库、多级分布式控制计算机等设备及相应支持软件组成。

(4) 质量保证分系统。它包括质量决策、质量检测与数据采集、质量评价、控制与跟踪等功能。

两个支撑分系统是:

(1) 计算机网络分系统。它是支持CIMS各个分系统的开放型网络通信系统,用以实现CIMS的数据传递和系统通信功能,满足各功能分系统对网络支持服务的不同要求。

(2) 数据库分系统。它是支持CIMS各分系统,覆盖企业全部信息的数据库系统,用以管理整个CIMS的数据,实现数据共享和信息集成。

7.4.4 敏捷制造

1. 敏捷制造的概念

敏捷制造（Agile Manufacturing，AM）的概念是美国里海大学雅柯卡研究所专家在其撰写的《21世纪制造战略》报告中提出的。其含义是企业在无法预测的、持续快速变化的竞争环境中生存、发展并扩大竞争优势的一种新的经营管理和生产组织模式，其最基本的特征是智能和快速。所谓智能是指利用员工的智慧、知识、经验及技艺的能力；快速是指对市场需求变化的快速响应。革新的组织管理机构、柔性技术、有知识和技艺的员工是敏捷制造的三大基石。敏捷制造是以虚拟公司的组织形式出现的，它通过企业间优势互补的动态联盟参与竞争，在联盟内通过产品制造、信息处理和现代通信技术的集成，实现人、知识、资金和设备的集中管理和优化利用，以便迅速改变制造过程、设备和软件，快速生产多种新产品投放市场。

2. 敏捷制造的技术基础

（1）敏捷化信息系统。信息的采集、处理与分析、传递、集成的敏捷化是实现敏捷制造的必要条件。敏捷化信息系统具有开放性、系统可重构性、软件可重用性和规模可扩展性，可以通过添加新的要素，改变要素之间的连接方式，使系统动态地改变为新的系统，以适应新的要求。

（2）敏捷化工具集。在敏捷化信息系统上提供敏捷化工具集。工具集主要包括：

① 决策支持系统；

② 多媒体协同工作环境；

③ 工作流程管理系统；

④ 产品数据管理系统；

⑤ 质量保证体系；

⑥ 计算机仿真技术；

⑦ MRP/ERP；

⑧ 供应链管理系统。

这些工具集构成的软环境从不同的侧面支持敏捷化企业的运行。

（3）敏捷化制造技术。敏捷制造系统采用企业间协同制造、可重组加工单元、动态生产调度、企业间协同设计、动态加工仿真、实时工艺规划、产品并行设计、集成产品建模等提高产品设计、制造的速度和效率，降低制造成本。

 引导案例

丰田汽车的生产管理

丰田生产管理体系是丰田公司的一种独具特色的现代化生产方式，经过多年探索和完善，逐渐形成并发展成为包括经营理念、生产组织、物流控制、质量管理、成本控制、库存管

理、现场管理等在内的较为完整的生产管理技术与方法体系。丰田式管理的关键原则:一是建立看板体系,通过改造流程,满足后端顾客需求,采用"逆向"方式控制物料供应模式;二是强调实时生产,依据顾客需求,按需实时生产;三是作业标准化,生产环节的每个节点、工作内容、工作程序、时间要求和结果等都有严格的标准和规范;四是排除浪费,去除生产现场的各种不正常或不必要的环节或动作,避免时间、人力的浪费;五是要求每个员工在各项作业环节都要重复问如何改进;六是生产平衡化,丰田要求各生产工序取料量尽可能达到平均值,使需求与供应达成平衡;七是充分运用"活人和活空间",创立灵活的工作体系,鼓励员工都成为"多能工"以创造最高价值;八是养成自动工作习惯,这里的自动不仅是指机器系统,还包括人的自动自发,不断学习创新;九是提高生产方式的弹性,可根据实际情况调整生产方式,例如让几个员工在同一作业平台上共同作业,解决现场问题。

7.5 本章小结

生产运作是一个组织将它的输入转化为输出的过程。生产运作管理是对生产运作系统的设计、运作与维护过程的管理,包括对生产运作活动进行计划、组织与控制。其目标是高效、灵活、准时、清洁地生产合格产品和提供满意服务。生产运作一般分成制造性生产与服务性生产两大类。

产品的生产过程是指从原材料投入到成品生产的全过程。组织生产过程的原则主要有工艺专业化与对象专业化。其基本要求有:生产的连续性、平行性、比例性、均衡性和准时性。流水线生产是现代生产方式比较普遍的一种形式,是先进高效的一种组织生产形式。

生产计划是指规定企业在计划期内应当完成的产品品种、质量、产量、产值、出产期等一系列生产指标。合理地编制主生产计划是生产计划的核心内容。此外还有生产能力需求计划、车间作业计划、生产作业控制等更专门、具体的内容。

随着市场状况的不断变化和信息技术的迅速发展,企业为了取得竞争的优势,不断地改进生产管理的思想和技术,创造了许多先进的高效的新型生产方式,有一定代表性的如精益生产、大规模定制、计算机集成制造和敏捷制造等。

复习思考题

1. 叙述生产运作管理的内容与目标。
2. 组织生产过程有哪些基本要求和原则?
3. 生产计划的内容有哪些?主生产计划与其他计划有什么关系?
4. 新型生产运作方式方法主要有哪些?说明其基本思想。

"戴尔模式"的中国实验——昌河汽车大规模定制

早在十几年前,包括IBM、康柏、戴尔在内的计算机制造商就对定制规模化方向进行了尝试。众所周知,只有戴尔获得了成功。

在很多人看来,戴尔是不可模仿的神话。然而在中国,有一个并不起眼的汽车制造商——位于安徽合肥市的昌河汽车制造公司,却出人意料地成功了。在某些方面,昌河甚至比戴尔走得更远。

从1998年开始,昌河汽车的销售经理们发现,消费者开始越来越多地提出个性化的定制要求。比如,能否选择外观颜色?顶部能否有天窗?通用的四挡能否变成五挡?制动系统能否采取前盘后鼓式?

1999年4月,安徽一个可口可乐的经销商定制一辆销售服务车,要求对中门窗、侧围窗及后排座椅的结构做出变动,车身全部要喷涂可口可乐指定的广告图案。

令人困惑的是,这些订单虽然总数很多,但是绝大部分都是几辆、几十辆的零星订单。这是20世纪末制造企业里常常出现的一个典型情景——一边是大量没有得到满足的需求,一边是大量的库存积压;一边是大量的小订单,一边又是闲置的生产线。

就在这一年,昌河汽车正式提出了"一辆车的订单也生产"的定制口号,正式决定投入定制市场。

对于昌河来说,来自客户的定制需求不仅意味着订单,而且是重要的市场信息。根据这些客户的需求,昌河汽车不断开发新的定制品种,而且推出更符合市场的规模化新产品。

定制产品的推出,使产品种类大大增加。昌河汽车由以前单一的三大系列产品拓展到140个品种。同一生产线如何在低成本、快速高效的同时大规模生产这么多种产品,是定制规模化成功实施的关键。这对于生产的设备、技术和组织管理提出了更高的要求。

由于定制产品需求的多样性和复杂性,有些定制形式和特殊的定制品种仍然无法在主生产线上生产。如果强行进入主生产线,就会扰乱生产节拍及节点控制。

昌河用两个办法解决这个问题:一是将定制产品分解成标准化、通用化、规模化、系列化的类型,将其结构也进行分类,然后再进入生产线,使得定制的技术开发和生产成本降到最低;另外,公司专门成立了一个综合能力强的小型车间——纳整(归纳整理)中心,将那些在生产主干线上很难完成的定制任务集中在这个车间统一进行,比如开天窗、各种类型空调组成的选配、各种结构定制、各种复杂的内饰定制等。

由于采取了这些措施,车间生产主干线上的设备利用率始终保持在95%以上。

地电物资公司:大力开拓外部市场,转型成为具有竞争力的现代化物流企业

明远物资公司成立于1989年,主要承担西北区域8个地市66个县供电分公司物资的供销、仓储、物流配送以及废旧设备回收等业务,同时向客户提供电力物资信息咨询服务、供

货跟踪服务和售后服务等。

近年来,随着市场需求的变化以及体制改革,明远物资公司面临转型,以进一步提升企业竞争力,促进公司发展。2009年,明远公司与管理咨询公司合作,共同制定了其未来五年战略规划,促进企业转型。

管理顾问首先运用PESTG工具对公司的宏观环境进行了分析,得出机会大于威胁的结论。在对公司行业现状及发展趋势进行分析时,管理顾问创造性地利用行业生命周期判断电力物资采供业经过高速增长后,目前已进入成熟期,并运用行业关键成功要素法得出电力物资采供行业的关键成功要素:首先是政府宏观计划调控因素,其次是资金、人力资源、所供产品质量、采购和市场推广,行业垄断性明显,并且市场化程度不高。随后,管理顾问运用波特五力竞争模型对物资公司进行了主营业务市场分析,得出结论:未来五年,国家投资的项目有智能电网建设、西部开发投资、农网第三批改造工程,这些投资都会带动电力产业飞速发展,电力物资供应市场需求加大,原材料价格的暂时波动及通货膨胀因素不会直接影响到整个行业的发展。

内部分析时,管理顾问以行业对标分析的方式,选取北京电力物资公司和中国水利电力物资有限公司两家作为物资公司的对标企业,从发展条件、财务资源、人力资源、企业文化、市场营销等方面对物资公司的核心竞争力进行了分析。总结了物资公司的优势和劣势。

最后,管理顾问运用SWOT分析法提出了物资公司战略方向,即应以市场为导向,开拓外部市场,做大做强物流业务,引入战略投资者,整合企业内部和供应链上下游资源。

1. 以市场为导向,加快推动公司转型升级

成立明远电力物流公司,促进物流公司软、硬件设施提升,拓宽市场营销渠道,加强品牌宣传力度,改变物资采购中间商的地位,实现公司整体转型,力争到2013年,物流公司外部市场营业收入和物资公司内部市场营业收入基本持平。

2. 打破传统管理模式,引入战略投资者

按照"公司化改造"整体目标,优化公司法人治理结构,逐步实现公司股权多元化,通过引入战略投资者,建立激励约束机制、效率与公平机制、人员流动机制、资本扩张机制,提高竞争力。

3. 以创新为导向,做好技术创新和管理创新

未来五年,重点抓好智能电网试点项目建设,围绕智能电网设备组织培训,做好智能设备采购阶段的技术攻关工作。结合系统内现有的"财务管理"系统,借助专业公司建立覆盖全系统的资产全寿命管理和ERP系统。

该战略方案实施两年来,公司各项规划工作落实到位,转型已经取得初步成功。

试分析:

本案例能给你什么启示?

第8章 财务管理

学习目标

学习本章后，你应当能够：
1. 熟悉企业基本财务活动及财务关系；
2. 了解主要筹资方式及其选择的基本原则；
3. 掌握投资决策评价指标；
4. 认识财务分析的主要方法和相关指标。

引导案例

构建财务管理系统，全面提升企业财务管理效能

中国外运股份有限公司（简称"中国外运"）是一家集海、陆、空货运，仓储码头服务，快递，船务代理及货运代理业务为一体，为客户提供综合物流服务的公司。公司成立于2002年，并于2003年在香港成功上市，是中国外运长航集团有限公司（简称"中国外运长航"）控股的H股公司。截至2010年年底，公司共有员工24 431名，总资产251亿元人民币，净资产120亿元人民币。

随着中国经济的快速增长，一方面，中国外运的业务发展非常迅猛，2010年营业额达到425亿元，经营地区逐步扩大；但另一方面，越来越多的国内外企业加入到中国外运的竞争行列中来，参与竞争的企业不仅包括班轮公司，也包括中间代理商、内陆运输企业等。同时，客户对航运企业的服务水平和服务质量方面的要求越来越高，强烈要求航运企业能够提供更加快捷、更加可靠、方便灵活的供应链管理，并进一步要求承运人提供"无缝服务"，从包装、陆运、集运、海运、报关、分包再到陆运、交货提供完整的运输服务体系，并对所有点到点的运输全过程进行监控。

因此，要想在未来的环境中占据优势、获得成功，就必须在信息系统及物流管理技术上具备领先地位，从而保证其经营实力能够达到客户服务与市场竞争要求，并进一步强化与供应链的上下游协同能力，提供更多优质的增值服务。为此，中国外运成立了专门的项目组，构建以财务管理系统为核心的供应链管理系统，先后有数百名员工参与了实施。在实施过程中，中国外运聘请外部管理顾问，完成了供应链体系构建。这个系统替代了过去独立分散的财务会计系统，能够支持分布在全国的1 200名用户同时在线处理业务，同时为一百多个业务系统定制开发了集成界面，使订单与付款等信息与财务系统按照工作流程自动完成交易处理，从而在中国外运建立起一套实现集中化管理的财务信息系统。中国外运供应链管理系统的成功建立,彻底打破了信息"孤岛"现象,方便上级公司监控和分析,而上级公司的有效监控,无疑会提高财务等各种信息质量,信息更加精细,且多维度。统一平台、统一核算口径、统一账务、统一操作流程,提高了信息的规范性。同时,本系统的应用使基层财务人员的日常工作从账务处理向业务管理和决策分析提升,对各级财务人员提出了新的挑战和机遇,大大提高了公司运营管理水平,强化了总部和区域公司的协同功能。

8.1 财务管理概述

8.1.1 财务管理的概念

企业财务就是企业再生产过程中的资金运动,它体现着企业同各方面的经济利益关系。财务管理是基于企业再生产过程中客观存在的财务活动和财务关系产生的,利用价值形式对企业进行生产经营管理,是组织财务活动、处理企业同各方面财务关系的一项综合性管理工作。因此,要全面了解企业财务管理的概念,就必须认真地考察企业再生产过程中的资金运动以及由此引起的企业同各方面的财务管理。

1. 企业的资金运动

资金运动是指企业再生产经营过程中,现金变为非现金资产,非现金资产又变为现金,这种周而复始的流转过程。资金运动表现为资金的循环和周转。

工业企业的资金,随着生产经营活动的进行,不断地改变形态,经过供应、生产、销售三个过程,周而复始地进行循环和周转。

在供应过程中,企业以货币资金购买材料等各种劳动对象,为进行生产储备必要的物质,货币资金就转化为储备资金。

在生产过程中,工人利用劳动资料对劳动对象进行加工。这时,企业的资金即由原来的储备资金转化为产品形式的生产资金。同时,在生产过程中,一部分货币资金由于支付职工的工资和其他费用而转化为产品,成为生产资金。此外,在生产过程中,厂房、机器设备等劳动资料因使用而磨损,这部分磨损的价值通常成为折旧,转移到产品的价值中,也构成生产资金的一部分。当产品制造完成,生产资金又转化为成品资金。

在销售过程中,企业将产品销售出去获得销售收入,并通过银行结算取得货币资金,成品资金又转化为货币资金。企业再将收回的货币资金的一部分重新投入生产,继续进行周转。

企业资金从货币资金开始,经过供应、生产、销售三个阶段,依次转换其形态,又回到货币资金的过程就是资金的循环,不断重复的资金循环就是资金的周转。

2. 企业财务关系

企业财务关系是指企业在资金运动过程中与各有关方面发生的经济利益关系。这种经济利益关系主要有以下几个方面:

(1) 企业与国家之间的财务关系。企业与国家之间的财务关系,主要体现在两方面:一是国家为实现其职能,凭借政治权利,无偿参与企业收益的分配,企业必须按照税法规定向国家缴纳各种税金,包括所得税、流转税、资源税、财产税和行为税等;二是国家作为投资者,通过授权部门以国有资产向企业投入资本金,依据投资比例参与企业利润的分配。前者体现的是强制和无偿的分配关系,后者则是体现所有权性质的投资与受资关系。

(2) 企业与其他投资者之间的财务关系。企业为了满足生产经营的需要,经国家有关部门批准,还可以依法向社会其他法人、个人及外商筹集资本金,从而形成企业与其他投资者之间的财务关系。这种财务关系体现了所有权性质的投资与受资关系。

(3) 企业与债权人之间的财务关系。企业与债权人之间的财务关系,主要是指企业向债权人借入资金,并按借款合同的规定按时支付利息和本金所形成的经济关系。企业的债权人主要有债券持有人、银行信贷机构、商业信用提供者、其他出借资金给企业的单位和个人。企业与债权人的财务关系在性质上属于债务与债权关系。

(4) 企业与受资者之间的财务关系。企业与受资者之间的财务关系,主要是指企业以购买股票或直接投资的形式向其他企业投资所形成的经济关系。企业与受资者的财务关系也是体现所有权性质的投资与受资关系。

(5) 企业与债务人之间的财务关系。企业与债务人之间的财务关系,主要是指企业将其资金以购买债券、提供借款或商业信用等形式出借给其他单位所形成的经济关系。企业与债务人的财务关系体现的是债权与债务关系。

(6) 企业内部各单位之间的财务关系。企业内部各单位之间的财务关系,主要是指企业内部各单位之间在生产经营各环节中相互提供产品或劳务所形成的经济关系。这种在企业内部形成的资金结算关系体现了企业内部各单位之间的利益关系。

(7) 企业与职工之间的财务关系。企业与职工之间的财务关系,主要是指企业向职工支付劳动报酬过程中所形成的经济关系。这种与职工之间的结算关系体现着社会主义的按劳分配关系。

3. 财务管理特点

财务管理区别于其他管理活动的特点在于:

(1) 财务管理是一种价值管理工作。它主要利用资金、成本、收入、利润等价值指标,运用财务预测、财务决策、财务预算、财务控制、财务分析等手段来组织企业中价值的形成、实现和分配,并处理这种价值运动中的经济关系。

(2) 财务管理也是一项综合性管理工作。企业在生产经营活动各方面的质量和效果,大多可以通过反映资金运动过程和结果的各项财务指标综合反映出来,因而能使组织有效组织资金供应,有效使用资金,严格控制生产耗费,大力增加收入,合理分配收益,又能够促进企业有效开展生产经营活动,不断提高经济效益。

(3) 财务管理的指标能反映企业生产经营状况。在企业管理中,决策是否正确、产品是否畅销、经营是否合理,都可以在企业财务指标中得到反映。例如,通过资金周转指标,可以反映资金利用效率的高低,供、产、销各环节配合的好坏,产品的适销对路情况,以及企业经营管理水平的高低等。

8.1.2　财务管理的目标

财务管理目标是企业进行财务活动所要达到的根本目的,它决定着企业财务管理的基本方向。关于财务管理的目标,可概括为以下几个主要的观点:

(1) 以利润最大化为目标。利润是企业在一定时期内的最终财务成果,是衡量企业生产经营管理的一项重要综合指标,利润的高低集中反映了企业生产经营活动各方面的效益。但利润最大化目标在实践中存在着一些难以解决的问题。首先,这种观点没有考虑资金的时间价值,即没有考虑利润取得的时间。其次,这种观点没有考虑风险的大小,这可能会使财务决策优先考虑利润高、但风险也大的项目,一旦不利的事实出现,企业将会陷入困境。再次,这种观点没有考虑利润与投入资本之间的关系,这可能会使财务决策优先选择利润大、投资资本也多、但单位资金的利润并不是最高的项目。最后,这种观点往往会使企业财务决策带有短期行为,只考虑企业目前的最大利润,而忽略了企业的长远发展。

(2) 以资金利润率最大化或每股利润最大化为目标。资本利润率是企业在一定时期的税后净利润与资本额的比率;每股利润或称每股盈余是一定时期税后利润与普通股股数的对比数。这种观点虽然考虑了所获利润与投入资本的关系,但仍然没有考虑资金的时间价值,也没有考虑风险因素。

(3) 以企业价值最大化或股东财富最大化为目标。企业价值是通过市场评价而确定的企业买卖价格,是企业全部资产的市场价值,它反映了企业潜在或预期的获利能力。投资者投资企业的目的,在于获得尽可能多的财富。这种财富不仅表现为企业的利润,而且表现为企业全部资产的价值。如果企业利润增多了,随之而来的即是资产贬值,则潜伏着暗亏。相反,如果企业资产价值增多了,生产能力强大了,则企业将具有持久的盈利能力,抵御风险的能力也会随之增强。因此,人们在财务管理实践中以企业价值最大化作为财务管理目标更为合理。这一目标考虑了资金时间价值和风险价值,而且还充分体现了对企业资产保值增值的要求,有利于制约企业追求短期利益行为的倾向。

在股份制企业尤其是上市公司,投资者持有公司的股票并成为公司的股东。股票的市场价格体现着投资大众对公司价值所作的客观评价。所以,人们通常用股票市场价格来代表公司价值或股东财富。

8.1.3 财务管理的内容

财务管理的最终目标是使企业的财富达到最大。而提高企业财富的主要途径是提高报酬和减少风险,企业报酬的高低和风险的大小又决定于资本结构、投资项目和利润分配政策。所以,财务管理的主要内容是筹资、投资和利润分配三项。

(1) 筹资。筹资是指企业为了满足生产经营活动的需要,从一定的渠道,采用特定的方式,筹措和集中所需资金的过程。筹集资金是企业进行生产经营活动的前提,也是资金运动的起点。一般来说,企业可以从两个方面筹集资金来源:一是从所有者处取得资金形成资本金;二是从债权人处取得的资金形成负债。企业筹集的资金,可以是货币资金,也可以是实物资产或无形资产。在筹资过程中,企业一方面要确定筹资的总规模,以保证投资所需要的资金;另一方面要通过筹资渠道和筹资方式或工具的选择,确定合理的筹资结构,使筹资的代价较低而风险不变甚至降低。

(2) 投资。企业在取得资金后,必须将资金投入使用,以谋取最大的经济效益。投资有广义、狭义之分。广义的投资是指企业将筹集的资金投入使用的过程,包括企业内部使用资金以及企业对外投放资金的过程。狭义的投资是指企业以现金、实物或无形资产采取一定的方式对外投资。在投资过程中,企业一方面必须确定投资规模,以保证获得最佳的投资效益;另一方面通过投资方向和投资方式的选择,确定合理的投资结构,使投资的收益较高而投资较小。

(3) 利润分配。企业通过资金的投放和使用,必然会取得各种收入。企业的收入首先要用以弥补生产耗费、缴纳流转税,其余部分为企业的营业利润。营业利润和对外投资净收益、其他净收入构成企业的利润总额。利润总额首先要按国家规定缴纳所得税,税后利润要提取公积金和公益金。其余利润分配给投资者或暂时留存企业或作为投资者的追加投资。要合理确定分配的规模和分配的方式,以使企业获得最大的长期利益。

8.1.4 财务管理的环境

财务管理环境是指对企业财务活动产生影响和制约作用的企业外部条件和内部条件。企业内部条件虽然重要但却是企业可以控制和改变的,而外部环境企业却很难改变。限于篇幅,我们只对外部环境做简单介绍。财务管理的外部环境涉及的范围很广,其中比较重要的有经济环境、法律环境、社会环境和金融市场环境。

1. 经济环境

经济环境是指企业进行财务活动的外部经济状况,包括一般经济状况和经济政策等方面。

(1) 一般经济状况。这包括经济发展状况、通货膨胀及币值稳定状况、产业结构及水平、外汇储备及国家收支状况、利用外资及对外投资状况、竞争状况以及利息率波动状况等。

首先,从经济发展状况看。由于经济的发展具有波动性,即有时繁荣有时衰退,这对企业的理财活动影响很大。在经济繁荣时期,企业要进行扩张性投资,要增加厂房、机器、存货、人员等,这就要求企业大规模地筹集资金;而在衰退时期,企业销售额下降而影响资金的周转。

其次,从通货膨胀及货币稳定状况上看。通货膨胀给企业财务管理带来很大困难。企业本身控制不了通货膨胀,就要想办法尽量减少损失,如提前借入资金,提前购买设备和存货等。

(2) 经济政策。这包括国家产业政策、财政政策、金融政策、外汇政策、价格政策等。国家如果鼓励和扶持某些地区、行业和企业的发展,就要在经济政策上给予它们一定的优惠,如投资优惠、税收优惠、贷款优惠等。

2. 法律环境

法律环境是指企业和外部发生经济关系时所应遵守的各种法律、法规和规章。从整体上说,法律环境对财务管理的影响和制约有以下几个方面:

(1) 在筹资活动中,国家通过法律规定了筹资的最低规模和结构,规定了筹资的前提条件和基本程序。

(2) 在投资活动中,国家通过法律规定了投资的基本前提,基本程序和应履行的手续。

(3) 在分配活动中,国家通过法律规定了企业分配的类型或结构,分配的方式和程序,分配过程中应履行的手续以及分配的数量。

(4) 在生产经营活动中,国家规定的各项法律也会引起财务安排的变动。

3. 社会环境

社会环境是指企业进行财务活动的外部社会状况。又可以分为社会服务环境和社会文化心理环境。

(1) 社会服务环境。社会服务环境包括政府机关及有关单位的办事效率和工作作风、社会人员的服务态度、筹资与投资的审批手续与程序以及信息服务的情况等。例如,政府机关及有关单位的工作人员办事效率高、态度好,会给企业财务管理造成有利条件,而不致使企业错过获利的机会。

(2) 社会文化心理环境。社会文化心理环境包括企业的资信程度、社会文化传统与价值观念、社会文化水平、社会风气与人际关系、人们对风险的态度以及社会安定与治安状况等。例如,与本企业发生业务往来的其他企业单位,如果资信程度高,则本企业货款收回就快,或者供货的时间和质量都能得到保证。

4. 金融市场环境

金融市场是融通资金的场所。其交易的对象包括货币信贷、有价证券的买卖、票据承兑和贴现、外汇买卖等。金融市场对企业财务活动的影响主要表现在以下几个方面:

(1) 为企业筹资和投资活动提供场所。金融市场为资金的供需双方提供了相互接触的机会,通过金融市场上的交易,可促使企业的资金在供需上达到平衡。例如,企业需要资金时,可以到金融市场选择适合自己需要的方式筹集;企业有了剩余资金,也可以到金融市场以一定的方式为其寻找出路。

(2) 促使资金的合理流动,发挥资金的最大效益。通过金融市场的活动,可以促使资金的合理流动,调节企业筹资与投资的方向与规模,以使企业合理地使用资金,发挥资金的最大效益。而且通过金融市场,还可以实现长、短期资金的相互转化。例如,企业持有的股票和债券是长期资金,在金融市场上随时可以转手变现,成为短期资金;大额可转让定期存单可以在金融市场上卖出成为短期资金。同样,短期资金也可以在金融市场上转变为长期资金。

(3) 为企业财务活动提供信息。金融市场还可以为企业财务活动提供有用的信息。例如,市场利率的变动、有价证券价格的变动、资金供求状况的变动等。这些信息都是企业财务决策的重要依据。

除了上述四种比较重要的理财环境外,与企业财务活动有关的外部环境还有政治环境、技术环境和竞争环境等,为了提高财务管理工作的稳定性,企业也应了解这些环境,适应这些环境。

引导案例

海信集团的财务管理

海信集团成立于 1969 年,是中国特大型电子信息产业集团公司。1992—2000 年的 8 年中,海信的销售收入增长近 33 倍,在家电这个典型的竞争性行业中,海信创造了国有企业发展的奇迹。那么,海信如此高速增长的奇迹是怎样创造的?"稳健"和"精细化"的财务管理是海信做大做强的两大"法宝"。海信对财务上的"稳健"主要表现在三个方面:一是集团内各子公司的一把手必须懂财务,并将其列为任职的首要条件;二是把对财务指标考核列为考核要素的第一位,在海信的整个考核体系中,财务指标的考核权重占到 80%;三是有效控制资产负债率,强化经营稳健性。海信在财务管理上采取了很多有效措施:通过实施零库存管理,比竞争对手更显迅捷,而且加速资金周转,大大降低了存货成本;通过对各产品毛利率分析,为优化产品结构、培植企业利润源提供了依据。与此同时,海信的财务管理还力求"精细化",财务管理的精细化贯穿于整个企业经营始终。在海信每月的干部讲评会上,一项主要内容就是财务分析讲评,各主要产品的毛利率及其分布、新产品的试制、存货周转、应收账款账龄分析、预付账款、其他应收款等指标都在分析之列,通过分析经营现状,研究制定相应的对策。

8.2 筹资管理

资金的筹集,是指企业为了满足投资和用资的需要,筹措和集中资金的过程。筹集资金是企业存在和发展的基本条件,是资金运动的起点,也是资金运用的前提。

企业可以从两个方面筹集资金:一种是权益资金,如向投资者吸收直接投资、发行股票、企业内部留存收益等;另一种是企业债务筹资,如向银行借款、发行债券等。

企业筹资的目的是多样的。有为了扩大生产经营规模而筹资的扩充性目的,有为偿还债务而筹资的偿债性目的,有为了控制其他企业而筹资的控制性目的,有为了优化资金结构而筹资的调整性目的,等等。

为了实现筹资的目的,企业资金筹集必须按照一定的要求进行。总的要求是:研究筹资的影响因素,讲求筹资的综合效益。具体要求是:合理确定资金需要量,控制资金投放的时间;正确选择筹资渠道和筹资方式,努力降低资金成本和筹资风险;合理安排资金结构,适度运用负债经营。

8.2.1 筹资的渠道与方式

企业筹资活动必须通过一定的筹资渠道和筹资方式来完成。企业筹资管理的重要内容是如何针对客观存在的筹资渠道,选择合理的筹资方式进行筹资。了解各种筹资渠道和方式的特点,有利于企业进行有效筹资组合,降低筹资成本,提高筹资效益。

筹资渠道是指筹集资金的来源。我国目前筹资渠道主要有:国家财政资金、银行信贷资金、非银行金融机构资金、其他企业资金、居民个人资金、企业自留资金。

筹资方式是指企业筹集资金所采用的具体形式。目前我国企业筹资方式主要有以下几种:吸收直接投资、发行股票、银行借款、商业信用、发行债券、融资租赁。

1. 筹资渠道和筹资方式的对应关系

筹资渠道解决的是资金来源问题,筹资方式是解决通过何种方式取得资金的问题,它们之间存在一定的对应关系。一定的筹资方式可能只适用于某一特定的筹资渠道,但是同一渠道的资金往往可采用不同的方式取得,它们间的对应关系可用表 8-1 表示。

表 8-1　筹资方式与筹资渠道对应表

筹资渠道＼筹资方式	吸收直接投资	发行股票	银行借款	发行债券	商业信用	融资租赁
国家财政	✓	✓				
银行信贷			✓			
非银行金融机构	✓	✓	✓	✓		✓
其他企业	✓	✓		✓	✓	✓
居民个人	✓	✓		✓		
企业自留	✓	✓				
外商	✓	✓				✓

2．筹资方式的基本原则

综合影响筹资的各因素,企业可按下述顺序选择筹资方式：

(1) 首先选择内部积累。因为这种方法筹资阻力小,保密好,风险小,不必支付发行成本,为企业保留更多的借款能力。

(2) 当从外部筹资时,可首先考虑各金融机构贷款。一般来说,贷款的资金成本低于公司债券,然后再考虑公司债券,最后才考虑发行普通股票。因为普通股票发行成本高于债券发行成本。

(3) 企业在解决短期资金需求时,可采用出售短期金融资产,借入短期债务等手段来弥补资金缺口。

8.2.2　主要筹资方式介绍

1．股票

股票是一种能够给其所有者带来利益的凭证,它也是股份制企业筹集资本金形成权益资本的重要来源。股票的种类通常可分为下列几种：

(1) 按票面是否记名,分为记名股票和不记名股票。目前我国企业在职工中发行的股票为记名股票,在社会上发行的股票多为无记名股票。

(2) 按票面是否标明金额,分为面值股票和无面值股票。面值股票标明每股票面金额；无面值股票,在票面上不定金额,只注明股数。

(3) 按股东的权利不同,可分为普通股票和优先股票。普通股票的股利不固定,取决于企业的经营盈利状况,股东有参与公司经营管理的权利；优先股票的股利是固定的,股东一般没有参与企业经营管理的权利；在进行股利的分派及企业清偿时,优先股优于普通股之。

(4) 按发行的对象和上市地区,可分为 A 股、B 股、H 股、N 股。A 种股票是指以人民币标明股票面值,并以人民币认购和进行交易的股票,外国和我国港、澳、台的投资者不得买卖。B 种股票是指以人民币标明股票面值,以外币认购和进行交易,专供外国和我国港、澳、台的投资者买卖的股票。另外,H 股是指以港币标明股票面值,在香港地区上市发行和进行交易的股票。而 N 股是在纽约上市的股票。

用股票筹集资金具有下列特点：

(1) 资金来源是永久性的。股票一经发行售出只能转让或持有,股东不能将股票退还给公司。

(2) 股利支付灵活。当公司出现经营亏损或现金暂时短缺时,经股东大会投票表决可暂时不发放股利。而在公司盈利后发放股利时,股利也是不固定的。这给公司理财提供了很大的方便。

(3) 资金成本高。股利必须从企业的税后利润中支出,并且股东期望的报酬率比较高,这样一来,使股票的融资成本很高。

2. 债券

债券是企业依法定程序发行,约定在一定期限内还本付息的有价证券。发行债券有利于将社会闲散资金集中起来,转化为生产建设资金。因此,债券是一种较好的向社会筹资的形式。

债券有国家发行的公债(国库券)、银行发行的债券(金融债券)和企业发行的债券(企业债券)等类别。企业债券的种类有:按票面有无记名,分为记名债券和无记名债券;按还本期限,分为长期债券(5年以上)、中期债券(1～5年)和短期债券(1年以内);按有无抵押物,分为抵押债券和无抵押债券。

企业债券筹资的特点是:

(1) 资金成本固定。企业债券发行时,一般都明确规定有固定的利息率。

(2) 偿还期明确。企业债券发行时已明确了还本到期日。

(3) 企业债券利息免税。债券的利息支出计入当期损益,属于免税费用,即利息支出是计算公司所得税时的税前扣除项目。

(4) 抵消通货膨胀损失。企业可以利用筹资与还本时的币值下降额获得购买力收益,将通货膨胀造成的部分损失转嫁给企业债券持有人。

3. 融资租赁

租赁是出租人将资产租让给承租人使用,按契约合同规定的时间和数额收取租金的业务活动,是一种有偿转让使用权而保留其所有权的协议和行为。

经营租赁的特点是:租出资产本身的经济寿命大于租赁合同的持续时间;出租方负责资产的保养和维修,允许承租方在租赁合同到期之前按单边条件取消租赁合同。

融资租赁的目的在于获得资产的价值而不是使用价值,它与经营租赁相比主要有两点不同:融资租赁是完全转让租赁,出租方一般通过一次租赁即可收回全部投资;除非双方同意,否则出租方不得单方面提出终止合同。

融资租赁属于负债筹资,其特点是:

(1) 不必支付全部资金就能引入所需的现金技术装备。

(2) 租金事先预定,定期支付,其筹资风险小于其他筹资方式,并能避免通货膨胀对企业筹资的影响。

(3) 融资租赁具有分期付款的特点,企业在获得设备使用权的同时,不必支付过多的现金。这样便可以使企业保持较高的偿付能力,维护企业的财务信誉。

4. 短期资金

短期资金是指要在一年内偿还的资金,企业筹集短期资金是为了弥补流动资金的不足。短期银行借款、商业信用和应付费用是短期资金的三种筹集方式,其中短期银行借款和商业信用是主要方式。

短期银行借款是指要在一年内偿还的银行借款。商业信用是延期付款而形成的一种借贷关系,是企业短期资金的主要来源,在会计上形成应付票据、应付账款和预收账款。应付费用是指应付税金、应付工资、应付利息,因为它们是按期偿付的,在两次支付间隔期间,相当于为企业提供了一种无代价的短期借款。

短期资金筹集具有下列特点:

(1) 速度快。由于短期借款偿还时间短,与企业长远发展联系少,贷方风险小,所以申请短期借款比申请长期贷款容易。

(2) 灵活。短期借款中限制条款极少,给企业以很大的选择自由。

(3) 成本低。

(4) 风险大。因短期借款利率随市场变化大,若企业过分依赖短期借款,就会有在上一个短期借款到期后,筹不到同等数额的短期资金或不得不用更高的利率筹资等量的短期资金来偿还的风险。

8.2.3　风险报酬与资金成本

1. 资金的时间价值

在经济活动中,一定量的货币资金在不同的时间上具有不同的价值。例如,企业将一定量的货币转化为资源,投入生产经营活动中,在正常情况下,经过一段时间后,所取得的价值量高于原来投入的价值量,货币会发生增值。通常把货币在周转使用中由于时间因素形成的差额价值,称为资金的时间价值。

由于资金具有时间价值的特性,所以,生产经营者向资本所有者借入货币进行生产经营活动,会带来利润,实现增值。经营者就应从资金增值额中分出一部分给资本所有者,作为借入货币的报酬,即支付利息。利息的大小通常用利息率表示。经营者借入货币的利息率应以资金利润率为界限,不能高于资金利润率,否则就会亏本。

通常情况下,资金的时间价值被认为是没有风险和没有通货膨胀条件下的社会平均资金利润率。实际工作中,国库券几乎不存在风险,当通货膨胀很低的情况下,可以把国库券利率认为是资金的时间价值。

2. 风险报酬

风险就是指事件本身的不确定性。企业在投资活动和经营活动中存在着很多不确定因素,即存在风险。企业如果冒着风险进行投资或经营,就要求获得超过时间价值以外的收益,这种冒着风险进行投资或经营而取得的利润,就是风险报酬,又称风险价值。

在不考虑物价变动的情况下,投资收益率包括两部分:一部分是资金时间价值,由于它是不存在风险而得到的价值,又称无风险价值,即无风险收益率;另一部分是风险价值,即风险补偿收益率。

投资者总希望冒着较小的风险,得到尽可能大的投资收益率,至少是所冒风险同所得收益率相当,这就需要衡量风险程度和计算风险收益率。对风险程度的衡量,通常采用概率的方法计算。

3. 资金成本

资金成本是指企业筹集和使用资金而付出的代价,资金成本包括资金筹集费用和资金使用费用两部分。

资金筹集费是指筹集过程中支付的各项费用,如发行股票、债券支付的印刷费、发行手续费、律师费、资信评估费、公证费等。资金使用费是指使用资金支付的费用,如股票的股利、银行借款利息、债券利息等。

相比之下,资金筹集费用是一次性发生,因此在计算资金成本时可作为筹资金额的一项扣除。资金成本一般用相对数表示,即资金成本率。资金成本率计算公式:

$$资金成本率 = 资金使用费 / (筹资总额 - 资金筹集费)$$

资金成本是筹资决策的重要依据。不同来源取得的资金,其成本是不同的。为了以最少的资金耗费取得企业所需的资金,就必须分析各种资金来源、资金成本的高低,以便合理地加以配置。

资金成本也是评价企业经营成果的依据。资金成本作为一种投资报酬,是企业最低限度的投资收益水平。在实际生产经营中,资金成本率的高低就成为衡量企业投资收益率的最低标准;如果投资收入少于资金成本率,就表示企业经营不利,应改善经营管理。

8.3 投资决策管理

8.3.1 企业投资方向的选择

投资是指将筹集的资金投入到生产经营的过程,是企业融资的根本目的所在,企业生存和发展的前景如何,很大程度上取决于投资管理水平。而在商品经济社会中,投资能否成功,很大程度上取决于是否能对准市场,正确地选择投资方向。

选择投资方向就是寻找市场空隙,就是要企业考虑到市场需要什么。一般来说,市场空隙有三类:

(1) 企业投资的产品处在传统产品空隙之中,其他企业没有同种产品,而这种产品又没有列入计划生产中去,但社会上需要这种产品。用 D 表示社会对该产品的需求量,以 K_1 表示单位产品所需投资,以 I 表示该产品投资容量,则其公式为:

$$I = DK_1 \tag{8-1}$$

因为其他企业不生产这种产品,而且计划期内也不投资,所以该产品的投资容量就是该产品的市场空隙量,该企业可以根据该产品总容量投资。

(2) 其他企业已生产同类产品,但该产品的社会有效需求在计划期内仍然大于供给。如果用 S 表示投资存量,以 K_2 表示生产单位产品所占用的投资存量,这种产品可追加投资的容量可用公式表示:

$$I = (D - S / K_2) K_1 \tag{8-2}$$

式中,I、D、K_1 和式(8-1)中含义相同。因为我们假设其他企业已生产同类产品,在投资决策时必须考虑到其他企业追加投资的可能性。因此,该产品提供的投资空隙并不等于该产品的投资容量,而是小于该产品的投资容量。如果用 $I_空$ 表示该产品提供的投资空隙,以 I_A 表示计划期内其他企业增加的投资,投资空隙可用下面公式来表示:

$$I_空 = (D - S/K_2)K_1 - I_A \tag{8-3}$$

(3) 其他企业已生产同类产品,在计划期内,社会对该产品的社会需要可能等于或小于该产品供给能力,也就是说该产品在计划期内可追加的投资容量等于零或负数。在这种情况下,企业要发展,必须在降低生产费用、调整产品结构、美化产品包装上下工夫,增加企业产品竞争能力,迫使其他企业的投资存量转移到其他产品生产上去。用 $S_转$ 表示其他企业同类产品投资存量的转出量,该企业的投资空隙为:

$$I_空 = [D - (S - S_转)/K_2]K_1 - I_A \tag{8-4}$$

8.3.2 企业投资方案的评估

企业在确定了市场投资方向后,根据其内外条件来制订企业的可行性投资方案,然后对这些方案进行评估,以确定一个最佳方案,这就是企业投资决策。一般来说,企业投资决策的程序分为以下几个步骤:第一,估算出投资方案的预期现金流量;第二,估计预期现金流量的风险;第三,确定资金成本的一般水平;第四,确定投资方案的收入现值;第五,通过收入现值与所需资本支出的比较,决定拒绝或接受投资方案。

1. 投资方案的现金流量

所谓现金流量,在投资决策中是指一个项目引起的企业现金支出和现金收入增加的数量。这里的"现金"是广义的现金,不仅包括各种货币资金,而且还包括项目需要投入的企业拥有的非货币资源的变现价值。例如,一个项目需要使用原有的厂房、设备和材料等,则相关的现金流量是指它们的变现价值,而不是其账面价值。

现金流量包括现金流出量、现金流入量和现金净流量三个概念。一个方案的现金流出量,是指该方案引起的企业现金支出的增加额。例如,企业购置一条生产线,通常会引起以下现金流出:购置生产线的价款、垫支的流动资金。一个方案的现金流入量,是指该方案所引起的现金流入:如营业现金流入、该生产线出售(报废)时的残值收入、收回的流动资金。现金净流量是指一定期间现金流入量和现金流出量的差额。流入量大于流出量时,净流量为正值;反之,净流量为负值。

2. 投资方案评估的一般方法

对投资方案评价时使用的指标分为两类:一类是贴现指标,即考虑了时间价值因素的指标,主要包括净现值、现值指数、内部报酬率等;另一类是非贴现指标,即没有考虑时间价值因素的指标,主要包括投资回收期、投资报酬率等。下面主要介绍净现值法和投资回收期法。

(1) 净现值法。净现值是指某一种投资方案未来现金流入量的现值同其现金流出量的现值之差。净现值法的基本原理是:将某投资项目投产后的现金流量按照预定的投资报酬率折算到该项目开始建设的当年,以确定折现后的现金流入和现金流出的数值,然后相减。若现金流入的现值大于现金流出的现值,净现值为正,表示投资不仅能获得符合预定报酬的期望利益,而且还可得到以正值差额表示的现值利益,这在经济上是有利的;反之,若现金流入的现值小于现金流出的现值,则表明投资回收水平低于预定报酬率,投资者在经济上是不合算的。

净现值的计算公式是：

$$NPV = \sum_{k=1}^{n} \frac{I_k}{(1+i)^k} - I_0 \qquad (8-5)$$

式中：NPV——净现值；

I_k——未来各期现金净流量；

I——预定投资报酬率；

n——期间数；

I_0——原始投资额。

例1 某公司准备购入设备扩充生产能力，现有甲乙两个方案可供选择。甲方案需投资15 000元，使用寿命为5年，5年后无残值，固定资产使用期间，每年带来营业现金净流量4 500元。乙方案需投资18 000元，使用寿命为5年，5年后有残值3 000元，每年带来营业现金净流量依次为5 250元、4 950元、4 650元、4 350元、4 050元，另外垫支流动资金4 500元，试选择投资方案。

甲方案：

$$NPV = 4\,500(P/A, 10\%, 5) - 15\,000$$
$$= 2\,059.5(元)$$

乙方案：

$$NPV = 5\,250(P/S, 10\%, 1) + 4\,950(P/S, 10\%, 2)$$
$$+ 4\,650(P/S, 10\%, 3) + 4\,350(P/S, 10\%, 4)$$
$$+ 11\,550(P/S, 10\%, 5) - (18\,000 + 4\,500)$$
$$= 52\,500.909 + 49\,500.826 + 46\,500.751 + 43\,500.683$$
$$+ 115\,500.621 - 22\,500$$
$$= -3.3(元)$$

由于甲方案的净现值是正数，而乙方案的净现值是负数，所以甲方案可行，乙方案不可行。

根据净现值进行投资决策，考虑了资金的时间价值，能够反映各种投资方案的净收益，是一种较好的投资决策方法。但是，由于净现值是一个绝对数，不能解释各投资方案本身可能达到的实际报酬率是多少，因此具有一定的局限性。

(2) 投资回收期法。回收期法是一个非贴现的方法，这类方法不考虑时间价值，把不同时间的货币收支看成是等效的。回收期是指投资引起的现金流入累计到与投资额相等所需要的时间。它代表收回投资所需要的年限。回收期越短，方案越有利。其计算公式为：

投资回收期=原始投资额 / 每年营业现金净流量

如果每年营业现金净流量不相等，则计算回收期要根据每年年末尚未回收的投资额加以确定。

如前例中甲方案的每年现金净流量相等，所以：

甲方案投资回收期=15 000/4 500=3.33(年)

乙方案投资回收期的计算方法如表8-2所示。

表 8-2 乙方案投资回收期的计算方法

年度	每年现金净流量	年末尚未回收的投资额
1	5 250	17 250
2	4 950	12 300
3	4 650	7 650
4	4 350	3 300
5	11 550	

乙方案投资回收期＝4＋3 300/11 550＝4.29(年)

由以上计算可知,甲方案可以比乙方案提前回收投资额。

在使用回收期法进行方案评价选择时,除了在备选方案之间比较回收期外,还要与标准投资回收期进行比较。标准投资回收期是国家根据各行业、各部门具体情况规定的回收期定额。如机械产品的标准投资回收期,重型机械产品为 7 年,机床工具为 4～6 年,汽车、拖拉机为 5 年,电器设备为 4 年,轴承仪表为 3 年。如果备选方案投资回收期大于标准投资回收期就是不可取的。

投资回收期的计算比较简便,易于理解,可促使企业尽最大努力提高经济效益,缩短投资回收期,减少投资风险。但是,投资回收期没有考虑资金的时间价值,也没有考虑在项目寿命周期内回收期满后的现金流量状况,易导致决策者优先考虑急功近利的项目,而放弃长期成功的方案。

8.3.3 投资风险分析

前面在讨论投资方案的评估时,曾假定现金流量是确定的,即可以确知现金收支的数额及其发生时间。实际上,投资活动充满了不确定性,充满了风险。一般来说,高收益与高风险是相对应的。如果决策面临的不确定性比较小,一般可忽略它们的影响,该决策视为确定情况下的决策。如果决策面临的不确定性和风险比较大,足以影响风险方案的选择,那么就应对它们进行计量并在决策时加以考虑。

投资风险分析的常用方法是风险调整贴现率法和肯定当量法。

1. 风险调整贴现率法

投资风险最常用的方法是风险调整贴现率法。这种方法的基本思路是对于高风险的项目,采用较高的贴现率法去计算净现值,然后根据净现值法的规则来选择方案。问题的关键是根据风险的大小确定风险因素的贴现率即风险调整贴现率。公式如下:

$$K = i + bQ \quad (8-6)$$

式中:K——风险调整贴现率;

i——无风险贴现率;

b——风险报酬斜率;

Q——风险程度。

2. 肯定当量法

肯定当量法的基本思路是先用一个系数把有风险的现金收支调整为无风险的现金收支,然后用无风险的贴现率去计算净现值,以便用净现值法的规则判断投资机会的可取程度。

$$NPV = \sum_{i=0}^{n} \frac{a_t CFAT_t}{(1+i)^t} \qquad (8-7)$$

式中：a_t——t 年现金流量的肯定当量系数，它在 0~1 之间；

　　　i——无风险贴现率；

　　　$CFAT$——税后现金流量。

肯定当量系数，是指不确定的 1 元现金流量期望值，相当于使投资者满意的肯定的金额的系数，它可以把各年不肯定的现金流量换算成肯定的现金流量。

"华能国际"企业并购

华能国际电力股份有限公司（以下简称"华能国际"）成立于 1994 年，截至 2007 年 6 月 30 日拥有权益发电装机容量 31 747 兆瓦，可控装机容量 36 024 兆瓦，是中国最大的上市发电公司之一。2002 年，华能国际为扩大在经济发达、电力需求较强的华东地区的市场份额，进一步巩固华能国际作为中国最大的独立发电公司地位。华能国际拟斥资 20.5 亿人民币，实施并购战略。华能国际从战略和财务角度出发，采用净现值折现法和财务比率法对上海石洞口一厂、太仓电厂、淮阴电厂、浙江长兴电厂进行分析评估，认为该四家电厂资产质量较好，盈利能力较强，并确定上述四家电厂为并购目标。他们依据四家电厂 2001 年及以前 3 个财政年度的财务数据，分析各自的偿债能力、盈利能力和营运能力状况及变化趋势。从流动比率、速动比率等偿债能力指标看，浙江长兴电厂与江苏太仓电厂偿债能力较其他两家强，是华能国际首选的并购目标。从资产利润率、销售利润率等盈利能力指标看，四家电厂的盈利能力都不高。从资产周转率、库存周转次数等营运能力指标分析，上海石洞口一厂和浙江长兴电厂运营能力较强。华能国际收购四家发电公司是在电力体制改革的大背景下，充分利用自身资源与规模优势而进行企业并购的典型案例。

8.4　财务分析

财务分析是指人们利用财务报表等资料，从不同的侧面对企业的财务状况和经营成果做出进一步的剖析、比较和评价时所运用的一整套技术和方法。财务分析是对企业一定时期内财务活动结果的全面总结，为企业及其利益关系人下一步的财务预测和决策提供依据。因此做好财务分析工作具有重要意义。

会计报表的使用者，无论是企业管理者还是企业外部有关方面，都有自己特定的目的，他们都希望从报表中获取对决策有用的信息。企业的所有者较为关心企业的经营成果、获利能力及其变动趋势；企业的债权人更为关心企业的偿债能力，长期债权人则关注企业的长期偿债能力等。因此，为了充分发挥报表信息的作用，报表分析人员应当深入了解报表使用者的具体要求，尽可能有重点、有针对性地进行分析。资料的来源渠道不外乎企业内部与外部两个方面。取得这些分析资料的难易程度主要取决于报表使用者是企业管理者还是企外界有关方面。为企业内部管理服务的报表分析,很容易取得深入分析所需要的资料,如有关费用成本的详细资料。为企业的投资者、债权人等外部使用者服务的报表分析,则比较难以取得公开会计报表之外的其他资料。但对于股票公开上市的公司来说,报表分析者还是可以从证券交易管理机构取得有关资料。此外,某些经济新闻媒介的有关信息也可以作为报表分析的参考依据。

财务分析常用的方法有两种:一是趋势分析法,就是根据连续几期的财务报表,比较各个项目前后的变化情况,来判断企业财务和经营上的变动趋势;二是比较分析法,根据同一期财务报表各个项目之间的相互关系,求出其比率,从而对企业财务和经营状况做出判断。下面运用比率分析法,主要对偿债能力、营运能力和获利能力进行分析。

8.4.1 偿债能力分析

偿债能力可分为短期和长期两种情况分别进行分析。

1. 短期偿债能力分析

企业短期偿债能力是指偿还流动负债的能力。它主要是通过企业资产的流动程度及其金额的大小表现的,通常包括下列几种比率:

(1) 流动比率。流动比率是企业的流动资产总额与流动负债总额之比,计算公式是:

$$流动比率 = 流动资产 / 流动负债$$

一般来说,流动负债应用流动资产来偿还。流动比率越高,说明资产的流动性越大,短期偿债能力越强。但是,过高的流动比率,也许是存货超储积压、存在大量应收未收账款的结果,说明滞留在流动资产上的资金过多,未能有效地利用资金。流动比率一般以2∶1为宜。

(2) 速动比率。流动资产扣除存货后的资产称为速动资产。速动比率是指速动资产同流动负债的比率,它反映企业短期内可变现资产偿还短期内到期债务的能力。速动比率是对流动比率的补充。计算公式如下:

$$速动比率 = 速动资产 / 流动负债$$

速动比率越大,其偿债能力就越强。速动比率一般应维持在1∶1左右较为理想。

(3) 现金比率。现金比率是指企业现金与流动负债的比率。这里的"现金"是指现金及现金等价物。这项比率可显示企业立即偿还到期债务的能力。其计算公式为:

$$现金比率 = 现金 / 流动负债$$

2. 长期偿债能力分析

(1) 资产负债率。资产负债率也叫负债比率、举债经营比率,是指负债总额对全部资产总额之比,用来衡量企业利用债权人所提供资金进行经营活动的能力,反映债权人发放贷款的安全程度。计算公式为:

$$资产负债率 = 负债总额 / 资产总额 \times 100\%$$

(2) 产权比率。产权比率也叫负债对所有者权益的比率,是负债总额与所有者权益总额的比率。其计算公式如下:

$$产权比率 = 负债总额 / 所有者权益总额 \times 100\%$$

(3) 利息保障倍数。利息保障倍数又称已获利倍数,是企业息税前利润与利息费用的比率,反映企业用经营所得支付债务利息的能力。其中,利息费用是支付给债权人的全部利息,包括财务费用中的利息和计入固定资产的利息。计算公式为:

$$利息保障倍数 = 息税前利润 / 利息费用$$
$$= (利润总额 + 利息费用) / 利息费用$$

一般来说,利息保障倍数至少应等于1。这项指标越大,说明支付债务利息的能力越强。就一个企业某一时期的利息保障倍数来说,应与本行业该项指标的平均水平比较,或与本企业历年该项指标的水平比较,来评价企业目前的指标水平。

8.4.2 营运能力分析

营运能力反映了企业资金周转状况。通常来说,资金周转速度越快,说明资金利用效率越好,企业的经营管理水平也就越好。反映企业营运能力的指标包括应收账款周转率、存货周转率、流动资产周转率、总资产周转率等指标。

(1) 应收账款周转率。这是指企业本期发生的赊销净额与同期应收账款平均余额的比率,反映应收账款的流动程度,也称收账比率。计算公式为:

$$应收账款周转率 = 赊销净额 / 应收账款平均余额$$

其中:

$$赊销净额 = 销售收入 - 现销收入 - 销售退回、折让、折扣$$
$$应收账款平均余额 = (期初应收账款 + 期末应收账款) / 2$$

考察应收账款回收速度快慢,还可以利用应收账款周转天数这一指标。应收账款账龄短,说明应收账款活动性强,发生坏账损失的可能性就小。其计算公式为:

$$应收账款周转天数 = 360 / 应收账款周转率(天)$$

(2) 存货周转率。在流动资产中,存货所占的比重较大,其流动性将直接影响企业的流动比率。存货周转率是衡量和评价企业购入存货、投入生产、销售回收等环节管理状况的指标,也叫存货周转次数;用时间表示的存货周转率就是存货周转天数。计算公式如下:

$$存货周转率 = 销售成本 / 存货平均余额$$
$$存货周转天数 = 360 / 存货周转率(天)$$

其中:

$$存货平均余额 = (存货期初余额 + 存货期末余额) / 2$$

(3) 流动资产周转率。流动资产周转率又叫流动资产周转次数,是销售收入净额与全部流动资产平均余额的比率,反映全部流动资产的利用效率。用时间表示的流动资产周转率就是流动资产周转天数,表示流动资产平均周转一次所需的时间。其计算公式如下:

$$流动资产周转率 = 销售收入净额 / 流动资产平均余额$$
$$流动资产周转天数 = 360 / 流动资产周转率(天)$$

其中:

$$流动资产平均余额 = (流动资产期初余额 + 流动资产期末余额) / 2$$

流动资产周转率是分析流动资产周转情况的一个综合指标。流动资产周转快,会相对节约流动资产,相当于扩大了企业资产投入,增强了企业盈利能力;反之,若周转速度慢,为维持正常经营,企业必须不断补充投入资源,形成资金使用效率低下,必然降低企业的盈利能力。

(4) 总资产周转率。总资产周转率又叫投资周转率,是销售收入净额与全部资产平均余额的比率,表明企业投资的每1元资产在一年里可形成或产生多少元的销售收入,从总体上反映企业资产的利用效率。其计算公式如下:

$$总资产周转率=销售收入净额/总资产平均余额$$

其中:

$$总资产平均余额=(期初资产总额+期末资产总额)/2$$

8.4.3 盈利能力分析

盈利能力是指企业赚取利润的能力。企业盈利能力的大小,关系着企业的生存和发展。无论是投资者、债权人还是管理当局,都非常重视和关心企业的盈利能力。反映企业盈利能力的财务比率主要有以下几种。

(1) 销售毛利率。这是指销售毛利占销售收入的百分比,表示每1元销售收入在扣抵销售成本后,有多少钱可以用来弥补各期间费用,并形成盈利。一般来说,这个比率越大,说明企业的获利能力越强。其计算公式是:

$$销售毛利率=销售毛利/销售收入$$
$$销售毛利=销售收入-销售成本$$

(2) 销售利润率。这是指净利润与销售收入的百分比,表示每1元销售收入带来的净利润的多少,反映销售收入的收益水平。其计算公式为:

$$销售利润率=净利润/销售收入$$

(3) 投资报酬率。这是衡量企业运用所有经济资源获取收益能力的一项重要指标。其计算公式为:

$$投资报酬率=净利润/总资产平均余额$$

(4) 每股收益。反映上市公司每股普通股可分摊净利润额,计算公式为:

$$普通股每股收益=(净利润-优先股股利)/发行在外普通股平均股数$$

(5) 市盈率。这是普通股每股的现行市价与每股收益的比率,可供投资者用来分析股票市价是否合理。一般而言,收益增长潜力较大的企业,市盈率较高;反之则低。市盈率计算公式为:

$$市盈率=每股市价/每股收益$$

8.4.4 成本控制和分析

1. 成本控制

成本控制是指企业在生产经营活动中用一定的标准对产品或成本形成过程进行监督,并采取有效措施,及时纠正脱离标准的差异,使实际劳动消耗与费用支出限制在规定的标准范围内,保证达到企业成本目标的一项成本管理工作。它是预防性成本管理的主要标志,也是保证完成成本计划的重要手段。

根据产品形成过程,成本控制可分为前馈控制、现场控制和反馈控制三个过程。实际控制过程中,它们是相互联系的。前馈控制是在产品成本形成前,采取有效的管理措施防止浪费发生的过程。如确立目标成本,建立成本中心等。现场控制则是在供、产、销的成本发生过程中,按照已建立的标准成本制度和责任成本制度,各岗位人员严格控制成本支出,找出成本差异,及时纠正偏差的过程。反馈控制是指以既定的成本目标为控制依据。与成本费用的实际结果(即输出)进行对比分析,一方面肯定成绩,找出偏差,进行奖惩考核;另一方面用本期的输出去指导下一期输入的过程。

2. 成本分析

成本分析是指利用成本核算所提供的资料,借助一定的工具,查明影响成本升降的各个因素及其相互作用,确定各因素对成本影响程度的方法。通过成本分析,可以考核企业成本计划的完成情况,可以认识和掌握成本变动的规律,从中总结成本管理的经验和教训,提高企业经营管理水平;通过成本分析,还可以为企业编制成本计划、预算和进行经营决策提供可靠的依据。影响产品成本的因素有企业外部因素和企业内部因素,而成本分析主要分析企业内部因素的变化对成本的影响。这些因素主要有下列几种:

(1) 劳动生产率水平。劳动生产率的提高将减少工时的消耗,从而减少单位产品中的工资费用;劳动生产率的增长,往往引起产品产量增长,从而使单位产品中的固定费用降低。另外,劳动生产率提高与技术进步,工人熟练程度的提高和劳动组织改善密切相关,通常会促使固定资产、原材料、动力利用程度的提高,从而减少单位产品中的物化消耗。

(2) 材料和动力利用效果。合理的产品设计和先进的生产工艺可以减少产品生产中的材料和动力的消耗。另外,合理的材料配比和综合利用程度的提高也将减少材料消耗。

(3) 生产设备利用效果。提高设备单位时间的生产效率可使同等数量的生产设备生产出更多产品,从而使单位产品的折旧费、维修费用相应减少。

(4) 产品的质量水平。产品的废品少,返修品少,则单位产品的成本降低。

常用的成本分析方法有两种:

(1) 指标对比法。指标对比法又称比较法,它是通过相互关联的经济指标的对比来确定成本差异的一种方法。在实际工作中,通常进行如下对比:实际指标与计划指标对比,说明计划完成程度;本期实际指标与基期(上年同期或历史最好水平)实际指标对比,反映企业成本发展动态和变化趋势;本期实际指标与同行业先进水平对比,反映与先进水平的差距。指标对比可用绝对数相比,也可用相对数相比,但要注意指标的可比性,即对比指标采用的计价标准、时间单位、指标内容和计算方法等应具有可比基础。

(2) 因素分析法。因素分析法是把某一综合指标分解为若干个相互联系的因素,并分别计算、分析各因素对成本的影响程度的方法。连环替代法是最常用的一种因素分析法。

8.5 本章小结

财务管理是现代企业管理的一项重要内容,涉及资金的筹集、投放、使用、回收及分配等一系列资金运动环节。时间价值和风险意识是财务管理者必须牢固树立的两种观念。

筹资的基本问题就是考虑渠道和方式,企业要合理选择和配置筹资渠道和筹资方式,以最小的资金成本和风险获取企业所需要的资金。投资存在风险,在对项目进行投资前,运用动态和静态投资评价指标来分析可以更好地减少风险所带来的损失。

财务分析是对企业一定时期内财务活动结果的全面总结,为企业及其利益关系人下一步的财务预测和决策提供依据。财务分析常用趋势分析法和比率分析法两种,主要涉及偿还能力、运营能力和获利能力等的分析。

1. 财务管理的内容是什么？企业应如何实现财务目标？
2. 企业财务关系有哪些？
3. 企业在合理选择和配置筹资渠道及方式时所研究的因素有哪些？该怎样考虑？
4. 企业投资决策的指标包括哪些？
5. 反映企业偿还能力、营运能力、获利能力的指标有哪些？

民企筹资新"钱途"——融资租赁

目前,我国很多民营企业规模小、信用等级低,可供民营企业筹措资金的融资渠道狭窄、单一,银行信贷便成了中小型企业赖以融资的主渠道。然而,民营企业市场风险大,倒闭率高,财务制度不健全,资信状况堪忧,缺乏足额的财产抵押,银行对其信贷相当谨慎。如何发掘一些新的融资渠道,便成为民营企业关注的问题。

融资租赁是企业根据自身设备投资的需要向租赁公司提出设备租赁的要求,租赁公司负责融资并采购相应的设备,然后交付承租企业使用。承租企业按期交付租金,租赁期满时承租企业享有停租、续租或留购设备的选择权。

融资租赁于1952年产生于美国,40多年来已在全球80多个国家和地区得到广泛推广,它是市场经济发展到一定阶段而产生的一种适应性较强的融资方式,是集融资与融物、贸易与技术于一体的新型金融产业,已成为资本市场上仅次于银行信贷的第二大融资方式,目前全球1/3的投资通过这种方式完成。"聪明的企业家决不会将大量的现金沉淀到固定资产的投资中去,固定资产只有通过使用(而不是拥有)才能创造利润。"对于资金严重匮乏,购买能力不足的民营企业来说,融资租赁具有独特的优势。我国的融资租赁业务是20世纪80年代改革开放之初从国外引进的,由于发展速度慢,规模小,目前市场渗透率只有1‰(远低于发达国家30%的水平),对我国民营企业的金融支持力度还非常小。这与融资租赁自身的优势极不协调,同时也说明融资租赁在我国还有广阔的发展空间。

(资料来源：http://finance.sina.com.cn 2004年2月21日,民营经济报)

案例分析

华夏房屋：借力投资银行，利用海外资本市场搭建融资平台

华夏房屋开发集团公司是中国西北地区从事住宅和商业项目开发的领先企业。自1992年以来，华夏房屋一直通过其在中国境内的全资子公司从事住宅和商业房地产项目以及土地的收购、开发、管理和销售。通过利用其与中国当地政府之间的良好关系，公司能够充分利用土地供应和住宅以及商业项目的开发，进一步提升华夏房屋的品牌认知，并且在区域同等规模从事住宅和商业项目开发的竞争者中脱颖而出。

2004年，当时的华夏房屋面临最大的问题就是资金瓶颈。为了拓展融资渠道，公司开始谋求上市。对于这家当地排名第三、年销售额2亿元的房地产企业来说，当时只能将视线转移到国外资本市场。在比较和分析了几个资本市场后，最终决定到美国去探探路。当时，有人认为美国资本市场更认可以并购为题材的多元化公司。于是，华夏房屋开始进行自我包装，在美国注册一家公司，利用这家公司意向收购深圳一家电子公司、潍坊一家电子公司以及南京一家地产公司。然而，当华夏房屋满怀希望地叩响美国投资者的大门时，并没有大受青睐。美国一家投行在听了华夏房屋地产的发展历程后，一度非常兴奋。不过，在仔细研究企业的定位之后，就不声不响地撤退了。"没有人愿意给我们投资，美国投资者认为，像我们这样小的企业做多元化，成功的几率几乎没有。"华夏房屋总经理如是说。

经过这次失败后，华夏房屋决策层决定撤去那些华丽的包装，以西北二线城市住宅开发商的真实身份再次去叩响投资人的大门。在2006年7月份，华夏房屋与全美最大的债券交易商Cantor Fitzgerald签订相关协议，Cantor Fitzgerald不仅成为华夏地产2007年度融资的主承销商，更为公司确定了一个明确的方向，那就是以住宅为主的专业房地产企业。在Cantor Fitzgerald的运作下，2007年5月9日，华夏房屋完成了第二次股权融资。募集资金2 500万美元，共发行9 261 844股普通股，以及2 778 553股认股权证。执行价格为每股4.50美元。2008年1月28日，在另一投行Merriman Curhan Ford & Co运作下，华夏房屋完成了第三次可转换债券融资。共募集资金2 000万美元，同时发行1 437 468股认股权证，认股证执行价格为每股6.07美元。2008年5月16日，华夏房屋正式在纳斯达克主板交易，当天开盘价为5.25美元，市值达到1.5亿美元。

随后，华夏房屋在打开海外融资渠道的同时，国内的融资渠道也敞开了大门，"成功在海外实现上市之后，我们反倒成为国内银行追逐的对象，今年我们和建行合作，签订了10亿元人民币的贷款额度，支持华夏房屋的发展。纳斯达克对上市公司的监管非常严格，企业的信息要做到透明，因而，国内的银行对我们非常信任。可以说，我们上市之后，开辟了国内外多条融资渠道，从而保证了华夏房屋开发项目的快速推进。"华夏总经理说。

试分析：

华夏房屋为什么能通过在美国纳斯达克上市赢得公司财务上的主动权？

第 9 章 质量管理与控制

学习本章后，你应当能够：
1. 了解质量及质量管理的基本概念；
2. 了解质量管理的基本发展过程；
3. 掌握质量管理体系的有关内容；
4. 掌握分析、控制产品质量的常用方法。

升级质量管理体系，提升顾客满意度

X市烟草物流配送中心（以下简称"中心"）是本市及周边地区卷烟物流仓储与配送单位。中心的主要职能包括从卷烟入库、仓储、备货、分拣到配送的整个过程。近年来，中心购置了现代仓储与物流设备，进行了硬件流水线的升级，但随着区域配送任务的日渐增大，这些机器设备在运行过程中存在的薄弱环节经常会导致作业差错的出现，致使卷烟商品出现质量问题，包括卷烟的包装、品种和数量等，最终影响了顾客的满意度。为此，中心在2011年聘请管理顾问对其质量管理过程进行问题诊断，以求建立新的质量管理体系来提升卷烟仓储与物流的作业水平。

以往，中心的质量管理体系是基于ISO 9001:2008而制定的"烟草行业卷烟物流配送中心作业规范"，以及其他相关的行业标准。这些规范与标准通用性较强，但针对性较差，造成无法对中心质量实现过程进行具体管理。因此，有必要具有针对性地建立一套质量管理规范来帮助中心提升其质量水平。

在中心各级工作人员的协助下，管理顾问经过现场调研、专家访谈等方法，对资料、信息与数据进行了收集与分析，确定了这套质量管理规范的思路：

（1）提出以顾客满意为核心、以PDCA循环为应用的质量管理体系；
（2）梳理出包括入库、仓储、出库与备货、分拣、送货、中转站和退货的关键作业流程；
（3）找出每一项作业流程中的质量关键控制点；
（4）依据关键控制点，确认关键控制指标，这主要包括各项流程中差错事件发生的比率；
（5）提出质量监测与分析方法；
（6）归纳质量改进措施。

根据以上思路，管理顾问帮助中心建立了极具针对性的《烟草商业企业卷烟物流配送中心质量管理规范》。根据这套规范,中心对已经不适用的质量管理体系进行了撤换。规范化管理的实施,对中心的管理模式的改变起到了巨大的推动作用。通过规范化管理,物流人员的职业素养得以提升,管理制度化观念深入整个配送中心,提高了管理者决策、计划、控制的质量,避免随意性,减少了无效劳动,降低了成本。规范化管理全面实施后,在原统计数据基础上,配送中心卷烟入库、分拣效率均在原基础上提高3个百分点,员工满意度提高10个百分点,客户满意度提升5个百分点。

9.1 质量管理及其发展

质量是经济发展的战略问题,质量水平的高低,反映了一个企业、一个地区乃至一个国家和民族的素质。质量管理是兴国之道,治国之策。人类社会自从有了生产活动,特别是以交换为目的的商品生产活动,便产生了质量活动。围绕质量形成全过程的所有管理活动,都可称为质量管理活动。人类通过劳动增加社会物质财富,不仅表现在数量上,更重要的是表现在质量上。质量是构成社会财富的关键内容。从人们衣、食、住、行,到休闲、工作、医疗、环境等无不与质量息息相关。优良的产品和服务质量能给人们带来便利和愉快,给企业带来效益和发展,给国家带来繁荣和强大。而劣质的产品和服务会给人们带来烦恼甚至灾难。

9.1.1 质量的概念

质量的概念最初仅用于产品,以后逐渐扩展到服务、过程、体系和组织,以及以上几项的组合。质量是一组固有特性满足要求的程度。在理解质量的概念时,应注意以下几个要点。

1. 关于"固有特性"

特性是指"可区分的特征",可以有各种类别的特性,如物的特性(如机械性能)、感官的特性(如气味、噪音、色彩等)、行为的特性(如礼貌)、时间的特性(如准时性、可靠性)、人体功效的特性(如生理的特性或有关人身安全的特性)和功能的特性(如飞机的最高速度)。

(1) 特性可以是固有的或赋予的。"固有的"就是指某事或某物中本来就有的,尤其是那种永久的特性。例如,螺栓的直径、机器的生产率或接通电话的时间等技术特性。

(2) 赋予特性不是固有的,不是某事物中本来就有的,而是完成产品后因不同的要求而对产品所增加的特性,如产品的价格、硬件产品的供货时间和运输要求(如运输方式)、售后服务要求(如保修时间)等特性。

(3) 产品的固有特性与赋予特性是相对的,某些产品的赋予特性可能是另一些产品的固有特性。例如,供货时间及运输方式对硬件产品而言,属于赋予特性;但对运输服务而言,就属于固有特性。

2. 关于"要求"

要求指"明示的、通常隐含的或必须履行的需求或期望"。

(1) "明示的"可以理解为是规定的要求。如在文件中阐明的要求或顾客明确提出的要求。

(2) "通常隐含的"是指组织、顾客和其他相关方的惯例或一般做法,所考虑的需求或期望是不言而喻的。例如,化妆品对顾客皮肤的保护性等。一般情况下,顾客或相关方的文件(如标准)中不会对这类要求给出明确的规定,组织应根据自身产品的用途和特性进行识别,并做出规定。

(3)"必须履行的"是指法律法规要求的或有强制性标准要求的。如食品卫生安全法、GB 8898"电网电源供电的家用和类似用途的电子及有关设备的安全要求"等,组织在产品的实现过程中必须执行这类标准。

(4)要求可以由不同的相关方提出,不同的相关方对同一产品的要求可能是不相同的。例如,对汽车来说,顾客要求美观、舒适、轻便、省油,但社会要求对环境不产生污染。组织在确定产品要求时,应兼顾顾客及相关方的要求。

要求可以是多方面的,当需要特指时,可以采用修饰词表示,如产品要求、质量管理要求、顾客要求等。

从质量的概念中,可以理解到:质量的内涵是由一组固有特性组成,并且这些固有特性是以满足顾客及其他相关方所要求的能力加以表征。质量具有经济性、广义性、时效性和相对性。

(1)质量的经济性。由于要求汇集了价值的表现,价廉物美实际上是反映人们的价值取向,物有所值,就是表明质量有经济性的表征。虽然顾客和组织关注质量的角度是不同的,但对经济性的考虑是一样的。高质量意味着最少的投入,获得最大效益的产品。

(2)质量的广义性。在质量管理体系所涉及的范畴内,组织的相关方对组织的产品、过程或体系都可能提出要求。而产品、过程和体系又都具有固有特性,因此,质量不仅指产品质量,也可指过程和体系的质量。

(3)质量的时效性。由于组织的顾客和其他相关方对组织和产品、过程和体系的需求和期望是不断变化的,例如,原先被顾客认为质量好的产品会因为顾客要求的提高而不再受到顾客的欢迎。因此,组织应不断地调整对质量的要求。

(4)质量的相对性。组织的顾客和其他相关方可能对同一产品的功能提出不同的需求;也可能对同一产品的同一功能提出不同的需求;需求不同,质量要求也就不同,只有满足需求的产品才会被认为是质量好的产品。

质量的优劣是满足要求程度的一种体现。它须在同一等级基础上做比较,不能与等级混淆。等级是指对功能用途相同但质量要求不同的产品、过程或体系所做的分类或分级。

9.1.2 质量概念的发展

随着经济的发展和社会的进步,人们对质量的需求不断提高,质量的概念也随之不断深化、发展。具有代表性的质量概念主要有:符合性质量、适用性质量和广义质量。

(1)符合性质量的概念。它以"符合"现行标准的程度作为衡量依据。"符合标准"就是合格的产品质量,"符合"的程度反映了产品质量的一致性。这是长期以来人们对质量的定义,认为产品只要符合标准,就满足了顾客需求。"规格"和"标准"有先进和落后之分,过去认为是先进的,现在可能是落后的。落后的标准即使百分之百的符合,也不能认为是质量好的产品。同时,"规格"和"标准"不可能将顾客的各种需求和期望都规定出来,特别是隐含的需求与期望。

(2) 适用性质量的概念。它是以适合顾客需要的程度作为衡量的依据。从使用角度定义产品质量,认为产品的质量就是产品"适用性",即"产品在使用时能成功地满足顾客需要的程度"。

"适用性"的质量概念,要求人们从"使用要求"和"满足程度"两个方面去理解质量的实质。

质量从"符合性"发展到"适用性",使人们对质量的认识逐渐把顾客的需求放在首位。顾客对他们所消费的产品和服务有不同的需求和期望。这意味着组织需要决定他们想要服务于哪类顾客,是否在合理的前提下每一件事都满足顾客的需要和期望。

(3) 广义质量的概念。国际标准化组织总结质量的不同概念加以归纳提炼,并逐渐形成人们公认的名词术语,即质量是一组固有特性满足要求的程度。这一定义的含义是十分广泛的,既反映了要符合标准的要求,也反映了要满足顾客的需要,综合了符合性和适用性的含义。美国质量管理专家朱兰博士将广义质量概念与狭义质量概念作了比较,如表 9-1 所示。

表 9-1 广义质量概念与狭义质量概念的对比

主　题	狭义质量概念	广义质量概念
产品	有形制成品(硬件)	硬件、服务、软件、流程性材料
过程	直接与产品制造有关的过程	所有的过程,制造等核心过程,销售等支持性过程
产业	制造业	各行各业、制造、服务、政府等
质量被看成是	技术问题	经营问题
顾客	购买产品的顾客	所有的有关人员,无论内部还是外部
如何认识质量	基于职能部门	基于普遍适用的朱兰三部曲原理
质量目标体现在	工厂各项指标中	公司经营计划承诺和社会责任
劣质成本	与不合格的制造品有关	无缺陷使成本总和最低
质量的评价主要基于	符合规范、程序和标准	满足顾客需求
改造是用于提高	部门业绩	公司业绩
质量管理培训	集中在质量部门	全公司范围内
负责协调质量工作	中层质量管理人员	高层管理者组成的质量委员会

如果把质量管理看成一个连续的过程的话,质量策划、质量控制、质量改进便构成了这一过程最主要的三个阶段,朱兰博士称之为"质量管理三部曲"。

9.1.3 质量管理的基本概念

质量管理是指在质量方面指挥和控制组织的协调的活动。在质量方面的指挥和控制活动,通常包括制定质量方针和质量目标及质量策划、质量控制、质量保证和质量改进。

(1) 质量方针和质量目标。质量方针是指由组织的最高管理者正式发布的该组织总的质量宗旨和质量方向。质量方针是企业经营总方针的组成部分,是企业管理者对质量的指导思想和承诺。企业最高管理者应确定质量方针并形成文件。质量方针的基本要求应包括供方的组织目标和顾客的期望和需求,也是供方质量行为的准则。

质量目标是组织在质量方面所追求的目的,是组织质量方针的具体体现,目标既要先进,又要可行,便于实施和检查。

(2) 质量策划。质量策划是质量管理的一部分,致力于制定质量目标并规定必要的运行过程和相关资源以实现质量目标。质量策划的关键是制定质量目标并设法使其实现。质量目标在质量方面所追求的目的,其通常依据组织的质量方针制定。并且通常对组织的相关职能和层次分别规定质量目标。

(3) 质量控制。质量控制是质量管理的一部分,致力于满足质量要求。作为质量管理的一部分,质量控制适用于对组织任何质量的控制,不仅仅限于生产领域,还适用于产品的设计、生产原料的采购、服务的提供、市场营销、人力资源的配置,涉及组织内几乎所有活动。

质量控制的目的是保证质量,满足要求。为此,要解决要求(标准)是什么、如何实现(过程)、需要对哪些进行控制等问题。质量控制是一个设定标准(根据质量要求)、测量结果,判定是否达到了预期要求,对质量问题采取措施进行补救并防止再发生的过程,质量控制不是检验。总之,质量控制是一个确保生产出来的产品满足要求的过程。

(4) 质量保证。质量保证是质量管理的一部分,致力于提供质量要求会得到满足的信任。质量保证定义的关键词是"信任",对达到预期质量要求的能力提供足够的信任。这种信任是在订货前建立起来的,如果顾客对供方没有这种信任则不会与之订货。质量保证不是买到不合格产品以后保修、保换、保退。保证质量、满足要求是质量保证的基础和前提,质量管理体系的建立和运行是提供信任的重要手段。因为质量管理体系将所有影响质量的因素,包括技术、管理和人员方面的,都采取了有效的方法进行控制,因而具有减少、消除、特别是预防不合格的机制。组织规定的质量要求,包括产品的、过程的和体系的要求,必须完全反映顾客的需求,才能给顾客以足够的信任。因此,质量保证要求,即顾客对供方的质量体系要求往往需要证实,以使顾客具有足够的信任。证实的方法可包括:供方的合格声明;提供形成文件的基本证据(如质量手册、第三方的检验报告);提供由其他顾客认定的证据;顾客亲自审核;由第三方进行审核;提供经国家认可的认证机构出具的认证证据(如质量体系认证证书或名录)。质量保证是在有两方的情况下才存在,由一方向另一方提供信任。由于两方的具体情况不同,质量保证分为内部和外部两种,内部质量保证是组织向自己的管理者提供信任;外部质量保证是组织向顾客或其他方提供信任。

(5) 质量改进。质量改进是质量管理的一部分,致力于增强满足质量要求的能力。作为质量管理的一部分,质量改进的目的在于增强组织满足质量要求的能力,由于要求可以是任何方面的,因此,质量改进的对象也可能会涉及组织的质量管理体系、过程和产品,可能会涉及组织的方方面面。同时,由于各方面的要求不同,为确保有效性、效率或可追溯性,组织应注意识别需要改进的项目和关键质量要求,考虑改进所需的过程,以增强组织体系或过程实现产品并使其满足要求的能力。

9.1.4 质量管理的发展

20世纪,人类跨入了以加工机械化、经营规模化、资本垄断化为特征的工业化时代。在整整一个世纪中,质量管理的发展,大致经历了三个阶段。

1. 质量检验阶段

20世纪初,人们对质量管理的理解还只限于质量的检验。质量检验所使用的手段是各种的检测设备和仪表,方式是严格把关,进行百分之百的检验。期间,美国出现了以泰勒为代表的"科学管理运动"。"科学管理"提出了在人员中进行科学分工的要求,并将计划职能与执行职能分开,中间再加一个检验环节,以便监督、检查对计划、设计、产品标准等项目的贯彻执行。这就是说,计划设计、生产操作、检查监督各有专人负责,从而产生了一支专职检查队伍,构成了一个专职的检查部门,这样,质量检验机构就被独立出来了。起初,人们非常强调工长在保证质量方面的作用,将质量管理的责任由操作者转移到工长,故被人称为"工长的质量管理"。

后来,这一职能又由工长转移到专职检验人员,由专职检验部门实施质量检验,称为"检验员的质量管理"。

质量检验是在成品中挑出废品,以保证出厂产品质量。但这种事后检验把关,无法在生产过程中起到预防、控制的作用。况且百分之百的检验,会大大增加检验费用。在大批量生产的情况下,其弊端就突显出来。

2. 统计质量控制阶段

这一阶段的特征是数理统计方法与质量管理的结合。第一次世界大战后期,休哈特将数理统计的原理运用到质量管理中来,并发明了控制图。他认为质量管理不仅要搞事后检验,而且在发现有废品生产的先兆时就进行分析改进,从而预防废品的产生。控制图就是运用数理统计原理进行这种预防的工具。因此,控制图的出现,是质量管理从单纯事后检验进入检验加预防阶段的标志,也是形成一门独立学科的开始。第一本正式出版的质量管理科学专著就是1931年休哈特的《工业产品质量的经济控制》。在休哈特创造控制图以后,他的同事在1929年发表了《抽样检查方法》。他们是最早将数理统计方法引入质量管理的,为质量管理科学做出了贡献。

第二次世界大战开始以后,统计质量管理得到了广泛应用。美国军政部门组织一批专家和工程技术人员,于1941—1942年间先后制订并公布了Z1.1《质量管理指南》、Z1.2《数据分析用控制图法》和Z1.3《生产过程质量管理控制图法》,强制生产武器弹药的厂商推行,并收到了显著效果。从此,统计质量管理的方法得到很多厂商的应用,统计质量管理的效果也得到了广泛的认同。

第二次世界大战结束后,美国许多企业扩大了生产规模,除原来生产军火的工厂继续推行质量管理方法以外,许多民用工业也纷纷采用这一方法,美国以外的许多国家,也都陆续推行了统计质量管理,并取得了成效。

但是,统计质量管理也存在着缺陷,它过分强调质量控制的统计方法,使人们误认为质量管理就是统计方法,是统计专家的事。在计算机和数理统计软件应用不广泛的情况下,使许多人感到高不可攀、难度大。

3. 全面质量管理阶段

20世纪50年代以来,科学技术和工业生产的发展,对质量要求越来越高。要求人们运用"系统工程"的概念,把质量问题作为一个有机整体加以综合分析研究,实施全员、全过程、全企业的管理。60年代在管理理论上出现了"行为科学"学派,主张调动人的积极性,注意人在管理中的作用。随着市场竞争,尤其是国际市场竞争的加剧,各国企业都很重视"产品责任"和"质量保证"问题,加强内部质量管理,确保生产的产品使用安全、可靠。

在上述背景条件下,显然仅仅依赖质量检验和运用统计方法已难以保证和提高产品质量,也不能满足社会进步要求。1961年,菲根堡姆提出了全面质量管理的概念。

所谓全面质量管理,是以质量为中心,以全员参与为基础,旨在通过让顾客和所有相关方受益而达到长期成功的一种管理途径。日本在20世纪50年代引进了美国的质量管理方法,并有所发展。最突出的是他们强调从总经理、技术人员、管理人员到工人,全体人员都参与质量管理。企业对全体职工分层次地进行质量管理知识的教育培训,广泛开展群众性质量管理小组活动,并创造了一些通俗易懂、便于群众参与的管理方法,包括由他们归纳、整理的质量管理的老七种工具(常用七种工具)和新七种工具(补充七种工具),使全面质量管理充实了大量新的内容。质量管理的手段也不再局限于数理统计,而是全面地运用各种管理技术和方法。

全面质量管理以往通常用英文缩写TQC来代表,现在改用TQM来代表。其中"M"是"Management"的缩写,更加突出了"管理"。在一定意义上讲,它已经不再局限于质量职能领域,而演变为一套以质量为中心,综合的、全面的管理方式和管理理念。发达国家组织运用全面质量管理使产品或服务质量获得迅速提高,引起了世界各国的广泛关注。全面质量管理的观点逐渐在全球范围内获得广泛传播,各国都结合自己的实践有所创新发展。目前举世瞩目的ISO 9000族质量管理标准、美国波多里奇奖、欧洲质量奖、日本戴明奖等各种质量奖及卓越经营模式、六西格玛管理模式等,都是以全面质量管理的理论和方法为基础的。

海尔的质量管理

海尔是世界白色家电著名品牌之一,1984年创立于中国青岛。2010年,海尔全球营业额实现1 357亿元,品牌价值855亿元,连续9年蝉联"中国最有价值品牌榜"榜首。海尔集团成功的关键要素就是其完善的质量管理体系。海尔的质量管理主要包括三方面内容:一是产品质量从满足标准转向满足不同消费者需求。例如,针对印度经常停电的现象,海尔设计出了停电100小时也不会化冻的冰箱。二是让六西格玛(6σ)成为每个人手中的武器。海尔认为,一个工序要想达到六西格玛的要求,就要用六西格玛来管理工序、原材料质量等,并实行了OEN质量加工体系。三是让质量问题从设计环节"断根"。海尔于2005年重点推进产品可靠性管理,2006年开始推进产品生命周期管理PLM流程,将每种新品设计到生产过程中容易出现的质量隐患纳入故障报警纠偏系统,通过设计、质量、生产等部门组成的专家组进行质量改进措施的有效性评价,保证质量隐患断根。海尔为了抓好产品质量管理,制定了一套易操作的以"价值券"为中心的量化质量考核体系,行使"质量否决权"。特有的质量管理哲学和质量文化是海尔的核心竞争力。

9.1.5 全面质量管理

全面质量管理是指企业全体职工及有关部门同心协力,综合运用管理技术、专业技术和科学方法,经济地开发、研制、生产和销售用户满意的产品的管理活动。

1. 全面质量管理的特点

(1) 管理的对象是全面的。不仅要管好产品质量,而且要管好产品赖以形成的工作质量。它要求保证质量、功能,及时交货,服务周到,一切使用户满意。

(2) 质量管理的范围是全面的。即实行过程的质量管理,要求把形成产品质量的设计试制过程、制造过程、辅助生产过程、使用过程都管起来,以便全面提高产品质量。

(3) 参加质量管理的人员是全面的。它要求企业各业务部门、各环节的全体职工都参加质量管理。

(4) 管理质量的方法是全面的。在质量分析和质量控制时必须以数据为科学依据,以统计质量控制方法为基础,全面综合运用各种质量管理方法;实行组织管理、专业技术和数理统计三结合,充分发挥它们在质量管理中的作用。

2. 全面质量管理的要求

(1) 一切为用户服务。在全面质量管理中,必须树立以用户为中心、为用户服务的思想。为用户服务就是要使产品的质量和服务质量尽量满足用户的要求,产品质量的好坏,最终应以用户的满意程度为标准。需要指出的是,这里所说的"用户"有其特定的含义,它不只是指产品的直接用户,而且包括企业内部前后工序、前后工段或车间,以及任何一件工作的执行者与工作结果的受用者之间的关系。下道工序是上道工序的用户,下一个车间是上一个车间的用户。

(2) 以预防为主。在全面质量管理中,要做到以预防为主,即通过分析影响产品质量的各种因素,找出主要因素,加以重点控制,防止质量问题的发生,做到化被动为主动,化消极防御为积极进攻,防患于未然,以确保生产出满足用户需要的产品。

(3) 一切以数据为依据。全面质量管理强调一切以数据为依据,对质量问题要有定量分析,做到心中有数,掌握质量变化规律,通过调查分析,得到可靠的结论,以便采取解决质量问题的有效措施。

(4) 按 PDCA 管理循环办事。全面质量管理要求采用一套科学的程序来处理问题,即按 PDCA 管理循环来开展工作,并通过不断循环来达到不断提高质量管理水平和产品质量的目的。

PDCA 循环的概念最早是由美国质量管理专家戴明提出来的,所以又称为"戴明环"。PDCA 循环即计划(Plan)、执行(Do)、检查(Check)和处理(Action),它是一个标准的管理工作程序,也是进行质量管理的四个步骤。P(计划):即根据用户的要求,制定相应的技术经济指标、质量目标,以及实现这些目标的具体措施和方法。D(执行):按照所制订的计划和措施付诸实施。C(检查):对照计划,检查执行的情况和效果,及时发现问题。A(处理):根据检查结果采取措施,巩固成绩,吸取教训,防止重蹈覆辙,并将未解决的问题转到下一次 PDCA 循环中去。其基本模型如图 9-1 所示。

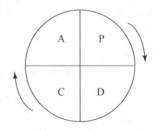

图 9-1　PDCA 循环基本模型

PDCA 循环有两个特点:

(1) 大环套小环,PDCA 能应用于企业的各个方面和各个层次,整个企业的质量管理运作是一个大的 PDCA 循环,而其中的某一车间或部门乃至个人的行动也按 PDCA 循环进行,形成大环套小环的综合循环系统,相互推动。如图 9-2 所示。

(2) 螺旋式上升,每次 PDCA 循环都不是在原地踏步,而是每次循环都能解决一些问题,下次循环就在一个较高的层面上进一步解决新的问题。所以,它在不断循环的同时,还在不断上升,呈螺旋上升状态。如图 9-3 所示。

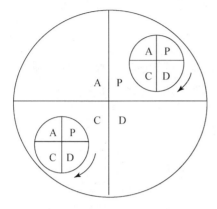

图 9-2　PDCA 循环中的大环套小环

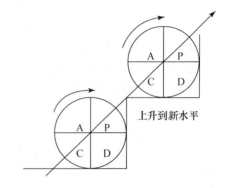

图 9-3　PDCA 循环的步骤和方法

9.2　质量管理体系的基本知识

9.2.1　概述

(1) 体系、管理体系和质量管理体系 2000 版 ISO 9000 族标准的作用,是"帮助各种类型和规模的组织实施并运行有效的质量管理体系"。可以认为:不了解体系,就不能理解标准,更不能建立和实施有效的质量管理体系。

在管理领域,体系和系统并无严格区别,既可称为体系,也可称为系统。2000 版 ISO 9000 族标准将两者视为同义词,所以,质量管理体系,也就是质量管理系统。系统科学的有关理论,同样可用来研究质量管理体系。

质量管理原则之一"管理的系统方法"强调:"将相互关联的过程作为系统加以识别、理解和管理,有助于组织提高实现目标的有效性和效率。"

研究体系(系统)的主要"工具"是系统工程。系统工程是以系统为对象的一门跨学科的边缘科学,是对所有系统都具有普遍意义的一种现代化管理技术,也是研究和解决复杂问题的有效手段。

体系(系统)可以说无所不在,大到宇宙、太阳系、社会,小到企业、产品和过程,都可视为一个体系(系统)。人们总是通过体系认识自然,了解社会。成功的管理者总是通过体系(系统)去管理组织,通过体系(系统)来提高管理效率和总体业绩。

在系统理论中,将体系(系统)的组成部分称为体系的单元或元素,当体系的组成部分不很明确或组成部分数量较多时,我们习惯将组成部分称为"要素",以强调体系中的主要元素。

ISO 9000 标准将体系(系统)、管理体系和质量管理体系三个术语定义如下。

体系(系统):相互关联或相互作用的一组要素。

管理体系:建立方针和目标并实现这些目标的体系。

质量管理体系:在质量方面指挥和控制组织的管理体系。

根据 ISO 9000 族标准约定的术语替代规则,管理体系是:建立方针和目标并实现这些目标的"相互关联或相互作用的一组要素"。

同样,质量管理体系中的"管理体系"也可用管理体系的定义所替代。

不难看出,质量管理体系和管理体系都具有术语"体系"的所有属性,其实质都强调"相互关联和相互作用的一组要素",而质量管理体系还具有管理体系的属性。

从定义可看出,质量管理体系具有以下特征:

① 具有(在质量方面)指挥、控制组织的管理特征;

② 在建立和实现(质量)方针和目标方面,具有明确的目标特征;

③ 与组织的其他管理体系一样,其组成要素具有相互关联和相互作用的体系特征。

(2) 质量管理体系的主要特性。

① 总体性。尽管组成体系的各要素在体系中都有自己特定的功能或职能,但就体系总体而言,系统的功能必须由系统的总体才能实现。体系的总体功能可以大于组成体系各要素功能之和,或具有其要素所没有的总体功能。

体系和要素是辩证的统一。以汽车发动机为例,它本身即可以作为一个"系统",而在研究对象是汽车时,发动机这个系统就转化为汽车这个体系中的一个"要素"。

② 关联性。组成体系的要素,既具独立性,又具相关性,而且各要素和体系之间同样存在这种"相互关联或相互作用"的关系。过程控制,特别是统计过程控制的任务之一就是识别、控制和利用"要素"之间的关联性或相互作用。如:由于日本的一些企业采用了"三次设计"(系统设计、参数设计、容差设计),充分利用了有关参数之间的关联作用(统计上称"交互作用"),从而做到了用能次于美国的元器件组装优于美国的整机。相反,如果对要素之间的关联性不加识别和控制,就有可能造成不良后果。又如:在设计更改中,如果只考虑更改部位的合理性,而不考虑更改对其他部件和整机的影响,这在客观上就有可能"制造"了一个质量隐患。

③ 有序性。所谓有序性,通俗地讲,就是将实现体系目标的全过程按照严格的逻辑关系程序化。通常我们不能保证执行体系目标的每个人在认识上完全一致,但必须使他们的行为做到井然有序。体系功能的有效性,不仅取决于要素(内在)的作用,在一定程度上也取决于有序化程度,而这种有序化程度又与组织的产品类别、过程复杂性和人员素质相关。

为了做到有序性,可以编制一个经过优化了的形成文件的程序,以规定一项活动的目的和范围,由谁来做,如何做,在什么时间、什么场合做等。对于一些约定俗成的活动,只要大家能习惯地遵循,也不一定通过编制文件来达到有序化。

④ 动态性。所谓动态性,是指体系的状态和体系的结构在时间上的演化趋势。

应当强调,体系的结构(包括其管理职责)总是相对保守和稳定的因素,而市场和顾客的需求则是相对活跃和变化的因素,一般而言,前者总是落后于后者,但又必须服从于或适应于后者。为了保持体系的动态平衡,为了使体系能适应于市场和顾客不断变化的需求。这就要求一个组织不仅应当理解顾客当前的需求以满足顾客的要求,而且应当理解顾客未来的需求和争取超越顾客的期望。

9.2.2 质量管理八项原则

1. 质量管理八项原则的内容

多年来,基于质量管理的理论和实践经验,在质量管理领域,形成了一些有影响的质量管理的基本原则和思想。国际标准化组织(ISO)吸纳了当代国际最受尊敬的一批质量管理专家在质量管理方面的理念,结合实践经验及理论分析,用高度概括又易于理解的语言,总结为质量管理的八项原则。这些原则适用于所有类型的产品和组织,成为质量管理体系建立的理论基础。

八项质量管理原则是:
(1) 以顾客为关注焦点。
(2) 领导作用。
(3) 全员参与。
(4) 过程方法。
(5) 管理的系统方法。
(6) 持续改进。
(7) 基于事实的决策方法。
(8) 与供方互利的关系。

2. 八项质量管理原则的理解

(1) 以顾客为关注焦点。组织依存于顾客。因此,组织应当理解顾客当前和未来的需求,满足顾客要求并争取超越顾客期望。

顾客是组织存在的基础,如果组织失去了顾客,就无法生存下去,所以组织应把满足顾客的需求和期望放在第一位。将其转化成组织的质量要求,采取措施使其实现;同时还应测量顾客的满意程度,处理好与顾客的关系,加强与顾客的沟通,通过采取改进措施,以使顾客和其他相关方满意。由于顾客的需求和期望是不断变化的,也是因人因地而异的,因此需要进行市场调查,分析市场变化,以此来满足顾客当前和未来的需求并争取超越顾客的期望,以创造竞争优势。

(2) 领导作用。领导者确立组织统一的宗旨及方向。他们应当创造并保持使员工能充分参与实现组织目标的内部环境。

领导的作用即最高管理者具有决策和领导一个组织的关键作用。为了让全体员工能实现组织的目标,最高管理者应建立质量方针和质量目标,以体现组织总的质量宗旨和方向,以及在质量方面所追求的目的。应时刻关注组织经营的国内外环境,制定组织的发展战略,规划组织的蓝图。质量方针应随着环境的变化而变化,并与组织的宗旨相一致。最高管理者应将质量方针、目标传达落实到组织的各职能部门和相关层次,让全体员工理解和执行。

为了实施质量方针和目标,组织的最高管理者应身体力行,建立、实施和保持一个有效的质量管理体系,确保提供充分的资源,识别影响质量的所有过程,并管理这些过程,使顾客和相关方满意。

为了使建立的质量管理体系保持其持续的适宜性、充分性和有效性,最高管理者应亲自主持对质量管理体系的评审,并确定持续改进和实现质量方针、目标的各项措施。

(3) 全员参与。各级人员都是组织之本,只有他们的充分参与,才能使他们的才干为组织带来收益。

全体员工是每个组织的根本,人是生产力中最活跃的因素。组织的成功不仅取决于正确的领导,还有赖于全体人员的积极参与。所以应赋予各部门、各岗位人员应有的职责和权限,为全体员工制造一个良好的工作环境,激励他们的创造性和积极性,通过教育和培训,增长他们的才干和能力,发挥员工的革新和创新精神;共享知识和经验,积极寻求增长知识和经验的机遇,为员工的成长和发展创造良好的条件。这样才会给组织带来最大的收益。

(4) 过程方法。将活动和相关的资源作为过程进行管理,可以更高效地得到期望的结果。

任何使用资源将输入转化为输出的活动即认为是过程。组织为了有效地运作,必须识别并管理许多相互关联的过程。系统地识别并管理组织所应用的过程,特别是这些过程之间的相互作用,称之为"过程方法"。

在建立质量管理体系或制定质量方针和目标时,应识别和确定所需要的过程,确定可预测的结果,识别并测量过程的输入和输出,识别过程与组织职能之间的接口和联系,明确规定管理过程的职责和权限,识别过程的内部和外部顾客,在设计过程时还应考虑过程的步骤、活动、流程、控制措施、投入资源、培训、方法、信息、材料和其他资源等。只有这样才能充分利用资源,缩短周期,以较低的成本实现预期的结果。

(5) 管理的系统方法将相互关联的过程作为系统加以识别、理解和管理,有助于组织提高实现目标的有效性和效率。

一个组织的体系是由大量错综复杂、互相关联的过程组成的网络构成的。最高管理者要成功地领导和运作一个组织,要求用系统的和透明的方式进行管理,也就是对过程网络实施系统管理,可以帮助组织提高实现目标的有效性和效率。

管理的系统方法包括了确定顾客的需求和期望,建立组织的质量方针和目标,确定过程及过程的相互关系和作用,并明确职责和资源需求,确立过程有效性的测量方法并用以测量现行过程的有效性,防止不合格,寻找改进机会,确立改进方向,实施改进,监控改进效果,评价结果,评审改进措施和确定后续措施等。这种建立和实施质量管理体系的方法,既可用于建立新体系,也可用于改进现行的体系。这种方法不仅可提高过程能力及产品质量,还可为持续改进打好基础,最终导致顾客满意和使组织获得成功。

(6) 持续改进。持续改进总体业绩应当是组织的一个永恒目标。

组织所处的环境是在不断变化的,科学技术在进步,生产力在发展,人们对物质和精神的需求在不断提高,市场竞争日趋激烈,顾客的要求越来越高。因此组织应不断调整自己的经营战略和策略,制定适应形势变化的策略和目标,提高组织的管理水平,才能适应这样的竞争的生存环境。所以持续改进是组织自身生存和发展的需要。

持续改进是一种管理的理念,是组织的价值观和行为准则,是一种持续满足顾客要求、增加效益、追求持续提高过程有效性和效率的活动。

持续改进应包括:了解现状,建立目标,寻找、实施和评价解决办法,测量、验证和分析结果,纳入文件等活动,其实质也是一种 PDCA 的循环,从策划、计划开始,执行和检查效果,直至采取纠正和预防措施,将它纳入改进成果加以巩固。

(7) 基于事实的决策方法。有效决策是建立在对数据和信息进行分析的基础上的。

成功的结果取决于活动实施之前的精心策划和正确决策。决策的依据应采用准确的数据和信息,分析或依据信息做出判断是一种良好的决策方法。在对数据和信息进行科学分析时,可借助于其他辅助手段。统计技术是最重要的工具之一。

应用基于事实的决策方法,首先应对信息和数据的来源进行识别,确保获得充分的数据和信息的渠道,并能将得到的数据正确方便地传递给使用者,做到信息的共享,利用信息和数据进行决策并采取措施。其次用数据说话,以事实为依据,有助于决策的有效性,减少失误并有能力评估和改变判断和决策。

(8) 与供方互利的关系。组织与供方是相互依存的,互利的关系可增强双方创造价值的能力。

供方提供的产品对组织向顾客提供满意的产品可以产生重要的影响。因此把供方、协作方、合作方都看做是组织经营战略同盟中的合作伙伴,形成共同的竞争优势,可以优化成本和资源,有利于组织和供方共同得到利益。

组织在形成经营和质量目标时,应及早让供方参与合作,帮助供方提高技术和管理水平,形成彼此休戚相关的利益共同体。

因此,需要组织识别、评价和选择供方,处理好与供方或合作伙伴的关系,与供方共享技术和资源,加强与供方的联系和沟通,采取联合改进活动,并对其改进成果进行肯定和鼓励,都有助于增强供需双方创造价值的能力和对变化的市场做出灵活和迅速反应的能力,从而达到优化成本和资源的目的。

9.2.3 ISO 9000 族质量管理体系标准

1. 质量管理体系标准的产生和发展

第二次世界大战期间,军事工业得到了迅猛的发展,各国政府在采购军品时,不但提出产品特性要求,还对供应厂商提出了质量保证的要求。20世纪50年代末,美国发布了MIL-Q-9858A《质量大纲要求》,成为世界上最早的有关质量保证方面的标准。而后,美国国防部制定和发布了一系列的生产武器和承包商评定的质量保证标准。

70年代初,借鉴了军用质量保证标准的成功经验,美国标准化协会(ANSI)和机械工程师协会(ASME)分别发布一系列有关原子能发电和压力容器生产的质量保证标准。

美国军品生产方面的质保活动的成功经验,在世界范围内产生了很大的影响,一些工业发达国家,如英国、法国、加拿大等,在70年代末先后制定和发布了用于民品生产的质量管理和质量保证标准。随着各国经济的相互合作和交流,对供方质量体系审核已逐渐成为国际贸易和国际合作的前提。世界各国先后发布了许多关于质量体系及审核的标准。由于各国标准的不一致,给国际贸易带来了障碍,质量管理和质量保证的国际化成为当时世界各国的迫切需要。

随着地区化、集团化、全球化经济的发展,市场竞争日趋激烈,顾客对质量的期望越来越高,每个组织为了竞争和保持良好的经济效益,都在努力设法提高自身的竞争能力以适应市场竞争的需要。为了成功地领导和运作一个组织,需要采用一种系统的和透明的方式进行管理,针对所有顾客和相关方的需求,必须建立、实施并保持持续改进其业绩的管理体系,从而使组织获得成功。

顾客要求产品具有满足其需求和期望的特性,这些需求和期望在产品规范中表述。如果提供和支持产品的组织质量管理体系不完善,规范本身就不能始终满足顾客的需要。因此,这方面的关注导致了质量管理体系标准的产生,并以其作为对技术规范中有关产品要求的补充。

国际标准化组织(ISO)于1979年成立了质量保证技术委员会(TC 176),1987年更名为质量管理和质量保证技术委员会,负责制定质量管理和质量保证标准。1986年发布了ISO 8402《质量——术语》标准,1987年发布了 ISO 9000《质量管理和质量保证标准——选择和使用指南》、ISO 9001《质量体系——设计开发、生产、安装和服务的质量保证模式》、ISO 9002《质量体系——生产和安装的质量保证模式》、ISO 9003《质量体系——最终检验和试验的质量保证模式》、ISO 9004《质量管理和质量体系要素——指南》等6项标准,通称为"ISO 9000系列标准"。

ISO 9000系列标准的颁布,使各国的质量管理和质量保证活动统一在ISO 9000系列标准的基础上。标准总结了工业发达国家先进企业的质量管理的实践经验,统一了质量管理和质量保证的术语和概念,并对推动组织的质量管理、实现组织的质量目标、消除贸易壁垒、提高产品质量和顾客的满意程度等产生了积极的影响,受到了世界各国的普遍关注和采用。迄今为止,它已被全世界150多个国家和地区等同采用为国家标准,并广泛用于工业、经济和政府的管理领域,有50多个国家建立了质量管理体系认证制度,世界各国质量管理体系审核员注册的互认和质量管理体系认证的互认制度也在广泛范围内得以建立和实施。

为了使1987年版的ISO 9000系列标准更加协调和完善,ISO/TC 176质量管理和质量保证技术委员会于1990年决定对标准进行修订,提出了《90年代国际质量标准的实施策略》(国际上通称为《2000年展望》)。

按《2000年展望》提出的目标,标准分两阶段修改。第一阶段修改称为:"有限修改",即修改为1994年版本的ISO 9000族标准。第二阶段修改是在总体结构和技术内容上作较大的全新修改。其主要任务是:"识别并理解质量保证及质量管理领域中顾客的需求,制定有效反映顾客期望的标准;支持这些标准的实施,并促进对实施效果的评价。"

2000年12月15日,ISO/TC 176正式发布了2000年版本的ISO 9000族标准。该标准的修订充分考虑了1987年和1994年版标准,以及现有其他管理体系标准的使用经验,因此,它将使质量管理体系更加适合组织的需要,可以更适应组织开展其商业活动的需要。

2008年11月15日,ISO/TC 176发布第四版,即ISO 9001:2008版;2008年12月30日中国发布了GB/T 19001—2008版,于2009年3月1日实施ISO 9001第四版取代第三版ISO 9001:2000,包括对这些文件的技术性修订。原已使用ISO 9001:2000的组织只需按本标准的规定调整某些要求,仍可使用本标准。

2. ISO 9000族文件的结构(以第三版为例)

为了满足广大标准使用者的需要,ISO 9000族文件在其结构上发生了重大调整。标准的数量在合并、调整的基础上已大幅度减少。标准的要求/指南或指导性文件更通用,使用更方便、灵活,适用面更宽。目前,ISO 9000族文件的结构及其所含文件包括(下述注明年代号的文件均已发布):

第一部分:核心标准

ISO 9000:2000 质量管理体系——基础和术语

ISO 9001:2000 质量管理体系——要求

ISO 9004:2000 质量管理体系——业绩改进指南

ISO 19011:2002 质量和(或)环境管理体系审核指南

上述四项标准构成了一组密切相关的质量管理体系标准,亦称ISO 9000族核心标准。

第二部分：其他标准

ISO 10012：测量管理体系

ISO 10019：质量管理体系咨询师选择和使用指南

第三部分：技术报告或技术规范或技术协议

ISO/TS 10005：质量计划指南

ISO/TS 10006：项目质量管理指南

ISO/TS 10007：技术状态管理指南

ISO/TR 10014：1998 质量经济性管理指南

ISO/TR 10013：2001 质量管理体系文件

ISO/TR 10017：ISO 9001：2000 中的统计技术指南

ISO/TR 10018：顾客投诉

技术协议(1)：2002 医疗机构应用 ISO 9000 指南

技术协议(2)：教育机构应用 ISO 9000 指南

根据 ISO/TC 176 的计划，第三部分文件将是发布最多的一类文件。

第四部分：小册子

ISO/TC 176 根据实施 ISO 9000 族标准的实际需要，将陆续编写一些宣传小册子形式的出版物作为指导性文件，包括《质量管理原则》、《选择和使用指南》、《小型组织实施指南》等。《小型组织实施指南》已于 2002 年正式发布。

3. 2000 版 ISO 9000 族质量管理体系标准简介

(1) GB/T 19000—2000《质量管理体系基础和术语》(idt ISO 9000：2000)。此标准表述了 ISO 9000 族标准中质量管理体系的基础，并确定了相关的术语。

标准明确了八项质量管理原则，是组织改进其业绩的框架，能帮助组织获得持续成功，也是 ISO 9000 族质量管理体系标准的基础。标准表述了建立和运行质量管理体系应遵循的 12 个方面的质量管理体系基础。

标准给出了有关质量的术语共 80 个词条，分成 10 个部分，阐明了质量管理领域所用术语的概念，并提供了术语之间的关系图。

(2) GB/T 19001—2000《质量管理体系要求》(idt ISO 9001：2000)。标准提供了质量管理体系的要求，供组织需要证实其具有稳定地提供满足顾客要求和适用法律法规要求的产品的能力时使用，组织可通过体系的有效应用，包括持续改进体系的过程及保证符合顾客与适用的法规要求，增强顾客满意。

标准应用了以过程为基础的质量管理体系模式的结构，鼓励组织在建立、实施和改进质量管理体系及提高其有效性时，采用过程方法，通过满足顾客要求，增强顾客满意。过程方法的优点是对质量管理体系中诸多单个过程之间的联系及过程的组合和相互作用进行连续的控制，以达到质量管理体系的持续改进。

(3) GB/T 19004—2000《质量管理体系业绩改进指南》(idt ISO 9004：2000)。此标准以八项质量管理原则为基础，帮助组织用有效和高效的方式识别并满足顾客及其他相关方的需求和期望，实现保持和改进组织的整体业绩，从而使组织获得成功。

该标准提供了超出 GB/T 19001—2000 要求的指南和建议，不用于认证或合同的目的，也不是 GB/T 19001—2000 的实施指南。

标准的结构也应用了以过程为基础的质量管理体系模式，鼓励组织在建立、实施和改进质量管理体系及提高其有效性和效率时,采用过程方法,以便通过满足相关方要求来提高相关方的满意程度。

标准还给出了自我评定和持续改进过程的示例,用于帮助组织寻找改进的机会;通过5个等级来评价组织质量管理体系的成熟程度;通过给出的持续改进方法,提高组织的总体业绩并使相关方受益。

(4) ISO 19011:2000《质量和(或)环境管理体系审核指南》。标准遵循"不同管理体系可以有共同的管理和审核要求"的原则,为质量和环境管理体系审核的基本原则、审核方案的管理、环境和质量管理体系审核的实施以及对环境和质量管理体系审核员的资格要求提供了指南。它适用于所有运行质量和(或)环境管理体系的组织,指导其内审和外审的管理工作。

该标准在术语和内容方面,兼容了质量管理体系和环境管理体系的特点。在对审核员的基本能力及审核方案的管理中,均增加了应了解及确定法律和法规的要求。

ISO 9001:2008 新标准变更讲解

1. ISO 9001:2008 的新标准将于 2008 年 10 月 31 日正式发布。(标准已于 2008 年 11 月 14 日正式发布)

2. 标准修改的较少,无理由需要"过渡阶段",ISO 将用 6—12 个月时间来结束 ISO 9001:2000 版的使用。

3. 对于大多数组织而言,通常正常的监督评审过渡即可,不需要额外时间。

4. 审核员只要培训新版的修改之处即可。

5. 以下为变更条款。

3.0 术语与定义,取消了供应链。(供方—组织—顾客)

4.1 增加了外包过程的控制,借助 7.4.1 的方法对外包方法进行管控。外包并不能减少组织需承担的责任。

4.2.1 变更了一个单一的文件可以包括一个或多个程序的要求,一个文件化程序的要求也可以在多个文件中体现。(如纠正预防管理程序)

4.2.3 增加了 4.2.3f 确保对质量体系策划和运行所必要的外来文件得到识别,并控制其分发。

5.5.2 管理者代表:即新标准要求管理者代表应是组织内的下属员工或合同制的全日制员工(不可兼职)。

6.2.1 基于教育、培训、技能和经验,从事影响产品质量符合性的工作人员应是能够胜任的(范围较大)。

6.2.2 能力、意识和培训:评价培训所要求的有效性;确保达到必要的能力(指实际操作方面的能力加严)。

6.3 增加了 6.3c:增加了支持性服务(如运输、通讯或信息系统/ERP 系统)、策划、提供、维护全方面评价。

7.2.1 与产品有关的要求的确定:增加了交付后的活动包括保修条款及履行合同的责任,如维修服务和辅助服务(如回收或产品的最终处置)。

7.5.1 生产和服务提供的控制:生产和服务包括产品的防护(包装—仓储—搬运—回收

手册)。

7.5.2 生产和服务提供过程的确认:阐明确认特殊过程的重要性,特殊过程(如焊接、培训、热处理等)还有特殊工程的识别(如服务、焊工、司机、仪校工程师、内审员资格的确认)。

7.5.4 顾客财产:增加了注解——阐明知识产权和私人信息为顾客财产(如保险公司、银行等)。

7.6 监视和测量装置的控制:增加了测量用计算机软件使用的要求(如公司的软件测试站使用的软件适宜性的验证及配置的管理)。

8.2.1 监控顾客的感受可能包括从如下的来源输入,如顾客满意度调查、已提交产品质量信息、用户意见调查、失去业务的分析、表扬、保证声明、销售报告等。

8.2.2 内部审核:增加了审核记录的保存范围(如内审计划、签到表、内审报告、查检表、不符合报告等记录)。

8.2.3 过程的监视和测量:(1)删掉了最后一句话,即"以确保产品的符合性"。(2)注解中增加了采用过程控制方法时需考虑的要点,此注释希望组织确定过程监视测量方法时需要考虑到应用的价值(即范围加大包括:质量体系所有过程)。

8.3 不合格品的控制:未满足顾客要求的不合格品,只有得到客户同意放行的条件才能放行,组织内部在未得到客户同意时不能放行,如放行是不符合标准要求的,要开立主要不符合项。

(资料来源:GB/T 19001—2008《质量管理体系要求》)

"捷亚公司"的质量管理体系

捷亚机械工业股份有限公司(以下简称"捷亚公司")是国内自行车生产和行销的最具规模的公司之一,每年生产近100万台各式自行车,其销售网络遍布全国各地。捷亚公司在生产车架的过程中,形成的废料堆积如山,数量难以计算。因此,公司希望通过质量管理,对车架的生产过程进行改造,提高车架的合格率,降低车架物料残损率,改善车架质量,降低生产成本。捷亚公司首先确定了企业的质量目标,进行质量体系策划,明确了各个部门的质量职责;其次,对公司原有质量要素进行全面审查,从人、机、法、环、料等要素分析影响质量的关键点;最后,制定质量改进措施。捷亚公司按照质量改进措施改进流水线,培训人员,改进生产工艺,新体系实行半年后,公司的残损率降低了8个百分点。

9.3 质量控制技术

在产品生产过程中,总要出现各种质量问题,企业要提高产品质量,就必须弄清出现这些问题的原因是什么,其中主要原因又是什么,以及各种因素对质量的影响程度等等,以便对症下药,解决问题。但这些问题并不是一下子就能看出来,往往要应用统计的方法使问题集中化、明确化,最终得出正确的结论。

分析和控制产品质量的常用方法有:排列图法(又称主次因素分析图法)、因果分析图法(又称鱼刺图法)、分层法(分类法)、相关图法、统计分析表法、直方图法和控制图法等。

9.3.1 排列图法

排列图又称主次因素分析图法,是将影响产品质量的各种因素按其对质量影响程度的大小顺序排列,从而找出影响质量的主要因素。

排列图是根据"关键的少数和次要的多数"的原理而制作的。也就是将影响产品质量的众多影响因素按其对质量影响程度的大小,用直方图形顺序排列,从而找出主要因素。其结构是由两个纵坐标和一个横坐标,若干个直方形和一条折线构成。左侧纵坐标表示不合格品出现的频数(出现次数或金额等),右侧纵坐标表示不合格品出现的频数(出现次数或金额等),横坐标表示影响质量的各种因素,按影响大小顺序排列,直方形高度表示相应的因素的影响程度(即出现频率为多少),折线表示累计频率。通常累计百分比将影响因素分为三类:占 0%~80% 为 A 类因素,也就是主要因素;80%~90% 为 B 类因素,是次要因素;90%~100% 为 C 类因素,即一般因素。由于 A 类因素占存在问题的 80%,此类因素解决了,质量问题大部分就得到了解决。

例:某企业生产的某型号无缝钢管不合格品数为 120 根,统计表如表 9-2 所示,根据统计表作出排列图,如图 9-4 所示。

表 9-2　无缝钢管不合格品统计表

原　因	频数(件)	频率(%)	累计频率(%)
壁厚不匀	75	62.5	62.5
裂纹	22	18.3	80.8
伤痕	12	10.1	90.8
毛刺	6	5.0	95.8
其他	5	4.2	100.0
合计	120	100.0	

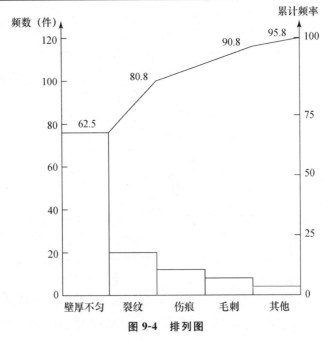

图 9-4　排列图

本例中产生不合格品的主要问题是"壁厚不匀"和"裂纹"两项。

9.3.2 因果分析图法

1953年由日本东京大学教授石川馨第一次提出因果分析图法。在进行质量分析时,如果通过直观方法能够找出属于同一层次的有关因素的主次关系(平行关系),就可以用排列图法。但往往在因素之间还存在着纵的因果关系,这就要求有一种方法能同时理出这两种关系,因果分析图就是根据这种需要而构思的。因果分析图形象地表示了探讨问题的思维过程,利用它分析问题能取得顺藤摸瓜、步步深入的效果。即利用因果分析图可以首先找出影响质量问题的大原因,然后寻找到大原因背后的中原因,再从中原因找到小原因和更小的原因,最终查明主要的直接原因。这样有条理地逐层分析,可以清楚地看出"原因—结果""手段—目标"的关系,使问题的脉络完全显示出来。应用因果图进行质量问题分析一般有以下几个步骤:确定要分析的问题,分析作图,找主要原因。

因果图的基本格式为由特性、原因、枝干三部分构成,如图9-5所示。

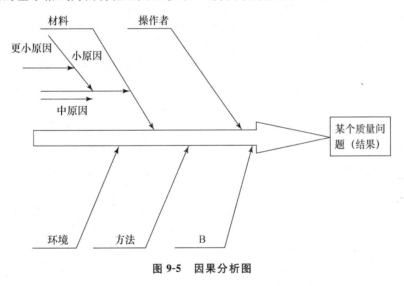

图 9-5 因果分析图

9.3.3 直方图

直方图是用来分析数据信息的常用工具,它能够直观地显示出数据的分布情况。直方图法是从总体中随机抽取样本,将从样本中获得的数据进行整理,根据这些数据找出质量波动规律,预测工序质量好坏,估算工序不合格率的一种工具。

用直方图实际分布尺寸与公差范围相比推断生产过程情况,通常有六种结果,如图9-6所示。图9-6a中直方图分布范围B在公差范围T的中间,为理想的工序质量;图9-6b中B虽在T的范围内,但因偏向一侧,故有超差的可能,要采取措施适当缩小分布;图9-6c中B和T的分布范围正好一致,但完全没有余地,容易出现废品,要采取措施调整;图9-6d中B大大小于T,经济性不好,需要降低加工精度;图9-6e中B过分偏离公差中心,易造成废品;图9-6f中B超过了T的范围,产生废品,应停产找原因。

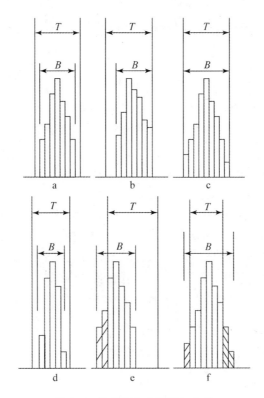

图 9-6 直方图分布范围与公差

常见的直方图分布图形有对称型、锯齿型、孤岛型、偏向型、双峰型、平顶型六种,如图 9-7 所示。对称型属于正常直方图,其他五种是异形直方图。对称型中间是顶,左右对称,呈正态分布,是理想的图形;锯齿型多由于分组过多,测量误差等原因造成;孤岛型由于加工原因发生突变等原因造成;偏向型一般由于加工习惯等原因造成;双峰型往往是把来自两个总体的数据混在一起所致;平顶型是由于生产过程中某种缓慢变化的因素影响而造成。

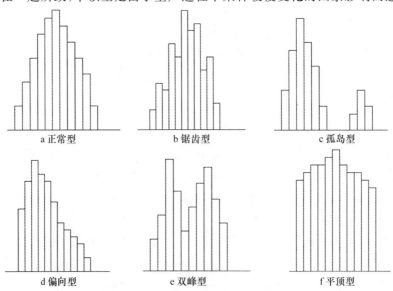

图 9-7 几种常见的直方图形状

9.3.4 统计分析表

统计分析表就是利用统计表对数据进行整理和初步分析原因的一种常用图表。其格式可以根据产品和工序的具体要求来灵活确定。这种方法简单,但是很实用、很有效。

运用这种方法常用的统计表主要有:
(1) 缺陷位置调查表;
(2) 不良品原因统计表;
(3) 按不良品项目分类调查表。

在实际生产中,统计分析表同分层法结合使用的效果最佳。

9.3.5 分层法

分层法又称分类法,是质量管理中常用来分析影响质量因素的重要方法。在实际生产中,影响质量变动的因素很多,这些因素往往交织在一起,如果不把它们区分开来,就很难得出变化的规律。有些分布,从整体看好像不存在相关关系,但如果把其中的各个因素区别开来,则可看出,其中的某些因素存在着相关关系;有些分布,从整体看似乎存在相关关系,但如果把其中的各个因素区分开来,则可看出,不存在相关关系。可见用分层法,可使数据更真实地反映质量的性质,有利于找出主要问题,分清责任,及时加以解决。在实际应用分层法时,研究质量因素可按操作者、设备、原材料、工艺方法、时间、环境等方法进行分类。

9.3.6 相关图法

相关图是表示两个变量之间关系的图,又称散点图,用于分析两测定值之间相关关系,它具有直观简便的优点。通过作相关图对数据的相关性进行直观的观察,不但可以得到定性的结论,而且可以通过观察剔除异常数据,从而提高用计算法估算相关程度的准确性。观察相关图主要是看点的分布状态,概略地估计两因素之间有无相关关系。从而得到两个变量的基本关系,为质量控制服务。

如图 9-8 所示,图形 a 和 d 表明 x 和 y 之间有强的相关关系,且图形 a 表明是强正相关,即 x 大时,y 也显著增大;图形 d 表明是强负相关,即 x 增大时,y 却显著减小。图形 b 和 e 表明 x 和 y 之间存在一定的相关性。图形 b 为弱正相关,即 x 增大时,y 也大体增大;图形 为 e 弱负相关,即 x 增大,y 反会大致减小。图 c 表明 x 和 y 之间不相关,x 变化对 y 没有什么影响。图 f 表明 x 和 y 之间存在相关关系,但这种关系比较复杂,是曲线相关,而不是线性相关。

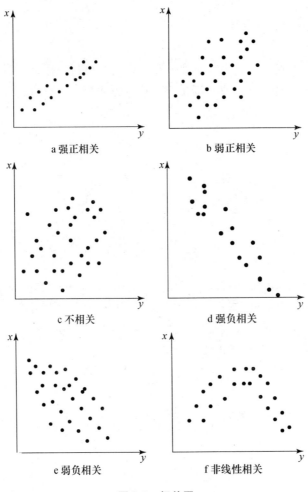

图 9-8 相关图

9.3.7 控制图法

控制图是用于分析和判断工序是否处于稳定状态所使用的带有控制界限的一种工序管理图。由纵坐标(表示质量特征)、横坐标(表示样本号)、中心线(CL)、控制上限(UCL)和控制下限(LCL)组成,如图 9-9 所示。控制图大体分为两大类:计量值控制图和计算值控制图。这两类都是在生产过程中作出的。一般是每隔一定时间或一定数量的制品,从中随机抽取一个或几个制品组成样本,将检验的质量数据按照一定要求列表计算出中心线、上下控制限,即为控制图。然后逐一将制品样品的质量检测数据标入控制图,以其控制工序的状态。

控制图的观察分析:从控制图上判定生产过程处于控制状态必须满足以下两个条件。

(1) 控制图上的点(数据)不超过控制界限。

① 连续 25 点以上处于控制界限内。

② 连续 35 点中,仅有 1 点超出控制界限。

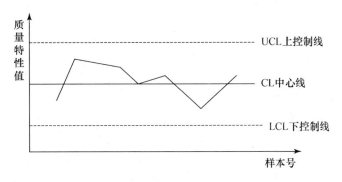

图 9-9　控制图

③ 连续 100 点中,不多于 2 点超出控制界限。

(2) 控制图上的点排列没有缺陷。

① 链状排列,即连续 7 个点出现在中心线一侧,或连续 11 个点中至少有 10 个点同时出现在中心线一侧。

② 接近控制限,即点子较多地在 2 倍的标准差和 3 倍的标准差之间的区域出现,如连续 3 个点中至少有 2 个点或连续 7 个点中至少有 3 个点接近控制限。

③ 倾向,即连续 7 个点上升或下降。

④ 周期,即点子出现周期性变化。

如果控制图中点子分布在控制界限内,且分布无异常情况,就可判断工序处于正常状态。

9.4　本章小结

质量是经济发展的战略问题,质量水平的高低,反映了一个企业、一个地区乃至一个国家和民族的素质。质量的概念最初仅用于产品,以后逐渐扩展到服务、过程、体系和组织,以及以上几项的组合。质量指一组固有特性满足要求的程度。质量管理是指在质量方面指挥和控制组织的协调的活动。在质量方面的指挥和控制活动,通常包括制定质量方针和质量目标及质量策划、质量控制、质量保证和质量改进。20 世纪,人类跨入了以加工机械化、经营规模化、资本垄断化为特征的工业化时代。在整整一个世纪中,质量管理的发展,大致经历了三个阶段:质量检验阶段、统计质量控制阶段、全面质量管理阶段。所谓全面质量管理,是以质量为中心,以全员参与为基础,旨在通过顾客和所有相关方受益而达到长期成功的一种管理途径。质量管理的八项质量管理原则是:以顾客为关注焦点;领导作用;全员参与;过程方法;管理的系统方法;持续改进;基于事实的决策方法;与供方互利的关系。

在产品生产过程中,总要出现各种质量问题,企业要提高产品质量,就必须弄清楚出现这些问题的原因是什么,其中主要原因又是什么,以及各种因素对质量的影响程度等等,以便对症下药解决问题。但这些问题并不是一下子就能看出来,往往要应用统计的方法使问题集中化、明确化,最终得出正确的结论。

分析和控制产品质量的常用方法有:排列图法(又称主次因素分析图法)、因果分析图法(又称鱼刺图法)、分层法(分类法)、相关图法、统计分析表法、直方图法和控制图法等。

1. 如何理解质量的基本概念?
2. 如何理解质量管理的基本概念?
3. 简述质量管理发展的几个阶段。
4. 你如何理解全面质量管理?
5. 简述质量管理的八项质量管理原则。
6. 质量管理中常用的统计方法有哪几种?试分别说明其要点和用途。

戴明(William Edwards Deming)

一、戴明的生平

戴明博士于1900年10月4日生于美国爱荷华州,戴明父亲经营农场,但收入不多,少时的他家境贫穷,因此在少年时代可说是一直在打工,有时候在外面点亮街灯、除雪,每天赚一块两毛的工资,或在饭店内打杂、洗床,每小时工资美金两毛五,通过这些贴补家计。

戴明颇负正义感,曾经作为墨西哥边境一个小战争的志愿兵且已搭车赶赴战场,但是后来被发现只有十四岁,因不符规定才被遣返。幸亏是这样,否则若在战场上牺牲,世界上就少了一位伟大的质量管理大师了。戴明博士不但有正义感且深具爱心,在日本指导期间因愤慨一位未善待精神病患者的医院院长,而利用他当时对驻日美军的影响力将此人解聘。

戴明博士于1921年从怀俄明大学毕业后继续前往科罗拉多大学进修,并于1925年修得数学与物理硕士,最后于1928年取得耶鲁大学的物理博士学位。戴明博士在学期间曾经于芝加哥的西屋电气公司霍桑工厂工作时结识当时在贝尔研究所的W.A.休哈特博士,并于1927年见面后就成为亦师亦友的莫逆之交。

戴明博士毕业后婉拒西电公司的工作机会而应聘到华盛顿的美国农业部的固氮研究所工作。

他也曾经利用一年的休假到伦敦大学与R. A. Fisher做有关统计方面的研究。戴明博士1950年应聘去日本讲学,并将其报酬捐出,而后几乎每年都赴日继续指导,奠定了日本企业界良好的质量管理基础。

二、戴明的贡献

戴明博士的贡献可分为几个阶段:

第一个阶段,对美国初期SQC推行的贡献。

戴明博士在美国政府服务期间,为了国事人口调查而开发新的抽样法,并证明统计方法不但可应用于工业,也可用于商业方面。

到了第二次世界大战期间,他建议军事有关单位的技术者及检验人员等都必须接受统计的质量管理方法,并实际给予教育训练。另外在GE公司开班讲授统计质量管理并与其他专家联合起来在美国各地继续开课,共计训练了包括政府机构在内的 31 000 多人,可说对美国 SQC 的基础及推广有莫大的贡献(当时戴明博士已将统计的质量管理应用到工业以外的住宅、营养、农业、水产、员工的雇佣方面,其涉及面极为广泛)。

第二阶段,对日本的质量管理贡献。

戴明博士从 1950 年到日本指导质量管理后就一直坚持长达近四十年,且前二三十年几乎每年都去,说日本的质量管理是由戴明博士带动起来的一点都不为过。

戴明博士在日本虽然也教统计方法,但他很快就发觉只教统计质量管理可能会犯了以前美国企业界所犯的错误,因此他修正计划而改向企业的经营者灌输品质经营的理念及重要性。日本早期的经营者几乎都见过戴明博士并受教于他,并实践戴明博士的品质经营理念,从而奠定了日本 TQC 的基础。戴明博士早期辅导日本企业的质量管理时曾经预言,日本在五年内其产品必将雄霸世界市场,果然不出所料,其预言被证明正确,且提早来到,难怪日本企业界对戴明博士怀有最崇高的敬佩而称其为"日本质量管理之父"了。

第三阶段,对美国及全世界推行 TQM 的贡献。

由于戴明博士对日本指导质量管理的成功,让美国人惊醒原来日本工商经营成功的背后竟然有一位美国人居功最大,故开始对戴明博士另眼看待。而于 1980 年 6 月 24 日美国广播公司(NBC)在电视播放举世闻名的"日本能,为什么我们不能?"(If Japan Can, Why Can't We?)使戴明博士一夜成名。从此以后由于美国企业家重新研究戴明的质量管理经营理念,加上戴明博士继续在美国及各国积极讲授他的品质经营、14 个管理原则,以及实际为美国各大公司如福特或 AT&T 公司提供品质经营的顾问工作,而收到了实质性的效果。事实上,戴明博士的品质 14 点管理原则就是美国在 20 世纪 80 年代开始盛行迄今的 TQM 的基础,所有全面品质经营所包含的重点,几乎都可以在戴明博士的 14 点里面找到类似或相同的诠释。目前在美国及英国都已成立戴明研究所(Deming Institute),其所宣称的基本精神也都是 TQM 的精神。也就是说戴明博士对 TQM 的影响是直接的。

由此可知,戴明博士不但具有学问上的成就,对世界各国品质经营的推动更有伟大贡献,也可称为质量管理的一代宗师。

三、戴明质量管理十四法

《十四条》的全称是《领导职责的十四条》。这是戴明先生针对美国企业领导提出来的。从美国各刊物所载原文看,无论是次序还是用语,都各有差异。这可能是因为在十多年的时间里,戴明本人在不同场合有不同的强调的缘故。

第一条　要有一个改善产品和服务的长期目标,而不是只顾眼前利益的短期观点。为此,要投入和挖掘各种资源。

第二条　要有一个新的管理思想,不允许出现交货延迟或差错和有缺陷的产品。

第三条　要有一个从一开始就把质量引进产品中的办法,而不要依靠检验去保证产品质量。

第四条　要有一个最小成本的全面考虑。在原材料、标准件和零部件的采购上不要只以价格高低来决定对象。

第五条　要有一个识别体系和非体系原因的措施。85%的质量问题和浪费现象是由于体系的原因,15%的是由于岗位上的原因。

第六条　要有一个更全面、更有效的岗位培训。不只是培训现场操作者怎样干,还要告诉他们为什么要这样干。

第七条　要有一个新的领导方式,不只是管,更重要的是帮,领导自己也要有个新风格。

第八条　要在组织内有一个新风气。消除员工不敢提问题、提建议的恐惧心理。

第九条　要在部门间有一个协作的态度。帮助从事研制开发、销售的人员多了解制造部门的问题。

第十条　要有一个激励、教导员工提高质量和生产效率的好办法。不能只对他们喊口号、下指标。

第十一条　要有一个随时检查工时定额和工作标准有效性的程序,并且要看它们是真正帮助员工干好工作,还是妨碍员工提高劳动生产率。

第十二条　要把重大的责任从数量上转到质量上,要使员工都能感到他们的技艺和本领受到尊重。

第十三条　要有一个强而有效的教育培训计划,以使员工能够跟上原材料、产品设计、加工工艺和机器设备的变化。

第十四条　要在领导层内建立一种结构,推动全体员工都来参加经营管理的改革。

质量意识与品牌战略——三角集团管理案例分析

三角集团,以轮胎生产经营为主导,兼营精细化工、机电维修、三产服务的大型企业集团。仅仅13年时间里,三角集团固定资产、净资产分别增长了25倍、15倍,职工年人均收入在原来2 300元的基础上增长36倍,达到17 000元,累计实现利税28亿元,上交税金18亿元,出口创汇4.3亿美元。三角集团成为国内轮胎企业供给内需和外贸出口的主力,销售额领先国内同行。产品在国内外市场上树立起过硬的品牌形象,成为同行业第一个"中国驰名商标"。

而仅仅是13年前,三角集团还是经营亏损、难以为继的企业。跨越13年间的巨变,蕴藏着深刻的原因。众多经济学家、管理学家走访三角,得出了一个企业振兴的法则:管理,将严格的、细微科学的管理渗透到企业流程的每一个神经末梢。法则是朴素的,甚至简约了一些。然而这一看似朴素的法则在三角却延伸出了无穷的力量。

质量管理:抓住了根本

质量是赢得消费者的关键之所在,质量创新是企业创品牌的主战场。这一看似简单的企业运行法则,却是决定企业胜负的根本。三角集团始终坚信,"缺乏可靠的质量保证,在市场上只能糊弄一时"。

三角集团经营的主产品轮胎是一个特殊的消费品,随着人们生活水平的不断提高,除了追求经济性能外,人们对轮胎的安全适应性也提出了越来越高的要求,也就给轮胎的生产提出了更高的要求。

三角集团对自身产品质量的定义,不仅仅停在内在质量特性和外在质量特性,不仅仅在产品的性能、外观、形状、款式上对质量进行控制,集团认识到产品的工序质量与工作质量决定产品的品质质量,因此集团把质量概念延伸到生产工序的每个环节和员工工作的每一步骤,从而有了企业高标准的质量概念。工序质量,是指轮胎每一生产工序能够稳定地生产合格产品的能力;工作质量是指企业的管理工作、技术工作和组织工作对达到质量标准和提高产品质量的保证程度。三角集团的质量管理理念认为,产品质量只是工序质量和工作质量的综合反映。因此,三角集团将质量管理延伸到企业生产经营活动的全过程,强调的是质量形成的各部分的有机联系、相互制约的关系。

正是基于对产品质量管理的认识突破,三角集团的质量管理才能科学有序地推进。

首先,质量必须有一个好的产品作载体。虽然子午轮胎现阶段已成为轮胎发展的主流,然而十几年前,在国家产业政策提倡轮胎换代时,市场的反应还很平淡。三角集团率先瞄准新兴市场,把大力发展子午胎确立为公司立足市场创品牌的产品战略。集团通过认真分析市场,找准了推进子午胎战略的切入点,将发展重心转向全钢子午胎;同时优化原有斜交胎产品结构,实现与竞争对手的差异化。三角集团抢在市场结构发生重大变化之前先行一步赢得了规模效益,目前公司已形成500万套子午线轮胎的生产能力。

其次,围绕一个好的产品确立科学规范的质量管理体系。三角集团根据企业自身的发展特点,确立了全套质量管理体系,分别是目标管理体系、质量追溯体系、标准化管理体系、质量保证体系。公司每年都要针对市场情况和内部质量问题,提出有针对性和突破性的质量目标,并进行层层分解落实,对各生产车间实行关键质量指标领导集体承包,对质量管理和技术部门实行全公司综合质量指标承包,对涉及多方面的质量问题实行多部门联合承包,形成责任共同体。通过完善相应的激励约束机制,实行质量否决权制度,确保质量管理方针、目标的顺利实现。

三角集团的质量追溯体系是从供应商到各工序,再到外部客户,从原材料、零部件到半成品再到成品的一整套体系。生产过程中出现的质量问题,可以通过信息系统检索追查到原材料采购,到各个工序的每一个操作工,从而形成了全员对轮胎生产全过程负责的机制。集团多年始终重视质量管理的标准化工作,不断追求企业内部建立一个只有本企业特点的、能有效运行的质量体系,保证了产品质量的稳定性和持续提高。

质量保证体系是三角集团质量管理的最后保障。它向轮胎用户保证产品质量在寿命周期内放心地使用,如果出现故障,企业愿意赔偿相应损失。三角集团的质量管理从生产领域又延伸到流通领域,使之无处不在。集团生产领域之外的协作单位与内部各环节技术、管理、经营活动的职责、任务、权限细化,建立统一这些活动的组织机构和质量信息反馈系统,形成了一个完整的质量管理体系有机体。

三角集团认为,没有质量的保证体系,质量管理就是有缺陷的。而集团着重要建立的保证体系,关键环节是高效灵敏的质量管理信息反馈系统。集团对相关信息流进行周密的收集与组织,包括市场需求动向、用户意见、工序质量表、不合格率、工艺规程等。这些质量信息最终成为集团进行质量决策、制订质量计划、组织质量改进、监督和控制生产过程、协调各方面质量活动的依据。

品牌管理:领先一步为目标

三角集团始终把品牌经营放在公司战略的高度来对待,确定了"建国际先进企业、创世界知名品牌"的目标,围绕品牌建设这个中心,持续推进战略创新、质量创新、科技创新、市场创新。

三角品牌管理的成功,除了抓住机遇,果断开拓了国内子午轮胎市场从而确定了领先的新产品,并且通过质量管理使产品始终保持高水准之外,更重要的是通过技术创新来不断提高产品的"含金量"。

投产子午轮胎开始,三角一直走的是一条"坚持自我开发为主、整合国外先进技术"的技术创新之路。

一是不断加大科技投入的比重。集团每年的技术开发费保证占到销售收入的3‰以上,充分保证产品升级换代的要求。从"八五"期间至今天,三角集团累计提取技术开发费用4亿元左右。集团的技术开发走的是"引进—消化—创新"的路子,逐步形成了自有的核心技术和产品系列。公司由最初引进的2种全钢子午胎产品,发展到目前的28种规格、60多个品种,产品性能达到国际一流水平。半钢子午胎生产能力、规格及品种数量、技术性能指标大幅度提升。公司先后改造40多个老产品,完成了轿车、轻卡、载重车三大系列56种规格100多个品种子午轮胎的研究开发,越野轻卡子午轮胎系列和工程子午轮胎系列产品等填补了国内空白并替代进口,新近正在开发的智能轮胎项目更是领先国际同行业。目前公司已拥有自主开发的34项科技成果,并获国家专利。

二是整合科技创新。建立从课题选择到成果转化,从进度管理到激励考核各中间环节的科技创新过程管理体系;建立包括技术及人才的引进、合作、培训在内的科技创新能力体系;建立包括群众性技术创新、知识产权保护等的科技创新促进体系。在加强核心技术研发方面,集团先后与亚利桑那大学(美国)、中科院、清华大学等多家知名高校和科研院所,在新材料应用、新技术研究、新产品开发等领域建立了科研合作关系,为促进高新技术尽快向市场转化搭建起产业平台。

三是把握好技术创新与技术改造的力度。创新实现了产品的更新换代,而技术改造的目的是减少耗工、节省材料。三角集团在保证产品质量的前提下,推广先进的操作方法,从而达到耗工少、用料省、效益高的目的。

品牌管理的终极目标是让品牌得到市场的认同。三角集团意识到,要使一个新产品品牌得到用户的认同,不但需要高端的品质,还需要创造市场,形成一个高效健康的市场运营体系,不断提高顾客的满意度和产品美誉度。三角集团始终认为,品牌的质量管理与市场创新不是两张皮,而是一个整体。"酒香也怕巷子深",再好的质量也要在市场上亮相。三角集团市场营销的原则是,在国内市场,确立"以满足市场需求为导向,以确保效益增长为核心,以现金流最大为基础,以有力的市场调控为手段"的工作方针和"统一市场布局,统一品牌形象,统一营销通道,统一准入机制"的基本原则,严格规划销售区域,规范操作模式,逐步建立特约店或连锁店的销售形式,公司与经销商以及用户之间逐步形成了较为稳定的、利益共享的市场纽带关系。

在国际市场上,三角集团产品的价位虽然较高,但依靠细分市场、有针对性的产品开发,赢得了当地用户的认同,也为进一步扩大国际市场份额奠定了基础。

试分析:

使用你学过的质量管理知识分析三角集团在质量管理方面成功的原因。

烟草物流配送中心:以六西格玛实现精益内流管理

为了提高物流产品质量、降低物流成本、改善物流服务质量、提高物流效率,×市烟草物流配送中心(以下简称"中心")于2010年在管理顾问的帮助下,引入六西格玛(6σ)管理方法,以实现企业内流管理精益化。中心的六西格玛管理方法是以顾客需求为中心,以实现作业准时、准确、快速、降低成本、提高效率、信息化为原则而制定的,其主要是从精益六西格玛的三个维度,即降低成本、提高质量和缩短周期三个方面进行精益六西格玛的切入。

管理顾问结合中心的现状,根据六西格玛管理的五步循环改进法:定义(Define)、评估(Measure)、分析(Analyze)、改进(Improve)、控制(Control)方法,或称为DMAIC方法,即从下面五个步骤进行质量的持续改进。

1. 辨别核心流程和关键顾客

管理顾问通过提出以下问题来帮助中心辨别核心流程:企业通过哪些主要活动向顾客提供产品和服务?怎样确切地对这些流程进行界定或命名?用来评价这些流程绩效或性能的主要输出结果是什么?在此基础上,绘制核心流程图,使整个流程一目了然。并界定业务流程的关键输出物和顾客对象。

2. 定义顾客需求

收集顾客数据,制定顾客反馈战略。将顾客反馈系统视为一个持续进行的活动,听取不同顾客的不同反映,掌握顾客需求的发展变化趋势,对于已经收集到的顾客需求信息,进行深入的总结和分析,并传达给相应的高层管理者。在这些工作的基础上制定绩效指标及需求说明,分析顾客各种不同的需求并对其进行排序。定义阶段利用精益思想定义价值、提出流程框架,在此框架下,结合六西格玛工具,定义改进项目。

3. 针对顾客需求评估当前行为绩效

管理顾问认为评估阶段重点在于分析问题的焦点是什么,借助关键数据缩小问题的范围,将精益生产时间分析技术与六西格玛管理工具相结合,找到导致问题产生的关键原因,明确问题的核心所在。

4. 辨别优先次序,实施流程改进

通过采用逻辑分析法、观察法、访谈法等方法,对已评估出来的导致问题产生的原因进行进一步分析,确认它们之间是否存在因果关系。对需要改进的流程进行区分,找到高潜力的改进机会,优先对其实施改进。管理顾问拟订了几个可供选择的改进方案,通过讨论并多方面征求意见,从中挑选出了最理想的改进方案付诸实施。

5. 控制六西格玛管理系统

管理顾问根据改进方案中预先确定的控制标准,在改进过程中,及时辅助中心解决出现的各种问题,对实施中产生的新问题进行总结,以便下一个循环对系统进行进一步完善。

在管理顾问的指导下,中心的六西格玛管理得以顺利实施,提高了企业的管理能力,节约了企业的运营成本,在持续改进的同时,服务水平和服务能力大幅度提升。

试分析:

1. 什么是六西格玛管理系统?
2. 如何运用六西格玛管理系统提高管理质量?

第10章 企业文化

学习本章后,你应当能够:
1. 定义企业文化的概念;
2. 掌握企业文化的特征、功能、结构内容;
3. 了解企业文化的有关理论;
4. 阐述企业文化的建设程序和建设方法。

构建新型企业文化,打造企业核心竞争力

东方压缩机公司成立于20世纪90年代中期,由东方机械制造厂与美方合资组建。多年来,已成长为国内压缩机制造领域颇具影响力的企业。发展总是与问题并存,公司在发展过程中面临着两个主要问题:制度与执行"两张皮"现象严重;面对行业日益激烈的竞争环境,如何能凸现自己的特色和品牌?这一内一外的两个问题成为制约企业发展的关键点。

面对公司存在的问题,管理顾问运用调研法、访谈法等方法对企业进行了详细诊断,得出结论:一方面,公司市场张力不足表现为对公司过去沉积形成的优良文化的提炼不够,对未来企业发展的脉络不清,文化与战略的发展不匹配;另一方面,员工与企业的心口不一,是对企业的文化不够知晓和了解。员工没有机会参与到企业文化的构造中,因此对企业的文化认同不够,无法接纳。

基于以上思路,管理顾问认为应致力于构建适应企业竞争力提升和符合战略目标实现的新型企业文化,形成核心理念体系,并通过战略、计划、执行的联动实现组织的文化生根、机制落地。并进一步明确了文化构建的关键点:

(1) 文化体系构建是以服务战略为前提的,应符合战略要求;

(2) 文化理念提炼和升华过程同时也是员工认识和接受过程,让员工参与到其中;

(3) 文化体系设计应用科学的理论工具,选择合适的文化分析和定位模型;

(4) 文化体系应该与管理制度体系高度融合,协调统一;

(5) 文化落地举措有组织研讨会、宣传会、管理沙龙、文化沙龙、模拟培训等形式,使管理者和全体员工体会和接受组织文化的脉络。

在文化现状分析的基础上,形成了一个有效可行的文化建设规划方案,很好地实现了公司文化方向的重新定位,建设起具有广泛认同基础的价值理念体系和相应的制度保障机制,使文化成为了一整套人心所向、有章可循的体系,保证企业文化成功软着陆,达到了通过文化手段内聚人心、外树形象的目的。

10.1 企业文化概述

10.1.1 企业文化的产生

企业文化是 20 世纪 80 年代由美国首先提出来的。它是美国在对日本从第二次世界大战后一跃成为经济大国的探秘和对自身的反思过程中,以及对管理科学与行为科学理论进行研究和探索中逐步建立的,它是管理理论发展的新阶段。

从 19 世纪末到 20 世纪初,西方工业化发展到以大机器和生产流水线为主要生产方式的阶段,社会的基本组织形式迅速地从以家庭为单位转向以工厂为单位,生产性质的转变和生产规模的扩大,使得管理的重要性越来越突出,在这种条件下,泰勒的科学管理模式、法约尔的一般管理和韦伯的"官僚体制"的应用就导致了一系列理性化的管理实践,但是,这些都是基于"经济人"的假设,认为人的行为动机就是为了满足自己的私利,工作是为了得到经济报酬。20 世纪 20 年代到 30 年代,"霍桑实验"使人们注意到组织中的人际关系、非正式群体等因素对组织效益的影响,开始关注包括自我实现在内的人的社会性需要,于是导致了一系列激励理论的出现。这些理论强调人际关系在管理中的重要性,以人的社会性为基础,提出用"社会人"的概念来代替"经济人"的假设。第二次世界大战之后,现代科学技术日新月异,生产社会化程度日益提高,生产经营环境更为复杂多变,许多学者和管理专家从不同的角度、使用不同的方法对现代管理问题进行研究,相继出现了许多管理理论和学派,被称为"管理理论的丛林"。20 世纪 80 年代初,随着日本企业的崛起,人们注意到了文化差异对企业管理的影响,进而发现了社会文化与组织管理的融合——企业文化。如今,企业文化热潮已波及世界各地,引起人们普遍的重视。企业文化理论的创立,为企业管理理论的发展注入了新的活力。

10.1.2 企业文化的含义和特征

1. 企业文化的含义

企业文化是企业在长期的实践活动中形成的,是企业成员普遍认可和遵循的共同的价值观念和行为准则,是一种具有企业个性的信念和行为方式。正如每个人都具有一定的个性特征一样,每个企业都具有自己的个性特征。简单地说,企业的个性即企业文化。例如,有些企业是正规、冷静、不愿冒险的,有些企业则是松散、富有人情味、勇于创新的。

企业文化作为企业的上层建筑,是企业经营管理的灵魂,是一种无形的管理方式,它是在不断的实践和总结中创造出来的,是一个企业历史文化的沉淀,同时,企业文化也会随着时代的发展、社会的变更及企业环境的变化而不断地丰富、发展和完善。

2. 企业文化的特征

企业文化是企业的自我意识所构成的精神文化体系。企业文化是整个社会文化的重要部分,既具有社会文化和民族文化的共同属性,也具有自己的特点。它的基本特征包括以下四个方面。

(1) 企业文化是在实践中建立发展起来的。企业文化在管理实践中形成,又用于指导实践活动。每个企业的文化,都不是凭空产生或依靠空洞的说教就能够建立起来的,它是由企业员工在复杂多变的环境中经过不断的实践和总结创造出来的。同时,企业文化又反过来指导、影响生产实践。因此,离开了实践过程,企图靠提几个口号或短期的教育来建设企业文化是不可能的。

(2) 企业文化是可以继承的。每个企业都是在特定的社会文化背景下形成的,必然会接受和继承这个社会和民族的文化传统和价值体系。企业文化从民族文化中吸取营养,并继承本企业优秀文化传统。随着企业的成长和发展,作为企业意识形态的企业文化,会被后继员工所接受,并将一代一代地流传下去。例如 IBM 公司的"IBM 就是服务"的经营理念一直流传至今。

(3) 企业文化的核心是企业价值观。任何一个企业总是要把自己认为最有价值的对象作为本企业追求的最高目标、最高理想或最高宗旨,一旦这种最高目标和基本信念成为企业的共同价值观,企业员工就能达到思想上的统一,企业内部就会形成强烈的凝聚力和整合力,企业领导人做出的决策就会迅速变为全体员工的行动。

(4) 以人为本是企业文化的中心内容。人是整个企业中最宝贵的资源和财富,因此企业只有充分重视人的价值,最大限度地尊重人、理解人、培养人和造就人,使人产生认同感、归属感和安全感,成为真正的命运共同体和利益共同体,才能充分调动人的积极性和主观能动性,不断增强组织的内在活力和实现组织的既定目标。

10.1.3 企业文化理论

1. 企业文化研究的兴起

最早提出企业文化理论的,是美国加利福尼亚大学的管理学教授、日裔的美国管理学者威廉·大内 1981 年 4 月出版的《Z 理论——美国企业界怎样迎接日本的挑战》一书。Z 理论主要研究了以下内容:

(1) 怎样才能使人们通过恰当的管理方式协调起来,以产生最高的效率。围绕这一中心问题,Z 理论讲述了信任、微妙性和人与人之间的亲密性,并认为,若在一个组织中缺少这样三点,没有哪一个"社会的人"能够获得成功。书中写道:"一个公司的文化由其传统和风气所构成。此外,文化包含一个公司的价值观,如进取性、守势、灵活性即确定活动、意见和行动模式的价值观,经理们从雇员们的工作中提炼出这种模式,并把它传达给后代的工人。Z 理论文化具有一套独特的价值观。其中包括长期雇佣、信任以及亲密的个人关系。一家 Z 型公司在所有领域或方面,从其战略到人事,没有不为这种文化所涉及的;其产品也是由这些价值观所决定的。在所有这些价值观中,最重要的是一种 Z 型文化对其人员——其工人所施加的影响。事实上,一种 Z 型文化的人道化因素还扩展到公司之外。"这里所讲的公司文化也就是企业文化。

(2) Z型组织的特点。大内把他所研究的企业管理方式分为了三类,并分别用不同的字母加以区别:用A型管理方式代表传统的美国企业管理方式;J型管理方式代表日本企业的管理方式;Z型管理方式代表在美国自然发展起来的,但与日本的企业具有许多相似特点的美国企业管理方式,并分别把这三类采用不同管理方式的组织称作A型组织、J型组织、Z型组织。大内认为,Z型组织具有以下特点:

① 组织内部倾向于长期雇佣制,并具有缓慢的评价和升级过程。

② Z型公司一般具有充足的、现代化的情报机构、会计制度、正式计划、目标管理法,以及一切其他正式的、具有A型特征的明确控制方法。但在Z型公司中,这些方法仅仅是为了获得情报而被重视,很少在重要的决策中起作用,它们更乐于在判断过程中恢复敏锐性和主观性,注意在含蓄和明确之间寻求一种平衡状态。

③ 组织内部的文化已达到了高度的一致性。组织如同氏族,它们是亲密的社会团体,从事经济活动,并通过多种形式的纽带结合在一起,与等级制度不同,也与市场有区别。在类似于氏族的Z组织中,每个人都有效地被告知去做他本人恰恰想做的事,有较高的个人自治感和自由感。

(3) A型组织转换成Z型组织的基本步骤。

A组织转化为Z组织主要通过13个步骤完成。

1981年7月,美国哈佛大学教授特雷斯·E.迪尔和麦肯锡咨询公司顾问阿伦·A.肯尼迪在对几十家企业进行调查分析的基础上出版了《企业文化——现代企业的精神支柱》一书。他们提出,杰出而成功的公司大都有强有力的企业文化,他们在这本书中还提出,企业文化的要素有五项:企业环境、价值观、英雄、仪式、文化网络。其中,价值观是核心要素。该书还提出了企业文化的分析方法,应当运用管理咨询的方法,先从表面开始,逐步深入观察公司的无意识行为。

与上述两本书齐名的还有两本。一本是《寻求优势——美国最成功公司的经验》,书中研究并总结了三家优秀的革新型公司的管理,发现这些公司都以公司文化为动力、方向和控制手段,因而取得了惊人的成就,这就是企业文化的力量。《寻求优势——美国最成功公司的经验》一书的译者讲道:"谈到20世纪80年代的企业管理,很容易联想到先进的科学技术,计算机化,严密、科学的管理系统和制度、数学模式、高智力结构、信息系统等。但在西方,越来越多的管理工作者发现,在经营得最成功的公司里,居第一位的并不是严格的规章制度或利润指标,更不是计算机或任何一种管理工具、方法、手段,甚至也不是科学技术,而是所谓企业文化或公司文化。人们普遍认为,20世纪70年代管理实践和理论的中心主题是经营战略,80年代的主题则是公司文化。《财富》杂志预言,美国企业界正经历着分娩的阵痛,即将诞生一场'文化革命'。"没有强大的公司文化即价值观和哲学信念,再高明的经营战略也无法成功,企业文化是企业生存的基础,发展的动力,行为的准则,成功的核心。"另一本是《日本企业管理艺术》。《日本的管理艺术》一书,由美国人理查德·帕斯卡尔和安东尼·阿索斯所著。这本书是在"美国国际竞争能力日益下降","商业报刊和大众宣传媒介纷纷探讨美国企业竞争能力低下管理方面的原因"时出版的,被认为是"认识美国管理方面失误的里程碑和引导人们研究新管理思想的指南针"。书中的结论在于强调,"管理不仅仅是纪律,而且是具有它自身的价值法则、信念、手段和语言的一种'文化'。我们已经探讨了这种(美国管理)亚文化是怎样处于民族的大文化之中的。两种文化都包含着我们最近管理衰退的根源。当我们已经感到这种压力的时候,曾设法弄到某些诀窍和灵丹妙药来求得解脱,但这种做法是徒劳的,那种倾向已使我们受到创伤。'敌人'不是日本人或德国人,它是我们管理'文化'的限制"。(《日本的管理艺术》,第 216 页)企业竞争能力下降的原因在于"文化",这就是结论,这也就是提倡企业文化的缘由。

以上四本书被当时舆论称为企业管理新潮流的"四重奏"。由于它们的出版,标志着企业文化理论的诞生和推进企业文化建设阶段的开始。

2. 企业文化研究的发展

20 世纪 90 年代,西方企业面临着更为激烈的竞争和挑战,因此,企业文化的理论研究从对企业文化的概念和结构的探讨发展到企业对文化在管理过程中发生作用的内在机制的研究,如企业文化与组织气氛(Schneider,1990)、企业文化与人力资源管理(Authur K. O. Yeung,1991)、企业文化与企业环境(Myles A. Hassell,1998)、企业文化与企业创新(Oden Birgitta,1997)等,其中具代表性的有:

1990 年,本杰明·斯耐得(Beenjamin Scheider)出版了他的专著《组织气氛与文化》(*Organizational Climate and Culture*),其中提出了一个关于社会文化、组织文化、组织气氛与管理过程、员工的工作态度、工作行为和组织效益的关系的模型。在这个模型中,组织文化通过影响人力资源的管理实践,影响组织气氛,进而影响员工的工作态度、工作行为以及对组织的奉献精神,最终影响组织的生产效益。其中,人力资源管理对组织效益也有着直接的影响。

1990 年,霍夫斯帝德(Hofstede)及其同事将他提出的民族工作文化的四个特征(权力范围、个人主义、集体主义、男性化—女性化和不确定性回避)扩展到对组织文化的研究,通过定性和定量结合的方法增加了几个附加维度,构成了一个企业文化研究量表。

1997 年,爱德加·沙因(Edgar. H. Schein)的《组织文化与领导》(*Organizational Culture and Leadership*)第二版出版,在这一版中,沙因增加了在组织发展各个阶段如何培育、塑造组织文化,组织主要领导如何应用文化规则领导组织达成组织目标,完成组织使命等,他还研究了组织中的亚文化。1999 年,爱德加·沙因与沃瑞·本尼斯(Edgar H. Schein & Warren G. Bennis)出版了他们的专著《企业文化生存指南》(*The Corporate Culture Survival Guide*),其中用大量的案例说明在企业发展的不同阶段企业文化的发展变化过程。

1999 年,特瑞斯·迪尔(Terrence E. Deal)和爱兰·肯尼迪(Allan A. Kennedy)再次合作,出版了《新企业文化》(*The New Corporate Culture*),在这本书中,他们认为稳定的企业文化很重要,他们探寻企业领导在使企业保持竞争力和满足工人作为人的需求之间维持平衡的途径。他们认为,企业经理和企业领导所面临的挑战是建立和谐的企业运行机制,吸取著名创新型公司的经验,激励员工,提高企业经营业绩,迎接 21 世纪的挑战。

与国外企业文化研究的迅猛发展相比,中国的企业文化研究显得十分薄弱,表现在:第一,中国的企业文化研究还停留在粗浅的阶段,虽然也有一些关于企业文化的研究,但是大多数是以介绍和探讨企业文化的意义及企业文化与社会文化、与企业创新等的辩证关系为主,真正有理论根据的定性研究和规范的实证研究为数甚少;第二,中国企业文化研究严重滞后于中国企业文化发展实践,许多企业在塑造企业文化时主要是企业内部自己探讨,虽然也有专家学者的介入,但是由于对该企业文化发展的内在逻辑、该企业文化的定位、企业文化的变革等问题缺少长期深入的研究,所以,企业文化实践缺少真正的科学理论的指导,缺少个性,同时也难以对企业长期发展产生文化的推动力。因此,应该借鉴国外企业文化研究,加强中国企业文化研究,促进中国企业文化的发展。

10.2 企业文化的内容和功能

10.2.1 企业文化的结构

一般认为,企业文化有三个层次结构,即精神层、制度层和物质层三层。一是精神层。这是企业文化中的核心和主体,是广大员工共同而潜在的意识形态,包括:生产经营哲学、以人为本的价值观念、美学意识、管理思维方式等。它是企业文化的最深层结构,是企业文化的源泉。二是制度层。这是指体现某个具体企业的文化特色的各种规章制度、道德规范和员工行为准则的总和,也包括组织内的分工协作关系的组织结构。如厂规、厂纪、员工行为准则等。制度层是企业文化的中介层,它构成了各个企业在管理上的文化个性特征。三是物质层。它凝聚着企业文化抽象内容的物质体的外在显现,既包括了企业整个物质生产经营过程和产品的总和,也包括了企业实体性的文化设备、设施,如带有本企业色彩的工作环境、作业方式、图书馆、俱乐部等。物质层是企业文化最直观的部分,也是人们最易于感知的部分。

物质层、制度层、精神层由外到内的分布就形成了组织文化的结构,这种结构不是静止的,它们之间存在着相互的联系和作用。

首先,精神层决定了制度层和物质层。精神层是企业文化中相对稳定的层次,它的形成是受社会、政治、经济、文化以及本组织的实际情况所影响,如世界经济状况的影响、组织管理理论的影响等。精神层一经形成,就处于比较稳定的状态。精神层是组织文化的决定因素,有什么样的精神层就有什么样的物质层。

其次,物质层和制度层是精神层的体现。精神层虽然决定着物质层和精神层,但精神具有隐性的特征,它隐藏在显性内容的后面,它必须通过一定的表现形式来体现。物质层和制度层以其外在的形式体现了企业文化的水平、规模和特色,体现了企业特有的组织哲学、价值观念、道德规范等方面的内容。因此,当我们看到一个组织的工作环境、文化设施、规章制度,就可以想象出该组织的文化精髓。

企业文化的精神层、制度层和物质层是密不可分的,它们相互影响、相互作用,共同构成组织文化的完整体系。其中,企业的精神层是最根本的,它决定着企业文化的其他两个方面。因此,我们在研究企业文化的时候,要紧紧抓住精神层的内容,只要抓住了精神层,企业文化的其他内容就顺理成章地揭示出来。这就是为什么许多人对企业文化的研究重点都放在企业哲学、价值观念、道德规范上的原因,也是为什么一些人把企业文化误解为就是企业精神的原因。

10.2.2 企业文化的内容

(1) 企业目标。企业目标是企业观念形态的文化,具有对企业的全部经营活动和各种文化行为的导向作用。每一个企业为了自己存在的目的和所要达到的任务,都会制定相应的目标,确定企业的使命和宗旨,激发员工动力,集中意志向目标前进。

确定企业目标必须从总体上体现企业经营发展战略,有一定的竞争性和超前性,注意解决好经济效益与社会效益的关系。考虑到企业目标的复杂性、动态性、现实性,制定与贯彻企业目标,都要按客观规律办事,争取企业目标最佳化。

(2) 企业哲学。企业哲学是企业在各自的生产经营实践中形成的世界观和方法论。它是企业全体员工所共有的对世间万物的看法,是指导企业生产、经营、管理等活动及处理人际关系的原则。

企业哲学是企业最高层次的管理理念,它是企业中各种活动规律的正确反映,并主导着企业文化其他内容的发展方向。企业经营管理者处于不同的生产方式、不同的社会环境和不同的社会地位,就会形成不同的哲学思想。不同的哲学思想,必然构成不同的企业发展的道路。

(3) 企业价值观。价值观念是人们对客观事物的一种评价标准,是对客观事物和人是否具有价值以及价值大小的总的看法和根本观点。包括企业存在的意义和目的,企业各项规章制度的价值和作用,企业中人的各种行为和企业利益的关系等。企业价值观是企业文化的核心,为企业的生存和发展提供基本的方向和行动指南,为企业员工形成共同的行为准则奠定了基础。

每个企业的价值观都会有不同的层次和内容,成功的企业总会不断地创造和更新企业的观念,不断地追求新的、更高的目标。

(4) 企业精神。企业精神是企业文化的精髓和灵魂,它建立在共同信仰和共同价值观的基础之上,并为企业全体成员所认可和接受的一种群体意识。企业精神是企业的发展历史写照,内涵丰富而深刻,意义重大而深远。因此企业精神具有强大的凝聚力、感召力和约束力,是企业员工对企业的信任感、自豪感和荣誉感的集中体现,是企业在经营管理过程中占统治地位的思想观念、立场观点和精神支柱。

企业因自己的生产方式、历史传统、民族精神的影响,必然会形成自己的独特的企业精神。这种独特的企业精神一般应包括企业对远大目标的追求,企业和员工强烈的命运共同体意识,企业所肩负的崇高使命,企业正确的价值观和方法论,企业有效的激励机制等。例如,松下公司的员工之所以同心团结、发挥无比的威力,就在于他们一丝不苟的精神训育。松下七精神包括"生产报国的精神,光明正大的精神,亲爱精诚的精神,奋斗向上的精神,遵守理解的精神,顺应同化的精神,感恩图报的精神"。

(5) 企业道德。企业道德是调整企业与社会、企业与企业、企业与员工、企业员工与员工之间关系的行为规范的总和。它是企业在生产经营活动中自然形成的,以善与恶、公正与偏私、诚实与虚伪、正义与非正义评价为标准,它的实现是靠人们的自觉行为,它的监督是靠舆论的力量。

企业道德是社会道德在企业行为中的具体体现。企业道德作为企业文化的重要内容,对塑造良好的企业形象、营造积极健康的组织氛围、发展企业的生产经营活动和促进企业和社会精神文明的建设有着重要的作用。

（6）企业制度。企业制度是企业文化的重要内容,是企业文化中一种量化的存在形式。企业成功的关键不仅是企业内部人的素质,而且还要看人与人在一种什么样的企业制度下合作。从企业文化建设的角度看,必须把制度建设纳入到企业文化的范围内,使之成为文化管理中的一个组成部分。

任何企业制度都与一定社会文化相联系,但并不意味所有的制度都是企业文化的内容,它强调的是在企业活动中,应该有一种能够使广大员工的自觉性、能动性得以充分发挥的制度机制,在这种制度下,能促使员工实施自我管理。

（7）企业环境。企业环境是企业文化生成的背景和条件,它体现了企业文化个性特点。每个企业都生存于一定的环境之中,在环境中发展,同时又改造和创造着环境。

企业环境包括企业的内部环境和外部环境,内部环境主要指行业性质、企业的发展历史、企业的人员素质、技术力量等；外部环境主要包括地域、社会文化、政治制度、社会道德规范等。

企业环境是企业生存和发展的最基本条件,一方面,要能适应外部环境,使其积极因素作用于企业,促进企业形成良好的小环境。另一方面,要搞好内部环境,如企业的组织环境、心理环境、人文环境、经营环境,以良好的小环境促进大环境的改善,为大环境质量的改善做贡献。

（8）企业形象。企业形象是指社会大众和企业职工对企业的整体印象与评价,反映的是社会公众对组织的承认程度,体现了组织的声誉和知名度。企业形象包括的内容很多,但基本的内容主要有：企业环境形象、企业成员形象、企业产品形象、企业领导者形象、企业员工形象、企业的销售服务形象、企业公共关系形象等。

企业文化和企业形象是内容和形式的统一,没有良好的企业文化,就不可能有良好的企业形象。企业形象不仅由企业内在的各种因素决定,而且需要得到社会的广泛认同。企业形象实际上就是"注意力"经济。

（9）企业创新。企业创新实质上是指企业文化的创造力,是企业文化的一个制高点。企业创新是企业持续发展的动力源泉,是企业实现跨越式发展的关键。

企业创新是以人为中心的,也最能表现出人的主体性。在知识经济时代,首先需要企业在管理层真正地解放思想和革新观念,更迫切地需要通过开发人力资源获取新的信息、新的理论、新的知识,把提高企业创新能力作为企业综合素质的核心和灵魂。在英特尔的企业文化中,有一项重要内容,就是鼓励创新。摩尔经常鼓励员工要敢于变革、大胆创新。他的名言之一是："改变是我们的挚爱。"当然,创新与风险是一对孪生兄弟,而风险的深层次的含义是失败。但英特尔的企业文化中已蕴涵着不惧失败的气质。员工的冒险意愿往往会得到鼓励,越来越多的员工愿意尝试新的事物,员工的积极性得到充分调动。英特尔能顺利发展存储器、微处理器事业,进入新的通讯事业,许多重要的里程碑就是在风险中创立的。

10.2.3 企业文化的功能

企业文化作为一种组织系统,也具有许多独特的功能,其中突出的功能有以下几点：

（1）导向功能。企业文化对企业成员的价值与行为取向具有引导作用，它与企业成员必须强制遵守的、以文字形式表述的明文规定不同，强调通过企业共同价值观向个人价值观的渗透，使人们在潜移默化中接受共同的价值观念，引导企业成员的行为和活动，使企业目标转化为员工的自觉行动。

（2）凝聚功能。企业文化通过培育企业成员的认同感和归属感，建立起成员与企业之间的相互依存关系，使他们感到个人的工作、学习、生活等任何事情都离不开企业这个集体，将企业视为自己的家园，从而以企业的生存和发展为己任，愿意与企业同甘共苦。从这个意义上来说，任何企业若想取得非凡的成功，其背后无不蕴藏着强大的企业文化作为坚强的后盾。但是，要指出的是，这种力量不是盲目的、无原则的、完全牺牲个人一切的绝对服从，而是在充分尊重个人价值、承认个人利益、有利于发挥个人才干的基础上而凝聚的群体意识。以华为的企业文化为例，华为文化之所以能发挥使员工凝聚在一起的功能作用，关键在于华为文化的假设系统，也就是隐含在华为核心价值观背后的假设系统。如"知识是资本"的假设，"智力资本是企业价值创造的主导要素"的假设。再如学雷锋的文化假设是：雷锋精神的核心本质就是奉献，做好本职工作就是奉献，踏踏实实地做好了本职工作的精神，就是雷锋精神。而华为的价值评价与价值分配系统保证使这种奉献得到合理的回报。正是这种文化的假设系统使全体华为人认同公司的目标，并把自己的人生追求与公司的目标相结合，帮助员工了解公司的政策；调节人与人之间、个人与团队之间、个人与公司之间的相互利益关系。从而形成文化对华为人的行为的牵引和约束。

（3）激励功能。企业文化的中心内容是尊重人、相信人，对人的激励不是一种外在的推动力而是一种内在的引导，从而使企业成员从内心产生一种高昂情绪和发奋进取的精神，充分地发挥其聪明才智，积极搞好本职工作，为企业的生存和发展做出更大的贡献。

（4）约束功能。企业文化作为团体共同价值观，并不对组织成员具有明文规定的具体硬性要求，而只是一种软性的理智约束，通过群体归属感、认同感、自豪感的诱导来实现，它对组织成员有强大的同化作用和说服作用。企业文化具有的这种软性约束，往往比正式的硬性规定有着更强的控制力和持久力，因为主动的行为比被动的适应有着无法比拟的作用。

（5）辐射功能。企业文化的辐射功能，是指企业文化一旦形成较为固定的模式，它不仅会在组织内发挥作用，对本组织员工产生影响，而且也会通过各种渠道对社会产生影响。如优质的产品和优良的服务态度，良好的经营状况和积极向上的精神面貌，都会扩大企业的知名度，树立企业在公众中的良好形象；同时，企业文化对促进社会文化的发展有很大的影响。例如，海尔"真诚到永远"的服务理念辐射到全世界，成为许多企业学习的榜样。

西安杨森制药企业文化塑造

西安杨森制药有限公司是我国医药工业规模最大、品种最多、剂型最全的合资企业之一。作为合资公司，西安杨森主要通过以下途径来塑造企业文化：一是严格管理，注重激励。西安杨森在管理上严格遵循杨森公司的标准，使员工逐步适应新的管理模式，培养员工对企业和社会的责任感。二是注重团队建设，公司在创建初期，大力宣传以"鹰"为代表形象的企业文化,鼓励业务人员做搏击长空的雄鹰,同时,公司还特别注重员工队伍的团队精神培养。三是建立以人为本的工作环境,强调全员无边界交流与沟通。四是加强爱国主义教育,组织管理人员和销售骨干举办"96西安杨森领导健康新长征"活动,向井冈山地区捐赠物资和药品。通过以上措施,西安杨森塑造了独具特色的企业文化,加强了员工的认同感,增强了员工的向心力和凝聚力,建立了良好的企业形象。

(资料来源:管理案例博士评点,代凯军著,北京:中华工商联合出版社,2000)

10.3 企业文化建设

10.3.1 影响企业文化建设的因素

企业文化建设受很多因素的制约,既有企业的外部因素,又有企业的内部因素,所以当我们进行企业文化建设时,应当首先明确影响企业文化的各种因素及其强度,以及每种因素的作用方式。

(1) 社会文化。企业是在一定的社会文化环境中生存和发展的,企业的文化建设接受并服从它所在的环境的影响和要求。不同的社会制度,不同的社会文化,其企业文化的特征也有所差异。从我国企业现存的文化状态考察,就会看到儒家思想的影响作用,如中庸之道、伦理、集体主义等。美国文化的核心是个人主义,崇尚个人奋斗,因此其企业文化具有美国的时代特征。这说明社会文化是企业文化的影响因素之一。当然,社会文化本身就是多因素的统一。

(2) 行业特点。行业不同,其生产、经营的业务必然不同,该行业中的企业文化也必然带有明显的行业特征。例如,服务行业提倡顾客是上帝,以满足顾客的需求为己任;生产行业提倡质量第一,用户至上等。不同行业之间,其分工协作关系与特点不同,经营目的不同,企业文化建设的方式必然不同,我们必须紧密结合本行业组织业务的特点去研究企业文化的具体内容。

(3) 企业所在的地理位置。任何企业都有自己的经营场所,都占据一定的空间位置。不同的空间位置,其社会环境、风俗习惯、市场发达程度等不一样,会直接或间接地影响企业文化的建设内容。例如我国的上海、广州、福建、天津等发达地区,工商企业也发达,人们的思想观念比较开放。尤其是国家实施改革开放政策以后,受发达国家的新事物、新技术、新观念的影响,企业文化必然更加带有开放性。这种空间地理位置的差异性,使同行业处于不同地域的企业在经营上具有差异性。

(4) 企业的历史传统。任何一个企业,都要经历一定时期的建立、成长、发展和成熟的历史过程,在这个过程中都会形成种种约定俗成的价值观念、管理方式、工作习惯和生活习惯,从而表现为企业传统。这种传统会一代代地传下去,并在相传的历史过程中,越来越加以成形。但它有两重性,当它适应了时代的变化,就会有利于组织的生存和发展,当它不适应时代的变化而越来越保守、落后时,就会限制企业的发展。因此,企业的历史传统是建立或更新企业文化时必须认真调研并严肃对待的因素。

10.3.2 企业文化建设的程序和方法

1. 企业文化建设的程序

(1) 设计阶段。这个阶段首先要调查研究组织的历史和现状,如企业的传统作风、行为模式、道德标准等,在此基础上,有针对性地提出企业文化建设目标的初步设想,并发动广大员工参与讨论和设计,动员广大群众积极参加组织的文化建设活动。

(2) 培育与强化阶段。企业文化建设的目标一经提出,就要加以具体化。这一阶段是将企业文化建设的总目标分解成组织内部各部门各业务环节明确的分目标,使各部门根据自己的特点而有意识地加以宣传和提倡,激励本部门职工形成特有的精神风貌和行为规范,把企业文化建设变成具体的行动。

(3) 总结和提高阶段。企业文化在培育和强化过程中,会经常暴露出一些问题,这就需要对以往的工作成绩和存在问题进行剖析,不断地研究和改进。这个阶段的工作包括两个方面:一是摒弃那些不受欢迎的、违背时代精神的内容;二是肯定那些行之有效的、符合时代精神的内容,并加工成通俗易懂的、有激励作用的文字形式,用以进一步推广。

(4) 跟踪反馈阶段。企业外部环境和企业内部条件是在不断变化的,随着企业经营环境的变化,企业文化的内容也应该适应这种变化。然而,现有的业已确立的企业文化是否能及时地适应环境变化,不应该依靠组织管理者的主观判断,而应依靠来源于基层实际情况的反应,这就是反馈信息。通过信息的不断反馈,使企业文化在发展过程中不断优化,最终形成适应市场经济体制需要的具有中国特色的企业文化。

2. 企业文化建设的方法

在上述四个阶段的企业文化建设过程中,还需要有适当的具体塑造方法。塑造企业文化的方法有多种,一般而言,有成效的方法有:

(1) 宣传教育法。即企业通过长期的、多层次的、多渠道的宣传教育活动,把企业文化建设好。如通过培训,张贴口号、标语、召开座谈会、演讲会、纪念会,总结宣传先进模范人物事迹等多种形式,对职工进行企业文化宣传教育。

(2) 激励法。即运用精神的与物质的鼓励,包括开展竞赛活动、技术攻关活动、评先进等,营造勇于创新、不断进取的工作氛围,使职工获得平等竞争的机会,从而主动发挥职工的积极性和创造性。与此同时,还必须从生活方面关心职工,通过不断改革分配制度去满足职工物质利益上的合理要求。

(3) 感染法。即运用一系列的文艺活动、体育活动和读书活动等,培养职工的自豪感和向心力,使之在潜移默化的过程中形成集体凝聚力。

(4) 环境优化法。人能改变和创造环境,环境也能改变人。企业通过营造一种宽松、舒适、开放、和谐、提倡创新的人文环境,使群体成员感到轻松愉快,工作充满意义,才能树立起主人翁的责任感、使命感,并勇于创新,不断进取,产生高效行为。

第10章 企业文化

万华公司的企业文化建设

万华公司为大型电子企业,公司管理者在公司成立伊始就把企业文化建设作为企业发展中的一个重要举措。公司刚成立时,人员来自社会的各个方面,每个人都有不同的行为特点,也有着不同的价值理念,在这种情况下,公司首先注重制度文化建设,并设定了严格管理、提高质量、创一流企业的方针和目标。通过严格管理,规范了员工的行为,通过培训,在教育和规范员工行为的基础上,将企业价值观念融入到员工的日常管理和工作中,使员工的价值观念趋于一致,进而确定企业精神:以人为本。万华公司对内关注员工需求,尊重员工,鼓励员工自觉融入到团队中,倡导每一位员工都要做有责任感的人。在此过程中,员工通过企业文化建设提高了思想和文化素质,企业实现了以人为本的企业文化的人本管理循环。

10.4 本章小结

企业文化是企业在长期的实践活动中形成的,为企业成员普遍认可和遵循的共同的价值观念和行为准则,是一种具有企业个性的信念和行为方式。它具有以下四个特征:企业文化是在实践中建立发展起来的;企业文化是可以继承的;企业文化的核心是企业价值观;以人为本是企业文化的中心内容。一般认为,企业文化有三个层次结构,即精神层、制度层和物质层三层。

企业文化的内容包括:企业目标、企业哲学、企业价值观、企业精神、企业道德、企业制度、企业环境、企业形象、企业创新。企业文化作为一种组织系统,也具有许多独特的功能,其中突出的功能有以下几点:导向功能、凝聚功能、激励功能、约束功能、辐射功能。

企业文化建设受很多因素的制约,主要有:社会文化、行业特点、企业所在的地理位置,企业的历史传统。企业文化建设过程中,还需要有适当的具体塑造方法,一般而言,卓有成效的方法有:宣传教育法、激励法、感染法、环境优化法。

复习思考题

1. 什么是企业文化?它会对企业管理产生什么影响?
2. 企业文化包括哪三个层次?
3. 企业文化的基本内容是什么?
4. 影响企业文化建设的因素有哪些?
5. 企业如何建设本组织的企业文化?

惠普之道

创建于1939年,总部设在加州的惠普公司不但以其卓越的业绩跨入全球百家大公司的行列,更以其对人的重视、尊重与信任的企业文化闻名于世。作为大公司,惠普对员工有着极强的凝聚力。到惠普的任何机构,你都能感觉到惠普人对他们的工作是如何满足。这是一种友善、随和而很少压力的气氛。在挤满各阶层员工的自助餐厅中,用不了3美元,你就可以享受丰盛的午餐,笑声洋溢,仿佛置身在大学校园的餐厅中。惠普的成功,靠的是"重视人"的宗旨,惠普重视人的宗旨源远流长,目前还在不断地自我更新。公司的目标总是一再重新修订,又重新印发给每位员工。每次都重申公司的宗旨:"组织之成就乃系每位同仁共同努力之结果。"然后,就要强调惠普对有创新精神的人承担的责任,这一直是驱使公司取得成功的动力。

惠普的创建人比尔·休利特说:"惠普的政策和措施都是来自于一种信念,就是相信惠普员工想把工作干好,有所创造。只要给他们提供适当的环境,他们就能做得更好。"这就是惠普之道。惠普之道就是关怀和尊重每个人和承认他们每个人的成就,个人的尊严和价值是惠普之道的一个重要因素。惠普公司的成功相当程度上得益于它恒久的企业文化:惠普公司对员工的信任表现得最为清楚,实验室备品库就是存放电器和机械零件的地方,工程师们不但在工作中可以随意取用,而且还鼓励他们拿回家去供个人使用!惠普公司认为,不管工程师用这些设备做的事是否和他们手头从事的工作项目有关,反正他们无论是在工作岗位还是在家摆弄这些玩意儿,都能学到一些东西。因为它充分相信员工,公司员工才会与它有难同当、有福同享。归根到底,它是一种精神、一种理念,员工感到自己是整个集体中的一部分,而这个集体就是惠普。实际上,惠普的许多做法与中国企业有类似之处,但在我国某些企业给人的感觉却是另外一番滋味。我国正在进行企业制度改革,我们应该深思保留哪些好的东西,哪些应该放弃,而不应该"把孩子和脏水一起泼掉"。

万达的企业文化

大连万达集团创立于1988年,到2010年已形成商业地产、高级酒店、旅游投资、文化产业、连锁百货五大产业,企业资产1 950亿元,年收入1 051亿元,年纳税163亿元。已在全国开业49座万达广场、26家五星级酒店、730块电影银幕、40家百货店、45家量贩KTV。2015年目标:资产3 000亿元,年收入2 000亿元,年纳税300亿元,成为世界一流企业。

成功的企业结果往往是一样的,但成功的过程大都不一样,在这里本文从企业文化角度来阐述企业有哪些要素。

一、敢于创新

万达董事长王健林说:"万达能发展到今天,我觉得最核心的原因就是我们敢于创新"。可以这么讲,万达的发展史,其实就是一部创始史。就是敢人先,敢想别人不敢想的事,敢做别人不敢做的事。在不同的阶段万达领先同行走了关键的四步棋：搞旧改、跨区域、创模式、搞文化。

1. 在1988年公司刚成立的时候，当时国家对房地产行业控制的非常严格。企业为了要活下去，企业主动出击找活干，当时承接了大连市政府北门有一个棚户区改造项目。企业在这个项目上搞了四点小小的创新。(1) 做了一个明厅。那时候房子是没有厅的，我们就设计一个明厅，进门之后有一个窗户、一个客厅。(2) 有一个洗手间。现在洗手间叫事吗？但是在1988年的时候是不允许有的。当时企业搞的洗手间纪委还要提供购房人名单。(3) 搞了铝合金窗。它的最大特点是大、宽敞。(4) 上了一道防盗门。80年代没有防盗门，都是小木门，那时候正好辽宁出了一个企业叫盼盼，生产防盗门。企业又找电视台赞助一部电视剧。演之前、演中和演之后都给我们一个广告。这件事做成了。当时小小的创新就做出来了。一个月时间一千多套房子销售出去了。

2. 跨区域。1992年企业就走出了大连，在广州成立一个公司，尽管在广州第一次开发没有赚多少钱，但是更重要的是锻炼了企业的勇气，万达从1998年就开始在全国扩张了。

从这件事情看万达成为了中国第一家异地开发，成为中国第一家走跨地域、到外市发展房地产的企业。到今天为止万达也成为城市开发最多的企业，规模也是非常大的。我想如果没有当年跨区域这一步，也许万达今年可以做100亿，但也只是家门口英雄！

3. 创模式。万达在2000年搞了第一个购物广场，就是第一代产品。后来到2004年的时候摸到诀窍了，成立自己的规划院，前期进行很好的商业设计，设计好之后先去找商家谈判，就是现在叫的"订单商业地产"，这规避了浪费、无效，包括谈判的不对等。这个模式创出来到今天，一直到2005年的时候我们又提出一个新的概念城市综合体，有商业中心、有五星级酒店、有写字楼、有公寓，甚至还有住宅，还有其他东西，这是一个综合体，这是万达在全球的首创。

4. 做文化。万达董事长王健林搞收藏是比较早的，他是一种爱好；现在非常有成就，大连正在建万达美术馆，北京在搞万达美术馆。而且在收藏方面企业为国家做了很多贡献，因为企业很多藏品都是独有的，也代表国家先后出席几次日本文化交流活动，在国内也举行过若干次画展。2005年的时候企业又决定了做电影院线。我们在2010年还做了一个更大的举动，成立了一个演艺公司。

下一步万达发展就是要国际化，成为真正的大型跨国公司，为民族争光，就是成就"国际万达，百年企业"。

二、诚信为本

1. 狠抓质量。中国的房地产到今天都一直是问题丛生。1992年"全国质量万里行"到各地曝光假冒伪劣。行到大连了，却给了企业一个奖牌，获得了全国第一个质量优质奖牌。从此万达把质量作为自己的第一要务。企业每两年召开一次质量工程现场会，哪个项目干得好就给发奖状。

2. 率先承诺。1995年当时企业提了一个口号，叫做"万达集团消灭不合格工程，全部搞全优工程"，或者说"争创全国优良工程"，还定了若干个奖励。1996年企业在房地产行业率先提出三项承诺：(1) 保证不漏洞；(2) 保证我卖的房子面积不短缺；(3) 自由退款，我们卖房给你，入住60天内觉得不合适，给你退，没有任何限制。

三项承诺在全国提出之后，在全国获得如潮的掌声和如潮的批评声。欢呼声大多数是老百姓,批评声大多是行业内人。一直到 2000 年 6 月 29 日建设部召开了一个推介万达集团销售放心房的推介会。这是迄今为止建设部唯一一次召开全国性会议表彰一个房地产企业。

3. 勇于负责。诚信不仅是敢于严格要求自己,还要敢于负责。2003 年企业在沈阳市投资建设了一个万达广场。当时企业在对商业地产还不是很熟悉的情况下销售了 300 多个商铺,销售 6.1 个亿。卖出去之后,商业不好,老百姓商业回报率很低,埋怨声很多。企业了解到有一二十户都是借高利贷买的。这个事情极大地刺激了企业的管理者。企业前后召开了若干次会议论证,当时董事长王健林就拍板,全部退,拆除重来。买容易啊,退就难了,退了就要付出更高的赔偿。当时企业给的条件是 1.5 倍,业主买了三年多一点,每年 15% 也足够了,退 1.5 倍。后来到 2008 年重新改造,2009 年重新开业,现在是非常漂亮的购物中心。

这件事情在万达集团发展史上是一个里程碑的事件。企业付出了十几亿的代价,换来了用户对企业的忠诚。

三、持之以恒

1. 不能怕失败。从 2002 年到 2004 年,由于企业对商业理解不对,前前后后经历了很多失败,如果当时企业害怕失败,也就没有现在的成功。

2. 要永远进取。万达董事长王健林要做一个全球华人最大的慈善基金。目标是 1 000 亿。王健林说:"人生的最大价值在哪里?体现在什么地方?如果自己有能力帮助更多人,因为你个人存在,能够帮助 1 万人、10 万人、100 万人,中国多几个这样的人,国家就非常好了。我觉得这样的人生价值非常好。所以我就给自己定了一个目标,我有这么一个梦想。"

试分析:

1. 从以上案例中可以看出万达集团的企业文化包括哪些内容?
2. 万达是如何进行企业文化建设的?
3. 万达集团的成功与企业文化有什么联系?

参 考 文 献

[1] 尹丽萍,肖霞.现代企业经营管理[M].北京:首都经济贸易大学出版社,2002.
[2] 白玉,熊银解.现代企业管理[M].武汉:武汉理工大学出版社,2001.
[3] 周三多.管理学[M].北京:高等教育出版社,2000.
[4] 孙成志,史若玲.管理学[M].大连:东北财经大学出版社,1998.
[5] 黄雁芳,宋克勤.管理学教程[M].上海:上海财经大学出版社,2001.
[6] 刘秋华.现代企业管理[M].北京:中国社会科学出版社,2002.
[7] 罗林,衡代清.现代企业管理学[M].成都:四川科学技术出版,1999.
[8] 〔美〕菲利普·科特勒.市场营销学[M].北京:清华大学出版社,1999.
[9] 吴尚云.企业现代化管理方法成功200例[M].上海:上海交通大学出版社,1990.
[10] 冯丽云.现代市场营销学[M].北京:经济管理出版社,2004.
[11] 杨化民,周立华.经营管理学[M].北京:电子工业出版社,1987.
[12] 朱华.市场营销案件精选精析[M].北京:经济管理出版社,2003.
[13] 陈荣秋,马士华.生产与运作管理[M].北京:高等教育出版社,1999.
[14] 罗国英,林修齐.质量管理体系教程[M].北京:中国经济出版社,2000.
[15] 张福山.2000版GB/T 19000—ISO 9000族标准实用丛书[M].北京:中国计划出版社,2001.
[16] 周占文.人力资源管理[M].北京:电子工业出版社,2002.
[17] 杨蓉.人力资源管理[M].大连:东北财经大学出版社,2002.
[18] 黄维德,刘燕.人力资源管理实务[M].上海:立信会计出版社,2004.
[19] 董克用,叶向峰.人力资源管理概论[M].北京:中国人民大学出版社,2003.
[20] 〔美〕加里·德斯勒.人力资源管理[M].刘昕,译.北京:中国人民大学出版社,1999.
[21] 郭纪金.企业文化[M].广州:中山大学出版社,1995.
[22] 贾春峰.贾春峰说企业文化[M].北京:中国经济出版社,2003.
[23] 马克思,恩格斯.马克思恩格斯全集[M].北京:人民出版社,1995,(25):431.
[24] 郭涛.中国企业战略商界管理现状[J].商界.2004,(4).
[25] 方世南.公共关系案例分析[M].北京:中国商业出版社,1999.
[26] 中国人力资源网.
[27] 赵曙明,刘洪.人力资源管理案例集.
[28] http://www.sina.com.cn 2002年11月6日环球企业家.

本书特色

◆ 体现"工学结合",突出职业能力培养的实践性
◆ 注重内容的实用性和丰富性,循序渐进,结构清晰,取材得当
◆ 精选案例,增强趣味,帮助理解
◆ 免费提供课件

本书可作为高职高专经济管理专业及其他相关专业的教学用书,也可作为经济管理技能培训教材和自学用书。

1.《商务沟通》(第2版)　　　　　彭于寿　主编
2.《公共关系实务新编》　　　　　甄　珍　主编
3.《经济学基础教程》(第3版)　　　吴　冰　主编
4.《现代企业管理概论》(第二版)　　苗成栋等　编著
5.《现代人力资源管理》(第2版)　　刘翠芳　主编
6.《经济学原理》　　　　　　　　　许开录　主编
7.《财务管理》　　　　　　　　　　宋丽群　主编
8.《人力资源管理》(第2版)　　　　李　琦　主编
9.《经济法原理与实务》　　　　　　康　娜　主编
10.《统计学基础》(第2版)　　　　　王瑞卿　主编
11.《经济学基础》　　　　　　　　　龚江南　主编
12.《企业行政管理实务》(第2版)　　李瑛珊　主编
13.《管理基础与实务》　　　　　　　何　桑　主编
14.《经济应用数学》(第2版)　　　　贾明斌　主编
15.《管理学基础》　　　　　　　　　姜桂娟　主编
16《企业管理心理实务》　　　　　　陈鸿雁　主编

北京大学出版社

地址:北京市海淀区成府路205号
邮编:100871
编辑部:(010)62765126
发行部:(010)62750672
出版部:(010)62754962
E-mail: zyjy@pup.cn
http://www.pup.cn

ISBN 978-7-301-21032-1

定价:36.00元